邓小平智慧

萧诗美◎著

DENGXIAOPING
ZHIHUI

人民出版社

目　　录

　　官海沉浮本是司空见惯的事。但是没有谁像邓小平这样大起大落一生经历三次。更令人惊叹的是,邓小平的三起三落不是简单的循环。他像个富有魔力的皮球,每下落一次都反弹到更高的位置上。这其中是否有什么奥秘?

　　坚持真理而又注意策略,原则的坚定性和策略的灵活性高度统一,这就是邓小平智慧的精髓所在,也是他三落三起、愈跌愈高的秘诀所在。

第二章　邓小平改革智慧 ·························· 88

邓小平把毛泽东的两点关系分解成三个点："一个中心"加上"两个基本点"。一个中心落在生产力上，两个基本点则同时落在生产关系和上层建筑上。毛泽东的两点论是政治和经济的两点论，邓小平的两点论是政治自身的两点论，经济作为中心或重点处在另一更高层次。

试验，带有不确定性，可能成功，也可能失败。对待此等成败难料的事，中国式的智慧提供了一种办法：胆大心细。当年毛泽东以此对待敌人：战略上藐视，战术上重视。而今邓小平以此对待改革：胆子要大，步子要稳。

第三章　邓小平经济智慧 ……………………………… 140

> 邓小平的创造性不仅在于他和刘少奇一样把发展生产力摆到首位,而且在于他处理生产力和生产关系问题的思路与毛泽东不同,真正回到了历史唯物主义原有的思路上。
>
> 邓小平搞活经济的智慧分为两个途径:一是通过扩大自主权和引进竞争机制等办法,从内部搞活公有经济;二是在主体经济外部,允许各种非公有制经济成分合法存在。

> 　　制度上的弊病只有通过制度的改革来治疗。这种只针对制度而不针对人的政治智慧,看起来不及群众运动那么激烈,那么革命,实质上却更富有革命性和挑战性,确如评论家称道的,是一种"和平革命"。
>
> 　　据尼克松观察,像邓小平这样体面而又成功的引退,在任何形式的政府中,都是非同一般的。戴高乐坚持反对他的接班人蓬皮杜,丘吉尔坚持反对艾登,阿登纳坚持反对他的干练的财政大臣艾哈德……邓小平的每一步退,都是一次成功的进。或者说,他是通过退来进的,又在进的过程中往后退,进和退巧妙地结合在一起。上述政治家之所以缺乏退的风度,是因为他们缺少进的智慧。

第五章　邓小平军事智慧 …………………… 217

> 邓小平认识到"韩信将兵，多多益善"的时代已经过去。应付现代战争，兵贵于精而不在于多。和平时期常备军建设只能走精兵之路，兵太多势必制约国民经济发展，而国家经济发展缓慢又会影响军队建设，影响国家战略水平的提高。
>
> 在邓小平的统帅下，中国军队的训练已完成"三个转变"：由过去单一兵种作战为主的训练，转向诸兵种协同作战为主的训练；由过去打步兵为主的训练，转向打坦克、打飞机、打空降为主的训练；由过去战士训练为主转向干部训练为主。

第六章　邓小平统战智慧 ·························· 238

既然谁也不好吃掉谁,那就尊重现实,承认差别,把统一的标准定低一些,搞一个你不吃掉我,我也不吃掉你,双方都可以接受的办法——海峡两岸来个求同存异,统一在一个国家内,但双方的社会制度、生活方式和价值观念等,悉听尊便,你搞你的三民主义,我搞我的社会主义,不强求一致。这样一来,统一的障碍就从根本上消除了,双方可以坐下来谈谈。

邓小平巧妙地把对方抛过来的话题一分为三:一是主权问题,二是1997年后怎么管理,三是过渡时期怎么安排。哪些该谈,哪些不该谈,邓小平再次显示出他把握强硬和灵活间最佳比例的高超才能:主权问题是不能谈判的,中国1997年要收回整个香港,至于用什么方法收回,我们决定谈判。

第七章　邓小平外交智慧 ┄┄┄┄┄┄┄┄┄┄┄┄┄ 291

　　邓小平认为,中国处理同任何国家的关系,都应努力避免两个极端的政策:对抗和结盟。对抗会失去朋友,结盟会失去独立性。介乎两极之间最理想的方式是独立自主的和平外交。它的精髓是对任何一个国家都和平友好,但是又都保持一定的距离。

　　我们坚持独立自主的和平外交政策,不参加任何集团。同谁都来往,同谁都交朋友,谁搞霸权主义我们就反对谁,谁侵略别人我们就反对谁。我们讲公道话,办公道事,我们国家的政治分量就更加重了。这个政策很见效,我们要坚持到底。

第一章　邓小平治乱智慧

一、"打不倒的小个子"

在哈里森·索尔兹伯里的中共群星谱中,有一颗格外耀眼的明星,索氏称其为"打不倒的小个子"。此公究系何人,不用看下文也能猜出几分,因为在中共领袖中,个子最矮且又屡打不倒的只有一个人——邓小平。

邓小平的传奇生涯中最引人入胜的情节是他在政治舞台上的三落三起:

第一次,20 世纪 30 年代在中央苏区,邓小平同毛泽东一起受到"左倾"教条主义者的排挤,被打成江西罗明路线的头子,勒令检讨,撤职下放,劳动锻炼。直到遵义会议以后,邓小平才彻底抬起头来。

第二次,20 世纪 60 年代,在那场史无前例的"文革"风暴中,邓小平从总书记一下子栽成"二号走资派",最后被赶到江西的一个"牛棚"中,一困就是三年多。林彪垮台后不久,邓小平又从"文革"的焦土中站了起来。

第三次,20 世纪 70 年代中期,邓小平接替周恩来主持中央工作不到一年,再次中箭落马,成为"死不悔改的走资派",被撤销党内外一切职务。这一次,人们都认为他彻底完了。可是粉碎"四人帮"后,正如索尔兹伯里所说,"邓小平选用中国政治生活中的一切计谋策略,去搏斗、斗争、交谈、说服和激烈的争论,他再次掌了权"。

在哈里森·索尔兹伯里的中共群星谱中,有一颗格外耀眼的明星,索氏称其为"打不倒的小个子"。此公究系何人,不用看下文也能猜出几分,因为在中共领袖中,个子最矮且又屡打不倒的只有一个人——邓小平。

三次被打倒，又三次复出，而且复出得一次比一次光荣，一次比一次震撼人心。这样的经历，实在令人叹为观止。

擅长人物传记的索尔兹伯里对邓小平的三起三落感慨万端，他说："邓小平的东山再起，其离奇变幻，即使通查中国的古籍也找不出第二件。"

另一位撰写邓小平传记的德国作家乌利·弗兰茨写道：邓小平"用非凡的能力战胜了政治上的三起三落和无数阴谋诡计，并且每次都向他生命的目标更接近一步。在我们的世纪里，我在东方和西方都没有见过像邓小平那样走过如此崎岖曲折的生活道路，却又卓有成就的政治家。"

宦海沉浮本是司空见惯的事。但是没有谁像邓小平这样大起大落一生经历三次。更令人惊叹的是，邓小平的三起三落不是简单的循环。他像个富有魔力的皮球，每下落一次都反弹到更高的位置上。这其中是否有什么奥秘？

身处逆境而达观自信，恐怕是第一条。毛毛说："我父亲为人性格内向，沉稳寡言，50多年的革命生涯，使他养成了临危不惧，遇事不亢的作风，特别是在对待个人命运上，相当达观。在逆境中，他善于用乐观主义精神对待一切，并用一些实际的工作来调节生活，从不感到空虚和彷徨。"邓小平是不会杞人忧天的，因为"天塌下来有高个子顶着"（邓小平自语）。这是他战胜厄运、走出低谷的第一素质。没有这一条，不用别人踏上一只脚，自己就会意志崩溃；不要说三落三起，一蹶就不振了。

乐观不等于认命，而是为了耐心等待有朝一日东山再起的机会。政治风云的多变性既为得志者预备了失足的陷阱，也会为失意者提供重振旗鼓的机运。区别只在于逆境中人无法为自己创造机会，只有静观其变，耐心等待时来运转。等待也有可能像屈大夫那样等到最后仍不见楚王回心转意，彻底失望。邓小平比较幸运，他先后等来了王明路线被清算，林彪垮台，"四人帮"被抓。这三件事是他先后三次走出低谷的重要转机。

机会对于失意中的人总是比较吝啬的，因此除等待之外，还要加一点主观能动性；保持头脑敏捷、信息灵通，认真捕捉机会。邓小平每次被"打倒"以后，都对时事政治保持浓厚的兴趣，留心报纸和新闻广播，千方百计与外界保持联系。当他得知林彪垮台、"四人帮"被擒，他认为时机到了，立即作出相应的反应，主动给毛泽东写信，给华国锋写信，一封不行，再写第二封。如果没有这种主动性，他会不会被人们遗忘很难说。

第四，学会必要的妥协，给当权者以某种满足。邓小平在原则问题上是从不让步的，所谓"不肯悔改"即来于此。但是当环境需要他作出妥协时，他能够识时务。第二次复出前，邓小平曾非常谦虚地向毛泽东检查了自己的缺点。第三次复出前，他也向新的党中央承认自己在1975年的工作中难免有不足和错误，表示真诚接受伟大领袖毛主席的批评和教导。这些都是明智之举。人在劣势之中是不能过分较真的，有理无理要等一阵子再说。大丈夫能屈能伸，"屈"是为了更好地"伸"。

谚云：谋事在人，成事在天。"天"有不测风云，所以在政治上，谁也不能保证自己一帆风顺。既然翻船难以避免，于是人们把注意力集中到翻了船以后，如何设法走出困境，东山再起。在这方面，人谋也确实起了决定性的作用，不然，为什么有的人一蹶不振，有的人愈挫愈奋？

古往今来有许多"成功之道"，教人如何避免失败，以及失败了如何超越自身。但是没有什么"失败之道"，研究人们是怎样从成功走向失败的。似乎失败全在天意，人们只考虑怎样避免失败，而用不着去争取它。事实上，成与败、起与落、福与祸，有一定的因果联系。一个人无法避免失败，但他可以选择以什么方式失败。他是因为什么而跌落下去的，决定着他最终能否站立起来。虽然这有点恶有恶报、善有善报的味道，但在政治上不可忽视。因为政治上的沉浮起落最终取决于人心向背和历史大势。

邓小平能够三落三起，而且一次比一次蹦得更高，除了他拥有上述战胜厄运、走出困境的智慧外，还有一个先决条件，就是他每次下落，都不是个人患得患失所致，而是因为他要坚持正确的东

事实上，成与败、起与落、福与祸，有一定的因果联系。一个人无法避免失败，但他可以选择以什么方式失败。他是因为什么而跌落下去的，决定着他最终能否站立起来。

西,而错误的环境不让他坚持。20世纪30年代第一次在江西受屈时,邓小平讲过一句话,可以用来解释他一生的经历:"共产党人无论什么时候都要坚持真理,这样对自己对群众都有好处。"坚持真理而又注意策略,原则的坚定性和策略的灵活性高度统一,这就是邓小平智慧的精髓所在,也是他三落三起、愈跌愈高的秘诀所在。

坚持真理而又注意策略,原则的坚定性和策略的灵活性高度统一,这就是邓小平智慧的精髓所在,也是他三落三起、愈跌愈高的秘诀所在。

二、成了"毛派的头子"

1931年秋,27岁的邓小平完成了他在广西的使命,率部队投奔毛泽东在赣南闽西开辟的红色根据地。党指派给他的第一项任务是担任中共瑞金县委书记。邓小平上任不久,原来设在上海的党中央也陆续进入苏区。瑞金遂成为"红色首都"——中华苏维埃临时政府和中共临时中央的所在地。1932年5月,邓小平离开"红都"到南边的会昌担任中心县委书记,掌管会昌、寻乌、安远三县工作。这三个县位于"红区"和"白区"的交界,是中央苏区的南大门,战略地位堪称重要,但"赤化"的程度远不及中心地区。每县只有一个独立营,赤卫队的枪支也很少,商店大都关了门,财政经济十分困难。邓小平不得不从头开始,按照毛泽东的办法,惨淡经营,不久也就有了政绩。毛泽东来会昌检查工作,赋诗称"风景这边独好"。

中心苏区那边的风景怎么样呢?王明一伙"百分之百的布尔什维克"进驻苏区后,加强了他们对根据地的直接领导。他们奉行一条从莫斯科进口的"进攻路线",要求创造"一百万铁的红军","向着中心城市发展"。毛泽东开展游击战争、建立农村根据地的务实主张被斥之为右倾保守、逃跑退却路线。毛泽东保护中农,给富农以经济出路的温和政策被斥之为"富农路线"。毛泽东本人失去在红军中的职务,只剩下苏维埃主席一个空头衔,毫无发言权。

4

上层领导内部的这场路线斗争很快波及邓小平所在的边缘地区。临时中央的"毛头小伙子"虽然有共产国际撑腰,但要把毛泽东这位土生土长的领袖连根拔掉仍很吃力。他们架空了毛的权力后,又打算公开批评毛的观点。可莫斯科方面不同意,担心这样做会导致分裂。但是不清除毛泽东在根据地党和红军中的影响力,他们怎么发号施令呢?于是他们采取敲山震虎的办法,把斗争的火力对准毛泽东的追随者们,而对毛泽东本人"不予深究"。

临时中央的领导人很快从福建省委代理书记罗明身上发现了毛泽东路线的影子。罗明在一份工作意见书中对"左"的"扩红计划"提出异议,他说:扩大主力红军应从实际出发,区别边沿的游击区和牢固的中心区,不能平均摊派任务。在上杭、永定、龙岩等边沿地区应着重组织地方武装,开展游击战争,分期分批地发展主力红军,而不能硬调硬编。在目前情况下,要在杭、永、岩敌后或接近敌后区扩大主力红军,莫说我无办法,就是我们最好的领袖毛主席、项主席、周恩来同志、任弼时同志或者到苏联请来斯大林同志,或请列宁复活,一起来这里,到上下溪南,或者到其他地方对群众大演说三天三夜,加强政治宣传,我看也不能解决问题。"左"倾的领导将这些意见概括成反国际的"罗明路线"。

"罗明路线"幽灵般地回旋在中央苏区上空。临时中央很快又发现在江西的会、寻、安也有一条同福建杭、永、岩的罗明路线没有什么区别的右倾机会主义路线。于是邓小平被划进了毛泽东的圈子。不久,毛泽覃、谢唯俊、古柏等人也圈了进来。这样便构成一条"江西的罗明路线"。邓小平、毛泽覃、谢唯俊、古柏四人都是"罗明路线在江西的创造者",而邓小平是四人中的头子。

谁都知道"罗明路线"实即毛泽东的路线。王明等人心想只要把邓小平和罗明等人在政治上置于死地,就可以完全缚住"巨人"毛泽东了。这回,天塌下来不是由高个子顶着,而是掉到矮个子身上了。"'左'的东西在我们党的历史上可怕呀!"①60年后邓

---

① 《邓小平文选》第三卷,人民出版社1993年版,第375页。

小平还发出这样的感叹。

对邓小平的残酷斗争无情打击接踵而来。他先是受到公开点名批判,并撤销会昌中心县委书记职务,调到江西省委作检查反省。幸好在这里他碰上三位在巴黎时的老同学:江西省委书记李富春,省军区司令员陈毅和省委组织部长蔡畅。留法派与留苏派不同,他们可不认为当年的"小钢炮"犯了什么弥天大罪。于是邓小平在失去中心县委书记后,又悄悄当上了省委宣传部长。按现在的级别,他只是同级调动,没有降职处分。

但这下更触怒了王明为首的临时中央。于是斗争向纵深发展,"会、寻、安的罗明路线"扩大成邓、毛、谢、古为代表的整个"江西罗明路线",受到猛烈的批判围剿。在批斗会上,邓、毛、谢、古据理申辩,又被说成"公开在会场上进行反党活动",罪加一等,成为"反党的派别和小组织的领袖",当众缴了他们的枪。最后,四个人同时被撤职。邓小平失去了省委宣传部长的职务,还受到最后严重警告的处分。

受到撤职警告处分的邓小平还必须对自己的"错误"作出自我批评。他不得不违心地批评自己对"进攻路线"的意义估计不足,想以此过关。但他的对手对这简短的自我批评十分不满,于是把他发配到苏区前线的乐安县南村区去当一名巡视员。

南村人从未听说区委里有个巡视员的职务,那么邓小平来此干什么呢?人们疑惑不解,熟悉他的人仍以首长相称。邓小平一点也不感到窘迫,沮丧。"首长身体可好?""啥子首长啰,同志们好。"他索性把问题挑明:"中央及省委都开过会,把我打成了罗明路线的江西代表和执行者。在会上我两次据理申辩自己的观点,不管他们怎样残酷斗争,我坚决执行的是马克思主义的正确路线,正确的就要坚持。"

坚持正确路线为什么丢了官?邓小平回答说:"革命哪能一帆风顺呢?"人们这才明白为什么他受了重重打击还如此坦然。

在南村巡视不到10天,临时中央又令邓小平卷起铺盖回到江西省委所在地宁都。据说这是因为乐安的南村是边区,怕出问题。

出什么问题？整他的人当然不会担心邓小平的个人安危。那么只有一种可能：怕邓小平携带党的机密投敌而去；或者天高皇帝远，怕邓小平在这里煽动谋反？

信任程度如此之低，回宁都自然不会有好日子过。"左"倾领导要他接受更严峻的考验：到宁都附近的一个光秃秃的山冈上开荒去。挥锄开荒邓小平不在乎，早在巴黎的雷诺工厂他就练就了一副硬身板。但人是铁，饭是钢，吃不饱肚子差点要了他的命。天将降大任于斯人也，必先苦其心志，劳其筋骨，饿其体肤……邓小平默默地挖山不止。

好心的蔡大姐得知邓小平忍饥挨饿，还要抢着大锄头，马上叫人买回两斤猪肉，两把大蒜和一些辣子、水酒，烧了三个菜，煮了一锅饭，准备请邓小平回来饱餐一顿。邓小平几个月没尝肉味，没闻酒香，听说有好吃的，喜不自禁。但他怕连累老同学，来的时候把草帽压得低低的，几乎遮住了眼睛。这位"劳改犯"趁午休无人的机会，悄悄地从省委后门溜进蔡家，着实美餐了一顿。临走时蔡大姐还让他带回一些酒菜，嘱咐他要保重身体，再坚持一下。因为李富春到瑞金汇报工作去了，到时会向有关领导反映邓小平的情况，为他讨回公道。

军委副主席兼红军总政治部主任王稼祥也属留苏派，但他比较注重实际，尤其爱惜人才。当他从李富春那里得知邓小平的处境后，连叫"临时中央不用邓小平，真是偏见"。"埋没人才！"目前正值大军压境，怎么能让邓小平这样的人才去开荒呢？为了拯救这个人才，王稼祥想出一个办法，他以总政秘书长杨尚昆上了前线，手边无人为由，要求把邓小平调上来当代理秘书长。经王稼祥多方努力，邓小平才结束劳改生活，重返赤都瑞金。

来到总政机关，邓小平头上那顶"右倾"帽子并没有动。好在邓小平并不在乎，他好好珍惜王稼祥给他的这次机会，把个《红星报》办得红红火火，还约请毛泽东写过一篇文章。由于有《红星报》主编的担子，五次反围剿失败后，邓小平才得以随军长征。试想一下，如果邓小平当时被留在中央苏区坚持敌后，他的人生道路

天将降大任于斯人也，必先苦其心志，劳其筋骨，饿其体肤……邓小平默默地挖山不止。

会怎样呢？同邓小平一起被打倒的毛泽覃和古柏都是留守人员，大军西去不久，这两条年轻的生命都葬身在南方的青山绿林中。

长征的开始意味着王明路线的失败。毛泽东开始有了发言权，在他的影响下，1935年1月，邓小平当上了中央秘书长。党史资料中没有为邓小平正式平反的记录，但是当他以中央秘书长的身份参加遵义会议时，邓小平的"右倾"、"反党"帽子无疑是取消了，而且不仅仅是取消了。

第一轮劫难从落到起，整整经历了三年。邓小平回忆说，遵义会议时他和毛泽东住在一起。这两位决定中国命运的人物，终于在历史上相遇了。

老子说，祸兮福所倚，福兮祸所伏。20世纪30年代在中央苏区挨整对邓小平来说是"祸"，不是"福"。但是，40年后，这个"祸"变成了"福"。1972年8月4日，毛泽东在决定邓小平第二次复出的批示中写道："邓小平同志所犯的错误是严重的，但应与刘少奇加以区别。（一）他在中央苏区是挨整的，即邓小平、毛、谢、古四个罪人之一，是所谓毛派的头子。……"还有（二）（三）（四）。毛泽东决定重新起用邓小平，除了"人才难得"等等，"毛派的头子"无疑是个关键性因素。

当然，这是邓小平始料未及的。历史证明了邓小平的政治逻辑：坚持真理，对自己对革命都有好处。

邓小平回忆说，遵义会议时他和毛泽东住在一起。这两位决定中国命运的人物，终于在历史上相遇了。

三、不在其位不谋其政

《邓小平传》的作者乌利·弗兰茨认为："邓小平的党内政治生涯完全取决于高饶问题的解决"。这是怎么回事？

邓小平本人也承认，高饶事件他知道得很清楚，新中国成立后，他们三人几乎是同时调进中央来的。此前，高岗在东北局，饶漱石在华东局，邓小平在西南局，分领一方党政要务。表面上看，高岗的职位和邓小平一样，都是一个地方局的第一书记。实际上高岗的地位更重要,因为高岗所在的东北从三个方面看对全国具有重要战略意义。一是地利,这里集中全国的主要工业,是朝鲜战争的后方,又是通往苏联的桥梁。二是人和,高本人是斯大林多年的密友,在东三省权倾一方,人称东北的"太上皇"。三是天时,1952年10月1日,高在他自己的堡垒检阅游行队伍时,人群中高呼"高岗万岁",却不呼"毛主席万岁!"不久,高被调到北京,任命他做国家副主席和国家计划委员会主任。

惯于表现自己、独一无二的高岗,根本不知道党中央的这种"提升"是把他同他的权力基地隔开。进北京后,高岗权力欲进一步膨胀,想取代刘少奇和周恩来的位置,当党的副主席和政务院总理。他在党内散布"军党论",将中共分为"根据地和军队的党"与"白区的党"两部分,断言"党是军队创造的",并把他自己划入"军队的党"的代表人物,认为党中央和国家领导机关现在是掌握在"白区的党"即刘少奇、周恩来等人手里,因此必须改组中央。为了达到扳倒刘、周的目的,高岗还进行了大量"非组织"活动。他首先取得了饶漱石的配合。据邓小平说,高岗还得到了中南局林彪的支持。对西南方面,高岗用拉拢的办法,找邓小平谈判,说刘少奇不成熟,想争取邓小平同他联手扳倒刘少奇。邓小平保持警觉,他说:刘少奇同志在党内的地位是历史形成的,改变这样一种历史形成的地位不适当。高岗还找陈云谈判,他说:搞几个副主席,你一个,我一个。邓小平觉得问题严重,立即把高岗的阴谋诡计向毛泽东主席做了汇报。

毛泽东听完反映后,反问邓小平:"山雨未来,风先满楼,你看风向来自何方呢?"

邓小平当然是支持刘少奇和周恩来的,但是他想了想,做了个更巧妙的回答:"在其位谋其政,应本分事;不在其位而欲谋其政,这是权力欲作怪呵!"

"权力欲"是个很敏感的问题,邓小平一语点中要害,触动了毛泽东最敏感的神经。毛听后,想了想,恍然大悟:如果容忍党内这种"不在其位而欲谋其政"的权力欲存在,那将永无宁日。

邓小平当然是支持刘少奇和周恩来的,但是他想了想,做了个更巧妙的回答:"在其位谋其政,应本分事;不在其位而欲谋其政,这是权力欲作怪呵!"

很快,在毛泽东心目中形成两个司令部的概念。毛泽东在1953年12月3日的政治局会议上说:"北京有两个司令部,一个是以我为首的司令部,就是刮阳风,烧阳火;另一个是以别人为首的司令部,就是刮阴风,烧阴火,一股地下水。"

不久召开党的七届四中全会,揭发批判高岗、饶漱石。毛泽东没有参加,会议由刘少奇主持,通过了《关于增强党的团结的决议》。会后,邓小平负责组织中央书记处分别就高、饶的问题召开座谈会,继续揭发和对证他们的反党阴谋活动。高岗拒绝教育,在一次会上当场拔枪自杀。

1954年4月,邓小平在没有任何人提出异议的情况下,接管了饶漱石中央组织部长的职务。一年后,邓小平跨进了由17人组成的中央政治局的大门,同时被补选为政治局委员的还有林彪。又一年后,在党的"八大"上,邓小平被选为中央书记处总书记,成为政治局6常委之一。常委会作出决定,书记处负责执行,邓小平领导这个重要机构一直到1966年。

四、从"文革"烟尘中站起

1969年10月20日,中国"第二号走资派"邓小平,被林彪以"战略疏散"的名义发配到江西南昌市郊一个偏僻的角落,从此开始了他三年零四个月的"流放"生活。这是他第二次被打倒。

三年零四个月对一位65岁的老人来说是够长的,更何况他当初并不知道自己重获解放的确切时日。从15岁旅法求学算起,整整在中国政治舞台上活动了半个世纪。如今远离政治中心,谪居江南一隅,他该如何打发这段没有"刑期"的流放生活呢?

据他的小女毛毛(邓榕)说:"在江西的这一段时间里,父亲有一个习惯,每天黄昏落日之前,总是十分规律地围着我们那个小小的院子散步。他沉思不语,步伐很快,就这样一圈一圈地走着。……我时常看着父亲,看着他永远那样认真、永远那样沉静的神情,看着他向前迈出的快速而稳健的步伐。我想,就在这一步一步之中,他的思想、他的信念、他的意志,随着前进的每一步而更加明确,更加坚定起来。"①毛毛还反映她父亲用劳动和读书来充实生活,从不感到空虚与彷徨,每天上午到工厂劳动,下午在自己的园子里养鸡种菜,晚上读书看报,冬天还坚持每天用冷水擦身。

看来,邓小平并没有因为被打倒在地而心灰意冷、自甘消沉。

毛毛说的信念是个重要因素。有了信念后,关键是等待,等待适当的时机。而时机总是会有的,因为天下没有不散的筵席。

时机终于等到了。1971年9月13日,靠"文革"起家、成为毛泽东亲密战友和接班人的林彪,竟因为抢班夺权阴谋败露而折戟沉沙。

这一大快人心的消息50天后便传到邓小平的耳朵里。"父亲显得兴奋和激动",毛毛说,"他只说了一句话:'林彪不死,天理不容!'"②

其实邓小平此时内心的活动远非一句话可以表达的。他在党内历次路线斗争中总是站在毛泽东一边,只是到了20世纪60年代,分一线、二线,处在二线上的毛泽东发觉一线上的刘少奇邓小平不听他的话,搞什么"白猫黑猫"、"物质刺激",根本不提"阶级斗争"这个纲,于是借助林彪的实力发动"文化大革命",把他心目中的"资产阶级司令部"打了下去。林彪因此成了毛泽东的红人,把毛泽东吹捧得比马克思、列宁还高。现在林彪自我暴露了,到底谁忠谁奸,毛泽东一定有所省悟吧。

再说,"文革"已经乱了六七年,也许过七八年还要再来一次,但眼下国民经济已经到了崩溃边缘,到底是让它继续乱下去,还是以安定团结为好,毛泽东一定有所考虑。可是靠谁来收拾"文革"乱摊子呢?三老四帅倒的倒了,靠边的靠边了;"中央文革"的那一帮人造反可以,搞建设、治理国家不行。毛泽东手边无人,真正

有了信念后,关键是等待,等待适当的时机。而时机总是会有的,因为天下没有不散的筵席。

---

① 《历史在这里沉思》第1册,华夏出版社1986年版,第98页。

② 《历史在这里沉思》第1册,华夏出版社1986年版,第97页。

顶事的只有一个周恩来,而周年事已高,身体又不好,能支持多久?

邓小平审时度势,觉得林彪之死对他的政治命运是个难得的转机。机不可失,当天下午他就提笔给毛泽东写了一封四千余字的长信:

第一,向毛揭露林彪、陈伯达的反革命罪行。

第二,非常谦虚地检查了自己的缺点、错误。

第三,表示自己愿为党和人民干点事的迫切心情。

揭批林彪不仅仅出于义愤,也是一种政治表态,中共党内每次重大斗争都需要用这个办法来划清界限。

为什么还要做自我批评呢?林彪再坏也不能证明自己没有缺点错误。邓小平记得他是怎么犯错误的:"文革"初期毛泽东发现北京成了针插不进、水泼不进的"独立王国",便来了个"农村包围城市",运动到杭州西湖边上去疗养,似乎对北京城的事不再过问了。忽然有一天,北京大学贴出全国第一张大字报,新华社接到毛泽东电示,要向全国广播这张大字报的内容。大字报一公布,成千上万的青年学生涌上街头,北京城陷入一片混乱。身为总书记的邓小平不能不管,但他又不知如何处理为好,于是便和刘少奇一起飞到杭州,请毛泽东回京控制局面。毛泽东既不回京,也不给主张。刘、邓空手而归,立即召开中央工作会议,决定派工作组进驻学校代替瘫痪了的党组织维持秩序。这时,离开北京九个月的毛泽东突然回来了,他指责派工作组是镇压学生运动的资产阶级专政,是想把轰轰烈烈的革命运动打下去。刘和邓从此陷入了被动,批判、检讨、打倒在地……似乎一切都是由于派了工作组,可是毛泽东本人后来也派了工作组(工宣队、军宣队)呀!邓明白是毛泽东有意让他犯错误的。林彪事件可能使毛泽东有所反省,但他不会因此而将刘、邓的问题一风吹,因为这是"两条路线"的斗争。不过邓知道毛泽东还有一个特点:不主张将犯错误的同志一棍子打死。犯了错误不要紧,只要承认错误,就有立功赎罪的机会。所以,不管自己错不错,虚心检讨一下是绝对必须的。

谈到自己的工作问题,邓小平言辞委婉恳切,叫人无法拒而不

不过邓知道毛泽东还有一个特点:不主张将犯错误的同志一棍子打死。犯了错误不要紧,只要承认错误,就有立功赎罪的机会。所以,不管自己错不错,虚心检讨一下是绝对必须的。

理："我完全脱离工作脱离社会接触已经 5 年了，我觉得自己身体还好，虽然已经 68 岁了，还可以做些技术性的工作，例如调查研究工作。我没有别的要求，只要求能为党为人民做一些事情，以求补过于万一。我静候毛主席和党中央的指示。"

看到老朋友熟悉的字迹，毛泽东果然触动不小。抚今追昔，他开始用另一种眼光打量身边左右。林彪垮台后，毛泽东已经把所谓压制"文革"的"二月逆流"说成是老帅们因不满林彪而想发发牢骚，并且特别提到那是在党的会议上公开发的，意即不像林彪那样表面一套背后一套。他感到和老帅们的距离接近了："要是林彪的阴谋搞成了，是要把我们这些老人都搞掉的。"①1972 年 1 月陈毅元帅去世，毛泽东非常破例地穿着睡袍抱病参加追悼会，并讲了许多关于陈毅的好话，仿佛他现在才发现陈毅是个好人。其实陈毅反对过他多次，不过都是公开反对，不像林彪当面一套背后一套。陈毅的光明磊落和林彪的阴谋诡计形成鲜明对比，这种对比自然会延伸到邓小平身上，因为邓小平也是有名的直性子。

这些微妙的变化没有逃过周恩来的眼睛。林彪垮台后，毛泽东身边只剩下周恩来和"中央文革"两派势力，而江青等人只会空喊革命，治国搞建设一窍不通。在这种情况下，毛泽东只有把主持中央日常工作的担子交给周恩来。周恩来首先建议毛泽东撤销军委办事组，由叶剑英主持军委日常工作，把军权悄悄收拢了来。剩下党、政两摊子，周恩来迫切需要像邓小平这样有魄力的人来协助。现在他从毛泽东在林彪事件之后的一些微妙变化中看到了邓小平复出的希望，只是还需要一段时间让毛泽东自己转弯。

同邓小平一起在江西"接受改造"的王震已于邓小平先期回京。当他听说毛泽东在陈毅的追悼会上谈到了邓小平，有了转弯的预兆，便利用汇报工作的机会向毛泽东详细介绍了邓小平在江西劳动的情况，极力建议毛泽东尽快启用邓小平。王震摸到毛泽东的底儿后，又马上派人找到回京的邓榕，要她回江西后转告她的

林彪垮台后，毛泽东身边只剩下周恩来和"中央文革"两派势力，而江青等人只会空喊革命，治国搞建设一窍不通。

①　王年一：《大动乱的年代》，河南人民出版社 1988 年版，第 440 页。

爸爸:毛泽东对邓小平的看法已有所转变。

远在江西的邓小平得到这个消息后,又不失时机地向毛泽东写了第二封信,进一步检查自己的错误,要求重新效力,表示一切听从党的安排。

确如张大卫所说:"邓小平过去的经历和他明智的自我批评为他重返政坛赢得了毛泽东的赞同。"①

毛泽东看到这封信,稍加沉思作出如下批示:"邓小平同志所犯错误是严重的。但应与刘少奇加以区别。(一)他在中央苏区是挨整的,⋯⋯是所谓毛派的头子。⋯⋯(二)他没有历史问题,即没有投降过敌人。(三)他协助刘伯承同志打仗是得力的,有战功。除此以外,进城以后,也不是一件好事都没有做的,例如率领代表团到莫斯科谈判,他没有屈服于苏修。"

毛泽东的这个批示意在说明刘少奇是敌我矛盾,邓小平是人民内部矛盾,是团结的对象。毛泽东的政治艺术是要做到既维护打倒刘少奇错误路线一案不变,以表明他发动的"文化大革命"仍然是必要的,同时又显示自己宽广的胸怀,表示他愿意团结一切可以团结的人,即使像邓小平这样犯过"严重路线错误"的人,只要愿意改正,党也是欢迎的。反过来,有"刘少奇错误路线"在案,以后的邓小平也好使用些。其实就刘少奇的真实情况来说,毛泽东的这三条同样也适合于刘。但是即使毛泽东当时知道所谓刘少奇的"叛徒、特务"问题是冤枉的,毛泽东也不会这么做。因为如果那样的话,他就等于自我推翻了他的"文革"主张。从这点看,邓小平是很幸运的:这一次天塌下来由刘少奇这个高个子顶住了。他之所以有"改过自新"的机会,是因为他前面还有个头号走资派,顶着"第九次错误路线"。不然的话,邓小平即使有 30 条功劳,恐怕也难过毛泽东这一关。

有了毛泽东的批示,周恩来就好办了。1973 年 3 月 10 日,周

---

① [美]张大卫:《中流砥柱各有千秋——周恩来和邓小平》,中国广播电视出版社 1988 年版,第 122 页。

恩来根据毛泽东的批示和指示,主持召开政治局会议,讨论启用邓小平的问题。政治局里的"文革派",即后来的"四人帮",非常害怕邓小平复出。他们对付一个周恩来已属不易,再来一个邓小平就更加不利,而且他们知道邓小平是更难以对付的。但是,由于周恩来手上握着毛泽东的尚方宝剑,江青、张春桥等人,只好暂时退后一步,同意邓小平复出。会议决定恢复邓小平的党组织生活和国务院副总理职务。5个月后邓小平进入中央委员会。邓小平迈出了复出的第一步,这一步非常艰难,但不是决定性的。

五、智斗"四人帮"

1973年12月12日,毛泽东在他的大书房里召集了一次对刚刚复出的邓小平很有意义的政治局会议。会上毛泽东宣布了一个重大决定:全国八大军区司令员对调。紧接着毛泽东建议在座的政治局委员齐唱《三大纪律八项注意》。林彪事件后毛泽东不止一次号召他的下属齐唱这首歌。看得出他很希望把全党全军的步调重新统一起来,解决好林彪死后留下的一系列问题。这些问题包括"政治局不议政,军委不议军"的现象。毛泽东早在这年年初就提出过这个问题。现在再次重申表明他觉得问题到了非解决不可的时候了。

怎么解决呢?毛泽东把视线移向坐在一旁的邓小平:"现在,请了一个军师,叫邓小平。"毛泽东像介绍特别来宾似地说:"他呢,有些人怕他,但他办事比较果断。外面和气一点,内部是钢铁公司。"接着毛泽东对邓小平进行公开评价:"他一生大概是三七开",七分成绩,三分错误,希望邓小平把"过去的缺点,慢慢改一改"。毛泽东当众建议邓小平当政治局委员、军委委员,还准备给邓小平配个政治局秘书长。邓小平不要这个头衔,毛就让他当军委参谋长。毛心想有邓小平的果断和魄力,不议政、不议军的问题就不难解决了。

毛泽东把视线移向坐在一旁的邓小平:"现在,请了一个军师,叫邓小平。"毛泽东像介绍特别来宾似地说:"他呢,有些人怕他,但他办事比较果断。外面和气一点,内部是钢铁公司。"

15

毛泽东对邓小平的器重,主要因为邓小平人才难得,办事果断。现在,他就需要这样的人才,以便填补周恩来以后的权力真空。这种发展趋势引起"四人帮"极大的恐慌。首先出面反对重用邓小平的是江青。1974年3月政治局讨论派谁去参加联合国第六届特别会议。毛泽东记得20世纪60年代邓小平在莫斯科同赫鲁晓夫较量的劲头,便提议邓小平去。江青害怕邓小平在国际舞台上再次提高威望,极力加以反对。毛泽东没有偏袒他的夫人,反而严厉警告江青不要反对他的意见。邓小平复出后与"四人帮"的第一次较量,由于毛泽东的支持而取得胜利。

"四人帮"排挤邓小平,是因为邓小平和周恩来联合在一起。周恩来到1974年身体越来越糟。如果邓小平一步步上升,将来周恩来的接班人就非邓小平莫属了。这是"四人帮"最不愿看到的结果。他们几人都知道邓小平比周恩来强硬,因而更难对付,因此必须趁他羽翼未丰时加紧打击。1974年7月,毛主持又一次政治局会议。"四人帮"趁周恩来不在场,由江青带头,其他三人配合,从不同方面向周恩来发起攻击,想通过攻周达到排邓的目的。毛泽东大为恼火,警告他们"不要搞成四人小宗派",要江青不要设两个工厂,即不要乱打棍子(设钢铁工厂),乱扣帽子(设帽子工厂)。江青等人不自量力,把看家本领用到周恩来身上,结果更引起毛泽东的反感。毛泽东第一次提出"上海帮"和"四人小宗派"的概念,使江青等人在以后的较量中更加被动。

毛泽东的性格是他认准了的事,别人越反对他越坚决。"四人帮"攻周排邓是冲着周以后国务院总理的位子而来的。毛反其道而行之,于1974年10月提议邓小平任国务院第一副总理,为周以后的总理人选预做了安排。这下"四人帮"更慌了手脚。四届人大召开在即,如果人大后形成一个周、邓体制,他们的梦想就全部落空。无论如何,他们要阻止这一局面出现。这一次,他们经过预谋,决定拿"风庆轮问题"对邓小平搞一场突然袭击。1974年10月17日邓小平主持政治局会议,江青首先发难,提出所谓风庆轮事件上的崇洋卖国问题,并且逼问邓小平:你对这个问题是什么看法？邓小平面临两难选择：他不会同意江青的说法，但是如果起而反驳势必爆发一场无谓的主义之争，争论中很可能被他们抓住什么辫子，因为这帮人抓辫子很内行。于是邓小平做了第三种回答：我要调查。江青等人不依不饶，大吵大闹。邓小平气极：政治局讨论问题要平等么，你们不能用这种态度待人。"四人帮"一拥而上：早就知道你要跳出来，今天你果然跳出来了。邓小平忍无可忍，以更干脆的方式回答了"四人帮"的挑衅，他起身离席，拂袖而去。毛泽东后来称赞邓小平这一次不向"四人帮"让步，做得好。

"四人帮"这次突然袭击不仅没有捡到便宜，反而有可能要负搅乱政治局会议的责任。因此他们更加紧张起来。为了争取主动，他们决定恶人先告状，兵分两路去争取毛泽东的支持。一路由毛泽东亲手提拔的接班人王洪文出面，到长沙面见毛泽东，从正面告周恩来等人的状。另一路江青亲自出马，去找很受毛泽东信任的两名年轻翻译——王海蓉和唐闻生，要她们在陪外宾去长沙时从侧面向毛泽东反映邓小平如何大闹政治局会议，性质类同"二月逆流"，以及周恩来在医院里如何借工作为名经常和少数几个人搞串联等情况。首先使他们失算的是王、唐二人很快就把他们所说的话一五一十向周恩来做了汇报。周、邓等人行得正、站得稳，并不急于向毛泽东表白什么。结果事情的发展又一次出乎"四人帮"的意料，他们的两路夹攻不仅没有争到主动，反而更加被动。

王洪文向毛泽东报告说，周恩来住在医院里并不全是养病，而是每天找人谈到深夜，经常去的有邓小平、叶剑英、李先念等；他们这样频繁的往来与四届人大的人事安排有关；还特别提醒毛泽东北京现在大有庐山会议的味道。毛泽东只是静静地听着，没有表态支持或者反对，因为他知道政治局内有两个阵线，他不能偏听一个方面，还需要兼听。第三天王海蓉和唐闻生来长沙向毛泽东反映了事情的真相，毛心里有了底，要王、唐回京后转达他的指示：四届人大的筹备工作和人事安排要由总理和王洪文一起管；建议邓小平任党的副主席、第一副总理、军委副主席兼总参谋长。

"四人帮"一拥而上：早就知道你要跳出来，今天你果然跳出来了。邓小平忍无可忍，以更干脆的方式回答了"四人帮"的挑衅，他起身离席，拂袖而去。毛泽东后来称赞邓小平这一次不向"四人帮"让步，做得好。

毛泽东的表态使江青等人在四届人大前的组阁阴谋彻底破产。12月下旬周恩来和王洪文一同来长沙见毛泽东,毛当着王洪文的面再次警告不要搞"四人帮",并直言不讳地说邓小平的政治思想比王洪文强。接着毛泽东一字一句地设定了四届人大的人事安排。周恩来本打算让邓小平任第一副总理兼总参谋长,毛纠正要邓任军委副主席、第一副总理兼总参谋长,理由是邓小平人才难得。邓小平在11月中旬也来过一次长沙,当时他向毛泽东表示,安排他做这三件工作,他没有意见,但是他觉得责任太重了一点,怕负不起。毛泽东鼓励他把担子挑起来。这三副"担子""四人帮"伸手抢了好久,毛泽东就是不给。邓小平觉得责任重大,毛反而鼓励他干。这至少说明在政治斗争中主动和被动存在某种辩证转化关系:太主动了反而要被动,适当的被动反而会主动。

邓小平复出后两年中多次同"四人帮"交锋,每一次的结果都是邓小平占上风,"四人帮"越来越被动。1975年夏天,毛泽东甚至让邓小平主持过两次批评"四人帮"的政治局会议,迫使江青和王洪文公开检讨认错。邓小平能取得如此成功,除了有周恩来等元老的支持,"四人帮"的不得人心,邓小平本人的才能令毛泽东赏识等条件外,还有一个重要原因就是邓小平掌握了与毛泽东相处的方法。邓小平复出后,像毛泽东所希望的那样,把过去的缺点改了一改,遇事都向毛泽东请示汇报。当然是不卑不亢的,既尊重,又有个性,坦荡无私。毛泽东最反感的是别人背着他拉帮结派搞小集团,林彪垮台后他总结经验教训反复强调要"三要三不要":要搞马克思主义,不要搞修正主义;要团结,不要分裂;要光明正大,不要搞阴谋诡计。在毛泽东心目中,"四人帮"的马列主义也许不差,但后两条就大有嫌疑,所以他多次批评他们不要搞"四人帮"。邓小平的最大特点是光明磊落,襟怀坦白。毛泽东经过林彪的教训后对这一点特别欣赏。而有了这一条,团结自然不成问题。在中共党内帮派属绝对禁止的东西,但"帮"和"派"的概念并不是那么明确的。关键看你搞阴谋还是搞"阳谋"。所谓"阳谋"就是对最高权威公开。这种公开化意味着同最高权威站在一

毛泽东鼓励他把担子挑起来。这三副"担子""四人帮"伸手抢了好久,毛泽东就是不给。邓小平觉得责任重大,毛反而鼓励他干。这至少说明在政治斗争中主动和被动存在某种辩证转化关系:太主动了反而要被动,适当的被动反而会主动。

派,而这种"派"是合法的,因而不算帮派,不存在分裂党的问题。要说邓小平也是有倾向性的,对江青那一派来说,邓小平这边也有一派,即邓小平、周恩来、叶剑英、李先念等人。但是邓小平和周恩来不像江青那样把少数几个人固定地搞在一起。这样即使有个"派"也没有严格的界限,因而可以容纳大多数,因而也就谈不上帮派。再加上邓小平事事向毛公开,紧紧团结在毛泽东周围,站在毛这一"派"上,这样对付"四人帮"就有很大的优势。

六、整顿软、懒、散

1975 年 1 月,邓小平正式受命担任中共中央副主席、国务院第一副总理、军委副主席、解放军总参谋长四项职务,开始大刀阔斧地进行各方面的整顿工作。

"文革"留下的问题成堆,从何处整起? 邓小平决定从危害最烈的派性入手。派性又是动乱的根源,又是"文革"的产物。要整治它,必须有足够的理由。好在毛泽东已有最高指示:"文化大革命已经八年了,现在以安定团结为好。"这"安定团结"四字就成了邓小平整治派性的尚方宝剑。

但是邓小平知道光喊几句"安定团结为好"是不足以制服这个"文革"顽症的。多年的党务实践告诉他,对付派性最有力的手段是强调党性。不管搞派性的人有多少理由,总不能否定党性大于派性。

邓小平走的第一步高棋是用"党性"剥夺"派性"的合法性。他说:"要安定团结,就必须消除派性,增强党性","把党性放在第一位"①。"现在解决各地区、各部门的问题,都要从反对派性、增强党性入手。"②邓小平分析当时的派性活动,"有的是敌人,他们

---

① 《邓小平文选》第二卷,人民出版社 1984 年版,第 2 页。
② 《邓小平文选》第二卷,人民出版社 1994 年版,第 14 页。

利用派性来闹事;有的是为了争个人名利而打派仗;有的是打了几年派仗,被派性迷住了心窍。"①他不像毛泽东那样对什么都做阶级分析,不管你是什么派,他统统拿来与党性对立起来,并把这种反派性斗争与中共党内历次反宗派主义,与毛泽东"要团结不要分裂"的原则联系起来。这就一下子剥夺了派性分子的发言权,令那些号称"革命左派"的人动弹不得。

第二步,建立敢字当头的领导班子。邓小平强调:"整顿的核心是党的整顿。只要抓住整党这个中心环节,各个方面的整顿就不难。"尤其精明的是他把"整党主要放在整顿各级领导班子上"②。他说:"要斗派性,没有敢字当头的领导班子就根本不可能。"③邓小平分析当时领导班子存在三个问题:软、懒、散。"软"是因为斗怕了,不敢负责,尤其不敢碰派性。软的结果是"懒"于管事,走向消极无为。"散"与闹派性有关,是班子内部存在派性的表现。整顿的办法,一是给那些被造反派打入"地下"、不敢负责的原班子撑腰打气,鼓励他们勇敢地站出来,不要怕摸老虎屁股。二是"找一些不怕打倒的人进领导班子"④,由中央和省委给予支持。通过这两方面的努力,配好一、二把手,建立起一个敢字当头的硬班子。这样一来,邓小平很快重振了"文革"前他所掌管的党政系统的权威,解决了"没有党的领导"或者"党讲话不灵"的问题。

整顿领导班子同时也是一种分离手术。党的领导班子要扶正、要加强,但是,凡以"造反"起家、以"反潮流"为资本,向党伸手,要当党员、要做官的,一律不给。已经给了的怎么办? 采取坚决的组织措施:把各地的派性头头从原单位调开。"调动后又钻出个新的头头怎么办? 钻出来再调。调两次、三次,总可以解决了吧。……闹派性的头头不服从调动怎么办? 不服从调动不发工

邓小平分析当时领导班子存在三个问题:软、懒、散。"软"是因为斗怕了,不敢负责,尤其不敢碰派性。软的结果是"懒"于管事,走向消极无为。"散"与闹派性有关,是班子内部存在派性的表现。

① 《邓小平文选》第二卷,人民出版社1994年版,第10页。
② 《邓小平文选》第二卷,人民出版社1994年版,第35页。
③ 《邓小平文选》第二卷,人民出版社1994年版,第25页。
④ 《邓小平文选》第二卷,人民出版社1994年版,第8页。

资。你的'行业'是闹派性,何必到我们这里来拿工资?"①调人的
主要目的是解决"占着茅坑不拉屎"的问题。当时还不能把这些
人怎么样,能把他们支开就不错了。据说当时国防工办为了排除
干扰,曾用"调虎离山"的办法,把各主要企业的造反派头头召到
北京来开会,办学习班,专门给一个地方让他们闹,使他们无法妨
碍别人干工作。

最后一招是发动群众站起来共同反对派性。邓小平是不喜欢
群众运动的,现在是"以毒攻毒"。因为那些闹派性的人,总是以
群众组织形式出现,动不动就"代表革命群众"讲话,中央和省委
都不怕,基层领导更不在话下。"可是他最怕群众,怕群众起来。
所以治那种人的办法,就是发动群众同他斗,寸步不让,而且要有
一个声势,不能冷冷清清。"②这一招使"派性分子"从"革命群众"
中裸露出来,失去了"革命群众"的保护色,失去了群众基础,从根
子上被治住了。

此外,在反对派性的斗争中,邓小平有效地发挥了专政的作
用。据说杭州地区造反派闹事,王洪文出马未能平息,邓小平派驻
军队,逮捕了肇事者,很快便解决了问题。

整顿派性说到底是为了重振党的领导权威,恢复各种秩序和
纪律,使各项工作重新步入正轨,把"文革"造成的乱和偏治一治,
纠一纠。

经济方面的整顿,邓小平以铁路运输为突破口,因为铁路既是
派性危害的重灾区,又是制约整个国民经济的瓶颈。铁路系统整
了两个月即见成效,邓小平以此为起点,依次整顿了钢铁工业、国
防工业和军队系统等要害部门。到是年9月,整顿工作已在工业、
农业、科研、文教各战线全面展开。

整顿的成效是显著的,据说至少有9项生产指标在当年6月
即达到历史最高水平。对军队的整顿及时有力地阻止了"四人

> 整顿派性说到底是为了重振党的领导权威,恢复各种秩序和纪律,使各项工作重新步入正轨,把"文革"造成的乱和偏治一治,纠一纠。

---

① 《邓小平文选》第二卷,人民出版社1994年版,第6页。
② 《邓小平文选》第二卷,人民出版社1994年版,第9页。

帮"插手军队的企图。科研和文教的整顿,因为积重难返,实效不大,但初步提出了一些很好的意见,例如:"科研上不去要拉整个建设的后腿","科学技术不能闭关自守","要实行业务领导、充实专业队伍、加强理论研究","'白专'总比占着茅房不拉屎强","七·二一大学不是唯一的形式",等等,在当时起了解放思想的作用。

整顿不仅解放了生产力,解放了思想,还解放了不少人。邓小平根据毛泽东"要尽快结束专案审查把人放出来"的意见,一口气释放了300多名长期关押的高级干部。邓小平还把贺诚之女写给他要求给贺诚分配工作的信转给毛泽东,从毛泽东那里获得"贺诚无罪"的批示后,邓小平又乘机把落实干部政策推进一步。这些被解放的干部是邓小平第三次复出的重要基础。

由于"四人帮"作梗,不久毛泽东发觉邓小平的全面整顿是针对"文化大革命"的,于是发起一场旨在捍卫"文化大革命伟大成果"的"批邓反击右倾翻案风"运动,邓小平再一次被打倒。

邓小平的整顿虽然夭折,但这是中国改革的第一次试验。邓小平因为整顿再次受屈,同时也因为整顿而深入人心。要不是1975年的全面整顿,老百姓怎么知道中国还有一颗新的救星可以祈盼?

1989年10月13日,邓小平在会见匈牙利工党总书记卡达尔时,直言不讳地说:20世纪80年代中国的改革,"其实在1974年到1975年我们就试验过一段。……那时的改革,用的名称是整顿"。"1976年四五运动,人民怀念周总理,支持我的也不少。这证明,1974年到1975年的改革是很得人心的,反映了人民的愿望。"①

为什么邓小平第三次复出后,敢于采取那样大的动作同"凡是派"作斗争,以彻底否定"文化大革命"、大幅度推行改革开放政策?就因为经过1975年的试验,他深信人民会支持他。

___

① 《邓小平文选》第三卷,人民出版社1993年版,第255页。

七、"三项指示为纲"

周恩来患病住院后,邓小平受命于危难之际,接替周恩来主持中央日常工作。这是邓小平独当一面施展报国理想的大好机会,同时又是对他的一场严峻考验。问题不在于能力和魄力,而在于"文革结"还没有解开。邓小平面临两个问题:第一,他和"四人帮"谁胜谁负的问题还没有解决;第二,毛泽东对他的工作会支持到什么程度还是一个未知数。解决这两个问题的钥匙是同一把:把毛泽东的旗帜抓在手里。

邓小平明白,他在大刀阔斧搞整顿的同时,还必须注意斗争策略,处处以毛泽东的名义行事。这并不是他固有的作风。可是没有办法,他的对手在这方面是"专家",他必须好好向对手们"学习",才能保证自己的合法性不被剥夺。所以在每一次有关整顿的讲话中,邓小平都没有忘记申明他是根据毛泽东的某一指示或经过毛泽东同意了的。例如他说:"毛泽东同志讲军队要整顿,整个党也有这个问题。"①"我在政治局讲了几个方面的整顿,向毛泽东同志报告了,毛泽东同志赞成。"②

在 1975 年 7 月的一次讲话中,邓小平说:"前一个时期,毛泽东同志有三条重要指示:第一,要学习理论,反修防修;第二,要安定团结;第三,要把国民经济搞上去。"

这三条指示反映毛泽东在"文革"后期的矛盾心理:他希望结束"文革"混乱,但又不想纠正"文革"错误。发动"文革"的目的是要反修防修,现在要抓住安定团结和国民经济,是为了把"文革"反修防修的成果和措施巩固起来、坚持下去。用毛泽东的习惯语言说,三条指示,第一条是纲,第二、第三两条是目。纲举才能

---

① 《邓小平文选》第二卷,人民出版社 1994 年版,第 12 页。
② 《邓小平文选》第二卷,人民出版社 1994 年版,第 35 页。

周恩来患病住院后,邓小平受命于危难之际,接替周恩来主持中央日常工作。这是邓小平独当一面施展报国理想的大好机会,同时又是对他的一场严峻考验。

目张,目为纲服务。

可是对邓小平来说,毛泽东的三条指示,后两条他是百分之百响应的。事实上20世纪80年代他主政中国的基础纲领还是这两条。至于第一条,邓小平即使不完全反对,也不赞成把它放在"纲"的位置上。分歧就出在这三条指示的关系上。以什么为纲是关系全局的原则问题,邓小平在原则问题很难做妥协让步。但他又知道自己拗不过毛泽东。这就不得不用些智慧了。

好在毛泽东没有明确规定他的三条指示中哪一条是纲。邓小平利用这个"疏忽",将毛泽东的三条最高指示都称作纲。他强调:"这三条指示互相联系,是个整体,不能丢掉任何一条。这是我们这一时期工作的纲。"在这个"三项指示为纲"的口号里,毛泽东心目中的"纲"和邓小平心目中的"纲"都得到了满足。

接下来,在强调具体落实时,邓小平说:"毛泽东同志去年就讲过,文化大革命已经八年了,以安定为好。现在加一年,九年了,要团结起来,安定起来。我们有好多事要办。国际方面的斗争,事情很多。国内也有许多事情要做,特别是要把国民经济搞上去。"①至于学习理论云云,邓小平没有反对,也没有强调,有意地从整体中丢掉了这一条。

但你不能说安定团结和国民经济这两条是邓小平的"私货",因为这也是毛泽东的最高指示。邓小平紧紧抓住这两把对他有利的尚方宝剑,用来推进各方面的整顿,恢复生产和发展经济,用以对付"四人帮"的明枪暗箭。

"安定团结"这把宝剑正好用来收拾"文革"遗留下来的派性。邓小平猛扫几下,便收到极好的效果,他所需要的秩序很快恢复了。但是实现安定团结本身并不是目的,目的是要排除干扰专心致志地把国民经济搞上去。这是毛泽东的三项指示中最末的一项,在邓小平的心目中却是最重要的一项。

至此,邓小平把毛泽东的三项指示的关系完全颠倒过来了。

───────────

① 《邓小平文选》第二卷,人民出版社1994年版,第12页。

但他不能单独搞国民经济为纲,不然,就会同毛泽东一向的"纲"——阶级斗争——撞车。于是邓小平用了另一个词:大局。"现在有一个大局,全党要多讲。大局是什么?"邓小平说,实现三届人大和四届人大提出的四个现代化目标,"这就是大局"①。他将四化目标同当时"值得引起严重注意"的生产形势进行比较,号召全党讲大局,把国民经济搞上去。

毛泽东的公式是"抓革命促生产",看上去似乎阶级斗争和经济建设两手都要抓,实际上他始终把革命放在第一位,不允许任何人用生产冲击革命。所以毛泽东领导下的各级干部都懂得一条规律:"抓革命保险,抓生产危险"。许多人就因为抓了生产而获罪,被打成"唯生产力"论者,右倾机会主义或修正主义分子。邓小平当然也不能违抗毛泽东的公式,他只能在实际操作中悄悄把重心移向经济生产。他说:"毛主席讲,要抓革命,促生产,……现在有的同志只敢抓革命,不敢抓生产,……这是大错特错的"②。不久,"四人帮"把这篇讲话称作"复辟纲领"。

邓小平的政治研究室还专门搞了一份文件——《论全党全国各项工作的总纲》(以下简称《总纲》)。所谓"总纲"当然是指毛泽东的三项指示,而不是其中的某一项;但实际上这份文件是以经济建设为纲——可以说是后来"以经济建设为中心"纲领的先声。《总纲》引用毛泽东 20 世纪 40 年代的语录:"离开经济工作而谈教育或学习,不过是多余的空话。离开经济工作而谈革命,不过是革财政厅的命,革自己的命,敌人是丝毫也不会被你伤着的。"进而,文件尖锐地驳斥了忽视生产的错误倾向:"一个地方、一个单位的生产搞得很坏,而硬说革命搞得很好,那是骗人的鬼话。那种认为抓好革命,生产自然会上去,用不着花气力去抓生产的看法,只有沉醉在点石成金一类童话中的人才会相信。"后来批邓时,这份文件和另两份文件被"四人帮"称作"三株大毒草"。

① 《邓小平文选》第二卷,人民出版社 1994 年版,第 4 页。
② 《邓小平文选》第二卷,人民出版社 1994 年版,第 4 页。

他不能单独搞国民经济为纲,不然,就会同毛泽东一向的"纲"——阶级斗争——撞车。于是邓小平用了另一个词:大局。

但是正当邓小平围绕安定团结和国民经济进行整顿和复兴大业时,毛泽东的另一条指示"学习理论、反修防修",却被"四人帮"抓去大做文章。这篇文章没有做出什么名堂来,江青又从毛泽东评《水浒》的语录中找到了武器。她声称:"宋江架空晁盖,现在有没有人架空主席呀?我看是有的。"这"宋江"自然是指邓小平。不过这一箭没有射中,"晁盖"似乎甘愿"宋江"架空他,因为他相信"宋江"并无恶意。

你能架空,我就不能架空?经过精心策划,"四人帮"想出一个绝妙主意:把毛泽东的侄儿毛远新送到毛泽东的病榻前当一名"联络员"。毛远新于1975年9月进入中南海后,毛泽东的卧室里加了一部电话,供联络员使用,一头连接毛泽东,一头连接政治局。毛泽东听到的声音和发出的声音,都要经过这里。这下,毛泽东几乎被"四人帮""垄断"起来了。

1975年11月初的一天,毛远新奉伯母江青之命向毛泽东的耳朵里吹进一股风:有人要否定"文化大革命"。联络员说:"这股风,我在省里工作时就感觉到了,似乎比1972年批极"左"还凶。小平同志的讲话,很少讲"文化大革命"的成绩,很少提批判刘少奇的修正主义路线。"文化大革命"中批判17年中各条战线的修正主义路线还要不要坚持下去。三项指示为纲,其实只剩下一条,即生产上去了。外面担心中央,怕出反复……"

"四人帮"放出的这一箭确实射中了要害。毛泽东很快警觉起来:原来邓小平半年多的整顿是针对"文化大革命"的。这不是要翻17年的案,要算"文化大革命"的账吗?这是他绝对不能容许的:他辛辛苦苦一生只干了两件大事,其中一件就是发动"文化大革命",这是他晚年的得意之作,怎么能够被别人否定?如果让邓小平这样整下去,"文化大革命"的一系列"伟大成果"岂不是就要付之东流?于是毛泽东的天平又倾斜过去,迅速改变了他支持邓小平搞整顿的立场。从1975年10月到1976年1月,一条条对邓小平不利的最高指示从毛远新的笔记本传达到政治局的会议室:

> "四人帮"放出的这一箭确实射中了要害。毛泽东很快警觉起来:原来邓小平半年多的整顿是针对"文化大革命"的。这不是要翻17年的案,要算"文化大革命"的账吗?

"什么'三项指示为纲',安定团结不是不要阶级斗争,阶级斗争是纲,其余都是目。"毛泽东揭穿了邓小平以目乱纲的"阴谋"。他质问:"文化大革命是干什么的? 是阶级斗争嘛。""小平……他这个人是不抓阶级斗争的,历来不提这个纲。还是白猫、黑猫啊,不管是帝国主义还是马克思主义。"毛泽东不无失望地说:"说是永不翻案,靠不住啊!"

起先,毛泽东对邓小平还抱一线希望,希望他能回心转意,回到"正确路线"上来。因此毛泽东提出由邓小平主持做一个决议,肯定"文化大革命"的成绩。邓小平在原则问题上从不让步。他说:我是桃花源中人,"不知有汉,无论魏晋",表示由他来写这个决议不适合,婉言拒绝了。紧接着就是批邓小平反击右倾翻案风,邓小平第三次被打倒。

巴拉奇·代内什将邓小平和周恩来进行比较,他说:

> 邓小平不是周恩来,他的作风不同。周恩来注意策略,使自己能够停留在水面上,但不能改变激流的主要方向。邓小平却不顺从这股激流,而是马上筑坝堵住洪水。开始是成功的,但后来仍被激流冲走。他要达到周恩来利用自己的策略未能获得的东西,需要5年时间,有时甚至更长。

八、第三次崛起

毛泽东因发现邓小平在1975年的整顿中想系统纠正"文化大革命"的错误,而且在肯定还是否定"文革"问题上拒不让步,因此决定重新换马,用华国锋取代邓小平的位置主持中央日常工作。开始毛泽东还认为邓小平是内部矛盾,批是要批的,但不一棍子打死,一批二保,让邓小平"专管外事"。"四人帮"的宣传机器在"批邓反击右倾翻案风"运动中也只好称他们要批的是"邓小平同志的修正主义路线","同志"二字表明邓小平还不是阶级敌人。可是后来,1976年4月,毛泽东因听信"四人帮"通过毛远新反映的假情报,把"清明节"群众悼念周恩来、反对"四人帮"的活动定为"反革命事件",并认定邓小平是这一事件的后台。据此毛泽东决定撤销邓小平党内外一切职务,保留党籍,以观后效。邓小平还是党员,尽管如此,他的名字后来再没有"同志"二字,因为据说邓小平问题的性质已经转化成对抗性矛盾了。邓小平正式被打倒,这是他新中国成立后第二次被打倒,是他一生中第三次被打倒。他的对手们希望这一次他永远不能翻身。

然而再次中箭落马的邓小平还是看不出有什么消沉、绝望的表现。像在江西的"牛棚"中一样,他仍旧在庭院里一圈一圈地散步,仍旧一支接一支地吸烟,仍旧坚持用冷水沐身,尽管此时的他已经72岁了。当年的警卫人员向人们回忆邓小平散步时的样子:"当那步子陡然一缓,小平同志的头便慢慢、慢慢地仰起来。他开始深呼吸,两眼恢复了沉静,目光又是那种我所熟悉的样子:庄严里透出奔放,温和里藏着犀利。"①

邓小平的沉着自信来自两点:一是人民的拥护,这一点"四五"运动可以印证。二是朝中元老的支持。周恩来去世后不久,邓小平和叶剑英元帅曾交过一次心。那时邓小平就做好了被打倒的准备,但是他相信,只要有老帅们在,有其他老同志在,他就不怕那几个跳梁小丑闹事!叶剑英表示,只要有一口气,就要斗下去。

毛泽东既不信任想翻案的邓小平,又不相信有野心的"四人帮",于是作出了他一生中最后一个英明决策,把权力交给不属于任何一派的华国锋。毛泽东希望华国锋能够起到平衡、中和作用,同时为两种势力所接受。由于估计到自己不久就要去见马克思,为了预防身后的不测,毛泽东还做了有意识的安排。他不仅把周恩来之后代总理一职明确交给华国锋,而且破例把华国锋安排在第一副主席的位置上。

但是"四人帮"对毛泽东的这一精心安排是不服气的,他们竭尽全力打倒邓小平绝不是为了给华国锋这个圈外人掌权扫清道

① 《邓小平三进三出中南海》,中国大地出版社1993年版,第305页。

路,倒邓的"胜利果实"应当归他们享受才对,怎么能落到华国锋身上呢?

因此邓小平下台以后,最高领导集团出现新的变化,华国锋代替邓小平成为"四人帮"争夺权力的对象。这一矛盾随着毛泽东的去世更加突出。证据之一是宣传机器在继续批判"不肯改悔的走资派"时,又多了个"还在走的走资派"。邓小平已经不能"走"了,那么是谁还在"走"呢? 人们很清楚,指的是华国锋。华的有利条件是他位居第一副主席,并且有毛泽东写给他的三句话保障其继承地位的合法性。这三句话是:"莫着急,慢慢来";"你办事,我放心";"照过去方针办"。"四人帮"中的张春桥看出这三条最高指示的含糊性大有文章可做,于是他另外杜撰了一条毛主席的临终嘱咐:"按既定方针办",背着华国锋大加宣传。"照过去方针办"和"按既定方针办"就含义说本没有什么区别,但是六个字中有三个字不同。注意到这一点的人马上就会产生疑问:毛主席的遗嘱冒出两条来,谁知道哪条是真的呢? 舆论控制民意的特点是先入为主。如果华国锋试图纠正这三个字,反而可能被认为想篡改最高指示。这时到底谁真谁假又取决于谁掌握了舆论。更重要的是,人们只知道毛主席嘱咐他们要按既定方针办,但既定方针到底是什么呢? 毛主席没说。这就意味着"四人帮"想说什么,什么就是毛主席的临终遗嘱。这些都说明华国锋的地位正在受到"四人帮"的威胁。

华国锋与"四人帮"间的角逐反过来又有利于邓小平、叶剑英等元老派。现在无论对华国锋还是对"四人帮"来说,批邓小平似乎都不那么重要了,因为邓小平已经成了被打倒的死老虎。但这样一来,邓小平就有可能重新组织力量。据说毛泽东去世后的某一天,邓小平正在院内散步,突然王震将军到访。邓小平见到王震后的第一个话题就是打听叶剑英最近住在什么地方。邓在此时高度关注叶的状况是有原因的。据叶的秘书 1979 年回忆说:"在毛泽东病重期间,王震多次到叶剑英那里密谈。一次说到'王、张、江、姚'的问题时,王震问叶剑英:'为什么让他们这样猖狂? 把他

邓小平下台以后,最高领导集团出现新的变化,华国锋代替邓小平成为"四人帮"争夺权力的对象。这一矛盾随着毛泽东的去世更加突出。

们弄起来不就解决问题了吗?'叶剑英伸出右手握紧拳头,竖起大拇指,向上晃了两晃,然后把大拇指倒过来,又往下按了按。王震想了一会儿,终于会意:毛主席还在世,不易轻举妄动,要等他去世以后再作计较,要等待时机。"①现在毛泽东走了,时机已经到了。剩下的问题只是如何取得华国锋、汪东兴等人的支持和配合。由于毛泽东去世后,华国锋与"四人帮"间的冲突日益加剧,虽然华国锋对"四人帮"中的江青有顾虑于已故主席的体面,但是面对"四人帮"的步步进逼,他不能不为自己尚未巩固的权力着想。这样,华、汪等人在解决"四人帮"问题上很快就达成一致。结果众所周知,"四人帮"于 10 月 6 日束手就擒,10 月 7 日产生了以华国锋、叶剑英、汪东兴为主的新的中央委员会。

邓小平得知"四人帮"被抓的消息,其高兴心情一点也不亚于 5 年前在江西听到林彪灭亡的消息。要说有什么不同的话,那可能只是 5 年前的那一次使他感到有些惊讶,而这一次多少在他的意料之中。邓小平意识到又一次新的转机出现在他面前,于是他像 5 年前那样第一件事就是给党中央写信,借以表达他此刻"最深刻的感受"。邓小平在这封简短的信中,除了表示他对以华主席为首的党中央取得制服"四人帮"这帮坏蛋的伟大胜利"从内心里感到高兴"外,还向华做了必不可少的政治表态:"我衷心拥护中央的决议,任命华国锋同志为党中央和军委主席。我为这个决议高兴喝彩,它不但对党而且对社会主义是有重要意义。从政治上和思想上讲国锋同志都是毛主席最合适的接班人。他的年龄保证无产阶级的领导将稳定 15 年或者 20 年。对党和对人民的确是一项英明决策! 这难道不是大家高兴的事?"②

邓小平的这封信使朝野要求邓小平复出的势力有了依据。但是华国锋对这封热情洋溢的信反应很冷淡。在他看来,粉碎"四人帮"是他华主席的胜利,而不是邓小平的胜利;"四人帮"的罪行

---

① 见《羊城晚报》1989 年 2 月 10 日。
② 转引自乌利·弗兰茨:《邓小平传》,甘肃人民出版社 1989 年版,第222 页。

并不能抵消邓小平的错误。当然,两个冤家对头现在都打倒了,问题有点复杂化。10 月 26 日华国锋在听取宣传上的汇报后提出四点意见,初步表达了他处理邓小平、"四人帮"和毛主席三者关系的思路:(1)集中批"四人帮",连带批邓;(2)"四人帮"的路线是极右路线;(3)凡是毛主席点过头的,都不要批评;(4)天安门事件避开不说。在 12 月份的会议上,华国锋进一步强调了批邓的必要性。

华国锋抓住"批邓"不放,是因为邓小平在党政等几方面都拥有比他高得多的威望,能力上的差异也是众所周知的。如果让邓小平复出,华国锋将面临一个十分棘手的问题,即邓小平在他的政府中往哪里放,弄得不好很可能对他刚刚取得的领导地位造成威胁。此外,华国锋还有另一层考虑:他是以继承毛主席的遗志来安身立命的,而批邓这件事是毛主席生前决定的,如果现在改变了,岂不是违背了毛主席的遗志? 即使邓小平出来后对他没有什么威胁,他也不能这么做。这两层考虑中当然后者更有说服力。所以华国锋在公开场合坚持批邓的主要根据是"两个凡是",即"凡是毛主席作出的决策,我们都坚决拥护;凡是毛主席的指示,我们都始终不渝地遵循"。有了这两条,不仅可以名正言顺地阻止邓小平复出,而且可以向世人表明他是一丝不苟地忠实地继承毛主席的遗志的。

改革派和"凡是派"的冲突在 1977 年 3 月的中央工作会议上公开化。就在这次会议的小组发言中,陈云、王震等人公开提出要为邓小平平反,为天安门事件平反。陈云说:我认为当时绝大多数群众到天安门去是为悼念周恩来总理,需要查一查"四人帮"在天安门事件上是否插手,是否有诡计。邓小平与天安门事件是无关的。为了中国革命和中国共产党的需要,让邓小平重新参加领导工作是完全正确的、必要的。王震说:邓小平政治思想强,人才难得,这是毛主席讲的,周总理传达的。1975 年,他主持中央和国务院工作,取得了巨大成绩。他是同"四人帮"作斗争的先锋。"四人帮"千方百计地、卑鄙地陷害他。天安门事件是广大人民群众

如果让邓小平复出,华国锋将面临一个十分棘手的问题,即邓小平在他的政府中往哪里放,弄得不好很可能对他刚刚取得的领导地位造成威胁。

反对"四人帮"的强大抗议运动,是我们民族的骄傲。谁不承认天安门事件的本质和主流,实际上就是替"四人帮"辩护。这些言辞的征服力比华国锋的"凡是"论强得多,因此虽不准登会议简报,仍在会上引起强烈共鸣。会后,请邓小平出山的呼声更浓。于是华国锋不得不作出让步,允诺在适当的时机让邓小平出来工作,并说群众在清明节到天安门去表示自己对周总理的悼念之情是合乎情理的。

老人们的抗争给了邓小平有力的声援。但是他并没有坐等别人请他出山。4月10日他又主动给华国锋写了一封信。邓小平在这封信中表示他毫无保留地支持华主席最近的讲话和其他行动,感谢中央证明他本人同天安门事件没有联系,对华国锋承认清明节群众的行动是正当的特别高兴。这对华国锋是个很大的安慰,多少可以打消一些华国锋对他复出后的顾虑。但邓小平紧接着提出必须世世代代用完整、准确的毛泽东思想来做指导。这显然是针对华国锋护身法宝"两个凡是"而来的。邓小平还做了必要的自我批评,承认他在1975年的工作中难免有不足和错误,他真诚地接受伟大领袖毛主席的批评和教导。C.泰尔斯认为,"这种自我批评之所以必要是为了安抚反对他的人以及那些认为应当适当地维护毛主席名誉的人。"[①]最后邓小平建议把这封信和上封信在党内印发。邓小平相信他在党内拥有广泛的支持,一旦他的问题公诸于众,少数人再想左右民心就不可能了。

5月3日中央转发了邓小平的信。邓小平问题成为全党关注的焦点。现在再阻止邓小平复出就会成为被孤立的少数。华国锋开始考虑如何同邓小平接触。几天后他派汪东兴和李鑫去看邓小平。1977年7月,中共十届三中全会,正式决定恢复邓小平在15个月前失去的所有职务:中央委员、政治局委员、常委,中央副主席,军委副主席,国务院副总理,军队总参谋长。打不倒的矮个子再一次崛起在中国政治舞台上。一个新的时代从此开始。

邓小平还做了必要的自我批评,承认他在1975年的工作中难免有不足和错误,他真诚地接受伟大领袖毛主席的批评和教导。C.泰尔斯认为,"这种自我批评之所以必要是为了安抚反对他的人以及那些认为应当适当地维护毛主席名誉的人。"

---

① 《从毛泽东到邓小平》,中共中央党校出版社1991年版,第127页。

九、冲破"两个凡是"

73 岁的邓小平第三次复出后,并没有满足于恢复官职,安享晚年。他以更大的勇气和智慧致力于排除各种障碍,以便在有生之年实现他酝酿已久的兴国大计。

1977 年 2 月 7 日在全国各大报刊出的"两报一刊"社论《学好文件抓好纲》。这篇由汪东兴亲自组稿的社论代表当时的党中央明确提出:"凡是毛主席作出的决策,我们都坚决拥护,凡是毛主席的指示,我们都始终不渝地遵循。"

社论所谓"抓好纲",是指深入揭批"四人帮"。可是按照"两个凡是",揭批"四人帮"首先就遇到了问题。"四人帮"中的张春桥和姚文元写过两篇著名的文章:《论对资产阶级的全面专政》、《论林彪反党集团的社会基础》。揭批"四人帮"要不要批判这两篇文章?汪东兴说,这两篇文章毛主席看过,不能批,要批也只能不点名地批评其中的错误观点。

揭批"四人帮"必然使人们想起 1975 年邓小平与"四人帮"作斗争的那些历史。如今对 1975 年的全面整顿应怎么看?当时邓小平还没有恢复名誉。现在人们迫切希望他早点站出来,盼望党中央对天安门事件有个公道的说法。可是按照"两个凡是","批邓反击右倾翻案风"还要继续搞,天安门"反革命事件"的案不能翻,其他的就更不用说了,因为这些都是毛主席定的案。

人们含泪唱完了"绣金匾",又开始唱起"交城的山,交城的水,交城山里出了个华政委"。对"英明领袖华主席"的个人崇拜一点也不亚于毛泽东。不解决"两个凡是",等于换汤不换药。

人们感到拨乱反正雷区重重。无论是知识分子想从"两个估计"的重压下吐吐气,还是各级干部想重新考虑一下各项政策,都感到心有余悸,怕反对毛泽东思想、否定"文化大革命"、否定新生事物、为 17 年翻案等大帽子压到头上来。

73 岁的邓小平第三次复出后,并没有满足于恢复官职,安享晚年。他以更大的勇气和智慧致力于排除各种障碍,以便在有生之年实现他酝酿已久的兴国大计。

还有更具体的问题。1978年春，四川、安徽两省传来农民包产到户的消息，饥饿的农民想用他们的实践冲破"两个凡是"。但主管农业的陈永贵赶快加以阻拦，他说这是右倾，是同学大寨对着干。

还有急待安置的百万回城待业大军，急待纠正的涉及亿万人的冤假错案，急待恢复的上万家企业，急待换上去或拉下来的几十万干部……总之是百废待兴，百业待举。如果按照"两个凡是"，都只能这样永远"待"下去。

正如主持宣传工作的耿飚所说：登这篇文章，等于"四人帮"没有粉碎。如果按照这篇文章的"两个凡是"去办，什么事情也办不成。

一位老新闻的感觉则是：好像欢呼"十月胜利"的那口热浪还没有痛痛快快地吐完，就被"两个凡是"给堵了回去。他担心有生之年就这么"凡是"下去。

邓小平代表亿万颗焦虑的心，首先站出来讲话了。

1977年5月，尚未正式复职的邓小平就指出"两个凡是"不行。因为第一，华国锋已讲过要在适当时机让邓小平出来工作，并说清明节群众的行动是合乎情理的，按照"两个凡是"，这是说不通的。第二，每一个人都会犯错误，马恩列斯都没有说过"凡是"，毛泽东自己也没有说过"凡是"。邓小平在这里使用的反驳方法是"以子之矛陷子之盾"。第一条反驳抓住华国锋话中的自相矛盾，确令"凡是派"无言以对。但在第二条反驳中存在着一个类似说谎者悖论的自指循环。如果"凡是派"有足够的逻辑常识，他们满可以反问：你们不是不要"凡是"吗？毛主席没有说"凡是"，我们为什么不能说呢？毛泽东没有说"凡是"，他们说"凡是"，因此他们是说了毛泽东没有说的，因此他们不是"凡是派"。而你说因为毛泽东没有说"凡是"，所以我们不能说"凡是"，倒有点像"凡是论"。这说明"凡是论"从逻辑上是不易驳倒的。邓小平不久即取得复职的胜利，并不是"凡是派"被他驳倒了，而是党心民心等因素起作用的结果。

在此之前(4月10日)邓小平还提出要用完整准确的毛泽东思想来做指导,暗含着"凡是派"搞的是只言片语。后来在十届三中全会(7月21日)上,邓小平又进一步把完整准确的毛泽东思想上升为毛泽东思想体系,想用"整个体系"去对付"凡是派"的"个别词句"。邓小平的意思是说:毛泽东思想的整个体系是正确的,但并非毛泽东说的每句话都是正确的。"凡是派"的错误在于他们不问具体条件抓住毛泽东的某些词句不放,其前提是认为毛泽东的话句句是真理。邓小平还特别指出,引用毛泽东的某些只言片语吓唬人是"四人帮"的惯用手法。这种批判对揭露"凡是派"对待毛泽东思想体系的错误态度无疑是很有力的。但是如果遇上像"无产阶级专政下继续革命"这样的理论,困难就来了。该理论本身就是一个完整的体系,无论你怎么完整准确,都理解不了它的正确性。何况"体系"也要通过个别词句表达出来,到底哪些词句代表毛泽东思想体系呢? 看来区分体系和词句也不能扳倒"两个凡是"。

在区分整个体系和个别词句的同时,邓小平还进一步指出实事求是"是最根本的东西","是毛泽东指导思想的精髓"①。应该说这已经触及"两个凡是"的要害了,因为对毛泽东思想采取"凡是"的态度恰恰违反了实事求是这个毛泽东思想的根本点。问题是"实事求是"不管多么根本,也还是毛泽东的一个"只言片语"。如果"凡是派"找出另外的只言片语,比如说"阶级斗争",把它说成是毛泽东思想的根本点,那又怎么办? 可能正因为意识到这一点,邓小平在真理标准问题提出前,并没有在"实事求是"上多做文章。

在党的十届三中全会上的讲话中,邓小平还以举例形式触及到当时还很敏感的知识分子问题。他首先肯定毛泽东在这个问题上的正确意见,如强调知识分子的作用,用以支持自己的观点,并对毛泽东的有些观点的理解做了纠正,如说毛泽东强调知识分子

邓小平的意思是说:毛泽东思想的整个体系是正确的,但并非毛泽东说的每句话都是正确的。"凡是派"的错误在于他们不问具体条件抓住毛泽东的某些词句不放,其前提是认为毛泽东的话句句是真理。

———————————

① 《邓小平文选》第二卷,人民出版社1994年版,第45、67页。

世界观的改造是从爱护出发,同时还发挥出一些他自己的观点,如说知识分子是脑力劳动者,等等。另一方面邓小平指出,毛泽东说的知识分子是资产阶级知识分子,这样的话现在不能继续讲。邓小平在这里的方法是把毛泽东的话区分为正确和错误两部分,认为正确的应肯定,错误的要否定。邓小平还注意到一个分寸,即正确是毛泽东的主导方面,错误只是部分性的。这对"两个凡是"(句句是真理)当然是个很大的突破。可是如果在某一问题上毛泽东的话都是错误的,或大部分是错误的,邓小平的这种"两分法"就不能解决问题。

1977 年 8 月和 9 月,
邓小平开始把批判锋
芒指向另一个更具爆
炸性的问题——"两
个估计",即认为"文
革"前 17 年的教育战
线是资产阶级黑线专
政,知识分子的大多
数是资产阶级知识分
子。

1977 年 8 月和 9 月,邓小平开始把批判锋芒指向另一个更具爆炸性的问题——"两个估计",即认为"文革"前 17 年的教育战线是资产阶级黑线专政,知识分子的大多数是资产阶级知识分子。这两个估计是毛泽东画了圈的,按照"两个凡是",是不能动的。但是,邓小平说:"毛泽东同志画了圈,不等于说里面就没有是非问题了"。问题在哪里?第一,《纪要》中引了一些毛泽东的话,但"有许多是断章取义的"。第二,"《纪要》里还塞进了不少'四人帮'的东西"①第一句是说毛泽东的话在这里之所以是错的,是因为被别人做了断章取义的理解。第二句指出有的错误不是属于毛泽东本人的。这还是"整个体系"和"个别词句"的关系。那么17 年到底是红线还是黑线?邓小平果断地回答:"主导方面是红线。"应当说,像这样重新评估 17 年在当时是很大胆的,但邓小平"也照顾了一点现实"。他只是说红线为主,并没有说黑线是否存在。邓小平以为只要红线为主,案就翻过来了。哪知他这一"照顾"马上为"凡是派"提供了方便。1977 年年底 1978 年年初,《光明日报》和《红旗》杂志都发文重提黑线论,只是提法更巧妙。他们不否认 17 年占主导地位的是毛主席的革命路线,但在肯定了这一点后,他们斩钉截铁地声称:"黑线是有的,这就是刘少奇的反革命修正主义路线"。17 年不再是黑线专政了,而变成毛主席的

---

① 《邓小平文选》第二卷,人民出版社 1994 年版,第 66、67 页。

红线同刘少奇的黑线作斗争的 17 年。"凡是派"在这里也搞了个两分法,结果使邓小平的两分法失效:黑线还是红线,而红线本身永远是不会错的。

十、支持"真理标准"大讨论

整个 1977 年,对"两个凡是"的批判还都环绕着"只言片语"做文章,或用一些正确的"只言片语"去否定错误的"只言片语",或证明某些"只言片语"本来就不是毛泽东说的。后一努力成果也不少。例如这年 5 月《人民日报》披露:1976 年 11 月 6 日"两报一刊"发表的那篇关于毛泽东的"无产阶级专政下继续革命理论"的文章,经查对原稿,其中有关"全面专政"的提法,不是毛泽东的原语,而是陈伯达、姚文元写上去,排成黑体字,遂成了"毛主席语录"。人们以为这下"文革"的理论基础就动摇了。但这其实一点也没有伤害到"两个凡是",相反却进一步证明:毛主席的话是不会错的,要是有错误的话,那一定不是毛主席说的。更要紧的是,毛泽东说了那么多的话,如果都这样一句句地鉴别真伪对错,该要到何年何月?

1977 年 11 月《人民日报》和《红旗》杂志又爆出好消息:从迟群的笔记本中查出,1971 年毛泽东关于 17 年估计的谈话有如下语句:17 年的估计不要讲的过分,执行错误路线的是一小部分人;多数知识分子还是拥护社会主义制度的;人家是教师,还是要尊重嘛……这些讲话竟被"四人帮"封锁了 6 年之久,现在找出来了,广大知识分子才得以从"两个估计"的重压下缓过气来。可是这样一来,人们会问:如果"四人帮"把这些指示封锁得更严密一些,或者如果迟群干脆把笔记本烧掉了,使得后人永远见不到这真理的阳光,那该怎么办?

无论是用正确的"只言片语",还是强调"整个体系",或者区分"主导方面",都不能叫"凡是派"缴械投降。即使是点出"实事

整个 1977 年,对"两个凡是"的批判还都环绕着"只言片语"做文章,或用一些正确的"只言片语"去否定错误的"只言片语",或证明某些"只言片语"本来就不是毛泽东说的。

求是"这个根本之点,也还是要差那么一点。这主要是因为批判的一方没有超出理论自身的范围。要从根本上制服"两个凡是",必须跳出理论,从理论之外去谈理论问题,即把问题提到真理的标准上来谈。

最先跨出这一步的不是邓小平,而是与邓小平有着同样想法的一位小百姓——南京大学哲学系讲师胡福明。

胡福明老早就意识到,批"两个凡是",目的是为了否定"文革",批评毛泽东晚年的错误,说穿了是要批评两个主席,因此正面冲击难以奏效。他苦苦思索,写正面文章,论实事求是,很难直接触及"两个凡是"。批林彪"句句是真理",有所触及,但不能切中"两个凡是"的要害。"两个凡是"的要害,一是认定毛泽东的话天经地义地是真理,无须实践检验;二是认为凡毛泽东的指示、讲话、批示、圈阅、同意的,都是绝对正确的,不仅无须实践证明,而且本身就是证明的工具,是真理的标准。

经过一连数天的蚊叮虫咬,胡福明终于找到了一个突破口——真理的标准问题。这个题目既切中了"两个凡是"的要害,又不用公开提"两个凡是"。他为抓到这个题目而兴奋不已。

1978 年 4 月的一天,胡福明论实践标准的文章来到《光明日报》新任总编辑杨西光手里。杨是刚从中央党校结业、由当时党校副校长胡耀邦调到《光明日报》来主事的。胡耀邦早在 1977 年 12 月就提出研究党史的两个原则:一是完整准确地运用毛泽东思想,二是实践是检验真理的标准。党校还在胡耀邦的主持下就拨乱反正的一系列问题展开热烈的讨论。杨西光也参加了这些讨论,所以当他看到胡福明论实践标准的文章时,觉得正是自己要找的东西。他决定把文章从《哲学》专刊上撤下来,组织力量修改,加强现实针对性,触及当时影响拨乱反正、冲破禁区的内容,然后放到第一版发表。

在组织力量进行修改时,了解到中央党校理论研究室的孙长江、吴江等人也在写此类文章,于是也被组织来共同修改。修改后的文章突出批判那种认为"圣经上载了的才是对的"教条主义,批判那些"躺在马列主义、毛泽东思想的现成条文上,甚至拿现成条文去限制、宰割、裁剪无限丰富的飞速发展的革命实践的错误倾向,定题为《实践是检验真理的唯一标准》。

文章改好后,送胡耀邦审定。为了扩大影响,编辑们商定,先在中央党校的内部刊物《理论动态》上发表,第二天再由《光明日报》公开。因为凡是在《理论动态》发表的文章,都要经过胡耀邦的审阅。胡耀邦对这个方案欣然同意。

1978 年 5 月 11 日,这篇历时七个月,先后十易其稿的文章在《光明日报》一版下辟栏位置以特约评论员名义发表。"特约评论员"很容易使人们想到这篇文章有可能出自某个权威之手。其实编辑们想出这个名称还有一层考虑:当时凡中央报纸上的重头文章若以社论或本报评论员名义发表,都必须送主管宣传工作的汪东兴审阅,而以特约评论员的名义,就可以避免送审。

经事先商定,《光明日报》发文的当天,新华社全文转发。第二天即 1978 年 5 月 12 日,《人民日报》和《解放军报》全文转载,并在文末注明"新华社 5 月 11 日电"。而实际上,地方上也有《辽宁日报》等十多家报纸同时全文刊载。这样由中央党校和《光明日报》引爆的这颗原子弹,很快即由北京向四面八方辐射。等"凡是派"警觉过来,为时已晚。

据杰斯·布莱报道:

> 实践派发动这场大辩论之前,为了先声夺人,一战即胜,保密工作做得很好,"凡是派"全被蒙在鼓里,一点没有察觉。据悉《光明日报》发表这篇文章时,恰逢华国锋访问朝鲜之际,"凡是派"根本来不及作出及时有效的反应。该文披露于世后,汪东兴、纪登奎联名致电华国锋,汇报这件事,并认为这件事牵涉甚广,后果堪忧,向华国锋请示应付的方针,华接报后,主张持慎重态度。①

"两个凡是"的要害一下子击中了。谁也不能否认"实践是检

> 这样由中央党校和《光明日报》引爆的这颗原子弹,很快即由北京向四面八方辐射。等"凡是派"警觉过来,为时已晚。

---

① 《外国人眼中的中共群星》,四川人民出版社 1991 年版,第 311 页。

验真理的唯一标准"这是马克思主义的基本原则。这个命题妙就妙在它从根本上排除了以任何理论充当真理判据的可能性。"凡是派"的神话终于被打破了:毛泽东的话不能充当检验真理的标准,它本身是不是真理还要由今天的实践来判断。这样所谓凡是毛主席的话都不能改变的说法就不能成立。由此延伸,毛泽东亦不免有错误。既然毛泽东亦有错误,那么冤假错案就应该平反,拨乱反正就理所当然。这个延伸结论吻合了在"文革"期间蒙冤受屈的广大干群的心理,自然也引起"凡是派"的恐慌。

文章见报的当天,就有个"凡是派"发觉这篇文章提出的理论问题并不新鲜,可对现实却非同小可。当晚他就给《人民日报》总编打了个严厉的电话,说这篇文章提倡人们去修改毛泽东思想,在政治上是反动的。

汪东兴缓过神来。5月17日他在一个小会上说,这篇文章"实际上是把矛头指向主席思想",并责问"这是哪个中央的意见?"斥责刊登这种文章的人"没有党性"。次日,汪东兴又把华国锋的亲信、中宣部长张平化找来吹风。张奉命向参加全国教育工作会议的代表团团长打招呼,要他们不要因为《人民日报》转载了,新华社发了,就定论了,要提高鉴别能办,不要随着风转,还要他们回去向省委常委汇报。

吴江说得对:这场讨论如果没有当时刚刚复出的邓小平的支持,是不可能顺利开展的。5月19日邓小平开始表态。据说《光明日报》发文时,他没怎么注意。后来听说有人反对得很厉害,他才找来看了看。看过后邓小平对文化部核心领导小组负责人坦言了他的看法:文章符合马克思列宁主义嘛,扳不倒嘛。5月30日,邓小平同几位负责人讲话时,又针对"凡是派"指出:只要你讲的话和毛主席的不一样,和华国锋的不一样,就不行。这不是一种孤立的现象,这是当前一种思潮的反映。

实践标准的讨论正是冲着这种思潮而来的。邓小平一年来所寻找的正是这个武器。一年前他曾针对"两个凡是"先后两次提到毛泽东思想的根本和精髓是"实事求是",但他没有充分展开,

实践标准的讨论正是冲着这种思潮而来的。邓小平一年来所寻找的正是这个武器。

也没有对"凡是派"构成威胁,那是因为实事求是还没有提到实践标准上来,没有和实践标准联系起来。现在邓小平从民众的智慧中发现了这种联系。因此在 6 月 2 日的全军政治工作会议上,邓小平共讲三个问题,用了一半篇幅讲实事求是。他一针见血地指出:"有一些同志天天讲毛泽东思想,却往往忘记、抛弃甚至反对毛泽东同志的实事求是、一切从实际出发、理论与实践相结合的这样一个马克思主义的根本观点,根本方法。不但如此,有的人还认为谁要是坚持实事求是,从实际出发,理论和实践相结合,谁就是犯了弥天大罪。他们的观点,实质上是主张只要照抄马克思、列宁、毛泽东同志的原话,照抄照转照搬就行了。要不然,就说这是违反了马列主义、毛泽东思想,违反了中央精神。"①邓小平的文风是反对引经据典。但为了论证实事求是是毛泽东思想的出发点、根本点,这一次他破例地像一个严谨的考据学者般地详细引证了毛泽东从 20 世纪 30 年代反对本本主义到 60 年代强调社会实践的原话,在三页的文章中直接引语就多达 17 段,这在邓小平的全部著述和讲话中是唯一可见的。邓小平的引证工作做得很艺术,他几乎把毛泽东所有反对教条主义的尖锐措辞都醒目地搬了出来,如教条主义是懒汉,是共产党的大敌,是党性不纯的一种表现,是对上级指示怠工的最妙方法,是把马列主义看成能医百病的灵丹圣药,用以指导革命,不是机会主义,就是盲动主义,害了自己,也害了同志。邓小平的引证还特别注意把实事求是引申到实践标准上来,如"只有人们的社会实践,才是人们对于外界知识的真理标准";只有经过实践的考验,才能证明思想"究竟是正确的,还是错误的,此外再无别的检验真理的办法";思想必须"在客观实践中得到检验,证明是真理,这才算是真理,不然就不算"②。最后邓小平落到实处,告诫各级领导干部对中央或上级的指示,"不能当'收发室',简单地照抄照转"③。据统计,在 1978 年那场真理标准

①　《邓小平文选》第二卷,人民出版社 1994 年版,第 114 页。
②　《邓小平文选》第二卷,人民出版社 1994 年版,第 115、117 页。
③　《邓小平文选》第二卷,人民出版社 1994 年版,第 118 页。

邓小平的文风是反对引经据典。但为了论证实事求是是毛泽东思想的出发点、根本点,这一次他破例地像一个严谨的考据学者般地详细引证了毛泽东从 20 世纪 30 年代反对本本主义到 60 年代强调社会实践的原话,在三页的文章中直接引语就多达 17 段,这在邓小平的全部著述和讲话中是唯一可见的。

的大讨论中,全国共计发表了650篇专文,邓小平的这篇讲话,无疑要算一篇,而且是最出色、最有分量的一篇。

邓小平6月2日的讲话有力地支持了真理标准的讨论,但"凡是派"仍不服输。6月15日,汪东兴召集宣传单位负责人开会,仍不点名地批判关于实践标准的文章。这时社会上盛传《人民日报》犯了错误,改组了。还有人攻击《理论动态》,说"四人帮"时有"两校",现在是"党校",这下完了。一些"左"派理论家大有反攻之势,他们攻击强调实践标准是否认理论对实践的指导作用,他们质问说共产主义要到将来才能实现,现在还不能被实践证明,难道就不能算作真理吗?为了回答这类挑战,胡耀邦又组织吴江等人写出第二篇重点文章《马克思主义的一个最基本原则》。该文已不可能在《光明日报》和《人民日报》上发表,于是采取曲折方式,先在《解放军报》上以特约评论员的形式发表。这一方案得到军委秘书长罗瑞卿的大力支持和帮助,罗为此文先后6次与胡耀邦通话联系,他还说这篇文章如果要挨打,他愿先挨50大板。该文除论证理论指导实践的过程同时也就是检验真理、发展理论的过程,还指出一些人之所以要坚持"两个凡是",是因为他们的利益或多或少地同这些旧口号联系在一起。

第二篇文章的发表使真理标准问题的讨论高潮再起。7月,科学界和理论界先后就理论与实践的关系问题召开两次气氛热烈的讨论会,把真理标准问题的讨论推向全国。这时汪东兴急了,他在山东开会向省委负责人约法三章:一不要砍旗,二不要丢刀子,三不要来180度转弯。邓小平把张平化找去,针锋相对地说:你不要再"下禁令"、"设禁区"了,不要再把刚刚开始的生动活泼的政治局面向后拉。9月中旬,邓小平视察东北,针对"砍旗"一说,提出怎么样高举毛泽东思想旗帜的问题,他指出:"两个凡是"不是真高举,而是假高举,形式主义的高举,真正的高举就是实现毛泽东、周恩来的遗愿——四个现代化的目标。"凡是派"的王牌就是"高举",邓小平用真高举和假高举的区别把这面旗帜夺了过来。

实践派几乎控制了所有舆论阵地,"凡是派"手中只剩下一个

《红旗》。汪东兴给《红旗》的方针是"一花独放",即不卷入当前的讨论。在汪的控制下,《红旗》沉默了五个月,没发一篇关于实践标准的文章。后来实在沉默不下去,就组织了一篇重温《实践论》的文章。就是这篇文章,汪也要求把问题限于学术讨论的范围内。这与"四人帮"惯于将学术问题上升到政治问题的做法正相反,只能说明"凡是派"完全处于被动地位。

汪东兴希望保住《红旗》这块最后的阵地,可是后来谭震林杀了进来,终于没有守住。原来,《红旗》打算在毛泽东诞辰85周年时发几篇纪念文章,约谭震林写写毛泽东当年怎样领导井冈山的斗争。谁知谭震林把它写成实践标准的文章。编辑部要他修改,他不但不改,还提出两个新的"凡是":凡是实践证明是正确的,就要坚持;凡是实践证明是错误的,就要改正。谭震林说,这两句话是他思考两个月的结果。后来官司打到政治局,邓小平做了如下批示:我看这篇文章好,至少没有错误。改了一点,如《红旗》不愿登,可转《人民日报》登。为什么《红旗》不卷入?应该卷入。看来不卷入本身,可能就是卷入。这一卷入,使"凡是派"失去了最后一块阵地。

华国锋对各省市负责人的指令也是不卷入,不表态。他还批评表了态的省市。但他无法扑灭这场大火。从8月开始,各省、市、自治区纷纷表态支持实践标准的讨论。只有湖南省最听话,但也最后一个表了态。这是一种特殊的政治表态,赞同实践标准实质上是支持以邓小平为首的实践派。所以各省表态意味着"凡是派"陷入彻底孤立。实践派乘胜追击。在11月10日至12月15日历时36天的中央工作会议上,实践派完全掌握了主动权,打乱了华国锋原定议题,一举形成如下八项重要决定:(1)为天安门事件平反;(2)撤销关于批邓反击右倾翻案风的文件;(3)为薄一波等61人叛徒集团平反;(4)为"二月逆流"平反;(5)纠正过去为彭德怀、陶铸、杨尚昆等人所做的错误结论;(6)撤销中央专案组;(7)审查康生、谢富治在"文革"中的罪行;(8)由各省、市、区根据实事求是原则处理"文革"中发生的一些重大事件。这八项决定

汪东兴希望保住《红旗》这块最后的阵地,可是后来谭震林杀了进来,终于没有守住。

所涉及的人和事,几乎都是毛泽东圈定或点过头的要案,现在全部推翻,标志着"凡是派"全线失利。

12月13日,华国锋被迫在工作会议的闭幕会上对"两个凡是"进行检讨。他说:"两个凡是"的提法太绝对了,它在不同程度上束缚了大家的思想,不利于实事求是地落实党的政策,不利于活跃党内的思想,当时对这两句话考虑得不够周全,现在看,不提"两个凡是"就好了。汪东兴也做了几句不像样的检讨和说明。不管怎么说,"凡是派"服输了,实践派取得了决定性的胜利。

邓小平在闭幕会上做了题为《解放思想,实事求是,团结一致向前看》的讲话。这篇讲话实际是此后召开的十一届三中全会的主题报告。三中全会全面确立了实践派的思想路线、政治路线和组织路线,标志着邓小平时代的开始。会上免去了汪东兴的各项兼职,使其无法再过问宣传工作。同时任命胡耀邦为中央秘书长兼中宣部长,这一位置很快即向取代华国锋的方面发展。

邓小平在成功之际没有忘记实践标准大讨论的贡献。他说这场争论"实际上是要不要解放思想的争论"。"这个争论很有必要,意义很大","越看越重要","是个关系到党和国家的前途和命运的问题"①。因为它解决了思想路线问题,为邓小平彻底纠正"文革"错误、推行改革新政铺平了道路。

十一、彻底否定"文化大革命"

邓小平是因为试图否定"文化大革命"而被毛泽东第二次罢官的。可见邓小平和毛泽东的根本分歧就在于对"文革"的看法。毛泽东坚持他的"三七开",即七分成绩,三分错误。所谓三分错误,毛泽东指的是"打倒一切、全面内战"。邓小平毫不客气地说:

---

① 《邓小平文选》第二卷,人民出版社1994年版,第191页。

邓小平在成功之际没有忘记实践标准大讨论的贡献。他说这场争论"实际上是要不要解放思想的争论"。"这个争论很有必要,意义很大","越看越重要","是个关系到党和国家的前途和命运的问题"。因为它解决了思想路线问题,为邓小平彻底纠正"文革"错误、推行改革新政铺平了道路。

"这八个字和七分成绩怎么能联系起来呢?"①在他看来,打倒一切、全面内战已经是很大的错误了。而实际上,他要否定的还不止这八个字。他的目标不只是把毛泽东的"三七开"颠倒过来,而是根本否定"文革",否定"文革"的一系列错误理论和实践,否定毛泽东一生所做的第二件大事。

邓小平 1977 年复职后所做的第一件事就是系统清除"文革"后果。这并不是出于个人意气,也不能用邓小平的倔犟性格来解释。根本原因是邓小平有一整套与毛泽东的"文革"做法相反的治国方略,从实现"四化"的目标到改革开放的手段。邓小平明白,毛泽东留下的"文革"遗产如果原封不动地继承下来,将成为他实现其政治理想不可逾越的障碍。相反,如果由他动手去清除这些后果,障碍就会变成巨大的动力。

邓小平决心纠正"文革"错误,构成他与"凡是派"冲突的主题。"凡是派"首领华国锋在粉碎"四人帮"后所做的全部工作就是宣布"伟大的无产阶级文化大革命""胜利"结束了。下一步他抓纲治国的方针,一是集中批"四人帮",二是继续"批邓",三是要求广大干部群众正确对待"文化大革命"。在议论邓小平问题时,汪东兴的说法是邓小平对"文化大革命"还是不理解,三个正确对待(正确对待"文化大革命",正确对待群众运动,正确对待新生事物)做得不好。甚至还有人把邓小平和"四人帮"等同起来。"凡是派"不知道他们想在维护"文革"的前提下既批"四人帮"又批邓小平包含着不可克服的矛盾,而包括邓小平在内的一大批"文革"受害者正好利用这个矛盾把中国引向另一个方向。

邓小平和他的战友们打算从揭批"四人帮"入手。不管怎么说,这是他们和当时占据主导地位的"凡是派"的共同点。可是"凡是派"领导的揭批"四人帮",很有点令人失望。他们首先规定"四人帮"的路线是极右而不是极"左"。按照这个定性标准接连抛出的三个批判材料都不触及"四人帮"的极"左"实质。"凡是

邓小平 1977 年复职后所做的第一件事就是系统清除"文革"后果。这并不是出于个人意气,也不能用邓小平的倔犟性格来解释。根本原因是邓小平有一整套与毛泽东的"文革"做法相反的治国方略,从实现"四化"的目标到改革开放的手段。

---

① 《邓小平文选》第二卷,人民出版社 1994 年版,第 301 页。

派"这样做的目的一是想把邓小平和"四人帮"拴在一起,二是继续维护毛泽东的"文革"路线。因为他们知道一批判极"左"就会触及到毛泽东晚年错误。如果毛泽东发动"文革"是错的,他们这些"文革"受益者作为毛泽东传人的合法性就会发生动摇。

为了打破"凡是派"的战术,邓小平想出一条妙计:把"四人帮"和林彪联系在一起。他于 1978 年 6 月指出:"要把'四人帮'揭深批透,非联系揭批林彪不可"[1]。"四人帮"和林彪在历史上的联系是众所周知的事实,特别是 1966 年的那个《林彪同志委托江青同志召开的部队文艺工作座谈会纪要》。毛泽东生前总认为"四人帮"批刘、林有功。事实上,批刘少奇"有功"不假,批林彪有功很成问题。第一,林彪挨批时已经身败名裂,不批自臭。"四人帮"的批林另有用意,即所谓批林批周公(恩来)。至于批林本身,他们只限于批两头而不批中间,即只批林彪过去的历史和后来搞反革命政变的《571 工程纪要》,而对林彪的极"左"路线则全包了下来,生怕批了林的极"左"露出他们的实质。毛泽东 1972 年曾有过针对林彪批极"左"的指示,但很快就被毛泽东用"反回潮"堵了回去。在批极"左"问题上,毛泽东和"四人帮"一样有顾虑,只是性质、程度不同。林彪和"四人帮"正是利用了毛泽东的"左"倾错误,横行于"文革"十年,天怒人怨,作恶多端。因此邓小平说:"揭批'四人帮'联系揭批林彪,这是顺理成章的事,不存在什么'纠缠历史旧账'的问题"[2]。退一步,即使这是旧账,也非算一算不可,因为这样一算,势必触及"四人帮"的极"左"实质,触及整个"文革"十年的历史,进而触及毛泽东晚年发动"文革"的错误。这一算就完全改变了"凡是派"的部署,使揭批"四人帮"转入邓小平所希望的主题:"文化大革命"期间,林彪、"四人帮"的横行,把一切都搞乱了,"我们现在讲拨乱反正,就是拨林彪、'四人帮'破坏之乱,批评毛泽东同志晚年的错误,回到毛泽东思想的正确轨道

---

① 《邓小平文选》第二卷,人民出版社 1994 年版,第 122 页。
② 《邓小平文选》第二卷,人民出版社 1994 年版,第 122 页。

上来。"①

邓小平知道否定"文革"仅仅批判林彪、"四人帮"的罪行还不够，还必须批评毛泽东晚年的错误。这后一方面在"凡是派"面前最难以通过。但是 1978 年下半年全国上下广泛开展的真理标准大讨论为邓小平开辟了道路。正是这场讨论给邓小平提供了重新评价十年"文革"的是是非非的有力武器。按照实践是检验真理的唯一标准，毛泽东在"文革"中所做的一切决策，到底对不对，也要由实践的结果——"文革"后果来检验一番。这个武器在 1978 年年底连续召开的中央工作会议和十一届三中全会上结出了硕果。

中央工作会议作出了八项重要决定：(1)为天安门事件平反；(2)撤销中央过去关于"批邓反击右倾翻案风"的文件；(3)为薄一波等 61 人所谓叛徒集团一案平反；(4)为所谓"二月逆流"一案平反；(5)纠正过去为彭德怀、陶铸、杨尚昆等同志所做的错误结论；(6)撤销中央专案组，全部案件移交中央组织部；(7)指控文革"功臣"康生、谢富治在文革中所犯罪行；(8)文革中地方性重大事件，一律由各省市自治区据实处理。这些决定虽不是全部，至少是在一些重大问题上把"文化大革命"的案翻过来了。三中全会作出战略重点转移的重大决策，即把全党全民的工作重心转移到社会主义现代化建设上来。这是最根本的拨乱反正，因为它意味着彻底抛弃了毛泽东"以阶级斗争为纲"的"文革"指导思想。

这时邓小平已掌握了最高决策的主动权，他完全可以像赫鲁晓夫评价斯大林时代那样对毛泽东大发意气，历陈"文革"罪状。但是邓小平没有这样做。他知道这种抽象的理论上的否定不仅不能真心达到彻底清除"文革"后果的目的，还会招来许多不必要的麻烦，从而增加前进的阻力。所以邓小平把他的清算工作的重点放在具体否定上，致力于纠正"文革"的具体错误，一样一样地来，而不忙于作政治结论，辩理论是非。停止以阶级斗争为纲，把工作

────────

①《邓小平文选》第二卷，人民出版社 1994 年版，第 300 页。

重点转向经济建设，就是一个很具体也最有力的否定。至于"文化大革命"这段历史的总体评价，邓小平在三中全会上仍采取相当谨慎的态度，主张"不必匆忙去做"，"要做认真的研究工作"，"要经过更长一点的时间才能充分理解和作出评价"①。后来，这个评价经过了三年零六个月，到十一届六中全会才以《关于建国以来党的若干历史问题的决议》的形式作出。在涉及"九大"的合法性时，邓小平也做了个抽象的肯定，以说明"'文化大革命'中间，我们还是有个党存在"②。在三中全会上，邓小平甚至还肯定了毛泽东发动"文革"的动机——反修防修，似乎毛泽东是好心办了坏事，——"好心"可以安慰一大批人，"坏事"（通过改正）可以拯救一大批人。

在具体否定"文革"时，邓小平除了抓住关系到全局的工作重心转移这点外，还选择涉及千百万人的切身疾苦的平反冤假错案作为突破口。这个口子的特点是一突破就不可阻挡，所以很快就冲决了"凡是派"的堤防，为邓小平赢得了广泛的社会支持，使"文革"的灾难性后果变成新长征的动力。这是对"文革"理论和实践的最实在最具体最有力的否定。

邓小平针对"文革"平反冤假错案的具体步骤，采取由近及远的倒退法。首先争取为"文革"后期的天安门事件和反击右倾翻案风两案平反，然后深入到"文革"十年中的一些重大问题，推翻"文革"中毛泽东对有关人物、有关部门、有关事件、有关文件的定案。例如推翻所谓对外联络部实行"三和一少"、"三降一灭"，所谓统战部执行投降主义路线，所谓中宣部是阎王殿，所谓文化部是帝王将相部、才子佳人部等错误结论；为所谓"二月逆流"，所谓"三家村"等冤假错案平反；撤销1966年"部队文艺工作座谈会纪要"和1971年"全国教育工作座谈会纪要"，推翻17年教育战线和知识分子的"两个估计"，等等。

在具体否定"文革"时，邓小平除了抓住关系到全局的工作重心转移这点外，还选择涉及千百万人的切身疾苦的平反冤假错案作为突破口。

① 《邓小平文选》第二卷，人民出版社1994年版，第149页。
② 《邓小平文选》第二卷，人民出版社1994年版，第304—305页。

毛泽东发动"文革"的主要目标及所取得的主要成就是批判以刘少奇为代表的修正主义路线,打倒以刘少奇为首的资产阶级司令部。如果刘少奇平反昭雪了,那将意味着"文革"的案全翻过来了。但是邓小平没有急于迈出这一步。他首先利用三中全会的胜利,为直接影响刘少奇所谓叛徒问题的薄一波等61人案平了反。在刘、邓、陶、王这一串"走资派"中,他首先为后三个次要角色平了反。等到这一切外围工作都做好了,到1980年2月,邓小平认为时机成熟,决定正式为刘少奇平反。

1980年9月19日,中共中央又发通知:对凡属在"文革"中被错误点名批判的人一律予以平反,其诬蔑不实之词统统推翻。"文革"还剩下什么呢?"文革"中涌现出来的大批"新生事物",在邓小平的改革洪流中一件件地悄悄地消失了。毛泽东反修防修最重大的战略性措施,知识青年上山下乡也早于1979年停止,原下乡的数千万知青也于同时一阵风刮回城里。毛泽东发动"文革"最主要的形式即群众运动,被邓小平以宪法的形式加以禁止。最后,"文革"的理论基础无产阶级专政下继续革命理论在《关于建国以来党的若干历史问题的决议》中得到正本清源。根据麦克法奇尔的看法,"文革"起源于1957年。邓小平也许同意这个看法,所以他把否定"文革"的工作一下子彻底到"文革"前的"四清"运动,1959年的历次反右倾运动,1958年的大跃进运动,1957年的反右斗争运动。总之,毛泽东一生所做的两件大事,后一件被邓小平否定得干干净净。尽管如此,邓小平评价毛泽东功是第一位的,过是第二位的,肯定毛泽东的地位,给毛泽东"伟大的无产阶级革命家"和"伟大的马克思主义者"的称号。

否定"文化大革命"的结果,实际上是毛泽东时代的结束和邓小平时代的开始。① 邓小平常把党的十一届三中全会看做两个时代的转折点,因为"三中全会不但解决了'文化大革命'十年的问

① 参见[美]戴维·W.张:《邓小平领导下的中国》,法律出版社1991年版,第22页。

题,也在很大程度上解决了二十多年的问题"。①

十二、平反冤、错、假案

历史上大凡有作为的治世能才立国之初都有大赦天下以结万民的仁政出台。

美国威斯康星州大学历史系教授莫里斯·迈斯纳这样评述邓小平的政治基础:

> 给予邓小平组织的政治联盟以强大动力的是"文化大革命"的受害者要求伸张正义严惩邪恶的强烈愿望。他赢得了在十年动乱中受到迫害的千百万人的同情和支持。在"文革"中受到清洗和污辱的党的干部、遭到批判和迫害的知识分子、1700万被送到农村去的知识青年、感到被毛泽东出卖了的从前的红卫兵、还有数以百万计的受到政治批判因而在肉体上和精神上都遭到摧残的普通群众——所有这些人都寄希望邓小平能够拨乱反正。②

拨乱反正牵涉千百万人的具体行动就是平反冤假错案。"文革"中林彪、"四人帮"推行"打倒一切","全面专政"的口号,冤狱遍地,骇人听闻。据不完全统计,全国的冤假错案共有200多万件,受到错误处理的有几百万人,加上不同程度受到株连的人,共涉及近1亿人口。文化系统的11000多人中,有冤假错案2900余件,差不多4个人里面就有一件。广东省有28000多起所谓反革命案件。河北某县因一个所谓的"新国民党案",全县12万人口中有4400多人被打成国民党,长期关押的有2200多人,迫害致死的400多人,致残的530多人,扫地出门的1500多人。

"文革"中林彪、"四人帮"推行"打倒一切","全面专政"的口号,冤狱遍地,骇人听闻。

---

① 《邓小平文选》第二卷,人民出版社1983年版,第242页。
② [美]莫里斯·迈斯纳:《毛泽东的中国和后毛泽东的中国》,四川人民出版社1990年版,第557页。

此外,在"文革"前的历次政治运动中受到迫害打击的还有 100 万人以上。

要给这么一大批人洗清沉冤,恢复名誉,所动员的社会力量绝不低于毛泽东当年打土豪、分田地一举。其中困难和阻力也是可想而知的。首先是来自"凡是派"、极"左"思潮的阻力。在"凡是派"占主导地位的情况下,邓小平只能因势利导,在反对"四人帮"的口号下开始平反昭雪工作。在他的推动下,1971 年年底,中共中央发出通知:"凡是属反对'四人帮'的人,已拘捕的,应予释放;已立案的,应予销案;正在审查的,解除审查;已判刑的,取消刑期予以释放;给予党籍团籍处分的,应予撤销"。

这些人之所以能够首先得到解脱,是因为他们"纯属反对'四人帮'的人"。如果因为涉嫌反对其他人,特别是反对伟大领袖毛主席而获罪的人,要获得解脱就很困难了。因为"两个凡是"挡了路。为了冲破"两个凡是",邓小平有意识地推动全国范围的真理标准大讨论,使人们的思想逐步得到解放。1978 年 9 月 20 日,平反工作的具体组织者胡耀邦针对"两个凡是"提出"两个不管",即:根据实事求是,有错必纠的原则,对历史遗案进行调查核实,分析研究,凡是不实之词,凡是不正确的结论和处理,不管是什么时候,什么情况下搞的,不管是哪一级组织,什么人定的、批的,都要改正过来。在胡耀邦和邓小平的推动下,1978 年下半年,随着实践标准讨论的步步深入,平反冤假错案取得三个重大成果:第一,对"文革"期间被指控为恶毒攻击社会主义制度,攻击毛泽东和毛泽东思想的所谓"恶攻"案件,进行认真清理,据实平反。第二,对在"四清"运动中一些地区和单位对一些干部的错误定性和错误处理,据实纠正。第三,对 1957 年反右斗争中划为右派分子的人,全部摘掉右派帽子,属错划的予以平反改正。

1978 年年底召开的中央工作会议和十一届三中全会,既是实践标准讨论的重大胜利,也是平反冤假错案工作的重大突破。会议"解决了一些过去遗留下来的问题,分清了一些人的功过,纠正

为了冲破"两个凡是",邓小平有意识地推动全国范围的真理标准大讨论,使人们的思想逐步得到解放。

了一批重大的冤案、错案、假案"。① 例如为天安门事件中受到迫害的人平反,事件中被拘捕的 388 人经复查没有一个反革命,全部释放,恢复名誉。还为在反击右倾翻案风中受到错误处理的人平反,为薄一波等 61 人叛徒集团一案平了反,为"二月逆流"平了反,为彭德怀、陶铸、杨尚昆等人平了反。

邓小平在三中全会上号召:"我们的原则是'有错必纠',凡是过去搞错了的东西,统统应该改正。有的问题不能够一下子解决,要放到会后去继续解决。但是要尽快实事求是地解决,干脆利落地解决,不要拖泥带水。"②在邓小平的有力推动下,三中全会后平反冤假错案势如破竹,一年之内,为 290 万人平反昭雪,没有立案审查而得到平反的比这个数字还要大得多。这一年内得到平反的重点人物有彭真、习仲勋、王任重、黄克诚、陆定一、周扬等。大案的平反活动有:为 1959 年后历次反右倾运动中,被定为右倾机会主义分子或犯了右倾错误的人,一律予以平反;对在 1963 年到 1965 年期间一些高等学校定案处理的五六百名所谓反动学生进行复查平反;对"文革"十年中以反革命罪冤杀错杀的上万例案件进行复查平反。

1980 年 2 月,中共十一届五中全会,宣布为"文革"中最大的冤案——刘少奇一案平反昭雪,撤销了八届十二中全会强加给刘的"叛徒、内奸、工贼、走资派"等罪名,恢复他作为伟大的马克思主义者和无产阶级革命家、党和国家主要领导人之一的名誉。

至此,"文革"的案全部翻了过来。但邓小平有错必纠的原则并没有到此为止,而是一直伸展到"文革"前甚至解放前的历史遗案。他先后为 1955 年胡风反革命集团案平了反,为 20 世纪 40 年代延安肃反问题上的错案平了反,为 30 年代根据地肃反问题上的错案平了反,还重新评价了瞿秋白、张闻天、李立三等早期领导人的功过,为他们恢复了名誉。总之,邓小平几乎把中共的历史重新

至此,"文革"的案全部翻了过来。但邓小平有错必纠的原则并没有到此为止,而是一直伸展到"文革"前甚至解放前的历史遗案。

---

① 《邓小平文选》第二卷,人民出版社 1983 年版,第 147 页。
② 《邓小平文选》第二卷,人民出版社 1983 年版,第 147 页。

写了一遍。

到 1982 年 9 月中央十二大前夕，全国大规模的平反冤假错案工作基本结束，应该得到平反昭雪的人和事都得到了平反昭雪。

在那些平反昭雪的日子里，人们怀着惋惜和哀痛，一次又一次地为那些在林彪、"四人帮"迫害下丧生的民族精英们补开着追悼会，催人泪下的哀乐一遍又一遍地低回在中国大地上。那些在"文革"中含冤去世，曾为新中国的诞生挥汗洒血，立下战功的中共高级干部，以及部分党外人士的骨灰盒，被一批批地放置在北京八宝山革命公墓。死者的亡灵得到告慰，活着的人们纷纷庆贺他们的第二次解放。这一切都告诉人们，是邓小平代表着正义战胜了邪恶。邓小平复职后仅三年多一点的时间，就使几千万人洗清了沉冤，恢复了名誉，幸存者恢复了工作，有的还得到了经济补偿。林彪、"四人帮"犯下的罪恶，包括毛泽东的错误，在邓小平这里都转化成好事，变成激励人们改革开放的动力。由此不难理解为什么被毛泽东两次罢了官的邓小平，竟能取得代替毛泽东的领导地位。

中国人历来相信历史是公正的。由后来人评价前期的冤假错案的事古已有之。按照这个规律，毛泽东时代留下的大量冤假错案，终有一天会得到平反昭雪，只是时间和方式的问题。如果邓小平不主动为这些人平反，就要等待别人，别的政治力量来平反，或者由老百姓以自己的方式在心里平反，不过这样的平反对中共是极不利的。邓小平的平反工作也可以不以党的名义，而以别的名义，例如他个人的名义来进行，那样的话这个党就会摆到平反工作的对立面上去了。邓小平避免了这几种结果，他以党的名义主动为这些受冤屈的人平反。这样虽然无情地暴露出党过去犯的错误，但同时有力地证明这个党有承认错误的勇气和改正错误的能力。既然党有能力改正像"文革"那样的大错误，那么它曾经犯过像"文革"那样的大错误又有什么要紧呢？从这个意义上说，邓小平平反冤假错案的举动，不仅拯救了成千上万的人，而且拯救了一个有 60 年历史的党，使它避免了像苏联党和东欧各国党那样的命运。

林彪、"四人帮"犯下的罪恶，包括毛泽东的错误，在邓小平这里都转化成好事，变成激励人们改革开放的动力。由此不难理解为什么被毛泽东两次罢了官的邓小平，竟能取得代替毛泽东的领导地位。

十三、把干部从"牛棚"解放出来

　　邓小平是不主张用政治运动来整干部的,但在毛泽东当家时,他只能在解放干部这道程序上发挥作用。1962 年,身为中央书记处总书记的邓小平,曾按照毛泽东甄别平反干部的精神,主持了新中国成立以来第一次大规模解放干部工作。这年 4 月,中央书记处发出通知:"凡是在拔白旗、反右倾、整风整社、民主革命补课运动中判断和处分完全错了及基本错了的党员干部,应当采取简便的办法,认真地、迅速地加以甄别平反。"所谓简便的办法,就是由上一级组织出面召开干部大会,或党员、群众大会,公开宣布一律平反。邓小平要求对县以下的干部,"来个一揽子解决,就是说,过去搞错了的,或者基本错了的,统统摘掉帽子,不留尾巴,一次解决"。其理由是,"县以下都是一些基层干部,问题只有那么多,右倾也只是右倾到那个程度,'左'倾也只是'左'倾到那个程度"。①当时需要甄别平反的估计有 1000 多万人,邓小平用一揽子解决办法解决了 600 多万人的问题。他计划把县以下的问题解决后,再解决县以上干部的问题。哪知这年八九月,毛泽东在北戴河会议和八届十中全会上变了调,批评近来刮平反风不对,说 1959 年反右倾不能一风吹。毛泽东重新提出要抓阶级斗争,邓小平的第一轮解放干部工作只好到此为止。

　　1975 年邓小平代替病重住院的周恩来主持中央和国务院的日常工作,着手全面整顿各方面的工作,有机会再次触及干部问题。不过这一次问题的难度要大得多。据说"文革"中副部级以上高级干部有 75% 被立案审查,仅中央和国家部委被审查的干部就有近 3 万人。全国被立案审查的国家干部约 200 多万,这个数字还不包括大量被审查的基层干部和没有立案而受到错误处理的

据说"文革"中副部级以上高级干部有 75% 被立案审查,仅中央和国家部委被审查的干部就有近 3 万人。

------

① 《邓小平文选》第一卷,人民出版社 1994 年版,第 319 页。

干部。当时毛泽东还健在,邓小平要一揽子解决所有这些人的问题,显然是不可能的。他只能相机行事,重点突破。1975年4月,邓小平根据毛泽东关于尽快结束专案审查把人放出来的意见,以中央名义作出决定:除与林彪集团有关的审查对象和其他极少数人外,对绝大多数被关押受审查者予以释放。邓小平还不能否认这些应释放的人中有的属于敌我矛盾,但他主张对这种人有劳动能力的要分配工作或劳动,丧失劳动能力的要养起来,有病的要安排医院治病。属于人民内部矛盾的,更要妥善安置,补发工资,分配工作,恢复组织生活,搞错了的进行平反,尚不能做结论的,问题先在内部挂起来。在邓小平的努力下,有300多名长期被关押的高级干部获得释放,一些人还陆续地分配了工作。邓小平还将贺诚之女写给他要求给贺诚分配工作的信件转给毛泽东。毛泽东看信后批示:"贺诚无罪,当然应分配工作,过去一切诬蔑不实之词,应予推翻。""傅连暲被迫致死,理应予以昭雪。"邓小平根据这个批示,又把落实干部政策推进了一步。但是不久,毛泽东发现邓小平的整个做法是冲着"文化大革命"来的。邓小平还有好多干部没来得及解放,自己就被毛泽东罢了官。

> 但是不久,毛泽东发现邓小平的整个做法是冲着"文化大革命"来的。邓小平还有好多干部没来得及解放,自己就被毛泽东罢了官。

　　再次复职后,邓小平决心把解放干部的工作进行到底。他用三年多的时间在全国范围内大规模地平反冤假错案,其中大部分属于干部政策上的拨乱反正。因为"文革"中几百万冤假错案经过法律程序处理的案件很少,绝大部分是法外治权的政治性案件。这类案件落到普通工人农民头上去的机会不多,绝大部分由"吃皇粮"的国家干部"享用"去了,其中尤以容易犯路线错误的各级领导干部居多。所以在大多数情况下,平反冤假错案的具体内容是指落实干部政策,解放干部。

　　这一次邓小平解放干部的努力得到了胡耀邦的有力配合。1977年年底1978年年初,胡耀邦接连在《人民日报》上组织了四篇文章,为落实干部政策大造舆论。这些舆论使受害者感动得热泪盈眶,但也引起一些人的反对。原中央组织部部长称胡耀邦的文章是大毒草,还说这是中央领导同志的意见。他所说的中央领导同志指谁是很清楚的。阻力既然出在组织部门,那就只有通过组织手段去解决。1977年12月10日,中共中央任命胡耀邦为中组部部长,撤销原来那位部长的职务。改组中组部当然也是中央领导同志的意见。复职半年的邓小平意识到要对付"凡是派",必须首先从组织路线、组织部门入手。

复职半年的邓小平意识到要对付"凡是派",必须首先从组织路线、组织部门入手。

胡耀邦不负厚望,上任后很快使中组部变了个样。但是胡耀邦的真正工作还没拉开序幕,就被高高在上的中央专案组挡住了。中央专案组的三个办公室把持着各种申诉案件,不允许平反昭雪,有的人还说:"胡耀邦翻案风如此猖獗,都翻到我头上来啦!"这个专案组是"文革"怪胎之一,它把各级党政职能部门抛在一边,拥有超越法律立案审查干部的权力,"文革"中属于干部的冤假错案,都是他们的杰作。邓小平1975年主持中央工作期间,就决定要撤销中央专案组,但未遂愿。现在邓小平重新回到中央,一时还不能把这个钉子连根拔掉,只有通过组织部去与之抗衡。在邓小平的支持下,胡耀邦断然决定超越中央专案组,直接向中央负责,请示汇报工作,中组部在平反冤假错案、落实干部政策、解放安置干部的工作中起了冲锋陷阵的作用。

胡耀邦提出了落实干部政策的标准:一是没有结论的,应该尽快作出结论,结论不正确的要实事求是地改正过来;二是没有分配工作的,要分配适当的工作,年老体弱不能坚持正常工作的,要妥善安排;三是去世的,要作出实事求是的结论,把善后工作做好;四是受株连的家属、子女问题要解决好。在胡耀邦的督促下,中组部从1978年1月起,连连召开专门会议研究干部的平反、安置问题。到7月份已重新安置干部5344人。下半年随着实践标准大讨论的深入,落实干部政策势不可挡,到年底已有相当一部分受迫害的干部得到平反昭雪,恢复了工作或名誉。在年底召开的中央工作会议上还取得了一项大快人心的胜利:正式撤销中央专案组,全部案件移交中组部,并决定以后不再采取成立专案组审查干部的办法。

党的十一届三中全会以后,解放干部的步伐进一步加快,先后采取了一系列重大举措,如对 1959 年以来历次反右倾运动中,被定为右倾机会主义分子或右倾机会主义错误的人一律予以平反,对"文革"中被立案审查的 200 万干部的档案材料进行清理销毁,对"文革"中被各类报刊文电点名批判的干部一律予以平反。到 1982 年年底,全国共平反了 300 万名干部的冤假错案,活着的人恢复或重新安排了工作,恢复了待遇,补发了工资;死了的补开追悼会,恢复名誉,解决子女家属问题,大范围地解放干部到此基本完成。

这些干部蒙冤受屈一二十年,他们像邓小平一样,在各式各样的牛棚中饱尝了"文革"的苦果。因此当他们有幸获得第二次解放,重新走上各级领导岗位以后,对于邓小平的拨乱反正工作,其积极性是很可观的。遗憾的是这些干部已入迟暮之年,等到邓小平发现他们的年龄和专业知识已不能适应四个现代化建设的需要时,又不得不说服动员他们以保留待遇为条件,从各级领导岗位上退下来。这一上一下虽然只有几年时间,但对开创邓小平时代却是绝对必需的。邓小平正是依靠了这支干部力量来同"凡是派"抗衡,来代替"文革"中的"三种人",来系统地清算"文化大革命"的后果。

> 这些干部蒙冤受屈一二十年,他们像邓小平一样,在各式各样的牛棚中饱尝了"文革"的苦果。因此当他们有幸获得第二次解放,重新走上各级领导岗位以后,对于邓小平的拨乱反正工作,其积极性是很可观的。

十四、给知识分子"脱帽"、"加冕"

在邓小平平反冤假错案、解决历史遗留问题的一系列举措中,最能表现他政治家智慧的要算他对右派分子的处理方法。

毛泽东 1957 年大约划了 55 万名右派。根据毛泽东的定义,右派形式上在人民内部,实际上是敌人。"文革"中把他们紧排在地、富、反、坏之后,成为"黑五类"之一,可见戴上这顶帽子不是好受的。

1959—1964 年,经周恩来、刘少奇、邓小平等人的争取,先后分五批摘掉了约 30 万人的右派帽子。可是这 30 万人并没有享受到脱帽的痛快,他们在以后的岁月仍然戴着一顶无形的帽子——"摘帽右派"。

为什么摘了帽子以后还有一顶无形的帽子?似乎可以这样解释:这摘帽之举并没有否认当初戴帽是错的。你本来就该戴上这顶帽子,现在把帽子拿掉,让你回到人民中来,这是党和人民的宽大。如果你不珍惜这份宽大,再翘尾巴,这帽子有可能仍旧戴回去。

因此邓小平所面临的不只是摘帽问题,还有个改正问题,即重新判断当初的帽子戴得对不对。只有说明这帽子本来就戴错了,帽子才会真正被摘掉。

1978 年 4 月 5 日,中共中央批准了统战部和公安部《关于全部摘掉右派帽子的请示报告》。7 月 19 日,又批发了关于摘帽问题的"实施方案"。这次行动跟以往有两点不同:一是全摘,不论是错划的,还是没错划的;二是改正,凡不应划为右派而被错划了的,据实予以改正,恢复政治名誉,分配适当工作,恢复工资待遇。至于没有错划的,则不予改正。邓小平非常重视这次行动,称这是"一件很必要的、重大的政治措施"①。因为这部分人中,不少是有用之才。据工业、文教两部分统计,被划为右派的人中,知识分子、技术人员和专家占了 60%以上,有的单位达 80%。邓小平对知识分子的作用估计得比毛泽东要高些。毛虽然也知道知识分子对经济文化落后的新中国是相当宝贵的,但是一当他发觉这些人翘起了资产阶级的尾巴,想同无产阶级进行较量时,他就会毫不留情地打下去,宁可再造一支属于无产阶级自己的知识分子队伍。邓小平则感到有点惋惜,"他们多年受了委屈,不能为人民发挥他们的聪明才智,这不但是他们个人的损失,也是整个国家的损失"②。可见邓小平决心把这批人解放出来,并不仅仅是为了给他们讨个公道,或仅仅为他们的生计着想,更主要的是因为邓小平的整个现

邓小平对知识分子的作用估计得比毛泽东要高些。毛虽然也知道知识分子对经济文化落后的新中国是相当宝贵的,但是一当他发觉这些人翘起了资产阶级的尾巴,想同无产阶级进行较量时,他就会毫不留情地打下去,宁可再造一支属于无产阶级自己的知识分子队伍。

---

① 《邓小平文选》第二卷,人民出版社 1994 年版,第 244 页。

② 《邓小平文选》第二卷,人民出版社 1994 年版,第 243 页。

代化计划迫切需要这样的人才。这些人被压抑了 20 年之久,几乎已经心灰意冷,现在重新解放,自当感谢邓小平的知遇之恩,虽然他们在新长征中干不了多久,但他们对邓小平政权的拥护是毫不含糊的。

但要解放这批人,必涉及对 1957 年反右斗争的评价问题。邓小平的总体评价是两句话:"一句是必要的,一句是扩大化了。"① 另一说法是:"一九五七年的反右本身没有错,问题是扩大化了。"②

邓小平多次重申:三大改造完成后,社会主义制度刚刚建立,这时出来一股势力,一股思潮,是资产阶级性质的。有些人杀气腾腾,想要否定共产党的领导,扭转社会主义方向。他说,"当时不反击这种思潮是不行的"。因此,"一九五七年的反右是必要的,没有错"③。

人们记得右派摘帽和改正工作的进程表:从 9 月 17 日文件下发,到 11 月中旬,仅两个月时间,全国约 55 万名右派分子的摘帽工作即全部完成。至于错划右派的改正,则颇费时日,直到 1980 年 5 月,即用了 20 个月时间才基本结束。改正要一个个审查材料,但更重要的是确定多少人、哪些人维持原案不变。这是需要仔细推敲、权衡再三的。最后从上层人士中挑选出 5 名右派作为没有错划、不予改正的代表。这 5 人是章伯钧、罗隆基、彭文应、储安平、陈仁炳。就是对这 5 名不予改正的右派,邓小平也是颇同情的,他要求"在他们的结论中也要说几句:在反右派斗争前,特别是在民主革命时期,他们曾经做过好事。对他们的家属应该一视同仁,在生活上、工作上、政治上加以妥善照顾"④。据说在这 5 名真右派当中,"章伯钧同志"的骨灰已于 1982 年深秋,郑重地移入了八宝山革命公墓;"罗隆基同志"1987 年在他 90 岁冥寿时,还单

----

① 《邓小平文选》第二卷,人民出版社 1994 年版,第 380 页。
② 《邓小平文选》第二卷,人民出版社 1994 年版,第 244 页。
③ 《邓小平文选》第二卷,人民出版社 1994 年版,第 243 页。
④ 《邓小平文选》第二卷,人民出版社 1994 年版,第 294 页。

独享受了一个由公家主办的纪念会。

邓小平对这 50 多万名右派,没有像对待地主、富农那样,争取只摘帽子不予平反的办法,因为这样做,不符合他实事求是、有错必纠的原则。那么,为什么不效仿解放干部的办法,来个干脆利落,99.98% 的右派都平反了,却留下 0.02% 的尾巴(其实这个小尾巴只要稍微马虎一点就过去了)不予改正呢? 简单地说,就是为了表明反右本身没有错。但是进一步追问,为什么他要极费力地坚持反右本身没有错的结论呢? 是为了照顾毛泽东的形象吗? 说不通,因为邓小平连此前的"胡风反革命集团案"都全盘否定了。是为了逃避自己的责任吗? 也不成立,因为邓小平不是怕担责任的人,他公开说过:"一九五七年反右派,我们是积极分子,反右派扩大化我就有责任,我是总书记呀。"①如果全盘否定反右斗争,势必在知识分子中造成一个印象:共产党再不会划右派了,以后再怎么放也不要紧。这岂不是自由化了吗?

1986 年年底发生学生闹事现象,邓小平做了《旗帜鲜明地反对资产阶级自由化》的讲话,点名批评了方励之、刘宾雁、王若望三人。这三人 1957 年都当过右派,还是几年前改正的呢。这一次"他们狂妄到极点,想改变共产党"。邓小平重复了他的观点:"一九五七年反对资产阶级右派的斗争,有太过火的地方,应当平反。但我们对它没有全盘否定。""没有专政手段是不行的。对专政手段,不但要讲,而且必要时要使用。"②可见邓小平在右派改正问题上留点尾巴是很有远见的。

邓小平在右派改正问题上留点尾巴是很有远见的。

十五、让"地主"、"富农"成为历史

毛泽东时代帽子多。人们曾把这些帽子依次归为九大类:地

---

① 《邓小平文选》第二卷,人民出版社 1994 年版,第 277 页。
② 《邓小平文选》第三卷,人民出版社 1993 年版,第 197、196 页。

主、富农、反革命、坏分子、右派、叛徒、特务、走资派、臭老九（知识分子）。邓小平主政后，相继摘除了主要是戴在干部和知识分子头上的后五种帽子，即为干部摘掉了"走资派"、"右倾机会主义"等帽子，为知识分子摘掉了"右派"、"臭老九"等帽子，使这两部分社会精英可以见到阳光、抬起头来，调动了他们建设社会主义现代化的积极性。还剩下地、富、反、坏四类帽子，是"文革"前早已有的，并且一贯认为是正宗的敌我矛盾。邓小平并没有试图改变这种矛盾的性质，但他还是毅然决然地把这些帽子摘掉了。

1979 年 1 月 11 日，中共中央作出决定：凡是多年来遵守政府法令，老实劳动，不做坏事的地主、富农分子以及反革命分子、坏分子，一律摘掉帽子，给予农村人民公社社员的待遇。据报道，全国先后有 440 多万人由此被摘掉了地主、富农的帽子。

帽子又叫成分，实际是一种具有政治意义的种姓标志。"文革"中为了突出这种标志，不少地方还一度让上述四类人每人的右臂上佩戴着一块白色标牌，上面用黑字写着各人的成分。有了这些明显的阶级敌人存在，倒也时常应了一些基层干部的急，每当上面来了抓阶级斗争的指示，如果他们一时挖不出新的阶级敌人，就把这些带标志的"四类分子"喊去斗一番，以表明他们的阶级斗争的弦还是绷得很紧的。遇上一些苦差事，叫贫下中农去做不适合，干部们就派"四类分子"去立功赎罪。这些人很听使唤，叫他怎样他就怎样，以致有的村子没有"四类分子"，倒显得有些事情办起来不方便。这些人只许规规矩矩，不许乱说乱动，在群众的无情专政之下，不要说违法乱纪，就连生产大队民兵连长的话也不敢有丝毫怠慢。这些人是民主革命的对象，经过 20 多年的无产阶级专政，只剩下哀叹自己前世作孽的份了。邓小平觉得这一场历史上的阶级斗争，不说早该熄灭，现在总是熄灭的时候了。熄灭了对无产阶级没有坏处，用不着审查材料、恢复名誉、补发工资、分配工作，只是宣布帽子不存在，让他们取得农村社员的资格。但这对他们来说，可是一个极大的恩赐。因为他们本来认定了刻在身上的种姓标志此生非带到坟墓里去不可，并且要殃及子孙后代，现在突

帽子又叫成分，实际是一种具有政治意义的种姓标志。"文革"中为了突出这种标志，不少地方还一度让上述四类人每人的右臂上佩戴着一块白色标牌，上面用黑字写着各人的成分。

然被邓公抹去了,有一种翻身解放的感觉,而他们的这种翻身解放,并没有否定贫下中农当年跟随共产党得到的翻身解放。

摘掉"地富反坏"帽子,所解放的不只是这四类"分子",还有他们的子女,以及子女的子女。原来地富分子的子女都有一个地主、富农的"家庭出身"。虽然谁也没说过地主、富农"家庭出身"的子女,其"本人成分"也是地主、富农,但由于社会普遍相信"龙生龙,凤生凤,老鼠生儿必然打地洞","家庭出身"在人们的观念上也是一种"阶级成分"。这种出身问题使地主、富农的子女没有入团入党参军议政的政治权利则是小事,没有上大学、进工厂的份儿也在其次,最要命的是他们找不到恋爱、结婚的对象,面临着"绝种"的危险。贫下中农的女儿即使找不到党员、干部、军人,也绝不会到地主、富农家里去做媳妇。地主、富农的女儿也得降格以就,因为人们都怕沾上反动阶级的血缘,阶级立场不稳。党员、干部要是娶上地富的女儿做妻子,等于宣告自己的政治前途完了。不良的家庭出身不仅殃及第一代地富子女,还殃及第二代。偶尔获得生育权利的地富子女,他们生下的子女,也会因为其父母的地富"家庭出身",沾上说不清的反动血统,因为他们的"家庭出身"仍然是地主、富农。邓小平在宣布地主富农分子一律摘帽的同时,也就从根本上更正了地富子女以及子女的子女的家庭出身。这意味着至少有 1000 万人结束了 30 年来备受歧视的生活,享受到了应有的公民权利,开始了政治上的新生,开始被社会承认他们也是人。他们不能不感谢邓小平给了他们第二次生命。

农村的地主、富农帽子摘后不久,1979 年 11 月,中共中央又作出一项决定:把原工商业者中的劳动者区别开来。这实际是给一部分资本家进行摘帽加改正。1956 年对私营工商业实行按行业的公私合营时,有一大批小商小贩、小手工业者以及其他劳动者也被带进公私合营企业。他们被统称为"私方人员",按资产阶级工商业者对待,即看成大大小小资本家,划入了资产阶级范畴。实际上有些"小资本家"可怜到每月从公私合营中获取的"剥削"——利息,仅能买一两包香烟。他们当中早就有人提出不要

摘掉"地富反坏"帽子,所解放的不只是这四类"分子",还有他们的子女,以及子女的子女。

这份"剥削收入",要求退出资产阶级行列。不知为什么,这个要求一直未能实现,以致也要留给邓小平来处理。邓小平的政府经过一年多的工作,到 1981 年,共将 70 多万名小商小贩和小手工业者从原来的工商业者即资产阶级中挑了出来,恢复了这些人的本来面目——劳动者的成分。从"小商小贩"到"劳动者"的转变,经历了 20 多年时间,幸亏有了邓小平。

在此期间,邓小平还平反了国民党起义投诚人员中的冤假错案,为全国 45 万多名国民党起义投诚人员落实了政策。

台湾学者丁望把邓小平为右派分子、地主富农摘帽等措施称作"软化阶级政策"①。马克思主义的阶级政策把社会分成不同的阶级,以确定革命的对象和动力。毛泽东依靠这个法宝夺得了全国的胜利。取得政权后,因担心被推翻的剥削阶级人还在,心不死,毛泽东又把阶级斗争这根弦绷了近 30 年。经过这 30 年,旧的剥削阶级分子即使心未死,人也快死了。邓小平不等这些剥削阶级分子从肉体上全部消失,就把他们的帽子摘掉了。这一举动诚如丁望所言:缓和了社会的阶级仇恨,把民众的力量逐渐引导到发展生产上来。

摘帽子就是"正名"。名不正则言不顺,言不顺则事不成。邓小平把毛泽东时代留下的所有政治帽子全部摘掉了。这样才使得,除了依据法律加以罚处的犯罪分子以外,所有的人都是平等的公民。这对于调动一切积极因素,共赴四个现代化以及建设社会主义民主和法制无疑是非常必要的。

十六、终结知识青年"上山下乡"

"文革"中毛泽东想出一条反修防修的百年大计:让十几岁的城市中学毕业生上山下乡,插队落户,接受贫下中农再教育。经过

摘帽子就是"正名"。名不正则言不顺,言不顺则事不成。邓小平把毛泽东时代留下的所有政治帽子全部摘掉了。这样才使得,除了依据法律加以罚处的犯罪分子以外,所有的人都是平等的公民。

---

① 《海外人士心中的邓小平》,红旗出版社 1993 年版,第 235 页。

拔根和扎根的反复斗争,不几年,就有数千万知识青年遍布在中国的农村和边疆,不少人决心要在广阔天地里滚一身泥巴,炼一颗红心。可是自从1977年恢复高考制度,实行从中学毕业生中直接招收大学生的政策后,他们扎根农村的决心开始动摇起来,开始想方设法纷纷回到城市寻找出路,有的考大学,有的进工厂,没有大学和工厂可进,就在城里待起业来。新一代共和国的领导者们,并没有像过去那样拼命阻止这股渐渐刮起的"回城风",而是顺其自然。从现代化建设角度考虑,十几岁的中学毕业生进大学学习显然比到农村当农民更有意义。1979年,邓小平索性停止了中学毕业生上山下乡的做法,从根本上把知识青年上山下乡这件不得人心误人子弟的"新生事物"画上了句号。

可是就在这年春天,邓小平迎来了一场新的考验:原来下乡的几千万知青一下子涌回城市,要求工作,要求上学,形成一股巨大的社会压力。

可是就在这年春天,邓小平迎来了一场新的考验:原来下乡的几千万知青一下子涌回城市,要求工作,要求上学,形成一股巨大的社会压力。北京、上海等一些大城市还出现知识青年上街游行,甚至冲击机关、阻断交通的现象。这种游行当然不是为了要打倒什么人,而是知青们为了他们自己的利益,为了争取他们一度失去的东西。可是如果让这种现象发展下去,很可能危及到刚刚形成的安定团结局面,甚至对邓小平尚未完成过渡的政权造成威胁。所幸的是邓小平并没有像"文革"中对待此类情况那样,简单地把它当作"阶级斗争新动向"来处理,而是冷静地分析形势,采取积极疏导的方针。一方面设身处地体谅知青们的难处,进行耐心的说服教育,肯定他们的合理要求,也批评他们的不适当做法,使青年们受到感化,反过来体谅起国家的困难来。另一方面采取果断措施,积极解决知青管理中存在的问题,解决知青生活上的具体困难,对一些暂时无法解决的问题,则作出令人信服的解释。

知青闹事问题总算平息了。但要从根本上解决城市待业大军问题,是要为他们找到生存和发展的出路。上大学是一条出路,但不能一下子解决几千万人的问题。要解决这么多人的问题,加上当时落实干部政策、落实知识分子政策,解放出来的一大批人的问题,必须从劳动就业上入手。为此,中共中央1980年仲夏专门召开一次全国劳动就业工作会议,订出一条解决劳动就业问题的新方针,叫做"解放思想,放宽政策,发展生产,广开就业门路,实行劳动就业部门介绍就业、自愿组织起来就业和自谋职业相结合"的就业方针。

这是一条发展经济,从经济上解决社会问题的方针。而这条方针与邓小平倡导的现代化建设和改革开放政策又是相辅相成的。改革学校招生制度中出现的待业知青问题,又通过改革劳动就业制度的途径解决。用后来的话说,这叫做用改革的办法解决在改革中出现的问题。待业知青问题在一定程度上,促使中共放宽经济政策和劳动就业政策,其中自愿组织谋业和自谋职业的政策,实际上是为城市经济中的第一批个体经济播下了种子。

根据新的就业方针,全国各地解放思想,开辟多种就业渠道,到 1981 年年底,全国共安排了 2600 万人就业,基本上解决了"文革"中遗留下来的待业知青问题。

邓小平解决了知青升学、就业问题的方法,等于一举解决了两个事关重大的问题:第一,把"文革"中提得很高的知识青年上山下乡问题解决了,过去那种做法被认为是浪费青春,荒废学业,及时终止这种做法等于及时拯救了一代人。第二,为年轻的一代知识分子,找到了真正能够发挥他们作用的理想途径。十多年后人们看到城市经济生活中的活跃分子,大部分就是这一代下过乡的人。有机会进大学学习的插队知青,后来陆续成为各学科领域尤其是社会科学、人文科学领域的中坚力量。仅就文学艺术来说,20世纪 80 年代中国文坛上的新秀,有几个没有下过乡?有机会走进领导班子的人,也逐步开始在各条战线上当家主事了。这代人曾为他们上山下乡误了青春年华而叹息,但是正因为他们下过乡,新旧时代对比感强烈,所以对邓小平改革开放的新思想最容易理解和接受。事实上他们也逐渐成为各条战线上改革开放的主力军。

邓小平的新长征进行到 20 世纪 80 年代中期,就开始在各个方面出现青黄不接的现象。"文革"耽误了整整一代人。从"牛棚"里解放出来的老干部和知识分子(他们都是"文革"前的社会

待业知青问题在一定程度上,促使中共放宽经济政策和劳动就业政策,其中自愿组织谋业和自谋职业的政策,实际上是为城市经济中的第一批个体经济播下了种子。

精英)相继到了退休年龄。要不是这一代知青从"稻田"里及时杀了回来,那情况不知还要严重多少倍。到这个时候,人们才认识到当年的知青回城是多么大的一件好事。从一定意义上说,邓小平所开创的改革大业,将要靠他们这一代人传到第三代人手里。

十七、处理历史遗留问题宜粗不宜细

克罗齐说过,一切真正的历史都是现代史。

现在的人要创造自己的未来,必须对过去的历史重新加以审视,甚至重新改写。只有这样,今人才能确定他与前人在历史上的空间距离:是原地踏步还是前进了一步? 是迈出一小步,还是跨出一大步?

人们可以创造历史,但任何人都不可以超出历史。一个人越想创造历史的新篇章,他所面临的历史问题也就越多。

当邓小平以改革开放的新姿态,出现在中国历史舞台上的时候,他首先面临的不是如何改革、如何开放的问题,而是毛泽东时代遗留下来的一大堆历史问题,需要他去解决,去清理。

邓小平面临的历史问题大致可分为两类:一类是对一些重大历史事件和重要历史人物的是非功过,需要根据现在的价值标准重新加以评判,例如"文化大革命"是非问题,毛泽东的功过问题;另一类是实践已证明过去搞错了现在必须加以改正的问题,例如"文革"和"文革"前甚至解放前遗留下的一些重大的冤案、错案、假案。

邓小平充分意识到,这些问题不解决,中国就无法前进。不弄清历史上的大是大非,就不能正确地总结历史经验,吸取历史教训,不知道中国应当走向何方。大量的冤假错案,若不及时纠正,就不能顺民心,畅民意,不能调动一切积极因素,实现安定团结,生动活泼的政治局面。邓小平要想把中国引向一个新的历史时代,首先必须解决他所面临的这些历史遗留问题。

但是,当人们获准去翻动那一页页沉重的历史时,新一代领导者又面临另一个重大问题:历史上那么多的恩恩怨怨、真真假假、是是非非,要到何年何月才扯得清楚? 邓小平清醒地意识到,他翻动历史旧账,将会引起两种可能的后果:一是从中释放出巨大的能量,把中国推向繁荣兴旺;二是从中惹出无穷的麻烦,把人民引向没完没了的纷争。

因此,邓小平在着手解决历史遗留问题时,除了提出实事求是、有错必纠的原则外,还反复多次强调一个分寸问题:解决历史问题宜粗不宜细。

按实事求是原则处理历史遗留问题,应该是当粗则粗,当细则细。邓小平加上一条宜粗不宜细,就是说,对那些有粗有细,可粗可细的问题应取宁粗勿细的态度。粗比细好,太细了不妥当。

粗细之分体现了邓小平独特的个性和政治家的战略视野。粗,并不是简单、粗糙、马虎之意,而是要求粗线条地抓住一些涉及面广、影响重大的大是大非问题,而不要去深究历史旧账上的每一个细节问题。同时,解决这些重大历史问题,要概括一点,从大处着眼,弄清大是大非,而不必把每个细节都弄清楚,也不应该要求每个问题都解决得十分完满。

为什么粗比细好? 邓小平说得很清楚:解决历史遗留问题,目的是为了结束过去,开辟未来,引导大家团结一致向前看。对历史问题,从大处着眼,也就是着眼于现在,着眼于未来。相反,陈年老账,算得太细,只会把人们的注意力引到向后看,在历史旧账上纠缠不休。这样不仅不利于四化建设,还会影响安定团结,与团结一致向前看的初衷正好相反。

宜粗不宜细还有另一层理由。邓小平要着手解决的历史问题,都是中共自身历史上发生的问题。这些问题捂起来不解决,党就无法前进;解决起来搞得太细,又于党的光辉形象不利。所以只能搞得粗一点,概括一点,例如对待像"文化大革命"这样的全局性错误,邓小平主张一定要纠正,一定要分清大是大非,不然就不会有三中全会后改革开放的新局面。但是,像巴金提议的那样,搞

邓小平在着手解决历史遗留问题时,除了提出实事求是、有错必纠的原则外,还反复多次强调一个分寸问题:解决历史问题宜粗不宜细。

一个"文革博物馆",邓小平显然是不赞成的。因为"文革"中毕竟还有一个党存在,博物馆展览陈列的方式,固然有利于子孙后代永远记取"文革"教训,但它未免太细了,不妥当。

十八、盖棺论定毛泽东

中国人历来认为,一个人只有死了以后才好作出全面、客观、公正的评价。这话不无道理,因为人活着的时候总是不断变化的,难以定论;死了以后,变化中止,便能盖棺定论了。然而对于毛泽东这样具有重大历史影响的人物来说,盖棺也未必能有定论。

毛泽东去世后,邓小平为拨乱反正所做的一切,可以概括为一句话:通过批评毛泽东晚年的错误来拯救毛泽东所开创的中国革命。可是这一辩证的否定之否定过程,具体体现在邓小平、华国锋、毛泽东三个历史人物的相互关系上。邓小平与华国锋之间关系的每一点细小变化,都涉及对已故的毛泽东怎么评价。

鲁凡之先生指出:"中国若要真正终结(这'终结'包含着辩证的扬弃与发展,而并不意味着全盘否定)'毛泽东时代',却必须通过由某程度可称之为'非毛化'的进程作的配合。"①所谓"非毛化",无非是指破除毛泽东的神话,批评毛晚年的错误。无论是确立邓小平所领导的新政权的合法性,还是证明华国锋的那套僵化领导的不合理性,都必须通过削弱伟大领袖的完美形象,批评毛泽东晚年所犯错误来完成。但是谁都知道,"在毛的追随者和'四人帮'的影响还没有从政治上和党的领导层清除之前,任何人要直截了当地或者不艺术地对毛进行批评,那等于是政治上自取灭亡,至少也是相当危险的"②。

---

① 鲁凡之:《论中国——神州巨变》,香港广角镜出版社 1984 年版,第 29 页。

② [美]戴维·W.张:《邓小平领导下的中国》,法律出版社 1991 年版,第 59 页。

邓小平意识到这种危险性,所以他在与其政治对手的较量中,开始总是小心做事,尽管避免触及毛泽东的是非功过,并努力采用毛泽东的正确的东西来为自己辩护。例如,在反驳"两个凡是"时,邓小平只是强调"凡是派"所抓住的只言片语没有考虑准确地理解毛泽东思想;在清算"文革"错误时,他尽量把罪责归咎于林彪、"四人帮"两个反革命集团的破坏。到党的十一届三中全会时,邓小平已经掌握了实际的政权,但他仍然致力于一件一件地具体地纠正"文革"错误,例如逐步地平反"文革"遗留下来的冤假错案,而不忙于对整体的"文化大革命",特别是对毛泽东下结论。

可是到了 1980 年,邓小平决定对"文革"中的最大冤案——刘少奇一案给予平反时,对毛泽东进行公开全面的评价已经是无法回避了。毛泽东发动"文化大革命"的目的就是要批判以刘少奇为代表的"反革命修正主义路线",而打倒刘少奇是"文化大革命"取得历史性"伟大胜利"的主要标志。如果刘少奇是正确的,受冤屈的,那就证明"文化大革命"从出发点到根本的指导思想都是错误的,证明毛泽东一生所做的两件大事有一件是错事。

邓小平冷静地分析了当前的形势:"十一届五中全会为刘少奇同志平反的决定传达下去以后,一部分人中间思想相当混乱。有的反对给刘少奇同志平反,认为这样做违反了毛泽东思想;有个别人认为,既然给刘少奇同志平反,就说明毛泽东思想错了。"邓小平认为这两种看法都是不对的。显然,要澄清这些思想混乱,就必须对一些重大的历史问题,特别是对"文化大革命"和毛泽东思想,给个权威的说法。这就是邓小平决心写《关于建国以来党的若干历史问题的决议》的原因。

鉴于评价毛泽东的复杂性,当时有人提出,这个决议是不是不急于搞? 邓小平说:"不能再晚了,晚了对我们不利。"因为"党内党外都在等","国际上也在等","你不拿出一个东西来,重大的问题就没有一个统一的看法"。① 是的,没有一个统一的说法,就会

鉴于评价毛泽东的复杂性,当时有人提出,这个决议是不是不急于搞? 邓小平说:"不能再晚了,晚了对我们不利。"因为"党内党外都在等","国际上也在等","你不拿出一个东西来,重大的问题就没有一个统一的看法"。是的,没有一个统一的说法,就会有各种各样不同的说法。

① 《邓小平文选》第二卷,人民出版社 1994 年版,第 305 页。

有各种各样不同的说法。那样,轻则造成思想混乱,重则影响安定团结。

邓小平评价毛泽东的工作包含着两个不太容易一致的基本意向:既坚持了毛泽东思想,又批评了毛晚年的错误。邓小平希望通过这两个方面的辩证综合,向世人表明新的领导人所要坚持的毛泽东思想是什么。实际上这是以党的决议的形式郑重地告别一个旧时代,庄严地宣告一个新时代的诞生。这当然是一项十分严肃且又极其艰巨的政治任务,只能做好,不能做坏。

即将产生的这个文件在许多方面堪称世界文章史上之最。邓小平亲自挂帅,胡耀邦主持,胡乔木主笔,下面是一个 20 多人组成的起草委员会。文件起草过程中,经过了四个人的讨论,最后是几十人的讨论,政治局扩大会议的讨论,党的十一届六中全会预备会议的讨论,仅大型讨论就有这四次。定稿只有两万多字,起草就花了 15 个月(从 1980 年 3 月到 1981 年 6 月),中间经过了不晓得多少稿。此种慎重程度超过了起草一部国家宪法。

邓小平像关注一场决定生死存亡的大战役那样关注着文章的每一个细节。他就文件的起草工作先后至少发表了九篇讲话,亲自为每一重大历史事件、历史人物定调子,提供评价尺度及应掌握的分寸。从全文的指导思想、基本原则甚至文章的语气特色和篇幅长短,邓小平都做了详细的指导。邓小平一生做过不少文章,然而这篇文章可能是他一生中做得最认真、最仔细的一篇。

为什么这么重视?因为邓小平希望"这个决议起到像一九四五年那次历史决议所起的作用"①。1945 年毛泽东主持制定的《关于党的若干历史问题的决议》,使全党的思想统一到毛泽东的思想上来,从而奠定了毛泽东时代的基础。这次邓小平主持的历史决议,比 35 年前的决议多了"建国以来"四个字,它的目的是要把全党思想统一到邓小平改革开放的理论上来,以此确定后毛泽东时代即邓小平时代的历史方位。

> 邓小平一生做过不少文章,然而这篇文章可能是他一生中做得最认真、最仔细的一篇。

---

① 《邓小平文选》第二卷,人民出版社 1994 年版,第 307 页。

1981 年 6 月,中共召开十一届六中全会,同时完成了两个任务:一是通过"历史决议",完成对毛泽东的历史评价;二是选举胡耀邦做党的主席,华国锋正式退出历史舞台。以此为标志,毛泽东思想的旗帜从华国锋手中顺利地转到了邓小平手中。

邓小平在闭幕会上强调:历史决议"对我们统一党内的思想,有很重要的作用"。"今后作为一个共产党员来说,要在这个统一的口径下来讲话。思想不通,组织服从。"①

六中全会正好开在建党 60 周年前夕。邓小平觉得纪念党的 60 周年,不需另做什么更多文章,有这个历史决议就很够了。他希望"决议通过以后,党内、人民中间思想得到明确,认识取得一致,历史上重大问题的议论到此基本结束。"②剩下的事情就是在新的党中央领导下一心一意搞四化,团结一致向前看。

邓小平在闭幕会上强调:历史决议"对我们统一党内的思想,有很重要的作用"。"今后作为一个共产党员来说,要在这个统一的口径下来讲话。思想不通,组织服从。"

十九、毛泽东思想这面旗帜丢不得

莫里斯·迈斯纳说:"要对毛泽东进行严肃的历史评价,是一桩十分危险的政治事件"③。最大的风险是有可能要负"砍旗"的责任。

1978 年,当实践派试图通过真理标准的讨论来破除毛泽东的神话时,汪东兴就以"砍旗"、"丢刀子"相威胁。实践派只有采取你高举,我也高举的战术。邓小平针对"砍旗"说,提出"什么叫高举"、"怎么样高举"的问题。他不谈要不要高举毛泽东思想伟大红旗,而是把高举分成两种:是实事求是的真高举,还是形式主义的假高举? 从而把"凡是派"扔过来的帽子及时顶了回去。这时"凡是派"位居优势,邓小平的"护旗"多少带有策略性质,是对挑

---

① 《邓小平文选》第二卷,人民出版社 1994 年版,第 383 页。
② 《邓小平文选》第二卷,人民出版社 1994 年版,第 292 页。
③ [美]莫里斯·迈斯纳:《毛泽东的中国和后毛泽东的中国》,四川人民出版社 1990 年版,第 565 页。

战的回应,还不是从新政权自身的需要出发提出问题。

到了邓小平可以不受"凡是派"制约,有权对毛泽东盖棺定论时,他更自觉意识到毛泽东思想这面旗帜丢不得。当然这已经是一种战略上的考虑了。这位老资格的共产党人不会忘记国际共产主义运动史上曾有过的教训:20 世纪 50 年代赫鲁晓夫全盘否定斯大林,结果有什么好处呢? 无论对苏联共产党,对同际共产主义运动,还是对赫鲁晓夫本人,都没有什么好处。邓小平公开声明:"我们不会像赫鲁晓夫对待斯大林那样对待毛泽东。"①这不仅仅因为毛泽东和斯大林这两个人在许多方面不一样,更主要的是赫鲁晓夫的那种做法太不明智。斯大林肯定是有错误的,邓小平曾在中共"八大"上严厉谴责过斯大林"把个人神化"所造成的"严重的恶果"。但是,要批评斯大林的错误,何必全盘否定斯大林呢? 即使对斯大林个人来个全盘否定,也没有必要像赫鲁晓夫那样感情用事地大喊大叫。

1980 年,邓小平根据形势发展的需要,决定正式对毛泽东作出历史评价。这一评价当然不是为了把已经走下神坛的毛泽东重新捧上神位。从最终目的说,邓小平是想通过评价毛泽东向世人表明新一代领导人在哪些方面与毛泽东过去的做法不一样。而要证明这种"不一样"的合理性,就必须指出毛泽东过去有些做法是错误的,不合适的。这种评价对比过去几十年对毛泽东一贯的歌功颂德,其最突出的特点是指出毛泽东有缺点错误,而且有些错误还很严重。但即使如此,在起草评价毛泽东的决议时,邓小平还是提出了三条总的原则,其中最核心、最根本、最关键、最重要的一条就是"坚持和发展毛泽东思想"②。他坦率地指出:"决议稿中阐述毛泽东思想的这一部分不能不要。这不只是个理论问题,尤其是个政治问题,是国际国内的很大的政治问题。如果不写或写不好这个部分,整个决议都不如不做。"③

---

① 《邓小平文选》第二卷,人民出版社 1994 年版,第 347 页。
② 《邓小平文选》第二卷,人民出版社 1994 年版,第 291、296 页。
③ 《邓小平文选》第二卷,人民出版社 1994 年版,第 299 页。

为什么"不写或不坚持毛泽东思想,我们要犯历史性的大错误①"?

第一,"不提毛泽东思想,对毛泽东同志的功过评价不恰当,老工人通不过,土改时候的贫下中农通不过,同他们相联系的一大批干部也通不过②"。这三部分人是毛泽东的基本群众,在他们的心目中,毛泽东是翻身解放的大救星。尤其是在农民的心目中,千百万农民一直把神话了的毛泽东作为崇拜的对象。再大胆的政治家也不能不考虑这些国情民情实际。邓小平清醒地知道,如果毁坏了毛泽东在人民心目中的形象,他的新政权就等于建筑在沙滩上,他那些给人民的更多实惠的政策,人民不会视作福音,还会看作邪恶。

第二,当时有一种值得注意的政治动态。邓小平提醒说:"现在'四人帮'的残余和一些别有用心的人,打谁的旗帜?""就是打华国锋的旗帜,就是拥护华国锋③"。华国锋的旗帜有什么好打的? 因为华是毛泽东亲自安排的接班人,肩上扛着毛泽东的旗帜。邓小平不同意华国锋维护毛泽东晚年错误的做法,但是如果他在批评毛泽东的错误时,把整个毛泽东都扔掉了,那就等于把毛泽东这面大旗让给了他的政治对手,一些别有用心的人就会在捍卫毛主席、拥护华主席的口号下向邓小平领导的合法性发起挑战。

第三,诚如莫里斯·迈斯纳所说,邓小平及其伙伴虽然意识到了把毛泽东作为革命合法性的象征在政治上的必要性,"但是他们对毛泽东的赞扬绝非仅仅出于现实的政治考虑④"。毛泽东思想教育了整整一代人。包括邓小平本人在内的整整一代革命者,都是在毛泽东思想的旗帜下登上历史舞台的。他们的政治命运与毛泽东的名字有一种天然联系,所以他们即使"文革"中受到毛泽

毛泽东思想教育了整整一代人。包括邓小平本人在内的整整一代革命者,都是在毛泽东思想的旗帜下登上历史舞台的。他们的政治命运与毛泽东的名字有一种天然联系,所以他们即使"文革"中受到毛泽东的错误批判,也不得不原谅伟大领袖的过失。

---

① 《邓小平文选》第二卷,人民出版社1994年版,第300页。

② 《邓小平文选》第二卷,人民出版社1994年版,第298页。

③ 《邓小平文选》第二卷,人民出版社1994年版,第309页。

④ [美]莫里斯·迈斯纳:《毛泽东的和后毛泽东的中国》,四川人民出版社1990年版,第571、573页。

东的错误批判,也不得不原谅伟大领袖的过失。"文革"后重新走上政治舞台,他们所奉行的路线不管和毛泽东有多少差别,都必然要回溯到历史上的毛泽东那里去。如果全盘否定毛泽东,势必削弱中国过去和今后所进行的革命及建设的分量,最终会像赫鲁晓夫那样,连自己也被否定掉了。邓小平清醒地意识到这一点,所以他说:"我们任何时候都不能损害毛泽东同志在整个中国革命史上的光辉形象,不能动摇高举毛泽东思想旗帜的原则。我们要有这个觉悟,要有这个认识。这不但是中国共产党的利益所在,中华民族的利益所在,而且是国际共产主义运动的利益所在。"①

按照现行政治实践的需要,既须批评毛泽东的错误,又不能丢掉毛泽东思想,这个文章实在难做。但是邓小平居然把它做成了,而且做得很漂亮。他的做法,首先是把毛泽东思想和毛本人的思想区分开来。毛泽东思想是集体智慧的结晶,其中有毛泽东的一份贡献,但不等于毛泽东一个人的思想。毛泽东是人不是神,他本人的思想有正确的,但也难免有错误。于是,邓小平进一步把毛泽东思想与毛晚年的错误区分开来了。"毛泽东思想是毛主席一生中正确的部分"。"毛泽东同志的错误在于违反了他自己正确的东西"。② 因此,毛泽东同志的错误思想不包括在毛泽东思想内。反过来说,坚持毛泽东思想,就应当批评、纠正毛泽东晚年的错误思想。批评毛泽东晚年的错误,不仅不是什么砍旗,而且是真正地高举了毛泽东思想的旗帜。

邓小平说:"应当把毛泽东思想和毛泽东同志晚年的错误区别开来,这样可以避免许多混乱"③。他用这个方法去解释当时正在进行的拨乱反正,"就是拨林彪、'四人帮'破坏之乱,批评毛泽东同志晚年的错误,回到毛泽东思想的正确轨道上来"。④ 华国锋等人搞"两个凡是","就是想原封不动地把毛泽东同志晚年的错

> 按照现行政治实践的需要,既须批评毛泽东的错误,又不能丢掉毛泽东思想,这个文章实在难做。但是邓小平居然把它做成了,而且做得很漂亮。

---

① 《邓小平文选》第二卷,人民出版社1994年版,第279页。
② 《邓小平文选》第二卷,人民出版社1994年版,第347、298页。
③ 《邓小平文选》第二卷,人民出版社1994年版,第366页。
④ 《邓小平文选》第二卷,人民出版社1994年版,第300页。

误思想坚持下去"。① 邓小平等在十一届三中全会以后所做的一切,"就是恢复毛泽东同志的那些正确的东西嘛"②。总之,邓小平说:"我们现在的中央所坚持的这一套,就是毛泽东思想。"③如果说现在与过去有什么不同,那是我们对毛泽东思想的发展。

二十、把毛的错误和"四人帮"的罪行分开

在邓小平对毛泽东的是非功过进行历史性评定的同时,还伴随着另一个引人注目的过程,那就是对林彪、江青两个反革命集团的主要成员在"文革"期间所犯罪行进行公开审判。

本来,早在1979年年初,邓小平就宣布"揭批林彪、'四人帮'的群众运动就全国范围来说已经可以胜利结束"④。两年半过后,又把这两个反革命集团押上历史审判台示众,这一行动与同时进行着的评价毛泽东的活动显然是相互呼应的。

与此同时,邓小平还采取第三个行动,即开除康生、谢富治两人的党籍,撤销对这两个人的《悼词》,把他们在"文革"期间所犯的严重罪行公布于众。这两个死人将和林彪一样作为缺席被告出现在林、江两案的审判中,因为他们被认为是林、江两个反革命集团的重要成员,直接参与了林彪、江青等人篡党夺权的阴谋活动。

批评毛泽东晚年错误,公审林、江反革命集团,公布康、谢的严重罪行,这三件事,都是冲着"文化大革命"而来的,是彻底清算"文革"后果,同时也是最终确定新一代领导权威的必不可少的措施。邓小平把这三个行动有机地配合起来,显然比单方面批评毛泽东的错误来得有力,而且这样做有效地避免了人们把注意力都集中于毛泽东晚年悲剧。

在邓小平对毛泽东的是非功过进行历史性评定的同时,还伴随着另一个引人注目的过程,那就是对林彪、江青两个反革命集团的主要成员在"文革"期间所犯罪行进行公开审判。

---

① 《邓小平文选》第二卷,人民出版社1994年版,第298页。
② 《邓小平文选》第二卷,人民出版社1994年版,第300页。
③ 《邓小平文选》第二卷,人民出版社1994年版,第298页。
④ 《邓小平文选》第二卷,人民出版社1994年版,第158页。

从 1980 年 9 月 26 日中共中央发出关于审判林彪、江青反革命集团的通知之日起,中央政治局自始至终密切指挥着从起诉到判决的全部审判过程。最高人民检察院特别检察厅厅长黄火青,在最高人民法院特别法庭上宣读了长长的起诉书,指控林、江等犯了四大罪状,48 条罪行,其中包括阴谋篡党夺权,企图谋害毛主席,非法逮捕和刑讯,对 70 万人进行迫害,迫害致死三四万人等等。邓小平认为对林彪、"四人帮"怎么定罪也不过分,但对毛泽东的批评必须掌握分寸。公开指控上述罪行,把这些罪责都记在两个反革命集团的账上,显然大大冲淡了毛泽东对"文革"灾难应负的责任,而且给人一个印象:与林、江等人所犯的滔天罪行相比,毛泽东所犯的只能说是一个伟大的马克思主义者的小错误。

党内批评和公开审判这两种不同的斗争方式本身也说明"毛主席的错误和林彪、'四人帮'问题性质是不同的"[1]。邓小平对意大利记者法拉奇说:尽管审判"四人帮"不可避免地要提到毛泽东的名字,"但是审判'四人帮'不会影响毛主席"[2]。

尽管如此,要把林彪,特别是"四人帮"与毛泽东完全区分还是有一点困难。说起"四人帮",国内有人伸出五个手指头,国外有人说毛泽东是未被点名的被告;江青在审判过程中更是不断地乞灵于她已故丈夫的权威来为自己辩护,她甚至声称:"我是毛主席的一条狗,他让我咬谁我就咬谁。"

种种舆论和暗示,对于毛泽东的声誉多少会有一些影响。但是如果考虑到党内另外还有一些人对实事求是地评价毛泽东的是非功过很不以为然时,这些影响反过来又恰好服务了邓小平要批评毛泽东晚年错误的目的。

尽管事实上不好区别,邓小平还是声明"要区别毛主席的错误同林彪、'四人帮'的罪行"[3]。

邓小平所做的区别大约有以下几个方面:

边注:江青在审判过程中更是不断地乞灵于她已故丈夫的权威来为自己辩护,她甚至声称:"我是毛主席的一条狗,他让我咬谁我就咬谁。"

① 《邓小平文选》第二卷,人民出版社 1994 年版,第 344 页。
② 《邓小平文选》第二卷,人民出版社 1994 年版,第 347 页。
③ 《邓小平文选》第二卷,人民出版社 1994 年版,第 346 页。

1.毛泽东犯了不算小的政治错误,但另一方面,这些错误又被林彪、"四人帮"利用了。

2."四人帮"打着毛泽东的旗帜干坏事,但毛泽东干预不力,这点他有责任。

3."文革"悲剧,不能由毛泽东一个人负责,有些是林彪、"四人帮"已经造成既成事实,有些是背着毛泽东干的,但毛泽东起用他们有责任。

基于这种区分,在对林、江等"文革"祸首进行宣判的 5 个月后,邓小平公开发表了对毛泽东的历史结论。"文革"的案,就这么定了。

二十一、批评毛泽东晚年的错误不能出格

邓小平评价毛泽东遇到的两难处境是:既要坚持毛泽东思想,又要批评毛泽东晚年错误。显然,要使这"两难"达到"两全",仅仅从原则上把毛泽东思想和毛晚年错误区分开来还不够,还有个技术性的分寸问题必须把握好。

开始考虑评价毛泽东时,邓小平主张要实事求是,客观如实地评价毛泽东的功过是非。结果发现 1957 年以前,毛泽东的领导是正确的,1957 年反右斗争以后,错误就越来越大。1957 年反右扩大化的错误,1958 年大跃进的错误,1959 年庐山会议及随后反右倾的错误,毛泽东都要负主要责任。"文革"十年的错误同"文革"前的十年的错误相比,是全局性的严重错误,当然毛泽东也要负主要责任。这样分析起来,毛泽东领导中国共产党 40 多年,其错误竟覆盖了 20 年。邓小平渐渐觉得这样讲太严重了,毛泽东的错误可能讲出来了,但怎么高举毛泽东的旗帜呢?因此在实事求是上面,邓小平又加了一条原则:恰如其分。

恰如其分是个度的问题,哲学上叫决定质的量的分界线。就像农民判断年成一样,如果某一年的收成在五成以下,就算不得一

评价一个人物,如果是好人,他可以有错误,有缺点,但不能超过五成。

个好年成。评价一个人物,如果是好人,他可以有错误,有缺点,但不能超过五成。比如三七开(七分成绩三分错误)、二八开、四六开等均算好人,而倒三七开(三分成绩七分错误)等等就基本是否定的评价。超过五成的错误,对一个好人来说,就是过度、过分、过火或出格。

评价毛泽东,既实事求是,又恰如其分,就是说,既要如实地指出毛泽东所犯的错误,以便证明现在不那样做是正确的;又须恰当地掌握好正确与错误的比重,使其功绩占第一位,错误占第二位。如果弄得错误大于功绩,那就是出格,就会造成思想混乱,导致政治上不稳定的严重后果。

邓小平明白对毛泽东的评价不比对一般人的评价,如果分寸把握失当,把毛泽东的错误"写过头,给毛泽东同志抹黑,也就是给我们党,我们国家抹黑"[1]。那样,"只能损害我们党和国家的形象,只能损害党和社会主义制度的威信。只能涣散全党、全军和全国各族人民的团结"[2]。

为了对毛的错误讲得恰如其分而不出格,以保征功绩第一、错误第二的分寸,邓小平在决议的具体写法上采取了多种策略。

1.60年一起写。评毛的"决议"原计划只涉及新中国成立以来27年的历史。这27年,按公认的评价,只有新中国成立初七年是正确的,"文革"前十年的正确和错误各半,"文革"十年是全局性错误。这些错误都不能不写,但这样写起来,很难体现毛泽东的功绩第一、错误第二。后来陈云建议专门加一篇话,讲解放前党的历史,60年一起写。邓小平认为这个意见很好。60年一起写,虽然超出了"建国以来"的标题限制,但"毛泽东同志的功绩,贡献就会概括得更全面"[3]。这样就可以相对淡化后20年的错误,使毛泽东的功绩远远大于过失。

2.错误写得概括一些,重点放在正确的方面。后20年,特别

---

① 《邓小平文选》第二卷,人民出版社1994年版,第301—302页。
② 《邓小平文选》第二卷,人民出版社1994年版,第366页。
③ 《邓小平文选》第二卷,人民出版社1994年版,第303页。

是"文革"十年,错误也不算小。都写出来,恐怕也难保证功绩第一,但又不能不写。于是,邓小平只好在写法上下功夫,要求把错误写得"概括一点","主要的内容,还是集中讲正确的东西"。"重点放在毛泽东思想是什么,毛泽东同志正确的东西是什么这方面"①。邓小平发现,同样是写错误,但写法很有讲究。例如叙述性的写法有利于反映客观事实,但难于保证恰如其分,所以他主张应避免叙述性写法,而加强论断性语言。就是叙述事实,也有个叙述方法、次序,特别是语调上的讲究,纯客观的中性叙述显然不妥。

3.错误别人也有点份。"讲错误,不应该只讲毛泽东同志,中央主要负责同志都有错误"。不要造成一种印象,别人都正确,只有一个人犯错误。尽管毛泽东应对错误负主要责任,但"不能回避'我们',我们承担一下责任,没有坏处,还有好处"。② 好处之一是让别的人分担部分责任可以淡化毛泽东的错误分量;二是由现领导人主动承担部分责任,批评起过去的错误来,更站得住脚;三是我们可以从中吸取教训,把批评毛泽东的错误变成一定程度上的自我反省,使之永不再犯。

4."另一方面,错误被林彪、'四人帮'这两个反革命集团利用了"③。林彪、"四人帮"等人为了夺权需要,利用毛泽东的错误,把许多东西推向极端,或者打着毛泽东的旗帜干坏事,这样才造成"文革"那样严重的后果。"文革"后果,不能说毛泽东没有责任,"不过也不能由他一个人负责。有些是林彪、'四人帮'已经造成既成事实,有些是背着他干的"④。所以要算账,首先应算坏人从中破坏的账。

5."不能把所有的问题都归结到个人品质上","制度是决定因素"⑤。中国人论人重人品。毛泽东在中国老百姓心目中的权

中国人论人重人品。毛泽东在中国老百姓心目中的权威主要源于他的个性魅力。如果把毛的错误归咎于他的不良品性,很容易恶化毛泽东,同时对指出错误吸取教训很不利。

---

① 《邓小平文选》第二卷,人民出版社 1994 年版,第 297 页。
② 《邓小平文选》第二卷,人民出版社 1994 年版,第 296、309 页。
③ 《邓小平文选》第二卷,人民出版社 1994 年版,第 346 页。
④ 《邓小平文选》第二卷,人民出版社 1994 年版,第 301 页。
⑤ 《邓小平文选》第二卷,人民出版社 1994 年版,第 301、308 页。

威主要源于他的个性魅力。如果把毛的错误归咎于他的不良品性,很容易恶化毛泽东,同时对指出错误吸取教训很不利。邓小平强调制度起决定作用,强调环境对个人的反作用,一方面可以冲淡毛泽东的错误分量,维护了毛本人的形象;另一方面为他以后从制度上总结"文革"教训,开展经济、政治体制改革埋下了伏笔。

6."毛主席犯的是政治错误,这个错误不算小"。但是"不提毛泽东同志的错误是路线错误"①。这也是个分寸问题。

7."毛泽东同志犯了错误,这是一个伟大的革命家犯错误,是一个伟大的马克思主义者犯错误"②。同林彪、"四人帮"所犯的罪行有原则的区别。

8."毛泽东同志的错误在于违反了他自己正确的东西"③。这样,尽管毛犯了严重错误,但不伤害毛泽东思想的正确性,不影响现在的领导人继续高举毛泽东思想的旗帜。

通过以上细致的区分工作,邓小平终于达到了既定目标:既严肃地批评了毛泽东的错误,又没有出格,即没有突破毛泽东一生功绩远远大于错误的原则界限。

二十二、重新解释毛泽东思想

1986 年 9 月,美国记者迈克·华莱士向邓小平提出一个问题:为什么邓小平领导下的中国与毛泽东领导下的中国不一样?邓小平回答说:"有些不一样,但有些原则还是一样。"④

解释现行政策与过去政策的关系,常见的有三种方式:一是全盘肯定,声称什么都要一样。二是全盘否定,声称什么都要不一样。这两种办法都容易使自己陷入困境。华国锋等"凡是派"采

1986 年 9 月,美国记者迈克·华莱士向邓小平提出一个问题:为什么邓小平领导下的中国与毛泽东领导下的中国不一样?邓小平回答说:"有些不一样,但有些原则还是一样。"

---

① 《邓小平文选》第二卷,人民出版社 1994 年版,第 346、307 页。
② 《邓小平文选》第二卷,人民出版社 1994 年版,第 307 页。
③ 《邓小平文选》第二卷,人民出版社 1994 年版,第 298 页。
④ 《邓小平文选》第三卷,人民出版社 1994 年版,第 174 页。

取什么都一样的方法,可事实上他们又不可能做到什么都与毛泽东一样,结果自相矛盾日见被动。历史上声称什么都要来个不一样的做法也不是没有。这种做法显得很革命,但难以持久,因为完全不一样意味着凡是以前的做法现在都不能再做了,凡是以前的说法现在都不能再说了。现在的每一个做法、每一个说法都必须与过去反其道而行之。由于这一点根本做不到,结果往往自相矛盾。即便勉强做到了,也是十分滑稽的。

比较聪明的办法是辩证否定,承认有些一样,有些不一样,不搞绝对化,该一样就一样,不该一样就不一样,一切从自己当下的实际需要出发。这种办法可以为自己保留极大的灵活性。邓小平就是采用这种方法,他在实践层面上强调不一样,在理论层面上则尽可能保持前面的一致性。

要做到不一样中又有一致性,必须对先前的思想遗产加以灵活变通,作出能动的解释使之与现实的需要和现行的政策相吻合。

邓小平与"凡是派"的斗争,自始至终环绕着怎样理解毛泽东思想。按邓小平的意图,毛泽东思想是要坚持的,但看怎样坚持?坚持什么?邓小平强调要完整准确地理解毛泽东思想,进而把毛泽东思想的整个体系解释为三个基本点,即实事求是,群众路线,独立自主。邓小平认为这是"对毛泽东思想作出了正确的解释,恢复了毛泽东思想的本来面目"①。

上述三点在毛泽东的思想中确实是很基本的,邓小平没有随意夸大或缩小。按照邓小平解释,在毛泽东思想的三个基本点中,最根本的东西又是实事求是。所谓实事求是,就是一切从实际出发,理论联系实际,在实践中检验真理和发展真理。这四个字为邓小平灵活地运用毛泽东思想提供了很大的能动性。

在对毛泽东思想的内容重新加以解释后,邓小平进一步将毛泽东思想与毛本人的思想,毛泽东思想与毛晚年的错误加以区别。毛泽东思想作为应当继续坚持的党的指导思想是包括毛泽东在内

---

① 《邓小平文选》第二卷,人民出版社 1994 年版,第 244 页。

的老一辈革命家集体智慧的结晶。毛本人的思想分为正确和错误两个部分,正确的部分属于毛泽东思想的内容,错误的部分不属于毛泽东思想。这样,坚持毛泽东思想就应当顺理成章的批评毛泽东的错误,批评毛的错误,不是否定毛泽东思想,而是发展毛泽东思想。

　　既坚持又发展的模式,比"凡是论"高明得多。凡是论在不准别人动毛泽东思想时,也束缚了自己的手脚。它不能解释为什么自己有时候和毛泽东不一样,一旦出现了不一样,就与自己的原则相冲突。凡是论只讲坚持,因而只有防守功能一面,既坚持又发展,则有两面功能,可攻可守,可进可退。凡是自己的做法与毛泽东相同者可曰坚持,凡是不同者可曰发展。对付右边来的进攻,可用坚持;对付"左"边来的责难,可用发展。总之是左右开弓,得心应手,游刃自如。

　　按照既坚持又发展的模式,"凡是派"所谓的坚持不过是"原封不动地把毛泽东同志晚年的错误思想坚持下去",这是形式主义的假高举。"而我们现在的中央所坚持的这一套就是毛泽东思想"①,这是实事求是的真高举。邓小平这样解释三中全会以来的做法与毛泽东思想的关系:"从许多方面来说,现在我们还是把毛泽东同志已经提出、但是没有做好的事情做起来,把他反对错了的改正过来,把他没有做好的事情做好。今后相当长的时期,还是做这件事。当然,我们也有发展,而且还要继续发展。"②

　　在起草评价毛泽东的历史决议时,邓小平建议在结论中"写一段我们还要继续发展毛泽东思想"③。至于怎样发展,发展什么,要用论断性的语言体现在整个决议中。具体说,就是要"把毛泽东思想,即经过实践检验证明是正确的,应该作为我们今后工作指南的东西,写到决议里去"④。"要把毛泽东思想的主要内容,特

対付右边来的进攻,可用坚持;对付"左"边来的责难,可用发展。总之是左右开弓,得心应手,游刃自如。

---

① 《邓小平文选》第二卷,人民出版社 1994 年版,第 298 页。
② 《邓小平文选》第二卷,人民出版社 1994 年版,第 300 页。
③ 《邓小平文选》第二卷,人民出版社 1994 年版,第 297 页。
④ 《邓小平文选》第二卷,人民出版社 1994 年版,第 300 页。

别是今后还要继续贯彻执行的内容,用比较概括的语言写出来"①。以便"给人一个很清楚的印象,究竟我们高举毛泽东思想旗帜、坚持毛泽东思想,指的是些什么内容"②。

二十三、新的中央领导体制

　　刚刚粉碎"四人帮"后,中共高层领导的坐席依次为华国锋、叶剑英、汪东兴、李先念。四人中,华、汪是坚持继续批邓的,叶、李则是邓小平的同情者。促使邓小平重新进入最高决策层的主要力量是政治局外的陈云、王震等人。经过陈、王等人的抗争,加上邓小平本人的主动,邓小平在粉碎"四人帮"后九个月,得以恢复党政军三方面的所有职务,只是在党的副主席一职前,再没有"第一"两字。所以在1977年8月召开的党的"十一大"上,邓小平排在华、叶、邓、李、汪五常委中间,位居第三。这种权力结构下的"十一大",当然无法实现邓小平的政治愿景。

　　从1977年7月复职到十一届三中全会召开的一年多时间里,"邓小平似乎前进得很慢,但他一步一个脚印,逐渐积蓄起不可低估的力量"③。这期间,就正式职位说,华国锋等"凡是派"占据显然优势。中共传统的领导体制是党的主席拥有最高权威,任何副主席都无法与之抗衡。邓小平所依靠的,是他在党政军方面远远大于华的实际影响力,特别是胡耀邦的有力配合。1978年,邓、胡联手发起一场真理标准的大讨论。这场讨论和它所结出的政治硕果——成批地解放干部和平反冤假错案,使一大批在"文革"中受到伤害的老干部和知识精英都成为邓小平的坚决支持者。

　　到1978年年底,邓小平所积蓄的力量已足以向"凡是派"发

---

① 《邓小平文选》第二卷,人民出版社1994年版,第292页。
② 《邓小平文选》第二卷,人民出版社1994年版,第297页。
③ ［美］张大卫:《中流砥柱,各有千秋——周恩来与邓小平》,中国广播出版社1988年版,第140页。

党的十一届三中全会
前夕召开的中央工作
会议,陈云针对"文
化大革命"的发言,
在会上激起强烈反
响。会议议程由批评
毛泽东晚年的错误,
发展到指责华国锋提
出"两个凡是"的错
误。华国锋被迫作出
自我批评,开始在政
治上转入被动。

起反攻。党的十一届三中全会前夕召开的中央工作会议,陈云针对"文化大革命"的发言,在会上激起强烈反响。会议议程由批评毛泽东晚年的错误,发展到指责华国锋提出"两个凡是"的错误。华国锋被迫作出自我批评,开始在政治上转入被动。

紧接着召开的党的十一届三中全会,增选陈云为中央政治局委员、常委和党的副主席,邓小平在最高决策圈内多了一个得力盟友。全会还增选邓颖超、胡耀邦、王震为政治局委员,增补黄克诚、宋任穷、胡乔木、习仲勋、王任重等为中央委员。邓小平的支持者在党的领导层占了大多数。"实践派"和"凡是派"的力量对比发生了根本变化。"凡是派"的多数成员虽然未正式解除党内职务,但他们控制的实权部门已悄悄转手他人。实权最大的汪东兴被免去各项兼职,只剩下一个副主席的空衔。华国锋仍然是党的主席,但却让邓小平的得力助手胡耀邦担任中央秘书长,负责处理中央日常工作,使华的主席有名无实。邓小平本人并没有晋升职务,他依然是副主席、副总理,依然排在华的后面。但是邓小平已经有效地掌握着党内大多数问题的决策权,已经成为事实上党和国家的最高领导人。

华国锋从党的主席和政府总理的位置上下来看来已是指日可待的事。可是邓小平并不急于这么做。他宁可与华国锋保持一种类似1935年遵义会议后毛泽东和张闻天那样的关系。这是因为华国锋在政治上还算合作,让他多保留一段时间从毛泽东和周恩来那里继承下来的头衔,不仅害处不大,而且还有好处。在中共党内,什么人都可以随时撤换职务,唯独党的主席是不能随便换的。换主席很容易出现合法性危机,引起难以预料的政治后果。所以邓小平必须采取逐步过渡的方针,让党内外群众有一个心理上逐渐适应的过程,做到水到渠成,瓜熟蒂落。

三中全会后,拨乱反正又向前推进了一年,"凡是派"已没有多少阵地可守了。到1980年2月召开党的十一届四中全会时,"凡是派"的多数成员被撤了职。汪东兴被批准辞去副主席的职务,其次是北京市长吴德,副总理陈永贵、纪登奎,他们的职务都交给了邓小平所信任的人。

1980 年 8 月,五届人大三次会议作出人事调整,决定华国锋不再兼任国务院总理。与此同时,邓小平、李先念、陈云三人也被宣布不再兼任副总理职务。华国锋和邓小平同时放弃政府中的职务,而结果却是总理的职位转到由邓小平亲自选定的接班人赵紫阳手里。

戴维·W.张说:"邓小平在政治上取胜最关键的原因是他鼓励对毛在共产主义革命运动中进行再评价的动力,没有这一重大步骤,温和的务实主义者邓小平及其拥护者在驱逐华的道路上可能会有更多的困难。"①的确,评价毛泽东的过程同时也是批评华国锋的过程,因为华国锋的合法性来自毛泽东。评价毛泽东的决议还在起草的过程中,邓小平就公开对意大利记者法拉奇说,毛泽东作为一个领导人,"自己选择自己的接班人,是沿用了一种封建主义的做法"②。邓小平还要求把粉碎"四人帮"以后的几年补写到历史决议中去,并要点华国锋的名字,以说明变动华的职务是有理由的。

1980 年 11—12 月,正是评价毛泽东的活动处于高潮的时候,中央政治局连续召开了九次会议,尖锐批评华国锋在粉碎"四人帮"后所犯的原则性错误,还提出华国锋的能力不足以胜任党的主席职务的问题。华国锋的压力增大,被迫提出辞呈。政治局会议决定向三中全会建议:同意华国锋辞去中央主席、军委主席的职务,选举胡耀邦为中央主席,邓小平为军委主席。1981 年 6 月,十一届六中全会召开,一项议程是通过评价毛泽东的历史决议,另一议程是正式批准华国锋的辞职请求。一年后,在党的"十二大"上,华国锋又失去了政治局委员的职务,变成 348 名中央委员中普通一员。

华国锋放弃两个主席的职务时,曾建议由邓小平担任党中央

> 评价毛泽东的决议还在起草的过程中,邓小平就公开对意大利记者法拉奇说,毛泽东作为一个领导人,"自己选择自己的接班人,是沿用了一种封建主义的做法"。

---

① 〔美〕戴维·W.张:《邓小平领导下的中国》,法律出版社 1991 年版,第 33 页。

② 《邓小平文选》第二卷,人民出版社 1994 年版,第 347 页。

主席。邓小平要这样做,当然谁也不会反对。可是邓小平主动拒绝了这一职务,而把他早已经备好的得力助手胡耀邦提上来担当此任。胡耀邦当党的主席,据说在党和军队的高级领导人中是有异议的,邓小平不得不做大量工作说服政治局成员和军队的高级干部接受他的选择。胡耀邦以总书记的身份兼任党的主席一年多之后,到1982年9月党的"十二大",正式决定只设总书记而不再设党的主席,胡耀邦便以总书记的名义出现在党的领袖席位上。

"十二大"产生的政治局常委依次是胡耀邦、叶剑英、邓小平、赵紫阳、李先念、陈云。此次大会同时产生三个中央机构:党的中央委员会,由胡耀邦任总书记;中央顾问委员会,主任是邓小平;中央纪律检查委员会,陈云任第一书记。随后召开的六届人大,叶剑英的委员长让位给彭真,李先念担任国家主席,邓小平出任国家军委主席,赵紫阳正式确认为国务院总理。至此,领导整个20世纪80年代改革开放大业的胡、赵、邓体制形成。三人分掌党、政、军三方大权,而军委主席邓小平被公认为"这一代集体领导的核心"①。

中共自毛泽东"开天辟地"以来,党的主席天经地义地同时也是军委主席。这种一身二任的做法历来被看作党指挥枪的原则的体现。邓小平将华国锋腾出的两个主席的职务分别由两个人来承担,他自己不当党的主席,只当军委主席,这样做可以表明他把毛泽东选定的接班人华国锋拉下台的目的并不是想坐上党的主席这把万人之上的第一交椅。邓小平把这把椅子交给胡耀邦坐,当然是相信胡耀邦能够忠实地执行他的路线。但是,军委主席邓小平必须亲自担任,这是为了他更好地发挥掌舵作用,更加有力地控制整个局面。

党的总书记和政府总理都是一线工作,邓小平让更年轻的胡耀邦和赵紫阳去分担这两项工作,而他自己则以军委主席的身份

至此,领导整个20世纪80年代改革开放大业的胡、赵、邓体制形成。

① 胡绳主编:《中国共产党的七十年》,中共党史出版社1991年版,第510页。

在第二线指挥着整个党和政府的运行。这种形式对邓小平来说，虽然有点名不正、言不顺，但却有两大好处。首先有利于邓小平下一步要考虑的领导班子年轻化。其次，可以避免改革开放这场伟大的社会试验中可能出现的任何风险，一旦出现大的风浪，整个新班子不至于都折进去，在后面起到稳定局面的作用。

首先有利于邓小平下一步要考虑的领导班子年轻化。其次，可以避免改革开放这场伟大的社会试验中可能出现的任何风险，一旦出现大的风浪，整个新班子不至于都折进去，在后面起到稳定局面的作用。

第二章 邓小平改革智慧

一、捉住老鼠就是好猫

20 世纪 60 年代初,大跃进、人民公社,三分天灾,七分人祸,把神州大地搞得民生凋敝。彭德怀在庐山会议上说:要不是中国的老百姓好,准会去找红军的。尚未巩固的新政权面临着一个十分严峻的问题:怎样尽快恢复和发展农业生产?

这时毛泽东已经退居"二线"。难题摆在"一线"上的各位领导面前。作为总书记的邓小平提出:问题"还得从生产关系上解决。这就是要调动农民的积极性"。

那么,"生产关系究竟以什么形式为最好呢"?

邓小平提出两条标准:

第一,"哪种形式在哪个地方能够比较容易比较快地恢复和发展农业生产,就采取哪种形式";

第二,"群众愿意采取哪种形式,就应该采取哪种形式,不合法的使它合法起来"。

为了把这个生产关系必须适应生产力要求的大道理说白说透,邓小平还援引了一句四川农谚:"不管黄猫、黑猫,只要捉住老鼠就是好猫。"

据说这句大实话是他的老搭档刘伯承过去在打仗时经常讲的。昔日刘邓大军所向披靡,没有别的秘密,"就是不讲老规矩,不按老路子打,一切看情况,打赢了算数"。

邓小平合乎逻辑地推出他的结论:"现在要恢复农业生产,也

昔日刘邓大军所向披靡,没有别的秘密,"就是不讲老规矩,不按老路子打,一切看情况,打赢了算数"。

88

要看情况,就是在生产关系上不能完全采取一种固定不变的形式,看哪种形式能够调动群众的积极性就采用哪种形式。"①

"猫论"第一次向正统思想提出挑战:为什么一定要固守人民公社一种形式? 包产到户、责任到田等,既然能够调动群众积极性,有利于发展生产,为什么不能采取呢?

邓小平说这话时就估计到他的这些"初步意见"以后可能不算数。事实上,以后不仅没有算数,而且成为他两次被打倒的罪名。20 世纪 60 年代他被打成"党内第二号走资派",70 年代变成"不肯改悔的走资派",都与这个"猫论"有关。

1976 年 2 月,从毛远新口里传出一条毛泽东关于"批邓反击右倾翻案风"的"最高指示",毛泽东说:"他(指邓小平)这个人是不抓阶级斗争的,历来不提这个纲。还是白猫黑猫啊,不管帝国主义还是马列主义。"

毛泽东的失望之情溢于言表。因为邓小平提倡"猫论",他不得不把这位难得的治世能才再次打入冷宫。"猫论"的精神实质上道出了毛泽东和邓小平两人在思维方式上的巨大差异。

农家养猫,为的是逮耗子。在务实的中国农民看来,只要能逮住耗子,猫的颜色是黑是白无关紧要。这个简单的道理可以开导许多深刻的理论家怎样看待目的、手段和效果三者间的关系。逮耗子是目的,能逮住耗子是效果,在目的和效果之间有许多手段、方法、途径可供选择。毛泽东相信自古华山一条路,非"一大二公"不能建设社会主义,改变了这种手段就等于放弃了社会主义目标。邓小平则认为满足社会主义目标可以有各种手段,到底哪种手段最好,要看实际效果。

有人指责"猫论"不择手段。"猫论"怎么没有择手段呢? 选猫要看它逮耗子管不管用,这不就是择了手段吗? 就逮耗子这一点论,猫的颜色和叫声等等没有挑剔的必要。也许在其他场合颜色比逮耗子更重要,比如有闲阶层豢养宠物就免不了要以颜色是

"猫论"第一次向正统思想提出挑战:为什么一定要固守人民公社一种形式? 包产到户、责任到田等,既然能够调动群众积极性,有利于发展生产,为什么不能采取呢?

① 《邓小平文选》第一卷,人民出版社 1994 年版,第 323 页。

否漂亮做取舍。可这是另一套评价系统。更重要的是中国农民现时还不具备从审美角度养猫的物质基础,当务之急是要从耗子嘴里把口粮夺回来,可养不起那些懒猫、闲猫。

> "猫论"体现了一条神圣的生存法则:讲求实际。不管别人怎么理解,世事炎凉,"猫论"始终保持它的本色不变。

"猫论"体现了一条神圣的生存法则:讲求实际。不管别人怎么理解,世事炎凉,"猫论"始终保持它的本色不变。直到晚年,邓小平仍相信:"我们讲了一辈子马克思主义,其实马克思主义并不玄奥。马克思主义是很朴实的东西,很朴实的道理。"①。

"猫论"以它简洁明快不可抗拒的逻辑力量开启了当代中国解放思想,改革开放的闸门。

"猫论"实际上已经宣告了实践是检验真理的唯一标准:某种猫值不值得养,关键不是看它何种颜色,也不是看它是什么人挑选出来的,而要看它抓耗子的实践。实践证明它能抓耗子,它就是好猫,值得一养;实践证明它不能抓耗子,就让它见鬼去吧。

《纽约时报》著名记者索尔兹伯里认为"猫论"的意思无非是:"为了使中国在 2000 年达到技术合理化,准备采纳不管哪里来的技术、办法、发明创造和意见。如果这样做要放弃毛的公社而代之以个人耕作和个人收益的办法——好,那就这样做吧。"

可见"猫论"兼有"生产力标准"和"实践标准"的含义。它以形象的方式告诉人们一条真理:是否有利于生产力的发展才是判断姓社姓资问题的主要标准。后来邓小平把话说明了:"搞社会主义,中心任务是发展社会生产力,一切有利于发展社会生产力的方法,包括利用外资和引进技术,我们都采用。"②"他们许多人(指第三世界国家。——作者注),想搞社会主义,我劝他们按照自己的情况搞,叫什么都可以,只要发展生产力就行。"③就此我们可以说"猫论"是邓小平设计有中国特色的社会主义蓝图的理论基础,同时也是他的全部智慧的基点所在。

---

① 《邓小平文选》第三卷,人民出版社 1993 年版,第 382 页。
② 《邓小平文选》第三卷,人民出版社 1993 年版,第 130 页。
③ 邓小平 1989 年 9 月 16 日与李政道夫妇谈话。

二、战略重心大转移

1979 年年初,和"凡是派"的斗争已取得决定性胜利,邓小平不失时机地宣布:揭批林彪、"四人帮"的群众运动"已经可以胜利结束",全党的工作重点和全民的注意力应"从今年转移到社会主义现代化建设方面来"。[①]

战略重心的大转移,是 1978 年年底召开的党的十一届三中全会和此前的中央工作会议取得的重大成果。那次中央工作会议的议题,华国锋原定为讨论经济工作。邓小平提出的重点转移问题获得政治局常委一致赞同,华国锋不好不同意,甚至认为集中精力搞建设更便于实施他心目中的那套高经济指标,所以邓小平的提议被作为会议的中心思想在三个经济问题之先讨论。华国锋不理解邓小平所提出的重心转移必须纠正党的指导思想上长期存在的"左"倾错误才能实现。结果,工作重点的讨论引发了陈云等老同志针对"文化大革命"和毛泽东晚年错误的激烈发言,扭转了会议的方向,把一个单纯讨论经济工作的会议,开成了全局性拨乱反正和开创新局面的会议。邓小平在闭幕会上做了题为《解放思想,实事求是,团结一致向前看》的压轴发言。

紧接着召开的十一届三中全会,根据邓小平的讲话精神,认真纠正了毛泽东 1957 年以来特别是"文化大革命"中指导思想上所犯的左倾错误。华国锋在粉碎"四人帮"以后几年的"左"的做法,自然也在批评之列。全会在总结历史教训的基础上,提出了新时期改革开放的总方针,确定了邓小平思想的指导地位。正是在此基础上,全会庄重地作出了将战略重点从揭批"四人帮"转向现代化建设的决策。

邓小平视十一届三中全会为历史转折点。他说:"三中全会

————————

①　《邓小平文选》第二卷,人民出版社 1994 年版,第 158 页。

邓小平视十一届三中全会为历史转折点。他说:"三中全会不但解决了文化大革命十年的问题,也在很大程度上解决了二十多年的问题。"

不但解决了文化大革命十年的问题,也在很大程度上解决了二十多年的问题。"①"二十多年"的计算显然是指回到"八大"关于社会主要矛盾的提法,即先进的社会制度和落后的生产力之间的矛盾;另一说法是人民对于经济文化迅速发展的需要同当前经济文化不能满足人民需要的状况之间的矛盾。这样确定主要矛盾,全党全民的中心任务自然就是发展生产力和提高人民生活水平。可是"八大"的路线没有贯彻下去,原因是党的主席毛泽东从1957年反右开始不断地突出两个阶级、两条道路斗争的重要性。人民公社运动是搞生产关系方面的革命,"文化大革命"是上层建筑领域的大革命,发展生产力却长时间严重被忽视。"文革""左派总是把解放全人类看做革命的中心任务,但邓小平却强调解放生产力是革命的中心任务"。② 毛泽东提到很高的党内两条路线斗争,实际上就是以阶级斗争为纲还是以发展生产力为中心的分歧。所以"三中全会"所完成的历史转折,不是一般意义上的工作重点转移,而是"从以阶级斗争为纲转到以发展生产力为中心,从封闭转到开放,从固守成规转到各方面的改革"。③ 说它是"划时代的历史转折"是毫不过分的。

十一届三中全会后,邓小平把中国当前的及今后相当长一个历史时期的主要任务概括成一句话:"社会主义现代化建设是我们当前最大的政治"④。邓小平采用传统的方法论证他的新纲领:"我们的生产力发展水平很低,远远不能满足人民和国家的需要,这就是我们目前时期的主要矛盾,解决这个主要矛盾就是我们的中心任务。"⑤中国人由此结束了阶级斗争年年讲、月月讲、天天讲的时代,开始了以和为贵、以人为本、以食为天的新时代。

中国人由此结束了阶级斗争年年讲、月月讲、天天讲的时代,开始了以和为贵、以人为本、以食为天的新时代。

---

① 《邓小平文选》第二卷,人民出版社1994年版,第242页。
② [英]约翰·加德纳:《毛泽东的继承者》,载《外国人眼中的中共群星》,四川人民出版社1991年版,第302页。
③ 《邓小平文选》第三卷,人民出版社1993年版,第269页。
④ 《邓小平文选》第二卷,人民出版社1994年版,第163页。
⑤ 《邓小平文选》第二卷,人民出版社1994年版,第182页。

三、有中国特色的社会主义

新时代开始后,仍存在要不要搞社会主义以及怎么样搞社会主义两个问题。

邓小平多次重申,"要坚持马克思主义,坚持走社会主义道路。但是,马克思主义必须是同中国实际相结合的马克思主义,社会主义必须是切合中国实际的有中国特色的社会主义"①。

邓小平认为他的有中国特色的社会主义道路,与当年毛泽东提出的农村包围城市的道路,都是把马克思主义同中国实际相结合,走自己的路的结果。为了强调新理论的分量,邓小平还把确定毛泽东思想历史地位的"七大"与确立改革开放政策的"十二大"做了意味深长的对比。

搞社会主义,要走自己的道路,建设有中国特色的社会主义,其立论根据是社会主义没有一个固定的模式。邓小平曾对莫桑比克总统希萨诺说:"世界上的问题不可能都用一个模式解决。中国有中国自己的模式,莫桑比克也应该有莫桑比克自己的模式。""坦率地说,我们过去照搬苏联搞社会主义的模式,带来很多问题。"②毛泽东在一定程度上也是为了避免苏联模式而走上"文革"道路的。"文化大革命"也是一种搞社会主义的模式,不过它可能是世界社会主义运动中最"左"的一种模式。邓小平领导的十一届三中全会,就是彻底抛弃"文革模式"。

否定"文革"模式后,是完全恢复"文革"前建立起来的苏联模式,还是另闯新路,将苏联模式一并否弃,又成一大问题。中共党内所谓改革派和守旧派,实际上就是继续追随苏联模式还是走自己道路的争论。"左"的思想先是坚持"文革"模式不放,后又固执

① 《邓小平文选》第三卷,人民出版社1993年版,第63页。
② 《邓小平文选》第三卷,人民出版社1993年版,第261页。

93

地维护苏联模式。邓小平认为无论毛泽东的模式还是斯大林的模式,事实证明都不成功。继与"文革"模式决裂后,又与苏联模式分道扬镳,于是才有一系列改革开放的新招。

有中国特色的社会主义,概括了中国人在邓小平时代的全部实践活动,并已成为邓小平理论的代名词。可是究竟什么是有中国特色的社会主义,邓小平除了强调发展生产力外,并没有给出多少规定。这说明有中国特色的社会主义本身并没有一个固定不变的模式,如果也要称模式,可以说这是一种不要任何固定模式的模式。这种模式的容量足以接纳资本主义中一切于我有用的东西,甚至在概念上可以与"有中国特色的资本主义"交叉。

有中国特色的社会主义的意义不在于它发明了什么社会主义的新定义,而在于它是中国人独立自主,不受任何框框束缚,走自己发展道路的一面旗帜。高举这面旗帜,在国际上可以使中国不依附于两极世界中的任何一极,保持中国特立独行的个性。如果中国放弃社会主义而搞资本主义,如邓小平所说,中国必成为西方资本主义国家的附庸,因为中国的资本主义后发于西方。另一方面,如果中国的社会主义没有自己特色而照抄苏联的模式,中国又会成为苏联的附属物,因为中国的社会主义晚成于苏联。既坚持社会主义,又强调中国特色,可以使中国不受任何一方左右,同时又可以同每一方面保持最大限度的接触;在接触中,既可以拒绝一切对自己不利的东西,又可以吸纳一切对自己有益的东西。

有中国特色的社会主义不仅有高度的自主性,还有极大的灵活性,可以对待左右两个方面的困难。如果"左"爷们质问:你这样搞到底是姓社还是姓资?邓小平可以回答:姓社,但有中国特色。如果自由主义者想借中国特色任意妄为,邓小平又可以提醒:我们搞的毕竟是社会主义,不允许资产阶级自由化。

四、社会主义初级阶段

如果说"有中国特色的社会主义"是邓小平对社会主义的空间定位,那么"社会主义初级阶段"就是邓小平对社会主义的时间定位。

1987 年 3 月 21 日,十三大报告的起草人向邓小平提交了一份《关于草拟十三大报告大纲的设想》,拟以社会主义初级阶段作为整个十三大报告立论的根据,以此说明经济发展的战略和经济、政治体制改革的方向。邓小平阅后批示:"这个设计好"。

这个设计好就好在它像"中国特色的社会主义"一样,有既反"左"又反右的双重功能。"社会主义初级阶段",一个概念,两层含义:第一,中国已经是社会主义社会,不能离开社会主义的道路;第二,中国还处在社会主义初级阶段,不能超越初级阶段的实际。

邓小平曾发现:"有少数同志认为,我们这个社会是不是社会主义社会,该不该或能不能实行社会主义,以至我们党是不是无产阶级政党,都还是问题。"①上述第一层意思不难回答这类疑问。中国这个社会主义不论初级到什么程度,都还是社会主义社会,即使它初级到与资本主义只有一步之差,邓小平也要保留这个差别,不然提出社会主义初级阶段就没有意义。

老先生们看到十三大报告对社会主义初级阶段的描绘跟毛泽东的新民主主义没有多少差别,产生一种失落感,叹道:"辛辛苦苦几十年,一步退到改造前。"其实这也是误解。退不退不在于名称,而社会主义初级阶段只是为现实的社会主义正名。名不正则言不顺,言不顺则事不成。只有用社会主义初级阶段来确认中国现阶段的社会性质和发展程度,近十年改革开放实践才能名正言顺地坚持下去。

"社会主义本身是共产主义的初级阶段,而我们中国又处在

① 《邓小平文选》第三卷,人民出版社 1993 年版,第 42 页。

社会主义的初级阶段"。① 这样地提出问题,主要是针对长期存在
的超越阶段的"左"倾急性病的。邓小平发现搞革命的人最容易
犯急性病,中国过去就是犯了性急的错误,从 1957 年开始"左",
"文化大革命"是极"左"。"左"的表现之一是"制定的政策超越
了社会主义的初级阶段。"②

为什么中国搞了几十年社会主义还处在初级阶段? 这是因为
生产力不发达,一穷二白,而贫穷绝不是社会主义。"虽说我们也
在搞社会主义,但事实上不够格"。"一直到本世纪末,我们仍然
处在一个摆脱贫困的阶段"③。"只有到下世纪中叶,达到了中等
发达国家的水平,才能说真的搞了社会主义"④。

不发达阶段,是社会主义的初级阶段。达到中等发达国家水
平,大概算社会主义的中级阶段。达到发达国家水平还要多少年?
那时将是社会主义的高级阶段。可达到社会主义高级阶段,也还
只是共产主义的初级阶段,还不算真正的共产主义社会。这样看
来,共产主义的理想就被彼岸化了。这多少有点令人沮丧。但也
有个好处:不要为在遥远的将来才能实现的理想原则所困扰,一切
立足于现实。既然现在还只是初级阶段的初级阶段,一切非共产
主义,非社会主义的因素,只要有利于发展生产力,都有其存在的
理由。这对于过去长期刻意追求纯而又纯的社会主义模式,无疑
是一个根本性的否弃。

五、贫穷不是社会主义

邓小平说,对于什么是社会主义,过去我们并没有搞清楚。现

既然现在还只是初级
阶段的初级阶段,一
切非共产主义,非社
会主义的因素,只要
有利于发展生产力,
都有其存在的理由。
这对于过去长期刻意
追求纯而又纯的社会
主义模式,无疑是一
个根本性的否弃。

---

① 《邓小平文选》第三卷,人民出版社 1993 年版,第 252 页。
② 《邓小平文选》第三卷,人民出版社 1993 年版,第 269 页。
③ 邓小平:《建设有中国特色的社会主义》(增订本),人民出版社 1987 年
版,第 159 页。
④ 《邓小平文选》第三卷,人民出版社 1993 年版,第 225 页。

在至少搞清楚一点："社会主义的特点不是穷,而是富"①。

在某种意义上邓小平的"社会主义"可以用一个"富"字来定义。他的施政纲领就是要在中国根治贫穷,富国富民。批邓反击右倾翻案风时,"四人帮"危言耸听地说:"邓小平上台,千百万人头落地"。了解邓小平的群众把"人头"改成"猪头",变成"邓小平上台,千百万猪头落地",意即邓小平上台后人民会有肉吃,生活会富起来。为什么邓小平两次都没有打倒? 就是因为他的富国富民论已经深入人心了。

邓小平对毛泽东思想的最大发展是把"富"字同神圣的社会主义原则联系在一起。"文革"模式的社会主义说穿了就是"要人们安于贫困落后"②。"左"派们造成一种空气,好像穷就光荣,富就有罪。他们认为穷比富好,当然不是反对国家富强,只是觉得人民不能太富。理由是人这个怪物,越穷就越革命,越富就越反动(变修)。因此,为了保持革命的潜力永不枯竭,就需要实行穷民政策。结果是越穷越革命,越革命越穷,革得民也穷了,国也弱了。邓小平相信民富才能国强,因此他不怕人民富起来,鼓励人民富起来,宣称"致富不是罪过"③。这种富民政策,不要说"让一部分人先富起来",就是仅仅"让人民富起来",也是一种了不起的大革新,是对此前长时间坚持的穷社会主义模式的根本否定,对几千年安贫乐道的价值观的彻底决裂。

> 邓小平对毛泽东思想的最大发展是把"富"字同神圣的社会主义原则联系在一起。

邓小平总结道:"从一九五八年到一九七八年这二十年的经验告诉我们:贫穷不是社会主义,社会主义要消灭贫穷。"④邓小平在此所重述的理由在中学生的政治课本中都可以找到:社会主义是共产主义的第一阶段,共产主义是物质财富极大丰富的社会。所以社会主义的主要任务就是发展生产力,使社会财富不断增长,人民生活一天天好起来,为进入共产主义社会创造条

---

① 《邓小平文选》第三卷,人民出版社1993年版,第265页。
② 《邓小平文选》第三卷,人民出版社1993年版,第228页。
③ 《邓小平文选》第三卷,人民出版社1993年版,第172页。
④ 《邓小平文选》第三卷,人民出版社1993年版,第116页。

件。"文革"期间,"四人帮"提出宁要穷的社会主义,不要富的资本主义。邓小平怒斥:简直荒谬之极!哪有什么贫穷的社会主义?

"社会主义如果老是穷的,它就站不住。"①在邓小平看来,社会主义的优越性首先要表现在经济发展的速度和效果方面。没有这一条,再吹牛也没有用。"如果在一个很长的历史时期内,社会主义国家发展的速度比资本主义国家慢,还说什么优越性?"②邓小平对中国长期处于贫困停留状态感到痛心。一次他对金日成说:"我们干革命几十年,搞社会主义三十多年,截至一九七八年,工人的月平均工资只有四五十元,农村的大多数地区仍处于贫困状态。这叫什么社会主义优越性?"③与毛泽东时常鼓励第三世界国家搞社会主义相反,邓小平多次劝告第三世界国家的领导人"不要急于搞社会主义","革命胜利后,不是一下子就搞社会主义"④。可见邓小平对刘少奇"巩固新民主主义秩序"的观点是赞成的,中国在革命胜利后没有在新民主主义阶段多待一会儿就急急忙忙地进入了社会主义多少是有点遗憾的。现在问题是中国已经搞了二三十年的社会主义,不管搞得好不好,退回去是不成的。因此唯一的办法,就是在社会主义的框架内,补上发展生产力这一课,尽快地脱贫致富,使尚不够格的社会主义变成够格的社会主义。所以邓小平反复强调发展生产力是社会主义的首要任务,第一任务,是"整个社会主义历史阶段的中心任务"⑤。邓小平还非常痛惜地批评毛泽东作为伟大领袖"有一个重大的缺点,就是忽视发展社会生产力"⑥。

邓小平还非常痛惜地批评毛泽东作为伟大领袖"有一个重大的缺点,就是忽视发展社会生产力"。

① 《邓小平文选》第二卷,人民出版社 1994 年版,第 191 页。
② 《邓小平文选》第二卷,人民出版社 1994 年版,第 128 页。
③ 《邓小平文选》第三卷,人民出版社 1993 年版,第 10 页。
④ 《邓小平文选》第三卷,人民出版社 1993 年版,第 290 页。
⑤ 《邓小平文选》第三卷,人民出版社 1993 年版,第 254 页。
⑥ 《邓小平文选》第三卷,人民出版社 1993 年版,第 116 页。

六、"三步走"战略目标

邓小平主政中国以来,没有接受任何像旗手、舵手、统帅、导师之类的称号,只保留了一个技术性"职称"——总设计师。如果说中国的现代化建设是一项复杂的社会系统工程,需要有人从战略总体上谋篇布局,那么邓小平所起的作用确实相当于一位总设计师。

总设计师十几年来精心设计了不少引人注目的作品,其中最恢宏的一幅是"三步走"的战略目标:第一步,20世纪80年代翻一番,人均国民生产总值达到500美元;第二步,到20世纪末,再翻一番,达到1000美元;第三步,到21世纪中叶再翻两番达到4000美元。

三步共跨70年,在原基数上连续翻四个番,人均产值增长16倍。16倍是很吓人的。多少美元又意味着什么?邓小平把这些数字的含义变成普通老百姓喜闻乐见的形式:第一步解决温饱问题,有饭吃有衣穿;第二步建成小康社会,能过舒心的日子;第三步达到中等发达国家水平,在世界上算一个角色。

战略上的总体设计对于复杂的巨系统目标值的趋近至关重要。邓小平的许多其他设计都是以这一总体设计为依据的,例如香港回归后50年不变,资产阶级自由化至少要反50年,基本路线100年不动摇,教育要"三个面向",科技是第一生产力……

邓小平的设计采用以美元计算的"人均国民生产总值"为指标,因此所绘出的蓝图与过去大不相同。过去使用"工农业总产值"制定的发展战略,单纯强调主要产品的产量及其在世界上的排位,忽视了经济效益和人民生活水平这两个重要参数,常常产值上去了,在现代化的道路上并没有走多远,有时甚至未向现代化方向发展。"人均国民生产总值"全面反映了包括物质福利量和精神文化教育健康环境闲暇时间等非物质福利量在内的人民总体生活水平。更重要的是,这种"按人口的平均产值和高增长率是与经济结构的改变紧紧联系在一起的"①。邓小平采用"人均国民生产总值"作为中国现代化发展水平的评价尺度,等于把重视经济效益和人民生活水平提到了战略地位。中国值得自豪的"物产丰富"由于"人口众多"而使人均资源储量远不及发达国家,因此不计投入产出之单纯"拼消耗"的办法无论如何也赶不上发达国家,唯有建基于科技进步和结构改革之上的经济效益的提高才可望使中国的经济实力跻身世界先进行列。邓小平突出经济效益因素,可算是找到了中国现代化的不二法门。瞄准"人民生活水平"这个因素,反映了邓小平现代化蓝图中富国利民的终极目标,可以最大限度地动员全民的积极性和创造性;强调"人均"则充分考虑了中国人口众多的特点;而以美元为计算单位,更便于进行国际横向比照,以免自己跟自己比总是沾沾自喜。这样设计的发展战略,以世界现代化为参照系,使中国有了明确的自我定位和明确的奋斗目标,实在是一幅上乘之作。

邓小平的"70 年实现现代化"的战略构想,与 20 世纪 50 年代"15 年超英赶美"的雄心壮志相比不知要"保守"多少倍。对比 60 年代提出的要在 20 世纪内实现四个现代化的宏伟目标,邓小平的时间表也整整向后推迟了半个世纪。邓小平在设计过程中,还把"接近发达国家水平"的目标值调整为"中等发达国家水平",把"30 至 50 年"的时间推算最后明确为"50 年"。邓小平的这种"低调"方案,浓缩了中国人现代化尝试的经验教训,把中国的国情实际做了充分估计:"中国科学技术落后,困难比较多,特别是人口太多,现在就有 10.5 亿,增加人民的收入很不容易,短期内要摆脱贫困落后状态很不容易。必须一切从实际出发,不能把目标定得不切实际,也不能把时间定得太短。"②邓小平有自己制定规划的原则。70 年的长期计划留的余地应该大一些,10 年、20 年的中短

① [美]西蒙·库兹涅茨:《各国的经济增长》,商务印书馆 1985 年版,第 371 页。
② 《邓小平文选》第三卷,人民出版社 1993 年版,第 224 页。

期规划可能积极点,但也应留有余地。"留有余地"属于"保守"、"稳重",是一种稳扎稳打的阵法。

邓小平原来的设计分"两步走",以 2000 年为坐标原点,前 20 年为后半个世纪打基础。为了使前一步走得更紧凑、急迫、扎实,邓小平将原来的第一步分解成两小步,使你无法"明日复明日"。第一步是解决温饱问题,这话听起来有点给社会主义"抹黑",好像社会主义搞了 30 多年还没有解决人民温饱问题似的。但是邓小平敢于正视现实,承认落后,因为这样才有紧迫感。解决温饱要花 10 年光阴,这 10 年是为后 10 年打基础。先得吃饱肚皮,才可谋求发展。后 10 年的目标是奔小康,过上殷实生活并有所结余。这前两步都只是解决脱贫致富问题,还要在此基础上再奋斗 50 年才能达到中等发达国家的水平。这第三步的远景确实使人感到遥远而又艰巨,但邓小平把它与人民的温饱、小康生活联系在一起。听够了"解放全人类"之类口号的人民,对"温饱"、"小康"不能不感到亲近并为之吸引。

到 21 世纪中叶如果中国真像邓小平设计的那样达到中等发达国家的水平,将意味着什么呢?邓小平算了两笔账:第一,人均产值 4000 美元,这在资本主义发达国家算不了什么,但中国实行社会主义分配制度,人均 4000 美元对每个人实际生活的分量就比资本主义国家大得多。第二,中国人口多,那时可能会有 15 亿人口,人均达到 4000 美元,总起来就是 6 万亿美元,属于世界前列。无论从人均生活还是从综合国力来看,达到中等发达国家水平,尽管离发达国家还有一截,但中国特色的现代化还是够格的。走到这一步,要花 70 年时间,如果从共产党执政之日算起,整整 100 年;从中国近代社会的开篇算起,整整 200 年。邓小平决心把这 200 年民族复兴之梦变成现实,其意义肯定不亚于推翻三座大山。

> 邓小平决心把这 200 年民族复兴之梦变成现实,其意义肯定不亚于推翻三座大山。

七、咬定青山不放松

四个现代化、经济建设、生产力,常被邓小平作为同一个东西来强调。邓小平的强调词有中心、核心、重点、大局、总任务、主要任务、主要矛盾、根本环节等。

至于怎样对待这个中心，邓小平用的强调词更丰富："把四个现代化建设，努力发展社会生产力，作为压倒一切的中心任务。我们党在现阶段的政治路线，概括地说，就是一心一意地搞四个现代化。"

"这件事情，任何时候都不要受干扰，必须坚定不移地，一心一意地干下去"。

"这件事情一定要死扭住不放，一天也不能耽误"。

"始终扭住这个根本环节不放松"。

"扭住不放，顽固一点，毫不动摇"。

"扭住"一词最能反映邓小平的个性。

为什么不用"抓住"而用"扭住"？有人查证《辞海》发现："抓住"只是一般的"捉住"，"扭住"除了"抓住"的含义外，还有一层更深的意思，那就是不顾别人的反对，强行"拧住"、"揪住"，死不放手。

搞现代化，发展经济，营造富裕生活，本是人之所趋，在世界各国莫不是人们的自觉行动，政府的职责顶多是组织、协调、指导，根本用不着去强调去坚持，唯独中国不花大力气死死扭住，这件事就会滑掉。这一"中国特色"使得邓小平后半生的政治命运紧紧和一个"扭"字联在一起。

20世纪60年代初他提出著名的"猫论"，强调哪一种生产关系最有利于发展生产力就应该采用哪一种生产关系。这可说是"生产力中心论"的先声，与毛泽东的"阶段斗争为纲"正相对立。毛泽东不能容忍，于是发动"文革"，打倒刘、邓。刘、邓何罪之有？鼓吹"唯生产力论"，强调"经济挂帅"云云。

邓小平没有吸取"被打倒"和"犯错误的"的"教训"。在江西的"牛棚""反省"了三年多后，"文革"中一复职，他就大声疾呼："全党要讲大局，把国民经济搞上去。"邓小平深知毛泽东心目中的"纲"与他不同，但是他的个子太小，扭不过巨人毛泽东，只能

"偷梁换柱",提出"三项指示为纲",悄悄地把国民经济放到"纲"的地位上来抓。但最后还是被毛泽东察破"天机":"什么三项指示为纲? 阶段斗争是纲,其余都是目"。毛泽东批评邓小平这个人"历来不提阶段斗争这个纲",邓小平因此成了"死不改悔的走资派"。

邓小平两次被打倒都是为了扭住发展经济这个中心。第三次复出后,他更加"顽固"。同"凡是派"的斗争刚刚取胜,邓小平就"迫不及待地"宣布:要把全党工作的着重点转移到现代化建设上来。中共执政 30 多年,始终没有很好地把工作重心转移到经济建设的轨道上来,因此平白丧失了许多机会,耽误了不少时间。邓小平为此痛心不已:"现在要横下心来","始终如一、贯彻始终地搞这个事,一切围绕这件事,不受任何干扰……扭着不放,'顽固'一点,毫不动摇。"①

20 世纪 80 年代一开始,邓小平就宣布要做好三件大事,其中"核心是现代化建设",因为"这是我们解决国际问题,国内问题的最主要的条件"②。在国际事务中反对霸权主义,台湾回归祖国,实现祖国统一,这两件事最终都取决于中国的经济建设成就。经济上不去,社会主义制度无法巩固,国家的安全没有保障。"所以,我们从 80 年代第一年开始,就必须一天也不耽误,专心致志地,聚精会神地搞四个现代化建设","绝不允许再分散精力"。③

专心致志,一天也不耽误,不受任何干扰。有一个例外,就是爆发大规模世界战争,这一点是邓小平扭不住的,所以只能做这样的打算:打完了仗再来建设。但是邓小平很不希望因为战争而被迫中断经济建设,耽误太多的时间。这就促使他把对外政策的基本点放在争取和平建设的国际环境上。

一心一意搞经济建设,国防建设怎么办? 这可是四化之一! 邓小平当然不会忽视这一点,不过他认为国防建设也要以经济为

① 《邓小平文选》第三卷,人民出版社 1993 年版,第 249 页。
② 《邓小平文选》第三卷,人民出版社 1993 年版,第 240 页。
③ 《邓小平文选》第三卷,人民出版社 1993 年版,第 241 页。

基础。他劝慰军方"要忍耐几年","先把经济搞上去,一切都好办。现在就是要硬着头皮把经济搞上去,就这么一个大局,一切都要服从这个大局"。①

中心、大局,既然非"扭"而不能抓住,就说明存在着多种多样的阻力和干扰因素,想要冲击、破坏它。邓小平遇到的干扰有两个方面:"左"和右。

邓小平所说的"右"与毛泽东所说的"右"不同,不是指在经济领域搞资本主义复辟,而是指在政治上搞动乱,搞资产阶级自由化。邓小平对1986年的政治风波,所取的态度是"排除干扰,继续前进"。对于1989年的政治风波,邓小平旗帜鲜明地申明:"中国不允许乱。"不允许乱的理由是:一旦乱了,四个现代化的目标统统告吹。为了避免这一后果,邓小平宁可冒损害国际声誉的危险,果断地平息了那场政治风波。

1989年政治风波平息后,邓小平便马上提出一连串问题:我们发展战略的三部曲正确不正确? 一个中心两个基本点对不对? 改革开放还要不要坚持? ……生怕因为这次政治风波而使他既定的路线、方针、政策发生动摇,使他扭了10年的东西又从指缝中滑掉。

还是险些滑掉了! 多年来对改革开放不感兴趣的人,一听说要反自由化,防和平演变,马上来劲了。他们觉得中国还是应回到以阶级斗争为纲的年代,声称改革开放就是引进资本主义,和平演变的主要根源在经济领域。什么"意识形态领域的阶级斗争"、"人民内部的阶级斗争"等"文革"字眼又赫然出现在人们的面前。"姓社姓资"的问题又上上下下争开了。

而当时20世纪80年代已过,90年代又走了两年。在这个关键时刻,邓小平又站到触礁的巨轮前头发话了:基本路线要管100年,动摇不得。谁要改变谁就会被打倒。改革开放的胆子要大一些,经济发展的步子要快一些。不搞争论,一争就耽误时间。发展

中心、大局,既然非"扭"而不能抓住,就说明存在着多种多样的阻力和干扰因素,想要冲击、破坏它。邓小平遇到的干扰有两个方面:"左"和右。

①《邓小平文选》第三卷,人民出版社1993年版,第129页。

才是硬道理。抓住时机,发展自己,关键是发展经济。

"是否实现四个现代化,决定着我们国家的命运,民族的命运。"①为了抓住 10 亿人命运的咽喉,邓小平死死盯住中国改革开放这艘巨轮的航向,一有干扰,他就出来排除一下,把方向扭正。这种精神可以用郑板桥的名句来写照:"咬定青山不放松,立根原在破岩中,千磨万击还坚劲,任尔东西南北风。"

八、一个中心,两个基本点

一个中心,是以经济建设为中心;两个基本点,一是坚持改革开放,二是坚持四项基本原则。

邓小平领船掌舵十余载,提出许多新鲜的兴邦之策,治国之道。但其基本要领均浓缩在这"一心两点"之中。

党的十一届三中全会,邓小平实施战略中心大转移,并定出改革开放的总方针。这两下,把中国巨轮引向一个新领域。但邓小平觉得似乎还少了点什么,仅靠改革开放,没个制约,有翻船的危险。于是紧接着在 1979 年年初的理论工作务虚会上,邓小平又及时提出要坚持四项基本原则。

20 世纪 80 年代初,邓小平连续三次讲到实现四个现代化必须有如下四项保证:(1)体制改革;(2)建设社会主义精神文明;(3)打击经济犯罪活动;(4)整顿党的组织和作风。四项保证归纳起来还是两个基本点,(1)是改革开放这一点,第二点包含在(2)、(3)、(4)中。邓小平说这四件事要伴随着整个现代化的进程走。

尔后,邓小平在始终扭住经济建设这个中心环节不放的同时,时而强调四项基本原则,时而强调改革开放,更多的则是两者同时强调,渐渐形成一种套路。到 1987 年,邓已经成形的思路被党的十三大接收,确认为社会主义初级阶段的基本路线,明确地表达为

邓小平领船掌舵十余载,提出许多新鲜的兴邦之策,治国之道。但其基本要领均浓缩在这"一心两点"之中。

---

① 《邓小平文选》第二卷,人民出版社 1994 年版,第 162 页。

"一个中心,两个基本点"。

邓小平和毛泽东的区别仅仅是"中心"不同。毛泽东的政治框架是由"两点关系"构成的,诸如革命和生产、政治和经济等。两点分别落在生产力和生产关系、上层建筑两个领域。邓小平把毛泽东的两点关系分解成三个点:一个中心加上两个基本点。一个中心落在生产力上,即狭义的经济领域;两个基本点则同时落在生产关系和上层建筑,即广义的政治领域。

毛泽东和邓小平都长于"两点论",但一个是无中心的两点论(毛泽东总是把重心放在两点中的一点上),一个是有中心的两点论。毛泽东的两点论是政治和经济的两点论,邓小平的两点论是政治自身的两点论,经济作为中心或重点处在另一更高层次。这样,不仅毛泽东的"中心"被颠倒过来,毛泽东的两点论到邓小平手上后也发生功能性转化,变成为战略中心服务的策略手段,因而更具有策略性。

毛泽东没有把战略问题和策略性分开,目的和手段常常纠缠不清。他把政治作为重点,要求经济为政治服务,这样突出政治势必削弱经济的基础地位,结果不是政治和经济双丰收,而是两头落空。邓小平将战略和策略、目的和手段做了明确区别;发展经济是目的,政治上的两个基本点,改革开放和"四个坚持"都是为经济服务的。这样,不仅确保了"一个中心"的战略地位不受动摇,而且政治上的"两个基本点"更具灵活性。

有中心的两点论实际是三点论。三点论优于两点论的地方还在于它具有更大的稳定性。毛泽东总想把政治和经济这两点统一起来,但由于缺乏一个第三者作为两者统一的根据,他为两者统一所做的努力都导致在两极之间忽左忽右,摇来摆去。例如他想做到集中统一和生动活泼两全其美。为了生动活泼,调动各方积极性,1957年他主张放的方针,结果放出大量牛鬼蛇神,他又来了个收,收得谁也不敢讲话。有收有放本是治国之道,但哪些该收,哪些该放,收与放各到什么程度最合适,毛泽东没有一以贯之的客观依据,只有凭主观判断行事。毛泽东时代中国政治运行的最大特

毛泽东和邓小平都长于"两点论",但一个是无中心的两点论(毛泽东总是把重心放在两点中的一点上),一个是有中心的两点论。

点是在两个极端的政策之间来回摇动,忽左忽右,大起大落,反复折腾。根本原因是在两极的互动中缺乏一个中心的东西以为制衡。

邓小平因为有"一个中心",所以能够"两个基本点"之间保持着必要的张力。中心是发展生产力,为此,生产关系和上层建筑有固有革、有损有益。至于哪些东西该固,哪些该革,以及革固各到什么程度为宜,均以生产力发展的客观要求为基准。"四个坚持"和"改革开放"这两个基本点本身并没有轻重主次之分,但是可以根据经济发展的需要,有时侧重这一点,有时侧重哪一点。到底是两点平行并用还是有所侧重,或者侧重到什么程度,乃取决于"一个中心"的需要。过"左"、过右当然难免,但由于有一个中心起制衡作用,"左"的不会"左"到哪里去,右的也不会右到哪里去。这样的"两个基本点"犹如飞机之两翼,对中心位置上的主体机身起着平衡的作用。两翼平衡机身,机身亦平衡两翼,使两翼伸缩自如,而又不过于倾斜。

邓小平谋求的方法可望从总体上保持社会稳定持续发展。改革开放之初,左右摇摆现象仍时有发生,但随着"一心两点"战略的明确,摆幅逐渐减小。可以预期今后小波动仍难免,但只要一个中心不变,绝不会出现过去那种大起大落的现象。

"两个基本点"在受"一个中心"制衡的同时,自身亦相互制约。邓小平由此生发出一系列的"两点论",如坚持和发展毛泽东思想,坚持和改善党的领导,坚持和改革社会主义制度,等等。在实践中则有一系列的"两手抓"政策。

> 这样的"两个基本点"犹如飞机之两翼,对中心位置上的主体机身起着平衡的作用。两翼平衡机身,机身亦平衡两翼,使两翼伸缩自如,而又不过于倾斜。

九、不改革就没有出路

中国古代政治文化中有一种"穷则变,变则通,通则久"的改革理论,意思是说:走入困境的国家或社会必须实行变革,唯有通过变革才能带来新生。

二十多年的经验尤其是"文化大革命"的教训告诉邓小平:中国,"不改革就没有出路";"不改革……只能是死路一条"。

二十多年的经验尤其是"文化大革命"的教训告诉邓小平:中国,"不改革就没有出路"①;"不改革……只能是死路一条"②

中国社会从 1958 年到 1978 年 20 年时间,实际上处于停滞和徘徊的状态,国家的经济和人民的生活没有得到多大的发展和提高,与世界各发达国家的距离进一步拉大。邓小平反问:"这种情况不改革行吗?"③

如果不是"文革"把什么都推向极端,有没有邓小平的改革开放很难说。即使有,恐怕也没有这么大的决心和动作。"文革"灾难在人们的意识中造成一种"非改不可"的危机感。邓小平适应历史的要求,"利用'文革'的反作用所带来的巨大的动能,因势利导将整个局势扭转过来,大刀阔斧地推行了一连串极富想象力的改革措施,在短短的几年内开创了一个中兴局面。"④

新局面以党的十一届三中全会为转机。这次会议完成了中国当代历史的三大转变:"从以阶级斗争为纲转到以发展生产力为中心,从封闭转到开放,从固守成规转到各方面在改革。"⑤

邓小平将党的三中全会以来的新政策概括成八个字:"对内改革,对外开放",总起来都叫"改革"——两个方面的改革:对内改革即"搞活",对外改革即"开放"。

中国为什么要改革,要开放? 回答:这是邓小平总结过去的结论,又是他设计未来的依据。到 20 世纪末翻两番达到小康水平,到 21 世纪中叶再翻两番达到中等发达国家水平,70 年迈出两大步,人均产值共增长 16 倍。如此宏大的目标,靠什么? 就靠改革开放。没有改革开放这套措施作保障,现代化只是一句空话。

用世界眼光来看中国的差距和目标更是如此。中国达到中等

① 《邓小平文选》第三卷,人民出版社 1993 年版,第 237 页。

② 《邓小平文选》第三卷,人民出版社 1993 年版,第 370 页。

③ 《邓小平文选》第三卷,人民出版社 1993 年版,第 237 页。

④ [新加坡]林佳君:《中国经济改革的历史意义及国际影响》,引自《海外人士说中国的社会主义》,北京大学出版社 1990 年版,第 50 页。

⑤ 《邓小平文选》第三卷,人民出版社 1993 年版,第 269 页。

发达国家的水平,意味着进入世界先进行列,成为世界经济活动中的主角之一。可是目前的世界市场已全被发达和较发达国家占领了。像中国这样的落后国家,要奋斗出来很不容易。没有对内经济搞活,对外经济开放这套特殊的措施,那是竞争不过人家的。

邓小平希望改革开放能够呼唤出一个民主、富强的新中国。他把实现强国之梦的全部赌注都押在改革开放上,称"改革开放是决定中国命运的一招"①。这四个字真有如此巨大的魔力吗?

邓小平设想:

通过对内改革,扫除发展生产力的一切障碍,调动10亿人民的积极性——这是开掘内部的潜力。

通过对外开放,从外间世界获取先进的科学技术,先进的管理经验和必不可少的发展——这是吸取人类的成果。

他相信,10亿中国人的创造热情加上全人类的成功经验,一定会使中国的经济出现奇迹。

改革过去数十年形成的那套僵化的经济、政治体制和人们的思想观念,这意味着邓小平的改革不仅要解放生产力,还要涉及社会主义的生产关系和上层建筑。关于改革在这方面的使命,戴维·W.张说道:"和古代王朝的改革家相比,邓小平使社会主义制度在中国恢复了活力,如果共产党和马克思主义要在中国生存下去,邓小平的改革就必不可少。"②

十几年的改革开放取得了举世瞩目的成就。1991年国民生产总值19580亿元,按可比价格计算,比1978年增长1.92倍,平均每年递增8.6%。这个速度等于亚洲"四小龙"20世纪80年代的平均发展速度,同日本1956年到1977年经济高增长时期的速度持平。照此看来,邓小平的改革开放,确是一条强国之路、兴邦之策。

---

① 《邓小平文选》第三卷,人民出版社1993年版,第368页。
② 戴维·W.张:《邓小平领导的中国》,法律出版社1991年版,第64页。

十、坚持四项基本原则

1978 年 12 月 13 日,邓小平在党的十一届三中全会上做了那篇标志中国进入新时期的重要讲话:《解放思想,实事求是,团结一致向前看》,主旋律是号召解放思想,发扬民主,改革开放。三个半月后的 1979 年 3 月 30 日,邓小平又在各抒己见、畅所欲言的理论工作务虚会上做了另一篇重要讲话《坚持四项基本原则》,长度是上篇讲话的两倍,中心是强调"四个坚持":

第一,必须坚持社会主义道路;

第二,必须坚持无产阶级专政;

第三,必须坚持共产党的领导;

第四,必须坚持马列主义、毛泽东思想。

邓小平说他讲的这四条原则"并不是新的东西"。1957 年毛泽东在那篇《关于正确处理人民内部矛盾的问题》的著名讲话中曾郑重推出"百花齐放"的方针;约四个月后,情况发生变化,于是毛泽东在"二月讲话"加进了鉴别香花和毒草的六条政治标准。

邓小平的四项基本原则有三条直接来自毛泽东的六条政治标准,只有第四条即坚持马列主义、毛泽东思想是邓小平新近增加的。出现这种差异的原因显然是因为邓小平和毛泽东所面临的情况不同。毛泽东当年提出 6 条政治标准是针对右派言论的,而毛泽东本人用不着再提什么坚持毛泽东思想。邓小平除了要反击右的挑战,还要对付"左"的责难。"左"的责难就是指责三中全会以来邓小平的改革政策是违反马列主义、毛泽东思想的。邓小平把马列主义、毛泽东思想作为必须坚持的四项基本原则之一,不仅对反右是必要的,同时也缴了"左"爷们横加指责的械。如果不提这一条,"左"爷们很可能利用社会上右的进攻来压邓小平:看,这就是你改革开放放出来的好事。他们甚至还会把社会上的反毛泽东观点与邓小平联系起来,使邓小平脱不开干系。

当然,邓小平把并不新鲜的东西拿出来大加强调,主要是针对右,即党的十一届三中全会后冒出的一股怀疑甚至公开反对四项基本原则的思潮,以及同时引起的各种无政府行为。后来邓小平把这股思潮定名为"资产阶级自由化",认为历次学生闹事和政治动荡都是自由化思潮,若不加抑制,发展起来会很快很猛,到时将不可收拾,有可能把中国重新推入"文革"式的动乱。那样,邓小平驾驶的航船不要说驶向四化彼岸,恐怕刚刚启程就要翻船。邓小平希望用四项基本原则来抵制资产阶级自由化以避免这种危险。

必须坚持四项基本原则,这一点在邓小平看来是没有商量余地的。但是怎么样"坚持",却大有讲究。邓小平反对左的"坚持",因为这种"坚持"主张照抄照搬,固守陈规旧习,只能是死路一条。邓小平主张的"坚持"是坚持和发展、坚持和改革、坚持和改善两方面要求的结合。按这种方法来"坚持",邓小平强调坚持四项基本原则并不表明他想把改革开放政策收回去。相反,他认为这样做是为顺利贯彻执行改革开放政策"所必须采取的措施"①。邓小平强调,如果不采取这些措施,什么改革开放、三步走战略、四个现代化,统统会落空。邓小平知道他的改革力度越大,引起的社会震动就越大,因而越是需要有一个东西加以制约,加以控制。与苏联戈尔巴乔夫改革相比,邓小平的这些谋虑显示出一位老练政治家的独到智慧。

要"坚持"是毫无疑问的,但是坚持哪些具体内容必须根据实际情况而定。邓小平用"三中全会以来党中央实行的一系列方针政策就是坚持四项基本原则"来暗示:坚持三中全会以来邓小平所制定的方针政策就是坚持四项基本原则。三中全会政策的核心是改革开放,故坚持三中全会政策就是坚持改革开放。像这样坚持四项基本原则,不但没有限制改革开放,还为改革开放起了正名作用。邓小平的这种处理方式与毛泽东强调"收"就抵消"放"的

---

① 《邓小平文选》第二卷,人民出版社 1994 年版,第 178 页。

做法相比,内在张力要大得多。

可见邓小平提出"四个坚持"的要旨并不在于规定有哪些东西不能改动,而在于表明一种态度:我们的改革是有原则的,不能乱来。至于这原则本身是什么,有哪些具体内容,那也是次要的。事实上明确规定不能改的原则很少。马列主义、毛泽东思想是要坚持的,但必须实事求是;按照实事求是原则,就没有什么不能改变的条条框框。社会主义在邓小平看来有两条不能动摇,即公有制和共同富裕,但坚持公有制为主不排除三资企业、私营经济等非公有成分存在的合理性,坚持共同富裕必须让一部分人先富起来。无产阶级专政只要它的对象限制为依法审定的犯罪分子,也是不难坚持的。

邓小平最后道出总的关键:"四个坚持的核心,是坚持党的领导"①。这一条算是硬指标了。邓小平对"文革"期间各级党政机关瘫痪所造成的严重后果记忆犹新,他担心自由化思潮会把各级党政机关再次困扰得无法进行工作,坚决反对离开党的领导而歌颂群众的自发性,猛烈抨击踢开党委闹民主的行为。"如果再让有些人到处踢开党委去闹,那就只能把四个现代化吹得精光"②。当然,党的领导需要改善,但是怎样改,改哪些,也要在党的领导下进行。

邓小平突出党的十一届三中全会政策和党的领导,这两点表明他提出四个坚持的主旨是要捍卫现政策和现领导的权威性,表明邓小平的改革是一场有领导有秩序、自上而下的改革,表明邓小平想借助强有力的政治权威来推进改革,并保证改革政策不被改革实践的反冲力所破坏。按照邓小平的思路,改革本身是没有限制的,什么东西都可以改,但是有一条:必须有领导、有计划地进行,不能胡来,不能乱套。不要领导的胡来,就是资产阶级自由化。人们慢慢熟悉了邓小平的要领,只要做到两条:第一,重大问题与

---

① 《邓小平文选》第二卷,人民出版社 1994 年版,第 266 页。
② 《邓小平文选》第二卷,人民出版社 1994 年版,第 171 页。

党中央保持一致;第二,多做少说,或只做不说——就可以满足邓小平对坚持四项基本原则的要求。

四个坚持与改革开放在实践中相互作用渐渐呈现出一种趋势:政治上要安定团结,经济上尽可能放开。这是中国改革没有走上苏联道路的根本原因。但也积累了一个问题,使政治体制改革滞后于经济改革,甚至限制了经济改革的进程。邓小平希望在党的统一领导下进行全面的社会改革,其中包括改革党的领导体制。全部改革的最终成果,都取决于这一步棋怎么走。

四个坚持与改革开放在实践中相互作用渐渐呈现出一种趋势:政治上要安定团结,经济上尽可能放开。

十一、要警惕右,但主要是防"左"

从 1978 年到 1992 年,14 个年头,反"左"防右经历了大小许多回合。邓小平在反复申述两个基本点不可偏废,反"左"防右缺一不可的同时,至少有三次强调"左"比右更危险。

第一次,1987 年 4 月 30 日,邓小平对来访的西班牙副首相格拉说:"我们说有左的干扰,也有右的干扰,但最大的危险还是左。"①

第二次,1987 年 7 月 4 日,邓小平与孟加拉国总统艾尔沙德谈道:"搞现代化建设,搞改革开放,存在左和右的干扰问题。……最主要的是左的干扰。"②

第三次,1992 年南方谈话:"现在,有右的东西影响我们,也有左的东西影响我们,但根深蒂固的还是左的东西。……左的东西在我们党的历史上可怕呀! 一个好好的东西,一下子就被他搞掉了。右可以葬送社会主义,左也可以葬送社会主义。中国要警惕右,但主要是防止左。"③

"左"比右危险,不在于它们的后果有什么不同("左"和右都

---

① 《邓小平文选》第三卷,人民出版社 1993 年版,第 229 页。
② 《邓小平文选》第三卷,人民出版社 1993 年版,第 249 页。
③ 《邓小平文选》第三卷,人民出版社 1993 年版,第 375 页。

可以葬送社会主义），也不在于"左"在历史上造成的恶果令人后怕，更不在于邓小平三次受委屈均来自"左"的危害，而在于"左"比右顽固、难治，反"左"比反右难度大。

为什么"左"比右难治？邓小平说这是因为"左"已经形成一种习惯势力，根子很深，要纠正很不容易。

如果按照邓小平的主张对"左"和右做具体分析，还会发现"左"比右难治有更深层次的原因："左"和右的含义，反"左"和反右的性质，在共产党执政之后和执政之前，有很大的不同。

"左"是站在自己的立场上说话，反"左"的目标指向内部；右是站在敌对的立场上说话，反右的目标指向外部。前者是自我否定性的，后者是肯定自我性的。

执政前，中共的首要任务是争生存权，消灭敌人，保存自己。这时的内外关系在很大程度上即等于敌我关系，因此反右有自我保存的革命意义。右的错误是立场、方向问题，属敌我矛盾。相比较而言，"左"的错误是方法、策略问题，属内部矛盾。"左"字加上引号，意味着它的性质与右不同："左"是自己人不小心犯了错误，右则意味着敌对势力别有用心。因此，"左"显得比右可爱，犯了"左"的错误是可以谅解的，犯了右的错误则难以饶恕。这样，渐渐就形成一种思维定式，"左"比右好，因而宁"左"勿右。

执政后，共产党成为领导者，其他各派力量均处于被领导地位。这时的内外关系是领导者与被领导者的关系，代替了或至少绝大部分代替了原来的敌我关系。因此这时针对内部的反右行为具有两重性。第一，当其所打击的实属敌对势力颠覆政权的活动时，反右是巩固政权的需要，仍具有革命性。超出这个范围，就属于第二种情况，即排斥异己力量，保护自己的既得利益，这样的"左"或反右恰恰不是革命性，而是保守性、狭隘性、自私性的表现。

相反，执政以后，反"左"则需要大无畏的革命进取精神。因为这种革命是针对自身的，能不能反"左"，敢不敢反"左"，可以判定一个领导集团是否具有自我革新的能力。多少年来反右容易扩

旁注："左"字加上引号，意味着它的性质与右不同："左"是自己人不小心犯了错误，右则意味着敌对势力别有用心。因此，"左"显得比右可爱，犯了"左"的错误是可以谅解的，犯了右的错误则难以饶恕。这样，渐渐就形成一种思维定式，"左"比右好，因而宁"左"勿右。

大化而反"左"总是不能彻底,根本原因在于反"左"是有自我革命的性质。谁都知道革自己的命比革别人的命难度大。邓小平以反"左"为主导思想的改革开放政策是一场社会主义制度的自我革命,它遇到寄生在旧体制上的人们的极力反对是必然的。那些拒绝反"左"的"左"爷们喊的口号很革命,骨子眼里恰恰是保守的,害怕改革革掉了他们既得的利益和权势。

在集权制度下反右相对于反左比较容易也是同一道理。"左"的危险主要来自上层,右的危险主要来自下层,从上往下反右当然是比较容易的。邓小平强调反"左"重点是纠正指导思想上"左"的倾向,正是针对上层而言的。就上层来说,"左"比右容易。上层一"左",邓小平的整个改革计划就有可能全被报销。上层也有右的危险,但只要最高领导层不像戈尔巴乔夫那样自动放弃领导权,他就不会右到哪里去。

> "左"的危险主要来自上层,右的危险主要来自下层,从上往下反右当然是比较容易的。

十二、反"左"防右,左右开弓

邓小平不止一次指出,他领导的现代化建设,存在着"左"和右两个方面的干扰。"左"的干扰如攻击三中全会的路线违反了马列主义、毛泽东思想,把改革开放说成是引进和发展资本主义等等。右的干扰是指搞资产阶级自由化,搞全盘西化,制造动乱,把中国引向资本主义。邓小平认为"左"和右都可以断送现代化事业,要使现代化顺利,就必须努力排除这两种干扰,反对"左"和右两种错误倾向。

"左"和右是两个极端。既反"左"又反右的困难在于,反"左"不能便宜了右,反右不能便宜了"左"。因此需要一种特殊武器,它具有两面刃,可以同时迎击来自"左"右两边的进攻而又不会自相矛盾。

邓小平很快找到了这种武器,这就是"一个中心,两个基本点"。两个基本点是互相依存的,改革开放这一点针对左,四个坚持那一点针对右。两点本身又各自具有两面性:四个坚持是坚持和发展、坚持和改革的统一,只坚持不发展不改革(等于"左")那是不行的;离开坚持乱发展乱改革(等于右)也是不行的。同样,改革开放可以说是放与固的统一,固守陈规不革不放(等于"左")是不行的,放弃原则乱革乱放(等于右)也是不行的。

十几年来,邓小平依靠这柄两面刃,左右开弓,前斩后辟,一路杀将下来,才有了今天这样的局面。

党的十一届三中全会前后,邓小平的主要口号是拨乱反正解放思想。改革开放,重点是纠左,清除过去 20 年根深蒂固的"左"祸,把中国扭到以经济建设为中心的轨道上来。改革开放的航船开启后不久,又出现右的思潮,引起许多混乱,困扰得各级党政机构无法工作,邓小平又提出要坚持四项基本原则,反对资产阶级自由化。1985 年 9 月邓小平总结这一回合的斗争说:"不彻底纠正'左'的错误,坚决转移工作重点,就不会有今天的好形势。同样,不认真坚持四项基本原则,就不能保持安定团结的局面,还会把纠'左'变成'纠正'社会主义和马列主义,也不会有今天的好形势。"①

右的干扰有时也帮了"左"的忙。1989 年平息政治风波,给资产阶级自由化毁灭性打击,"四个坚持"的呼声一时高过"四个现代化"。有些理论家、政治家想趁这个机会,把纠正右的偏差变成纠正三中全会的路线,重新回到"左"的年代。改革开放的步子再也迈不出去,甚至还要收回来。正在"左"爷们得意之际,邓小平又发话了:"中国要警惕右,但主要是防'左'。"主要是防"左",这一枪杀向反改革派,使一度搁浅的改革航船重新启动,而且跑得更快。

邓小平曾经说,他作为改革开放的总设计师,主要工作是发现有干扰就出来排除一下。20 世纪 80 年代初清除精神污染,80 年代中期反对资产阶级自由化,80 年代末期平息政治风波,都是排

十几年来,邓小平依靠这柄两面刃,左右开弓,前斩后辟,一路杀将下来,才有了今天这样的局面。

---

① 《邓小平文选》第三卷,人民出版社 1993 年版,第 141 页。

除右的干扰。每次治了右后，又会出现"左"的倾向，邓小平又必须站出来排除"左"的干扰，以求得平衡。这已经有好几个回合了。个中之人发觉中国这艘船似乎老不听舵手的指挥，它向"左"偏了，想把它纠正，它又偏向右，再纠右，它又偏向"左"，害得邓小平不得不间歇性地出来纠偏。

假如有一天没有像邓小平这样强有力的舵手中国怎么办？又回到左右摇摆，来回折腾的年代吗？耄耋之年的邓小平所担心的正是这个问题。所以他趁自己还能起作用的时候强调"一个中心、两个基本点"的路线要坚持一百年不动摇，谁动摇谁下台。紧接着通过党的十四大为下一世纪的改革开放做好了人事安排。邓小平显然希望他以后的掌舵人也学会用两个基本点来不断排除"左"、右两方面的干扰，掌握平衡驾驶的诀窍。即使他百年之后，改革开放大业也不会中断，不会翻船。这样坚持百来年，到四个现代化实现之日，也许会出现另一番情景：中国走上平稳发展的道路，急流险滩已过，两个基本点归于一个中心，再不必花大力气去反"左"防右，纠过来扳过去了。

邓小平显然希望他以后的掌舵人也学会用两个基本点来不断排除"左"、右两方面的干扰，掌握平衡驾驶的诀窍。即使他百年之后，改革开放大业也不会中断，不会翻船。

十三、两手抓，两手都要硬

邓小平有一系列的"两手抓"方针，比如：

一手抓物质文明，一手抓精神文明；

一手抓经济工作，一手抓思想政治工作；

一手抓改革开放，一手抓打击经济犯罪和其他犯罪活动；

一手抓改革开放，一手抓惩治腐败，包括纠正不正之风；

一手抓建设，一手抓法制。

这许多的"两手抓"，都是"一个中心，两个基本点"在实践中的具体化。

按照邓小平的设想，精神文明建设，思想政治工作，打击犯罪活动，惩治腐败现象，这四手都是坚持四项基本原则具体措施，只不过前两手是软的,着眼于防;后两手是硬的,着眼于堵。

经济建设已经成为中心,这一手肯定跑不了。强调"两手抓"的意义在于为什么在抓经济工作的同时还要腾出一只手来抓思想政治和精神文明这些"虚"东西?

作为一名务实的政治家,邓小平相信经济是解决其他一切问题,包括思想政治问题的基础。但是长期的党务工作经验告诉他,思想政治工作尽管不解决根本问题却是保证经济工作持续稳定发展的必要手段。再说这也是共产党几十年形成的基本优势。舍此优势不用,经济这辆"独轮车"很可能会失去平衡,要么无法驶过中国现代化的泥泞小道,要么就会滑向"自由化"的邪路。

邓小平不相信"精神万能"的神话,而主张物质基础最终决定一切。他反复申述贫穷不是社会主义,至于富裕是否等于社会主义?邓小平没有明确回答。但有一点可以肯定,他相信抓一抓精神文明,对于经济飞速发展过程中滋生的负面效应可以起到一些抑制甚或抵消作用。这样也许会走出一条中国特色的现代化道路来,避免国家在现代化进程中出现那种物质繁荣而精神失落的现象。

邓小平用来刺激经济发展的主要手段是改革开放。改革开放全面松动,为经济发展注入活力,同时社会上各种犯罪活动也会增多,党内腐败现象滋生,不能说与政策放宽没有一定关系。要减少或消灭这些罪恶,按反改革派的意见很简单,停止改革开放就是了。邓小平认为这是因噎废食的蠢主意,改革开放关系着中国的前途命运,这一招停不得。因此只有一个办法,一边改革开放,一边严厉打击各种犯罪和腐败现象,用后面一手去制约改革开放,使改革开放不会放出大乱子来。

于是罪与非罪的界限也发生变化。原来许多违反政策的行为,因为政策放宽而合法化,行政力量不能干预。新的非法行为,行政力量又无法干涉,只有诉诸法律。在行政干涉相对缩小的同时法制的作用范围扩大了。改革的方向之一就是减少行政干扰,把社会经济生活逐步纳入法制轨道。如果行政干扰减少又没有法

邓小平不相信"精神万能"的神话,而主张物质基础最终决定一切。

制的相应健全,整个社会就会走向无序化。因此经济建设必须有法制建设相配合。

邓小平强调不仅要两手抓,而且两手都要硬。两只手,有时可以根据实际情况用力不等,甚至交替使用,但不能一手硬一手软。一手硬一手软,配合得不好,就可能失去平衡而翻车。邓小平似乎看到经济的高速发展和改革开放步步深入,与社会风气、社会秩序的失范有某种必然联系。越是改革开放,失范的因子就越多。既然改革开放不能停,不能慢,那就只能在集中精力搞经济建设的同时,腾出一只手来,用以打扫战场、清理道路;两只手相互配合,同时用力,且战且进,杀出一条血路来。

十四、胆子要大,步子要稳

邓小平领导的改革开放整个说来是一场巨大的社会试验。农村改革是慢慢试出来的。邓小平说过农业生产责任制的发明权属于农民,他所做的事不过是把农民悄悄干了多年的事加以合法化。经济特区更是一个富有想象力的大胆试验,邓小平想出这个点子,唯一的比照对象大概就是 20 世纪 30—40 年代有过的陕甘宁边区。最大的试验要算城市经济体制改革,尤其是政治体制改革,都是前人未曾干过的新鲜事,没有哪一家的书本上写过怎么改、改什么,只有一个办法,摸着石头过河,在实践中试着办。

试验,带有不确定性,可能成功,也可能失败。对待此等成败难料的事,中国式的智慧提供了一种办法:胆大心细。当年毛泽东以此对待敌人:战略上藐视,战术上重视。而今邓小平以此对待改革:胆子要大,步子要稳。

胆子要大,就是横下一条心,一头扎到河里去,不怕冒风险,坚定不移地搞下去。步子要稳,就是在具体问题上小心行事,走一步,看一步,发现问题及时改,不能蛮干。邓小平将大胆原则和谨慎原则结合起来,敢冒风险但又力争少犯错误,不怕失败但又力争

胆子要大,就是横下一条心,一头扎到河里去,不怕冒风险,坚定不移地搞下去。步子要稳,就是在具体问题上小心行事,走一步,看一步,发现问题及时改,不能蛮干。

最大成功。

不改革就没有出路,邓小平认准了这一条。可是改革这条路也不好走啊!中国这么大,人口多,起点低,还有一大堆历史问题,情况无比复杂。怎么改,从何改起,中国有自己的特点,资本主义成功的经验不能照搬,社会主义已有的模式证明行不通。只有一条路可走:从自己实际出发,大胆地试,大胆地闯。邓小平总结深圳特区成功的重要经验就是敢闯,他深有体会地说:"没有一点闯的精神,没有一点冒险的精神,没有一股气呀,劲呀,就走不出一条好路,走不出一条新路,就干不出新的事业。"①

邓小平把他的改革称作中国的第二次革命。第二次革命比第一次革命难度更大。第一次革命虽然敌我悬殊,但是操作简便,只要把人民动员起来,将旧政权推翻,将现有社会秩序破坏掉就成。邓小平的第二次革命,就其深刻性来说不亚于第一次革命。难就难在这样一场深刻的社会革命,必须在保持现有社会结构的稳定性前提下进行。改革要触动人民切身利益,每走一步都会影响到成亿的人,还会遇到各种意想不到的干扰和阻力,弄不好就会翻船。邓小平在确定做这件事的时候,就意识到要冒很大的风险。他的态度是完全没有风险不可能,有点风险也不怕。"不冒点风险,办什么事情都有百分之百的把握,万无一失,谁敢说这样的话?"邓小平说,"一开始就自以为是,认为百分之百正确,没那么回事,我就从来没有那么认为。"②邓小平曾坦率地告诉二阶堂进:现在我们正在做的改革这件事是够大胆的。没有胆量搞不成现代化,但处理具体事情要谨慎小心,及时总结经验。

总结经验解决两个问题:第一,从质上确定哪些事行得通,哪些事行不通。行得通就走下去,推广开来;发现哪一步走得不适当,行不通,就赶快改掉,邓小平用这种试验法解决了不少问题。经济体制改革的第一步是从农村开始的,第二步是城市改革。城

① 《邓小平文选》第三卷,人民出版社1993年版,第372页。

② 《邓小平文选》第三卷,人民出版社1993年版,第372页。

市改革实际是整个经济体制改革,比农村改革复杂得多,要冒更大的风险。到农村改革的三年见了成效,有了成功的经验,邓小平才着手城市改革。"着手"也是很谨慎的,在 1984 年 10 月作出全面经济体制改革的决定前,邓小平先让几百个企业实行改革试验,取得经验以后,将逐步推开。城市改革从少数几个经济特区到大片沿海开放城市的格局,也是逐步推进的过程。

　　总结经验要解决的第二个问题是从量上确定哪些事进度要快一些,哪些要慢一点,哪些要收一收。邓小平早在 20 世纪 80 年代初就提出政治体制改革的任务,设想经济体制改革必须同政治体制改革配套进行。可是直到 80 年代中期,国人已经感到不进行政治体制改革,经济体制改革就难于贯彻的时候,邓小平对政治体制改革仍取极其谨慎的态度,强调"决策一定要慎重,看到成功的可能性较大以后再下决心"。① 谈到经济体制,邓小平总是说改革胆子要大一点,步子要快一些,可是说到政治体制,他的主张是"要先从一两件事着手,不能一下子大干,那样就乱了"②。邓小平的这种先经济改革,后政治改革,经济体制改革尽可能放开,政治体制改革谨慎行事,意识形态上放放收收的做法,与戈尔巴乔夫一开始就提出政治上的"民主化"和意识形态上的"公开性",恰成对比。事实证明,姜还是老的辣。

邓小平的这种先经济改革,后政治改革,经济体制改革尽可能放开,政治体制改革谨慎行事,意识形态上放放收收的做法,与戈尔巴乔夫一开始就提出政治上的"民主化"和意识形态上的"公开性",恰成对比。事实证明,姜还是老的辣。

十五、第二次历史性纠正

　　1988 年,中国的改革形势险象环生。旧体制内放权让利的潜力已经穷尽,现在要见真功夫,通过深化和扩大改革完成新旧体制的根本性转换。于是出现转型期特有的"双轨制"现象。政治体制改革滞后于经济体制改革,形成政治和经济的双轨制。经济内

① 《邓小平文选》第三卷,人民出版社 1993 年版,第 177 页。
② 《邓小平文选》第三卷,人民出版社 1993 年版,第 177 页。

部,计划和市场又是一个双轨制。决策者感到进退维谷。退,担心经济滑坡;进,担心社会失控。新旧体制胶着不前很快引发三大社会问题:通货膨胀,分配不公,官倒腐败,终于酿成1989年春夏之交的危机。

眼看要翻车,邓小平赶紧把方向盘向左扭了扭,来了个急转弯。"这次事件的性质,就是资产阶级自由化和四个坚持的对立。"①十年改革最大的失误是思想政治教育不力,没有用四项基本原则好好教育人民,教育青年,教育广大党员和干部。"一个中心两个基本点"本身没有错,错就错在一手比较硬,一手比较软。一硬一软不相称,配合得不好。又一位总书记在反自由化问题上栽了跟斗。

> 邓小平当然不希望向左转,因为向左转等于回到1978年的出发以前,等于给邓小平时代画上句号。

邓小平当然不希望向左转,因为向左转等于回到1978年的出发以前,等于给邓小平时代画上句号。但是,也许是他扭动方向盘的那只手在紧急中用力过猛,在急转弯中形成了一种他个人一时无法左右的惯性力量。尽管邓小平强调改革开放这个基本点并没有因为1989年事件而证明错了,1989年以后的舆论重心还是明显地倾向于另一边。长期不满于改革的"左"倾人士相时而动,他们把自由化泛滥的罪责一股脑儿推在改革开放政策上,说什么改革开放是引进和发展资本主义,和平演变的主要危险来自经济领域,想用反和平演变为纲取代以经济建设为纲,把党的十一届三中全会以来的路线政策当作资本主义复辟的产物加以否定。

一些理论家开始做起新的"拨乱反正"文章,什么"筑起反和平演变的钢铁长城",什么"打一场意识形态领域的持久战",什么"如何看待中国的穷",什么"经济领域自由化的十大表现",什么"改革开放要分清姓社姓资",有人说"农村大包干是搞私有化,扭曲了农村集体经济",有人说"搞特区是把帝国主义请了回来,办成了租界",还有人发出这样的高论:"布什比反对给中国最惠国待遇的人更阴险,他主张给中国最惠国待遇,完全是和平演变的

---

① 《邓小平文选》第三卷,人民出版社1993年版,第305页。

策略。"

"左"的东西悄悄回潮,改革开放出现回生倒退现象。农村干部开始以壮大集体经济为由,将承包到户的土地收回来,甚至用赎买的办法把农户的资产划归集体所有。行政部门把能够赢利的城镇集体企业无偿地划归己有,甚至侵吞集体资金。私营企业和个体经济又成为眼中钉,必须割掉这个"资本主义尾巴",割不掉要列入"三等公民",采取种种手段限制发展。国有企业主管部门下放的权力又悄悄收了回来。企业内部的"大锅饭"又吃上了,"铁饭碗"又捧上了,企业机构再度膨胀,企业机关化现象又严重起来。如此下去,要不了很久,十年改革的成果都要付诸东流。

倒退的后果是严重的:企业亏损面继续扩大,国有大中型企业1/3明亏,1/3潜亏,只有1/3盈利,1990年和1988年相比,国有工业企业和国有商业实现利润分别下降56.5%和94.6%,亏损额分别增长3.3倍和1.08倍。市场出现疲软症,大量产品库存积压的同时,又有许多商品短缺无货,价格杠杆失去作用,大拍卖也无济于事,许多企业处于停产半停产状态。企业之间形成三角债连环,费九牛二虎之力发动清欠运动,政府干预,注入资金,扭住源头,到头来还是前清后欠,越欠越多,1990年1300亿,1991年增加到3000亿。党政机构改革,道高一尺,魔高一丈,庙越拆越多,和尚越减越众。庞大的政治机构加上低效的经济结构,国家财政不堪重负,1989年和1990年财政支出分别比上年增长12.2%和13.6%,赤字58亿,如包括国库债务收入及应拨不拨的补贴等,远远超出这个数字。中国的经济又一次走入低层徘徊状态。

与此同时,周边国家都在齐头猛进,中国虽在20世纪80年代取得举世瞩目的成就,但和发达国家之间的差距仍然存在,而且还在继续扩大,甚至跟一些发展中国家相比,也有落后的趋势。十年改革只是基本上解决了温饱问题,中国人均国民生产总值在128个国家中总是在倒数20多位徘徊,与索马里、坦桑尼亚相近。80年代末邓小平在卸任军委主席时向第三代领导集体寄予深切希望:"本世纪末翻两番有没有可能?我希望活到那个时候,看到翻两番实现。三步走的关键是第二步,第二步为第三步打基础。"①
邓小平感到时间太紧迫了。新中国成立后 30 年时间大部分在阶
级斗争中耗掉了,好不容易拨乱反正把方向扭过来,现在又在姓
社、姓资之类问题上自己跟自己纠缠不清。剩下 90 年代最后一班
车,眼看又过去了一两年。再这样耽误下去,第二步要落空的,第
三步也会成为泡影。邓小平意识到问题的严重性。中华民族又一
次到了最危险的时候,他必须挺身而出,再次拨正航向。他有这个
责任,也只有他才有这个能力。

　　可是他已于两年前宣布隐退了。退掉最后一个职务军委主席
时,邓小平做了政治交代:"以后中央的工作我不过问"。幸亏他
有个保留:"除非特别大的问题。"②现在的问题是够大的了,他不
能不过问。可是不在其位,不谋其政,说话管用吗?

邓小平知道阻力在哪里。他绕开北京城,来到改革开放的第一线,人民最需要他的地方,先取得舆论上的优势,从外围向中心突破。

　　邓小平知道阻力在哪里。他绕开北京城,来到改革开放的第
一线,人民最需要他的地方,先取得舆论上的优势,从外围向中心
突破。于是一阵旋风悄无声息地沿京广线南下,从武汉刮到南海
边上的深圳、珠海两个特区。在这里重重地打了两个圈,最后沿东
南海岸吹到大上海,为上海人民迎来了 1992 年的新春佳节。邓小
平已经在上海连续过了四个春节,这次南下,北京人以为他又是去
上海过节日呢,可是民间和海外早传开了邓小平在南方的动作和
声音。

　　在深圳那一站人们发现旋风中心除了邓小平的身影,还有另
一个人物——杨尚昆。此时杨还是国家主席兼军委副主席,而不
像邓小平只是一个普通党员。邓小平在十三大上决定半退时保留
军委主席一职以便继续为改革开放保驾护航,现在他连军委主席
也不是,他凭什么说话呢? 除了人民在道义上的支持还得有点硬
东西。有杨尚昆在身边,邓小平的话自然有说服力了。

　　一周后,中共中央以 2 号文件向全党发布了邓小平南方谈话

---

① 《邓小平文选》第三卷,人民出版社 1993 年版,第 321 页。
② 《邓小平文选》第三卷,人民出版社 1993 年版,第 371 页。

要点：

改革也是解放生产力，不改革死路一条；

基本路线要管100年，谁改变谁就会被打倒；

改革开放迈不开步子，要害是姓社姓资问题；

计划和市场都是发展经济的手段；

中国要警惕右，但主要是防止左；

抓住时机，力争隔几年上一个台阶。

有关邓小平视察南方的报道中还有一句话："我的决策还有一点用处，我的主要用处就是不动摇。"这话绝非无的放矢，因为几年来确实有人想动摇。所以有人说，邓小平又一次在关键时刻说了最需要他说的话。

还有人从历史高度将邓小平的南方谈话称作第二次历史性纠正。第一次是1978年年底纠正的以阶级斗争为纲，使中国走上了以经济建设为中心的轨道。第二次是1992年年初，纠正以反和平演变为中心，使中国重新走上改革开放的快车道。

一度为中国前途而忧虑，悲叹十年改革一觉梦的人，现在满目尽是深化改革、扩大开放的巨幅标语、路牌。商业刚刚严禁国营商店租赁柜台，接着又通知国营小型商店可以用个体户的方式放开经营。在一些地区，限制个体经营的规定墨迹未干，立刻又公布了支持和保护个体经营者的条款。不久前还有人指责乡镇企业搞乱了经济秩序，建议把乡镇企业纳入国家计划轨道，此时又赞扬乡镇企业"三分天下有其一"的功勋，要求给予更多的灵活性。昨天的提法是"社会主义的有计划的商品经济"，今天换成"社会主义市场经济"。昨天为书记和厂长在企业中的地位争执不下，不知"核心"和"中心"怎么协调，今天提倡"一肩挑两个心"（一个人担任），化解了矛盾。某企业申请股份制，上下活动了一年多没人敢表态，如今各级领导纷纷签字赞成。某地"社教"工作团，任务还没有完成，便改成了"破三铁"工作组。有一个单位领导刚刚清理了右的表现几十条，报告还没有呈递到上面，又开始清理"左"的危害了。还有许多比昨天更进了一步的提法和做法：价格由改轨制向市场价格并轨;彻底打破"铁交椅、铁工资、铁饭碗";把国有大中型企业推向市场;把成片的土地租给外商。珠海把科技人员奖励成百万富翁;武汉拍卖国有小企业;卓资县把行政机构变成经济实体;司法部允许境外律师在大陆开业;海南重申了扬浦;上海给浦东升级;天津说他们的开发区比特区还特;山东赶快给青岛增加了新的权力;内蒙古宣布政策比沿海更优惠。

从沿海到内陆,几乎每个省都有那么块"姓特"的地方,形成沿海、沿边,沿江全方位大开放的态势。

从沿海到内陆,几乎每个省都有那么块"姓特"的地方,形成沿海、沿边,沿江全方位大开放的态势。有人总结1992年有许多个"热":人才热,投资热,此伏彼起。许多改革措施在昨天连想都不敢想,今天却付诸行动了。人们凭直观感觉到:中国改革的第二个浪潮到来了!尽管潮头上的每一个浪花未必都能经受时间的考验。

人们感兴趣的是,还是邓小平说话管用。如果邓小平没有在1992年新春佳节之际的视察南方,那绝不会有如此众多的、大胆的改革措施出台。

十六、化解"六四"结

1989年6月4日,邓小平以非常措施平息了持续了50天的政治风波。这一举措从稳定是改革的前提来说,确实为改革开放排除了干扰,但同时也为邓小平自己设下了一道坎子。首先是怎么向人民交代。

邓小平的交代是两句话:(1)平息政治风波是完全必要的;(2)改革开放政策坚持不变。这两句话互为因果。平息政治风波是为了保持稳定,因为中国不允许乱,乱了什么也干不成,改革开放也会泡汤。这就需要用进一步的改革开放来证明平息政治风波的必要性。因此邓小平认为当务之急是要树立起改革开放形象,做几件改革开放的事情给人民看,使人民放心。邓小平希望用这种办法下坎子,因为他发现政治风波中什么口号都有,就是没有打倒改革的口号。"学生不过是提出继续进行改革的要求,而我们是真干。这样就合拍了,隔阂就自然消除了。"①

有些人想法不同,他们认为政治风波是改革开放造成的,因此主张取压缩、收紧方针;政治风波后忙于"双清",灌输,处分,装档,强化控制;还进一步深挖细找,从经济领域寻找和平演变和自由化的根源。按照这种思路下去,只有停止改革开放回到阶级斗争年代,才能根本上消除政治风波的影响。显然,这不是设法下坎子,而是把坎子越挖越深。

邓小平不否认 1989 年政治风波与改革有一定的关系,但他不是把政治风波归于改革,而只是从改革的失误方面去找原因。十年改革最大的失误是教育,没有用四项基本原则好好教育人民,教育青年和党员。那么,现在把这一手硬起来就是了。但不能因为政治风波的教训而导出否定改革开放的结论。

邓小平的聪明之处还在于他注意从自身找原因。政治风波发生的原因之一是腐败现象滋生。"那些别有用心的人提出的所谓反腐败的口号,我们也要当好话来接受。"②邓小平敦促新的领导班子近期内要在反腐败问题上扎扎实实做几件事,透明度要高,使人民心里平静下来。对参与闹事的群众,邓小平主张谅解一些,只是追究用心不良触犯刑律的带头人。

1989 年政治风波在冲突双方的心里深深地打上了一个结。邓小平抓住改革开放和惩治腐败两件事,这种解决的办法立足于顺和放,而不是压和收。平乱之初,为了稳定局势,搞点强化控制,压压势头,也许是必要的。但这只解决暂时的问题,只能求得表面的平静。邓小平明白深层次的问题,长治久安,只有通过加大改革开放才能解决。如果只有压,一味地压,而没有放,不搞改革开放,六四结就越结越深,越结越死。

分析家认为"六四结"是个巨大的陷阱,看来并非危言耸听。

> 邓小平的聪明之处还在于他注意从自身找原因。

---

① 《邓小平文选》第三卷,人民出版社 1993 年版,第 300 页。
② 《邓小平文选》第三卷,人民出版社 1993 年版,第 303 页。

为什么邓小平说不改革死路一条？第一，放弃改革等于宣布共产党丧失了自我革新的能力；这样会因为失望而产生普遍的不满。第二，不改革无法解决严峻的经济问题，随之而来的将是各种社会问题进一步突出。这两个后果会相互作用的。潜在的不满因为经济问题突出总有一天会表面化。这样“六四结”就会成为爆发下一轮政治风波冲突的火药桶；而冲突一旦发生，由于没有物质基础，再平息就没有那么容易了。

邓小平看到了这种危险，所以他解决六四结的办法不是紧紧抓住这件事不放，而是逐步淡化，进而尽量避开它，转过来大力强调改革开放。因为他知道只有改革开放才能化解矛盾，避开“陷阱”。

邓小平看到了这种危险，所以他解决六四结的办法不是紧紧抓住这件事不放，而是逐步淡化，进而尽量避开它，转过来大力强调改革开放。因为他知道只有改革开放才能化解矛盾，避开“陷阱”。邓小平的这一智慧到1992年年初的南方谈话发挥到极致。

人们只注意到南方谈话掀起改革开放的新浪潮，却不知道这浪潮底下发生了许多变化。原来因担心改革夭折而产生了种种忧虑甚至失望情绪的人，看到国家重新走上快速发展的轨道，也就放心了。对平息政治风波一直怀有不满甚至抵触情绪的人，看到共产党改革的勇气不减当年，气也就平下来了。即使没有平下来的人，现在也作出了新的选择：上京请愿不如“下海”捞钱。新的改革浪潮把人们引向紧张的市场竞争，人们的注意力转移了，分散了，再没有时间去回味过去了的一切，对“六四”的记忆渐渐淡忘了，模糊了。改革越是深入，“六四”就越是没有什么文章可做了。这样，那些走到对立面流亡海外的“民主斗士”，渐渐失去号召力，处于一种十分尴尬的境地。这些，不是比紧紧抓住政治风波的把柄狠狠整人更好吗？

1989年政治风波教训是深刻的，但穷追猛打对自己一点好处也没有。因此就有如下措施：政治风波的性质不变，但抓起来的人逐步放掉。受过处分的人不平反，但在使用中不受歧视。出去的人，不管他们过去的政治态度怎么样，都可以回来，一概不予追究……

当强硬的坚决不让，当放松的尽量放开。处理“六四”的坚决态度和严厉措施让那些不安分的人感受到：共产党能够这样做也就很可以了。这两点认识集中在一起,使人们知道什么是可以争取的,什么是不能奢求的。于是对中国特色的社会主义有了进一步认识:与其对着干不如顺着来,还是在共产党的领导下有步骤有秩序地慢慢改比较现实。

1957年毛泽东号召"百花齐放"本来是为了创造生动活泼的政治局面。可是不久却放出大量"牛鬼蛇神"。按邓小平的看法,这时进行反击是完全必要的。但反右以后毛泽东没有适可而止,适时转变,而是沿着阶级斗争的思路一直往前走,走到八大既定路线的反面,也走到自己初衷的反面,斗争的弦越绷越紧,最后不仅给国家造成灾难,自己也变成孤家寡人。邓小平在紧和硬的时候,可以说一点也不亚于毛泽东。但是他善于及时转变,当紧的紧,当松的松。紧到一定的时候就放松下来,而且放得很开,收和放之间留下很大余地。这种既强硬又大度的政治智慧使邓小平没有因为改革失误引起1989年政治风波而放弃改革开放,又在下一步的改革开放中有效地化解了平息政治风波所留下的种种心理隐患。

尽管有曲折,但船照样前进,一如既往。

十七、摆脱"姓社姓资"的困扰

改革开放的脚步刚跨入20世纪90年代,出来一种新"凡是派",主张凡事都要问一问姓社还是姓资。这一问,懵住了不少人,他们生怕染上"爱资病",于是普遍患上"恐资症"。改革开放的手脚一下子僵住不动了。

邓小平亲临现场拿脉断症:"改革开放迈不开步子,不敢闯,说来说去就是怕资本主义的东西多了,走了资本主义道路。要害是姓社还是姓资的问题。"①

凡事都要质问姓社还是姓资,有两个前提:第一,存在着一套

---

① 《邓小平文选》第三卷,人民出版社1993年版,第372页。

划分姓社姓资的检验标准,它非常完整全面,足以覆盖社会生活的每一个角落,用来衡量每一件事物。第二,现实生活,不管多么丰富复杂,都可以像切蛋糕一样,分成黑白两色,不是白猫,就是黑猫,不存在黑白相间的花猫、黄猫、灰猫之类,杂种更不会有的。

这两个前提蕴含着一种荒唐的逻辑:凡事都有个姓社姓资的问题,服装、发型也不例外。按这种逻辑,凡是"左"爷们看不顺眼的东西都可以被说成资本主义。作为这种逻辑的必然结果,十余年改革开放的成果,都得当资本主义尾巴一一割掉。谁还有胆量再去闯,再去试呢?

邓小平治疗这种"左"倾顽症的办法绝顶高明。他像气功大师一样,不用药,不用针,只用意念,点化锁住人们手脚的某些关键穴位:"判断(姓社姓资)的标准,应该主要看是否有利于发展社会主义社会的生产力,是否有利于增强社会主义国家的综合国力,是否有利于提高人民的生活水平。"①

姓社、姓资的问题并没有否定,但是判断的方法变了一下:由预先区分颜色——是白猫还是黑猫?变成事后评价结果——是否能够捉住老鼠?

原来怎么也转不开的弯,经邓小平这么一点化,一切都顺理成章了:

有些东西,如市场、股份制,原来一口咬定它姓资,现在看来只是发展经济的手段,并非资本主义的专利品,社会主义完全可以把它拿来为自己服务,使其姓社。

有些东西,如证券、股市,姓什么很难说,那就先不说吧,试一试再说,试对了,对社会主义有利,它就姓上社了,试得不对头,再让它姓资也不迟。

有些东西,如经济特区,三资企业,姓社姓资兼而有之,但是社会主义成分是主体,加上政权在共产党手里,主体姓了社,小部分资本主义作为社会主义的有益补充,有什么可怕的?

①《邓小平文选》第三卷,人民出版社1993年版,第372页。

还有些东西,如外商独资,私营经济,就所有制说,这确实姓资,但在整个社会主义政治经济环境中处于从属地位,尽管姓资,对社会主义没有害处,还有好处,为什么拒之门外?

"三个是否有利于"与毛泽东区分香花和毒草的政治标准不同,它不是贴标签,而是看结果。一样东西,并没有写着姓社姓资的字号,那么它到底姓什么呢?邓小平说,有利于社会主义事业(生产力、综合国力、人民生活水平)它就姓社。否则,姓资可矣。

反过来说,不论姓社姓资,只要有利于社会主义生产力的发展,就应该大胆地为我所用。

"三个有利于"对所有靠实践而不是靠口号进行改革的人说:不是有人议论姓社姓资问题吗?好,你们就是姓社吧。

"左"倾人士拿在手上并准备向改革派头上戴的大帽子,突然间像戳破的气球一样失去了分量。

"三个是否有利于"与毛泽东区分香花和毒草的政治标准不同,它不是贴标签,而是看结果。

十八、"不争论"的智慧

作家王蒙在《不争论的智慧》中介绍了一则幽默故事:两个人争论一道算术题,一个说四七等于二十八,另一个说四七等于二十七。二人争得不可开交,扭打到公堂,请县官大人裁定。结果县令责打坚持四七二十八的人的屁股,而判定四七二十七的人无罪。①

这县令真是糊涂官乱判糊涂案,坚持真理的人要打板子,坚持谬误的人则不予追究!可细细品味他的糊涂中仍有几分智慧:与一个认为四七等于二十七的人争得死去活来还不该打吗?即使你是正确的,你坚持四七等于二十八就是了,为什么要去与一个不值得认真对待的人认真讨论这种本来不讨论也十分明白的问题呢?王蒙认为,这是一种非常东方式的关于"无"的智慧。

两千多年前中国的大智者老子就说过:"圣人之道,为而不

---

① 参见王蒙:《不争论的智慧》,《读书》1994 年第 6 期。

争。以其不争,故天下莫能与之争。"这一至真至妙的道理,如今被邓小平发挥成一条重要的治国安邦、推行改革新政的智慧。他说:

> 不搞争论,是我的一个发明。不争论,是为了争取时间干。一争论就复杂了,把时间都争掉了,什么也干不成。不争论,大胆地试,大胆地闯。农村改革是如此,城市改革也应如此。①

邓小平深谙不争论的智慧:

一是争论坏过我们的大事。过去 20 年是以阶级斗争为纲的 20 年,也是各种争论风起云涌的 20 年。从 20 世纪 50 年代关于过渡时期总路线的大辩论开始,渐渐形成一种作风,大是大非也好,小是小非也好,都要来个全民大争论。"文化大革命"中两个阶级两条道路两条路线的斗争,就其"文斗"的方面说,也是争论。10 亿人民一举一动,一个念头,一句话,都要诉诸主义之争,整个国家着了魔般地陷入争论的旋涡不能自拔。争论的发起者相信真理愈争愈明。可事实恰好相反,越争,真理和谬误的界线越模糊,越颠倒,坚持四七等于二十七的人入党升官,认为四七只能等于二十八的人蒙冤受屈。结果怎样呢? 理没了,事也废了。假话、大话、空话创下历史和世界纪录,而生产建设、综合国力、人民生活水平则远远落在别人后头。20 年的争论留下一条教训:空谈误国,争论误事。邓小平曾经试图扭转这一局面,用真知实话去戳穿一些骗人的鬼话和点石成金的童话,结果再次被讲假话、空话的人打倒。第三次复出后,邓小平来个釜底抽薪:关闭争论市场,一心一意搞经济建设,禁止一切形式主义的表面文章,宣布"说空话,说大话,说假话的恶习必须杜绝"。②

二是有些事情不宜争论。"多言数穷,不如守中"(老子)。例如 1989 年平息政治风波后,不少人对三中全会以来的方针政策发

第三次复出后,邓小平来个釜底抽薪:关闭争论市场,一心一意搞经济建设,禁止一切形式主义的表面文章,宣布"说空话,说大话,说假话的恶习必须杜绝"。

---

① 《邓小平文选》第三卷,人民出版社 1993 年版,第 374 页。
② 《邓小平文选》第二卷,人民出版社 1994 年版,第 100 页。

生疑问，一些理论家、政治家准备来一场姓"社"还是姓"资"的大辩论。邓小平却独具慧眼，他说："如果在这个时候开展一个什么理论问题的讨论，比如对市场、计划等问题的讨论，提出这类问题，不但不利于稳定，还会误事。"①

三是有些问题不必争论。比如社会主义和资本主义谁优谁劣，不是争出来的，要拿事实说话，实践才是检验真理的唯一标准。社会主义的优越性要体现在生产力发展得更快更高上，没有这一条，再吹牛也没有用。选人用人也是一样，好叫唤的猫不一定能拿耗子，好猫还是坏猫，要看它能不能抓住耗子，抓得多还是少。

四是时间不允许我们争论。已经有20多年宝贵时间被无谓的主义之争耗掉了，剩下20世纪最后20年，两个翻两番，时间紧迫，一天也不能耽误。有许多东西，不争则已，一争就复杂化了，争不出任何结果，白白浪费时间和精力，还会把人弄得顾虑重重，什么事也干不成。不争论就可以大胆地试，大胆地闯，腾出时间多干实事，多研究具体问题。

五是对某些人不屑于一争。如果有什么理论家找上门来一定要跟你争论四七等于二十几之类的问题怎么办？最好的办法就是不予理睬，埋头干活，让他自己捣鼓去。如果他拿大帽子吓人，似乎有什么来头，要把一切说四七等于二十八的人扫除掉，那就应付他几句，承认他那四七等于二十七是对的，让他自己得意去。这叫多做少说，或只做不说。不屑于一争，让那些靠争论捞本钱、过日子的人失去市场，实在是上上之策。

"不争之德"本身也是一种争，争千秋不争一时。少说空话，多干实事，扎扎实实地发展自己，充实自己，韬光养晦，固本自强，至于谁是谁非，谁胜谁负，历史会作结论，完全用不着去争一时之长短。

① 《邓小平文选》第三卷，人民出版社1993年版，第312页。

十九、发展才是硬道理

世界上有许多道理，邓小平发现有一个道理，不是靠"讲"出来的，也不是雄辩可以攻破的，可以叫"硬道理"。

在当今世界，对一个国家来说，最有说服力和征服力的东西，不是政治口号或武力威慑，而是经济发展的速度和水平。

稳定压倒一切，在邓小平看来这是中国的一条大道理，什么民主、自由、人权，都管不住这条大道理。可是这个大道理还要服"硬道理"管。

1991年，邓小平总结多年改革开放的经验，发现"稳这个字是需要的，但并不能解决一切问题"。[1] 真正的长治久安，还得靠发展经济。"从根本上说，手头东西多了，我们处理各种矛盾和问题时就立于主动地位。"[2]

谈到治理整顿，邓小平承认"有成绩，但评价功劳，只算稳的功劳"。"要注意经济稳定、协调地发展，但稳定和协调也是相对的，不是绝对的。发展才是硬道理。"[3]

1989年政治风波后，邓小平最担心的问题不是西方制裁，而是经济滑坡，称这是他"真正睡不着觉的问题"。因为"这不只是经济问题，实际上是个政治问题"[4]。

在1990年讲这话是有根有据的。苏联和东欧各国的共产党为什么雪崩似的垮台？邓小平认为，"从根本上说，都是因为经济上不去，没有饭吃，没有衣穿，工资增长被通货膨胀抵消，生活水平下降，长期过紧日子。"[5]

---

① 《邓小平文选》第三卷，人民出版社1993年版，第368页。
② 《邓小平文选》第三卷，人民出版社1993年版，第377页。
③ 《邓小平文选》第三卷，人民出版社1993年版，第377页。
④ 《邓小平文选》第三卷，人民出版社1993年版，第354页。
⑤ 《邓小平文选》第三卷，人民出版社1993年版，第354页。

反过来，"为什么'六·四'以后我们的国家能够很稳定？就是因为我们搞了改革开放，促进了经济发展，人民生活得到了改善"。①

对于西方七国的制裁，邓小平对外说过一句"硬"话："我们别的本事没有，但抵抗制裁还是够格的。"②可是在内部讲话中，邓小平强调："中国能不能顶住霸权主义、强权政治的压力，坚持我们的社会主义制度，关键就看能不能争得较快的增长速度，实现我们的发展战略。"③

既然是"硬道理"，就得要有点硬东西。马克思有句名言：刺刀一旦遇上严峻的经济问题就会变成像灯芯一样软绵绵的东西。"经济决定论"对历史学家、社会学家未必全是真理，对政治家则是至理名言。

邓小平对"发展才是硬道理"的道理讲得很多很透，不妨一一录来以证明他治国安邦的大智慧：

> 社会主义优于资本主义，首先要表现在经济发展的速度和水平方面。没有这一条，再吹牛也没有用。④

> 反对资产阶级自由化，既是斗争的过程，也是说服教育的过程，但最终说服不相信社会主义的又要靠我们的发展。⑤

> 加强思想政治工作，讲艰苦奋斗，都很必要，但只靠这些也还不够。最根本的因素，还是经济增长速度，而且要体现在人民的生活逐步地好起来。⑥

> 真正到了小康的时候，人的精神面貌就不同了。物质是基础，人民的物质生活好起来，文化水平提高了，精神面貌会有大变化。⑦

既然是"硬道理"，就得要有点硬东西。马克思有句名言：刺刀一旦遇上严峻的经济问题就会变成像灯芯一样软绵绵的东西。"经济决定论"对历史学家、社会学家未必全是真理，对政治家则是至理名言。

① 《邓小平文选》第三卷，人民出版社1993年版，第371页。
② 《邓小平文选》第三卷，人民出版社1993年版，第359页。
③ 《邓小平文选》第三卷，人民出版社1993年版，第356页。
④ 《邓小平文选》第二卷，人民出版社1994年版，第250页。
⑤ 《邓小平文选》第三卷，人民出版社1993年版，第204页。
⑥ 《邓小平文选》第三卷，人民出版社1993年版，第355页。
⑦ 《邓小平文选》第三卷，人民出版社1993年版，第89页。

我们对刑事犯罪活动的打击是必要的,今后还要继续打击下去,但是只靠打击并不能解决根本的问题,翻两番、把经济搞上去才是真正治本的途径。①

二十、基本路线要管一百年

邓小平南方谈话中有一段名言:

要坚持党的十一届三中全会以来的路线、方针、政策,关键是坚持"一个中心,两个基本点"。不坚持社会主义,不改革开放,不发展经济,不改善人民生活,只能是死路一条。基本路线要管一百年,动摇不得。只有坚持这条路线,人民才会相信你,拥护你。谁要改变三中全会以来的路线、方针、政策,老百姓不答应,谁就会被打倒。这一点,我讲过几次。②

一点不假,此话邓小平讲过多次。从 1978 年确立改革开放路线,几经曲折,动不动就出现"资产阶级自由化"。每当这个时候,邓小平就要站出来排除干扰,强调四项基本原则。可强调四个坚持,又担心削弱了改革开放,于是又重申改革开放不能停,不能收,胆子要大些,步子要快些。1989 年平息政治风波后,邓小平最担心的事就是改革开放政策发生动摇。事后果然摇了起来,摇晃了两年,邓小平不得不进行第二次历史性纠正。有关南方谈话的报道还记录了邓小平的一句话:"我的决策还有一点用处,我的主要用处就是不动摇。"

可是这样的话邓小平似乎不准备再讲了。事实上也不大可能再讲,因为他已经步入 90 岁高龄,不可能再活 90 岁。100 年,从 20 世纪 80 年代初算起,还有 90 年在后头呢。生前有他老人家扭住不放,才没有动摇,身后怎么办? 谁来坚持?

1989 年平息政治风波后,邓小平最担心的事就是改革开放政策发生动摇。事后果然摇了起来,摇晃了两年,邓小平不得不进行第二次历史性纠正。

① 《邓小平文选》第三卷,人民出版社 1993 年版,第 89 页。
② 《邓小平文选》第三卷,人民出版社 1993 年版,第 370 页。

"老百姓不答应"并不解决问题。老百姓中究竟有多大比例拥护改革,多大比例害怕改革还是个未知数。就拥护改革的老百姓来说,视察南方前两年有许多事就是他们不答应的,可照样出现,最后还是要邓小平出来说话才算数。

于是邓小平碰到了同毛泽东晚年一样的问题:接班人问题。中国,由于制度方面的原因,还不能避免人亡政息的天命。因此,正确的政治路线要靠正确的组织路线来保证。三中全会的路线能不能坚持下去,关键还是在人,在于什么样的人掌权。早几年邓小平就说过,要选坚持改革开放并有政绩的人进新的领导机构。现在他说基本路线要管一百年,中国要长治久安,就靠这一条。

邓小平南方谈话选在党的十四大召开之前,选择这样的时候说这样的一些话,是经过深谋远虑的。十四大召开前夕,有记者想知道邓小平是否参加这次大会,他对这次大会有什么影响? 新闻发言人刘忠德回答:邓小平同志是本次大会的特邀代表,他在1992 年年初的南方谈话为这次大会做了思想理论上的准备。十四大亮出的班底使人看到邓小平的谈话还为这次大会做了组织上的准备。

邓小平可不做毛泽东晚年那种危险的平衡游戏:找一个似乎两边都可以接受的领头人来综合矛盾着的两个对立面。十四大确定的班子整整齐齐,清一色的改革派,不改革的一个不要。凡是想动摇基本路线、对改革开放三心二意的人,正如邓小平所说,都被人民"打倒"了。曾经以为左比右保险的人,这一次统统失算,有的没有保住,有的勉强保住。

邓小平的另一聪明是不把百年大计的赌注押在一个人身上。一个人靠不住,要靠一个领导集体,从上到下,从核心到四周,都是改革的。趁自己还能起作用的时候就组织好一个真心实意拥护改革开放的领导班子执掌国脉,这样,身后出现"复辟"现象的可能性就很小。毛泽东晚年煞费苦心没有解决的问题,邓小平可望解决。

第三代领导集体选好了,可以保证这一代人主政变不了。第

于是邓小平碰到了同毛泽东晚年一样的问题:接班人问题。中国,由于制度方面的原因,还不能避免人亡政息的天命。因此,正确的政治路线要靠正确的组织路线来保证。

四代、第五代怎么办？那时候管不了，他也没有打算用自己的思想去规定下几代人的选择。但是邓小平有一个更深沉的考虑：坚持了几十年乃至上百年后，就会慢慢形成一种定型的制度。那时候制度将起决定作用，人的因素就不那么重要了，少数人想变也变不了，想动摇也没有那个能耐。

二十一、改革要大胆，也要谨慎

邓小平的"一个中心、两个基本点"以及一系列的两手抓方针，最终意味着什么？

意味着政治和经济分而治之：经济尽量放开、搞活，而政治及思想上层建筑则实行另一种政策，强调集中、统一和管控。

在这一思路中，经济自由和政治集中都是必要的。不改革开放，不搞活经济，社会生产力和人民的积极性就无法获得最大限度的解放。可是如果没有强有力的集权领导，改革开放释放出来的活力就有可能导致社会失控。

那么，政治上的民主还要不要？当然要，邓小平认为民主是改革的总体目标之一，没有政治上的民主，就没有解放思想和改革开放。不过，他强调，在中国现有情况下，民主只能一步一步地来，首先要设法尽快把经济搞上去。

可是，为了尽快把经济搞上去，就必须深化改革扩大开放，而改革越是深入，经济放得越开，社会不确定性就越是需要通过强化集中统一来保证社会的稳定性。这样一来，就不是越来越民主，而是越来越集中。

理论界有人试图用"新权威主义"来解释邓小平所遇到的矛盾。该理论强调政治改革对经济条件的依赖性，并充分估计到中国经济改革的复杂性和艰难性，所以主张以强有力的集权政治来逐步推行经济改革。这样尽管暂时牺牲了民主，但为最终实现民主政治创造了条件。

那么，政治上的民主还要不要？当然要，邓小平认为民主是改革的总体目标之一，没有政治上的民主，就没有解放思想和改革开放。不过，他强调，在中国现有情况下，民主只能一步一步地来，首先要设法尽快把经济搞上去。

反对者认为此路不通,因为集权政治要不妨碍经济自由化,必须有一个前提条件,即政治和经济的分离,没有这个前提,集权政体只会制约经济改革,并且使经济改革越来越深刻地依赖于集权政治,把政治民主的目标推得更加遥远。

邓小平没有参与争论,不过他对中国改革的总体设计似乎为新权威主义提供了支持。邓小平将党政分开、政企分离作为政治经济体制改革的第一期目标,如果这一分权措施顺利完成了,不是正好创造了政治和经济分离的前提吗?

邓小平所关注的经济改革对政治提出了双重要求:(1)要求政治改革适应经济改革,随着经济的放松而逐步放松;不然,经济改革就会因为政治体制的束缚而无法深入下去。(2)要求政治上层建筑为经济改革提供保障,在搞活经济的同时加强集中管控;不然,经济改革就会因为社会动荡而无法顺利进行。

在邓小平看来,走出矛盾怪圈的唯一办法就是把政治和经济相对分开。一方面尽量减少集权政体对经济改革的制约作用,让经济之鸟在一个较为宽敞的笼子自由飞翔;另一方面加固鸟笼,以便从整体上保证社会不因剧烈的改革而走向混乱。

所以,对改革,邓小平总是鼓励人们要大胆地闯,同时强调步子要稳。

在邓小平看来,走出矛盾怪圈的唯一办法就是把政治和经济相对分开。一方面尽量减少集权政体对经济改革的制约作用,让经济之鸟在一个较为宽敞的笼子自由飞翔;另一方面加固鸟笼,以便从整体上保证社会不因剧烈的改革而走向混乱。

第三章　邓小平经济智慧

一、隔几年上一个台阶

邓小平把中国的经济
发展战略比喻为"上
台阶",一步一步地
往上跳:在某一个阶
段,抓住时机,加速搞
几年,跳上一个新台
阶;跳了以后,发现问
题及时加以治理,尔
后继续前进;力争隔
几年上一个台阶。

邓小平把中国的经济发展战略比喻为"上台阶",一步一步地往上跳:在某一个阶段,抓住时机,加速搞几年,跳上一个新台阶;跳了以后,发现问题及时加以治理,尔后继续前进;力争隔几年上一个台阶。

抓住时机上台阶强调的是一个速度问题。为什么高速度一定是跳跃式?哈佛大学政治经济系教授德怀特·H.帕金斯为邓小平提供了论证:"在经济高速发展时期,工业增长速度波动幅度大是很正常的。20 世纪 70 年代台湾的工业年增长率最低为 6.3%(1974 年),最高达 25.6%(1976 年)。同一时期,韩国的工业增长率则在 11.6%(1970 年)和 35.7%(1973 年)之间波动。日本在取得长期的外贸顺差之前的 20 世纪 50—60 年代,工业繁荣与由外贸逆差引起的短期经济低增长经常交替出现。因此,中国工业发展速度的起伏应视为是经济高速发展的必然产物。"[1]

但是跳跃式发展很容易使人想起 20 世纪 50 年代的大跃进。1958 年和 1959 年两年大跃进,中国的工业生产提高了 110%。结果伤筋动骨,花了三年时间调整才慢慢恢复元气。80 年代中国经济发展也是一个飞跃,1984 年至 1988 年 5 年间,工业总产值年均

---

[1]　[美]R.麦克法奈尔、费正清编:《剑桥中华人民共和国史》第 15 卷,中国社会科学出版社 2007 年版,第 508 页。

增长 21.7%。结果经济"过热",花了三年时间搞治理整顿。这两个"飞跃"是否有相似之处? 邓小平做了否定的回答:后五年的加速发展尽管也带来一些问题,但与大跃进的问题性质不同,没有伤害整个发展的机体、机制,无非是票子发得多了一点,物价波动大了一点,而所取得的成绩则是整个国民经济上了一个新台阶。

经济上了新台阶,不错,可是那些"问题"能不能避免掉呢? 邓小平的看法:对中国这样发展中的大国来说,经济要发展得快一点,不可能总是那么平平稳稳,一点问题也不出,要做到四平八稳,一点问题不出,除非不考虑发展速度。可是速度上不去,问题就更大了。

在邓小平看来,能发展就尽量搞快些,出了问题再整顿,这样比四平八稳、不出问题的低速发展要好。这种谋虑的根据有三条:

第一,出了问题再整,只要这问题没有伤筋动骨,就不会回落到起点上去,而是获得一个新的起点,登上一个新台阶,一起一落不蚀本。

第二,经济上了新台阶,手头上的东西多了,出了问题也好解决。邓小平断言,如果不是前 5 年跳跃一下,整个国民经济上了一个台阶,后来 3 年治理整顿就不可能顺利进行。

第三,不出问题的低速度要出大问题。"周边一些国家和地区经济发展比我们快,如果我们不发展或发展得太慢,老百姓一比较就有问题了。"①而这样的问题,不只是经济问题,还是政治问题。

有问题的高速度比没有问题的低速度好,这充分反映了邓小平的"杀开一条血路"搞现代化的精神。

> 有问题的高速度比没有问题的低速度好,这充分反映了邓小平的"杀开一条血路"搞现代化的精神。

二、改革也是解放生产力

邓小平说:

> 革命是解放生产力,改革也是解放生产力。推翻帝国主

---

① 《邓小平文选》第三卷,人民出版社 1993 年版,第 375 页。

义、封建主义、官僚资本主义的反动统治,使中国人民的生产力获得解放,这是革命,所以革命是解放生产力。社会主义基本制度确立以后,还要从根本上改变束缚生产力发展的经济体制,建立起充满生机和活力的社会主义经济体制,促进生产力的发展,这是改革,所以改革也是解放生产力。过去,只讲在社会主义条件下发展生产力,没有讲还要通过改革解放生产力,不完全。应该把解放生产力和发展生产力两个讲全了。①

有人说邓小平的改革只是摸着石头过河,没有什么理论。此话差矣。上面这段话就很好地点明了邓小平的改革论与毛泽东的革命论的关系。

初看起来,邓小平的"社会主义改革论"与毛泽东的"社会主义革命论"出自同一理论,即毛泽东1957年对社会主义社会基本矛盾的见解。毛泽东的那个理论是说在社会主义社会,生产关系与生产力之间、上层建筑与经济基础之间,存在着既相适应又相矛盾(不适应)的情况,因此就在不断革命、继续革命。

对于毛泽东关于社会主义社会基本矛盾的提法,邓小平在三中全会后仍不主张改变,他说:"关于基本矛盾,我想现在还是按照毛泽东同志在《关于正确处理人民内部矛盾的问题》一文中的提法比较好。"②

问题在于对"矛盾"或"不适应"怎么理解。事实上毛泽东、刘少奇、邓小平各有不同的理解。正是这三种不同的理解,构成了"文革"前毛泽东与刘少奇的分歧以及"文革"后毛泽东与邓小平的差异。

毛泽东将社会主义社会的生产关系和上层建筑分成两部分:一部分属于"先进的"、"社会主义性质的",如公有制经济,无产阶级专政的国家制度和法律,马克思主义的意识形态。这一部分与

① 《邓小平文选》第三卷,人民出版社1993年版,第370页。
② 《邓小平文选》第二卷,人民出版社1994年版,第181—182页。

生产力没有什么矛盾或不适应,相反,它为生产力的发展提供了强劲的动力,允许生产力以比旧社会更快的速度向前发展。另一部分则是落后的,属于"半社会主义"和"非社会主义的因素",如公私合营企业中资本家还拿定息,农业合作社还有部分是半社会主义性质的,集体所有制企业也不是完全的社会主义,上层建筑中还存在资产阶级意识形态,国家机构中还有某些官僚主义作风存在,等等。这一部分同生产力的发展相矛盾或不适应,必须通过生产关系特别是上层建筑领域的不断革命来解决矛盾。

"文革"前以刘少奇为代表的所谓坚持八大路线的正统派,也承认毛泽东说的两对基本矛盾。不过他们把"先进"与"落后"的区分稍稍做了一下改变,变成"先进的社会制度"与"落后的社会生产力"之间的矛盾。既然矛盾发生在先进的社会制度与落后的生产力之间,那么解决矛盾的方法,如果不能把先进的社会制度向后拉一把,那就只有尽快发展生产力,使矛盾的这一头能够跟上那一头。毛泽东看出一线同志的提法有个问题,似乎生产关系跑到生产力前面去了,这岂不违背了马克思主义的生产关系一定要适应生产力状况的原理? 实际上刘少奇、邓小平等人这样提只是坚持八大路线的一种策略,意在强调发展生产力的重要性。当然这种提法的理论前提也是承认"先进的"、"社会主义性质的"生产关系和上层建筑不会妨碍生产力的发展。

邓小平的创造性不仅在于他和刘少奇一样把发展生产力摆到首位,而且在于他处理生产力和生产关系问题的思路与毛泽东不同,真正回到了历史唯物主义原有的思路上。

早在 20 世纪 60 年代初考虑如何恢复和发展农业生产时,邓小平就提出要从生产关系和体制上解决问题。[1] 70 年代末在重新启动四个现代化时,邓小平更明确地提出:"要大幅度地改变目前落后的生产力,就必然要多方面地改变生产关系,改变上层建筑,

> 邓小平的创造性不仅在于他和刘少奇一样把发展生产力摆到首位,而且在于他处理生产力和生产关系问题的思路与毛泽东不同,真正回到了历史唯物主义原有的思路上。

---

[1]　参见《邓小平文选》第一卷,人民出版社 1994 年版,第 323、325 页。

改变工农业企业的管理方式和国家对工农业企业的管理方式。"①

表面上看,邓小平是回到毛泽东的思路上,强调生产关系对生产力的反作用。然而仔细分析一下,便发现邓小平在回到毛泽东的同时又有突破性发展。

毛泽东认为与生产力相矛盾的只是那些落后的、非社会主义的因素。该论断等于承认:(1)一种生产关系,如果认定它是社会主义性质的,那么它就绝不会阻碍生产力的发展。(2)只要是社会主义的生产关系,即使它超越了现阶段生产力的发展水平,也不会束缚生产力的发展。依此推论,社会主义制度本身就不需要革命了,要革只有革资本主义的命。

邓小平则认为,判断一种生产关系是不是社会主义的,首先要看它是否有利于生产力的发展。如果不利于生产力的发展,不管人们主观上认定它是社会主义的还是资本主义的,都在改革、破除之列。

为什么过去只讲在社会主义条件下发展生产力而不讲也要解放生产力呢?根本原因就是长期以来人们形成了一种思维习惯,认为社会主义这种先进的东西根本不会落后于生产力的发展,只会超前于生产力;既然是超前,那不会束缚生产力发展,反而会为生产力的发展提供广阔的空间,任凭生产力怎么发展都不会碍事。这样当然就谈不上什么解放生产力的问题了。

问题在于这里所谓的"先进的社会主义生产关系和上层建筑",在很大程度上实际是苏联模式。明明是这个东西在阻碍生产力的发展,还认为是资本主义的魔鬼在作怪,一个劲地提高公有化的程度,提高社会主义的纯度。这样的社会主义革命势必同生产力发展的客观要求相脱节,越革命生产关系与生产力的矛盾越大。

为什么改革也是解放生产力?邓小平说:"我们所有的改革

---

① 《邓小平文选》第二卷,人民出版社1994年版,第135页。

都是为了一个目的,就是扫除发展社会生产力的障碍。"①障碍就是障碍,没有什么先进落后、姓社姓资的区分,只知道(通过20多年的实践证明了)它严重束缚了生产力的发展。有障碍就要扫除,有束缚就要解放。不这样,生产力就发展不起来。邓小平的改革理论就是这样简洁明快、击中要害。他当然知道扫除生产力发展的障碍不是件容易的事,所以才说"改革的性质同过去的革命一样",也是为了解放生产力。

邓小平认为要发展生产力,经济体制改革是必由之路。而所谓改革,他概括成八个字:对外开放,对内搞活。对外开放旨在打破闭关自守;对内搞活旨在调动全国人民的积极性。这八个字是不是解放和发展了生产力? 三中全会以来的实践做了肯定的回答。

> 所谓改革,他概括成八个字:对外开放,对内搞活。对外开放旨在打破闭关自守;对内搞活旨在调动全国人民的积极性。

三、不合法的使它合法起来

20世纪60年代初,面对怎样恢复农业生产这个难题,邓小平出了一个主意:"群众愿意采取哪种(生产)形式,就应该采取哪种形式,不合法的使它合法起来。"②邓小平是想为农民时兴的"包产到户"正名,争得合法性。

邓小平的话没有算数。"包"字在地下苦苦挣扎了20年,经过人民公社、一大二公、农业学大寨、割资本主义尾巴,割了一茬又一茬。但到底是农民愿意的东西,野火烧不尽,到20世纪70年代末,春风吹又生。

1978年寒冬的一天,安徽省凤阳县小岗生产队副队长严宏昌召集18户农民的户主21人开会讨论如何生产自救。严队长提出分田到户的主张。那时三中全会的春风还没有吹到凤阳的小岗,

---

① 《邓小平文选》第三卷,人民出版社1993年版,第134页。
② 《邓小平文选》第一卷,人民出版社1994年版,第305页。

"分田"、"包产"之类还属非法之举。21 位农民打心眼里赞同严队长的提议,但是他们无不担心:一旦东窗事发,上面追究下来,那该怎么办?质朴忠厚的庄稼人想出一条善后办法,他们订了一份契约:"我们分田到户,每户户主签字盖章。如以后能干,每户保证完成全年上交的公粮,不再向国家伸手要钱要粮。如不成,我们干部坐牢杀头也甘心,大家社员保证把我们的小孩养活到 18 岁。"这份契约如今保存在中国历史博物馆,因为它真实地记录了中国农村改革起步时的艰难和惶惑。

凤阳是明代开国皇帝朱元璋的故乡,以"凤阳花鼓"驰名。有一段广为流传的凤阳花鼓词:"说凤阳,道凤阳,凤阳本是个好地方,自从出了朱皇帝,十年倒有九年荒。"为此,凤阳人不得不"背起花鼓走他乡"。解放后凤阳人有 20 多年时间靠吃救济过日子。"文革"期间流行一段新编花鼓词:"凤阳地多不打粮,碾子一住就逃荒,只见凤阳女出嫁,不见新娘进凤阳。"有人统计,1978 年年初,离乡背井出外谋生的凤阳人约有 3 万。小岗是凤阳县最穷的一个生产队,1976 年的粮食收成只有 1955 年的 1/3。穷则思变,这就是为什么小岗农民甘冒坐牢杀头危险率先分田自救的原因。

在小岗生产队分田到户之前,凤阳县马湖公社试行包产到组,得到当时省委书记万里的支持。有了支柱,凤阳改革的星星之火很快燃遍全县。1979 年全县推行包产到组,1980 年进一步实行包产到户。从包到"组"到包到"户",家庭联产承包制已具雏形,并且一开始就显示了强大威力。小岗生产队包产到户第一年就大见成效,人均收入增长 6 倍,粮食产量是过去 7 年的总和。凤阳人由离乡背井逃荒谋生变为卖粮难。欢欣鼓舞的农民又来了一段顺口溜:"大包干,大包干,直来直去不拐弯;交够国家的,留足集体的,剩下都是自己的。"

在安徽凤阳试行包产到组的同时,四川省广汉县的农民也行动起来了。广汉也是有名的"三靠县"(吃粮靠返销,生产靠贷款,生活靠救济),"文革"后期,外地人花几十斤粮票就可以从那里买走一个大姑娘。广汉的包产到组取得显著成绩,后来成为全国第

穷则思变,这就是为什么小岗农民甘冒坐牢杀头危险率先分田自救的原因。

一个进行农村改革的先进县份。

　　然而,安徽、四川两省农民的创举引起北京部分人士的不安。主管农业的副总理陈永贵焦急地说,这是"右倾",是"同学大寨对着干"。还有人说"包产到户是向公有制开刀,是资本主义复辟"。1979 年 3 月 15 日《人民日报》在头版头条的位置发表一封"群众来信",借群众之口说:三级所有队为基础的人民公社制度不能退回到分田到组,包产到户,顶住不分是对的。9 月 28 日中共中央《关于加快农业发展若干问题的决定》中还有这样的提法:"可以在生产队统一核算和分配的前提下,包工到作业组",但"不许分田单干"。"除某些副业生产的特殊需要和边远山区、交通不便的单家独户外,也不要包产到户"。

　　脏水和冷水泼到实行包干到户的干部和群众身上。最早实行包产到户之一的安徽省肥西县县委看到上面的风向不对,准备纠正包产到户。偏偏安徽全省又遇上百年大旱,有人冷嘲热讽,有人幸灾乐祸,打算秋后算账。

　　可是算账派这次失算了。1979 年金秋时节,安徽和四川两省先后传来农业大丰收的喜讯。安徽 6 千万亩农田受旱,不少地方人畜饮水都成困难,原估计即使搞好抗旱斗争也要减产 50 亿斤粮食。可实际情况却是,全省小麦比历史最高水平增产 4 亿多斤,全年粮食产量同正常年份差不多。四川省连续两年共增产粮食 103 亿斤。

　　实践是检验真理的唯一标准。现在该是邓小平"算账"的时候了。1980 年 5 月 31 日,邓小平找来一些中央负责同志,告诉他们:农村政策放宽以后,一些地方搞了包产到户,效果很好,变化很快。他特别提到"凤阳花鼓"中唱的那个凤阳县,搞了大包干,一年就翻身。

　　邓小平不慌不忙地点到正题:"有的同志担心,这样搞会不会影响集体经济。"他论证说,"我看这种担心是不必要的。我们总的方向是发展集体经济。实行包产到户的地方,经济的主体现在也还是生产队。这些地方将来怎么样呢? 可以肯定,只要生产发

実践是检验真理的唯一标准。现在该是邓小平"算账"的时候了。

展了,农村的社会分工和商品经济发展了,低水平的集体化就会发展到高水平的集体化,集体经济不巩固的也会巩固起来。关键是发展生产力,要在这方面为集体化的进一步发展创造条件。"①

第一,包产到户没有改变集体所有制的性质;第二,发展集体经济首先必须发展生产力。仅此两条,邓小平就擦掉了人们泼向包产到户的脏水。这年9月,中共中央又发了一个文件,正式为包产到户定了姓,正了名。原来一直观望的省份现在也动了起来。到1983年年初,全国农村实行包产到户的生产队达93%。随之而来的政社分设,废除人民公社制度,恢复乡(镇)村管理体制。

历史来不得假设。如果邓小平20世纪60年代初说的话在当时就算了数,80年代的农村改革也许就根本没有必要。邓小平承认农村承包责任制的发明权属于农民,他所做的工作不过是给这个难产的"婴儿"颁发了一张"准生证",使其成为社会主义国土上的"合法公民"。

总设计师特别关照这个"新生儿",并对其寄予莫大希望。从1982年到1986年,中共中央连续五年用第一号文件指导农村改革。1984年中央决定将土地承包期延长到15年以上。就在这年十月,正式通过了经济体制改革的决定。农民发明的"包"字旋风般地吹进城市,中国从此走上了全面经济体制改革的道路。

> 农民发明的"包"字旋风般地吹进城市,中国从此走上了全面经济体制改革的道路。

四、新一轮农村包围城市

中国的许多大问题都是从农村找到解决办法的。毛泽东领导的那场翻天覆地的大革命,走的是农村包围城市的道路;20世纪50年代实行"三大改造",也是先完成农业合作化,迫使城市工商业在很短时间内走上社会主义道路;邓小平领导的第二次革命——改革,还是先从农村开始,农村改革先行一步,然后才是城

---

① 《邓小平文选》第二卷,人民出版社1994年版,第315页。

市及整个经济体制的改革。

改革为什么要从农村开始？邓小平说："因为农村人口占我国人口的百分之八十,农村不稳定,整个政治局势就不稳定,农民没有摆脱贫困,就是我国没有摆脱贫困。"①

关于农业的重要性,邓小平还说过这样的话:不抓农业,总有一天要天下大乱。不管天下发生什么事,只要人民吃饱肚子,一切都好办。中国历史上为什么农民的起义和暴动接连不断？归根结底都是因为民不聊生。民以食为天。可是到 1979 年,中国仍有 1/4 的生产队约 2 亿人口的农村社员人均年收入在 40 元以下,每人每天不足 0.11 元。邓小平估计改革前"大多数农民是处在非常贫困的状况"②。农民的普遍贫困,贫困到不得温饱的地步,这个问题的严重性迫使新一代领导者首先要想办法使农民尽快富起来。农民不富,四个现代化无从谈起。工业的发展,商业和其他经济活动的发展,不可能建立在 80% 人口贫困的基础上。实现人均国民收入翻两番的目标,最令人担心的就是这 80% 的农村人口能不能达到。

当然,邓小平选择农村作为改革开放的突破口,不仅仅是因为农村比城市穷,更需要改革,还因为改革的阻力在农村比在城市要小,换句话说,城市改革比农村改革要复杂艰难得多。避实击虚,先易后难,逐步推进,这种策略跟毛泽东当年把革命重心放在农村的考虑很相似。

改革不就是要废除苏联式的计划管理体制吗？苏联模式在农村远不及在城市成功。中国的农业政策受苏联影响不大,即使是一大二公的人民公社也不像苏联的集体农庄那样集中统一。以家庭为单位的传统经营方式有顽强的生命力。尽管批了 20 多年农村"资本主义自发倾向",农民发家致富的观念始终没有根绝。因为农民享受到的"社会主义优越性"没有城里人多,农民没有工人

---

① 《邓小平文选》第三卷,人民出版社 1993 年版,第 237 页。

② 《邓小平文选》第三卷,人民出版社 1993 年版,第 238 页。

手中的"铁饭碗",农村的"大锅饭"也没有城里的大。农民不得不自负盈亏,他们不可能像国营企业那样依靠国家资助进行蚀本经营。除非是面临饥荒威胁,国家才有所救济。农村的自然经济虽然比城市的计划经济要"落后"一些,但是在朝着市场方向的改革中,农村又比城市显得"先进"。让农民转向市场经济似乎是自然而然的事,只要放松一下控制就可以了。可是要把国家包下来的企业和它们的工人推向市场则意味着一场深刻的革命,阻力要大得多。

邓小平从 20 世纪 60 年代初提倡猫论开始就意识到农民中有一种倾向于包产到户、自由市场的积极性。三中全会提出改革开放的政策对农民并没有什么优惠,然而首先响应、首先受惠的却是广大农民。当城市改革还处于谨慎的试点阶段,农村改革的飓风已经刮遍了神州大地。农村改革的成就对城市形成无形的压力。丰富多样的农副产品大量涌入城市,使城里人突然感到他们的国家工资不够花了。乡镇企业连续几年以百分之二十几的增长率发展,使城市大中型企业的形象很难堪。面对逐渐富起来的农民,城里人原有的优越感日益消失了。他们感到"兵临城下",被农村改革浪潮"包围"了。

农村改革的成功证明邓小平是正确的。反对改革的人渐渐变少了。从 1979 年开始的经济整顿,由于农村改革形势的发展,于 1981 年提前结束。到 1983 年年初,全国农村已完成了废除人民公社制度,实行联产承包责任制的重大历史转变。邓小平作为中国改革开放总设计师的权威已经确立,中国改革的总体蓝图在他心目中也明确起来了。

三中全会只是提出改革开放的大轮廓,具体怎么改怎么放,尚有不少疑点,涉及社会主义经济主体国营大中型企业时更是如此。农民的一个"包"字提供了许多启示。扩大企业自主权会不会影响全民所有制的性质?家庭联产承包制把土地的所有权和经营权一分为二,轻易地化解了这个问题。农村的承包制把责、权、利三者结合得很好,城市企业依此办理不就把长期理而不顺的国家、企

邓小平从 20 世纪 60 年代初提倡猫论开始就意识到农民中有一种倾向于包产到户、自由市场的积极性。

业和个人三者关系一下子理顺了吗?农民以户为单位联产计酬,多劳多得,少劳少得,不劳不得,城市企业若这样做,什么"大锅饭"、"铁饭碗"等妨碍积极性的东西不就自动破除了吗?

邓小平高兴地告诉外宾:"农村改革的成功增加了我们的信心,我们把农村改革的经验运用到城市,进行以城市为重点的全面经济体制改革。"①其实城市改革早在1978年下半年就开始了试点,在农村改革的鼓舞下才迈出了决定性的一步。1984年10月,中共十二届三中全会正式通过《关于经济体制改革的决定》,开始了以城市为重点的全面经济体制改革。人们将这一农村包围城市的过程形象地称作"包字进城"。

五、多种经济成分并存

搞活的前提是要允许多样性存在。像过去那样,单一的公有制经济,加上高度集中统一的计划管理,整个国家相当于一家企业,既无内部竞争又无外部压力,形成一种超稳定结构,当然就谈不上活力和效率。

邓小平搞活经济的智慧分为两个途径:一是通过扩大自主权和引进竞争机制等办法,从内部搞活公有经济;二是在主体经济外部,允许各种非公有制经济成分合法存在。

第一,允许个体经济和私营经济(二者的区别仅在于有无雇工和雇工多少)存在;

第二,允许"三资企业"(包括中外合资、中外合作和外商独资三种形式)存在。

邓小平有中国特色的社会主义仍以公有制为其基本原则之一,为什么允许个体、私营、外资、独资等非公有经济成分存在呢?

邓小平回答:这是搞活经济的需要,"是活了社会主义、没有

邓小平搞活经济的智慧分为两个途径:一是通过扩大自主权和引进竞争机制等办法,从内部搞活公有经济;二是在主体经济外部,允许各种非公有制经济成分合法存在。

---

① 《邓小平文选》第三卷,人民出版社1993年版,第238页。

伤害社会主义的本质"①。允许这些东西在一定范围内存在,对社会主义有益无害,至少是利大于害。

个体经济至少可以解决相当一部分人的就业问题。虽然按传统的政治经济学社会主义丢失了这块阵地,但公家不必管这部分人的饭。这些人富了后,国家还可以收取一些税费。再说社会主义和流通的许多细节也需要这些个体户去填补。个体户发展到雇工的程度大概就叫私营经济。不过邓小平不这样叫,而仍称个体经济。把个体户和资本主义扯在一起还要经过一番逻辑推理:个体与集体相区别,实际是私人,而私字与公字相对立,所以它姓资。

出现雇工问题震动可就大了。有些人担心得不得了:这还不是资本主义? 主张要动一动。邓小平的态度是:用不着急于解决,放两年再看;让它经营一段,影响不了大局,伤害不了社会主义;相反,如果一动,就会牵动人心,以为政策变了,没有益处。② 当然,限制一下还是必要的。于是 20 世纪 80 年代中期作出规定:农民和个体户雇工不得超过 8 人。但事实上后来私人经济发展起来,雇工人数大增。浙江温州的私人企业尤其多,发展成私营企业的"温州模式"。"温州模式"照样没有伤害社会主义,还成为许多贫困省份竞相效法的榜样。

有的人认为多一分外资,就多一分资本主义,三资企业多了,就是资本主义的东西多了,就是发展了资本主义。邓小平批评这些人连基本常识都没有。

容忍"三资企业"就更困难。有的人认为多一分外资,就多一分资本主义,三资企业多了,就是资本主义的东西多了,就是发展了资本主义。邓小平批评这些人连基本常识都没有。同外国人合资经营的企业,有一半是社会主义的;合资合作的企业收入也有一部分归社会主义所有。就是外资部分、外商独资,社会主义也可以从税收和劳务等方面得到益处。还可以从中学到先进技术和管理经验,从中得到信息、打开市场。此外,还可以带动一些为外资服务的行业发展起来,就近办一些对自己有利可图的企业。这样就可以把经济搞活。

---

① 《邓小平文选》第三卷,人民出版社 1993 年版,第 135 页。
② 参见《邓小平文选》第三卷,人民出版社 1993 年版,第 91 页。

非公有经济对社会主义的最大益处是补充了国家的财源。所以邓小平说："我们吸收外资，允许个体经济发展，不会影响以公有制经济为主体这一基本点。相反地，吸收外资也好，允许个体经济的存在和发展也好，归根到底是要有力地发展生产力，加强公有制经济。"[①]

当然，邓小平知道要保证非公有经济对社会主义有益无害或利大于害，需要两个条件：一是社会主义公有经济始终占主体地位；二是无产阶级的国家政权强而有力。

公有经济占了主体地位（90%以上）非公有经济就只能起补充作用，它们活跃了社会主义经济，但不会冲击社会主义经济基础，不会伤害社会主义的本质。

"更重要的是政权在我们手里"[②]。允许私营经济、三资企业存在和发展，当然也会带来一些消极有害的东西。邓小平不否认这一点，但他相信"我们的国家机器是社会主义性质的，它有能力保障社会主义制度"。"一旦发现偏离社会主义方向的情况，国家机器就会出面干预，把它纠正过来。"[③]。

> 邓小平知道要保证非公有经济对社会主义有益无害或利大于害，需要两个条件：一是社会主义公有经济始终占主体地位；二是无产阶级的国家政权强而有力。

六、"婆婆"揽权行不通

中国的经济，特别是公有制部分，又特别是国有大中型企业，长期以来搞不活，根本原因不是中国人缺乏经营的积极性，而是政府管得太多、太紧，把企业活活管死了。

人们感到奇怪：为什么要管那么多？少管一点不是更省事吗？

问题要真是这么简单，邓小平的经济改革简直就没有必要；即使必要，也称不上是一场革命。

管不管，管多少，怎么管，都是体制决定的，不以个人的意志为

①　《邓小平文选》第三卷，人民出版社 1993 年版，第 149 页。
②　《邓小平文选》第三卷，人民出版社 1993 年版，第 373 页。
③　《邓小平文选》第三卷，人民出版社 1993 年版，第 135、139 页。

转移,连最高领导者也没法轻易改变。

战争年代遗留下来的军事体制加上新中国成立后引进的苏联模式,使中国形成一种全能政治,社会生活全面政治化。表现在经济领域,就是政企不分。政府视企业为自己的下属单位,企业生产就像是完成上面下达的政治任务。政府和企业的关系是上下级间的关系,邓小平取名为"婆媳"关系。

邓小平简单勾勒了这种经济管理体制的特色:机构臃肿,部门林立,层次重叠,手续繁多,效率极低。

机构臃肿到什么程度?据说有的中央部委有上万号人。部门林立,有的省、市党政部门多达上百个。层次重叠,是因为从中央的部委到基层的科室都要一一对口。有这么多部门,这么多婆婆,上上下下,条条块块,齐抓共管,企业焉有不死的道理?

婆婆多就要揽权,找事管,找饭吃。你也管,我也管,结果把企业的人、财、物,产、供、销都管了起来。都管起来照说企业还省心些。其实不然,企业的物资供应、资金来源、人事进出、产品价格、服务对象,都得由"婆婆"做主、点头。一个部门一枚章,一尊菩萨一笼香,有求于人的企业还不能有丝毫怠慢,不然就卡得你动弹不得。企业的经营活动不是围着市场需要转,而是围着政府主管部门首长的脸色转。这怎么谈得上效率。

企业缺乏活力,没有效益,到底是驴子不走,还是磨盘不转?以前总认为是管理部门管得不够,领导部门抓得不力,典型的说法是"抓而不紧,等于不抓。伸着巴掌,样子像抓,当然什么也抓不住"。邓小平的诊断,恰恰是抓得太多、管得太死,上级领导和主管部门管了许多不该管、管不好也管不了的事,把地方、企业和职工个人的积极性、主动性和创造性都给管死了。

"政府存在的合法目的是为人民去做他们所需要做的事,去做人民根本做不到或者以其各自的能力不能做得很好的事,而对人民能够做得很好的事,政府不应当干涉"。根据这条法则,托马斯·杰弗逊认为"最少管理的政府是最好的政府"。亨利·大卫·索罗补充说:"最好的政府是根本不管事的政府。"

根本不管恐怕不行,但尽量少管肯定可以,这也符合中国的传统智慧——无为而治。

然而就中国的情况来说,从"管得太多"到"尽量少管",需要有一场体制上的革命,改革传统的经济管理体制。

邓小平设计的经济体制改革,第一步是要把政企分开(在农村改革中则是政社分设),让企业脱离政府,自我发展;让政府清静无为,洁身自好,只做自己该做的事。

政企分开是双向运动。分不分,怎么分取决于政府。所以首先要求政府自觉、明智一点,知道哪些该管,哪些不该管。不该管的就下放,该管的又要解决好怎么管的问题。

解决"婆婆"揽权问题的根本办法是"拆庙送神",精减政府机构和行政人员。少一个部门就少一个章,少一尊菩萨就少一笼香。有人估算,要真正贯彻《企业法》,让企业有独立经营的权力,各级政府至少可以减少 30% 以上的机构和 50% 以上的人员。多余的机构,顶好是撤销,撤不掉的也得与行政脱钩,变成经济实体,让它自己管自己去。多余的人员,邓小平鼓励他们到基层去竞选厂长、经理,显示自己的本领。

剩下那些必要的职能部门也需要转变职能,解决怎么管的问题。邓小平要求改变过去那种用行政手段直接干涉经济活动的办法,希望各级管理部门学会用经济办法管理经济。有人根据宏观管住、微观放开的原则,研究出政府部门的功能仅限于 8 个字:规划、协调、监督、服务。8 个字归根到底都是服务性的,因此有人主张政府职能转换的方向是减少行政功能,增加服务功能。这符合邓小平"领导就是服务"的思路。

精简政府机构和转变政府职能都属于政治体制改革的内容,所以邓小平说:"企业下放,政企分开,是经济体制改革,也是政治体制改革。"但不管怎么说,只有把这两件事做好了,企业才能松绑,权力才能下放,政府和企业的关系才能理顺。

1984 年国务院迈出第一步,决定机械工业部所属企业全部下放,其他各部门独立的机械工业企业也下放,省和自治区的机械

解决"婆婆"揽权问题的根本办法是"拆庙送神",精减政府机构和行政人员。少一个部门就少一个章,少一尊菩萨就少一笼香。

厅、局也不直接管理企业,交通、民航、邮电各部门也陆续缩回了直接管理企业的手,企业开始成为自主经营的独立经济实体。从1986年起,逐步推行企业承包责任制,进一步把政企关系由领导与被领导的关系转变为委托人和承包人的合同关系。

七、扩大企业自主权

邓小平改革传统经济体制的总方向,用一句话来表达,就是扩大自主权。这同时也是他搞活经济的基本策略。

邓小平改革传统经济体制的总方向,用一句话来表达,就是扩大自主权。这同时也是他搞活经济的基本策略。

党的十一届三中全会上邓小平着重讲了发扬经济民主的问题,他说:

现在我国的经济管理体制权力过于集中,应该有计划地大胆下放,否则不利于充分发挥国家、地方、企业和劳动者个人四个方面的积极性,也不利于实行现代化的经济管理和提高劳动生产率。应该让地方和企业、生产队有更多的经营管理的自主权。①

管理权限高度集中也有好处,据说好处是可以集中人力、物力、财力,进行统一安排,搞大规模经济建设。但是新中国成立30年来充分享受了这些好处后,它的坏处也充分暴露出来,这坏处就是限死了"子系统"的积极性,使社会主义的优越性始终表现不出来。

邓小平的明智之处在于他懂得人民,特别是素以勤劳著称的中国人民,对经济营生之类活动有一种本能的积极性。因此搞好经济搞活企业的根本诀窍不是要给企业拨多少钱财,派多少干部,设多少机构,发多少指示,只需要一个东西,给企业以足够的经营自主权就够了。

自主权的神通在于它可以唤起生产者对其责任和利益的自我

① 《邓小平文选》第三卷,人民出版社1993年版,第135页。

意识。生产者有了经营自主权,他就要对自己的经营活动负责任,因为他经营的好坏与他的切身利益相关。有了这种自我意识,生产者就会千方百计地发挥主动创造精神,用不着外部力量去抓去促去管。

扩大自主权采用的就是这种调动积极性的策略。邓小平举例说:

> 一个生产队有了经营自主权,一小块地没有种上东西,一小片水面没有利用起来搞养殖业,社员和干部就要睡不着觉,就要开动脑筋想办法。全国几十万个企业,几百万个生产队都开动脑筋,能够增加多少财富啊!①

邓小平的办法很快就在农村改革中见了成效。三中全会后,"给农民自主权,给基层自主权,这样一下子就把农民的积极性调动起来了,把基层的积极性调动起来了,面貌就改变了。"②邓小平称农村改革见效之快是他原来没有预想到的。1986 年邓小平在天津视察时又一次看到了自主权的威力。天津港才下放两年经济效益就显著提高;人还是这些人,地还是这块地,一改革,效益就上来了。邓小平说:"无非是给了他们权,其中最重要的是用人权。"③

针对权力过分集中,邓小平分三个层次扩大自主权:(1)扩大地方自主权,调整中央和地方的关系,调动地方的积极性;(2)扩大企业(和生产队)的自主权,调整国家与生产单位的关系,调整各生产单位的积极性;(3)扩大生产者个人的自主权,调整集体与个人的关系,调动个人的积极性。

生产者(集体和个人)的经营自主权在西方人的观念中是一种天赋的自然权利。生产者不对自己的生产活动负责并受益,那么谁负责受益?在中国需要发动一场改革来扩大自主权,是因为这些权利曾经不适当地集中到国家和代表国家的长官手里。因此

---

① 《邓小平文选》第三卷,人民出版社 1993 年版,第 136 页。
② 《邓小平文选》第三卷,人民出版社 1993 年版,第 238 页。
③ 《邓小平文选》第三卷,人民出版社 1993 年版,第 166 页。

扩大自主权意味着通过体制改革进行一次权利再分配。考虑到这件事的艰苦性,邓小平的扩权运动采取逐步推进的策略:

第一步是放宽农村经济政策,推行农业生产责任制,把自主权扩大到以家庭为基础的个体生产单位。第二步是开始在全民所有制的工业企业中扩权,这一步更复杂,因此又分三步进行:

1979 年 7 月,国务院发文对企业的计划权、财务权、销售权、外贸权、劳动权做了相应的扩大。

1984 年 5 月,又在生产经营、销售、产品价格、物资采购、资金使用、资产处理、机构设置、劳动人事、工资奖励、联合经营等 10 个方面进一步扩大企业自主权。

1988 年 4 月,通过《中华人民共和国全民所有制工业企业法》,对企业自主权做了进一步的规定,其范围和程度基本上达到了社会主义经济框架的极限。如果这些权利全部到位,将标志着中国的国有企业真正脱离政府部门的超常干涉而成为自主经营的经济实体,走上自负盈亏、自我约束、自我发展的道路,其意义不可低估。

八、所有权和经营权分离

整个改革都是一场权力的重新分配。邓小平像个高明的技师,推动着权力的分化与组合,当分的分,当合的合,毫不含糊。

整个改革都是一场权力的重新分配。邓小平像个高明的技师,推动着权力的分化与组合,当分的分,当合的合,毫不含糊。

农村实行土地承包经营责任制,城市实行企业承包经营责任制,冒出一个不大不小的问题:土地和企业都是公家的,将它交给个人(农户和经营者)使用,这不是削弱、瓦解了公有制吗?

反对改革的"左"倾人士正是这样把承包责任制与私有化等同起来。这个帽子可不小。想一想马克思的箴言:共产党人的纲领概括成一句话就是消灭私有制,而在中国,无数革命先烈抛头颅洒热血为的正是这个东西——问题就更严重了。

包产到户早在 20 世纪 60 年代就出现,事实证明它对提高劳动生产率行之有效，为什么老是把它等同于"分田单干"而屡遭批判？根本原因也是怕它破坏了社会主义的公有制。如今虽然不比当年，但如果不从根子上解决这个问题，什么政企分开、扩大自主权都是空话，责任制也非落空不可。

邓小平遇到了挑战。他的有中国特色的社会主义也承认公有制是社会主义的本质特征之一。仅就这一点，他也不得不使用变通方法来解决这一棘手问题。

变通首先要正本清源。马克思曾经把包括土地在内的生产资料所有权分成占有权、支配权、使用权诸项。所有权当然要通过支配、使用等权能来体现，但支配使用权能不能从所有权中相对分离出来呢？历史做了回答：随着商品经济的发展，所有者不再直接占有、支配、使用生产资料的现象越来越普遍。

尽管这是资本主义文明的成果，邓小平还是从中受到了启发。土地和企业属于公家所有，可公家是谁呢？是国家和集体。国家和集体怎么去使用这些东西？还不是通过它的国民，通过其中的具体个人。

变通的法门找到了，邓小平开始批评那些思想不开窍的人：

> 企业改革，主要是解决搞活国营大中型企业的问题。用多种形式把所有权和经营权分开，以调动企业积极性，这是改革的一个很重要的方面。这个问题在我们一些同志的思想上还没有解决，主要是受老框框的束缚。其实，许多经营形式，都属于发展社会生产力的手段、方法，既可为资本主义所用，也可为社会主义所用，谁用得好，就为谁服务。①

两权分离，一通百通，承包制、租赁制、股份制都顺理成章。所有权归国家和集体，企业经营者只拥有经营使用权，并不改变公有制的性质。如果你一定要把这经营使用权看作所有权的"有机构成部分"也没有关系，企业经营者只具有相对所有权，最终所有权还是国家和集体的。

---

① 《邓小平文选》第三卷，人民出版社1993年版，第192页。

共产主义创始人提出消灭私有制曾有一个良好的愿望,解决劳动者与生产资料分离的问题。然而改革前的公有制并没有实践这一愿望,因为产权概念模糊,名曰公有,大家都有份,但又不属于任何人所有。邓小平使两权分离,让承包者拥有经营自主权,倒真的找到了把劳动者与生产资料结合起来的途径。

邓小平使两权分离,让承包者拥有经营自主权,倒真的找到了把劳动者与生产资料结合起来的途径。

两权分离解决了政企不分这个老大难问题。政府和企业由上下级关系变成委托人和承包人间的合同关系。合同制约着企业,也制约着政府部门,企业可以在合同规定的权限内独立自主的经营,再用不着求"婆婆"、怕"婆婆"了。

国家、集体、个人各有多大的权力比分,取决于合同双方的约定。这样许多难题不攻自破。例如土地的使用权,原来规定不能转让、出租、买卖。深圳特区率先突破这一规定,1982 年开始收取土地使用费,1987 年又开始推行土地出租制度。国家,这个 960 万平方公里土地的所有者,终于开了窍。1988 年修改宪法,规定土地的使用权可以依法转让。于是有了农村土地的有偿承包,有了城市的房地产市场。人们突然发现土地可以卖钱。国家更是发了财,据说 1992 年一些城市的年土地批租收入占城市财政收入的 35% 以上。国家财政还计划以后每年从划拨土地使用权的转让、出租、抵押交易中收取地价款 30 亿元以充实财政。国家放弃一些权力,却得到很大的实惠:经济搞活了,财政也增收了。

九、打屁股要打在具体人身上

1960 年,正是"四年三灾",安徽宿县发生一件奇迹:一位 70 高龄的老农,为照顾生肺病的儿子而不能参加集体劳动,当然也就拿不回那份可怜的粮食了。老农不想饿死,也不指望公社的救助,他只是希望公社干部网开一面,准他带着生病的儿子进山区养病,同时进行生产自救。一老一病父子两人离开社会主义"大锅饭",如今是死是活都得自己负责了。老农凭着一把锄头和一支四齿钩,开出 16 亩荒地。到年底,他不仅收了口粮、种籽、饲料,还向公社交了 1800 斤粮食和养鸡得的 60 元钱。他的收获与当年安徽全省粮食歉收、饥荒遍布城乡的情景形成鲜明对照。这件事启发了当地干部和群众:把田地分到各人负责可以提高生产效率,摆脱当时的困境。包田到户的呼声响遍安徽。次年春,安徽省委书记曾希圣写信给毛泽东,力陈责任田的好处。毛泽东同意试行,但仅试了一年,1962 年春就当"单干风"批了。

安徽责任田的是是非非邓小平全经历了。他就是因为提出"猫论"为包产到户辩护而与毛泽东在怎样搞活社会主义问题上最初发生分歧的。随后邓小平虽然两次被打倒,但他对责任制的好处始终坚信不疑。他相信责任制能够改变中国的面貌。1978年邓小平设计的第一幅改革蓝图中,责任制就占了突出位置。什么政企分开、权力下放、两权分离,在邓小平看来,都要通过经济责任制这一具体形式来实现。城乡改革千头万绪,邓小平抓住责任制这条主线。"农村改革内容总的说就是搞责任制,抛弃大锅饭的办法,调动农民的积极性。"[1]那么城市改革呢? 邓小平说:"基本原则是搞责任制,这点是肯定的。"[2]邓小平设计的经济责任制是一种责任(应该干什么)、权力(可以干什么)和利益(会得到什么)三者相统一的经济管理形式。在"大锅饭"模式中,也有这三样东西,但是没有统一,没有具体化。邓小平的责任制把三者捆在一起,并使之具体化,具体到最基层的经济单位,最终具体到各个人身上。

责任到人,用邓小平的话说,打屁股必须打到具体人的身上才行。一个和尚挑水吃,两个和尚抬水吃,为什么三个和尚反倒无水吃? 就是因为责任不明确,无人负责,每个人都抱着"反正渴死的不是我一人"、"何必我辛苦他沾光"、"我能挑你为什么不能挑"的态度。邓小平发现在社会主义的企事业单位和国家党政机关中,

責任到人,用邓小平的话说,打屁股必须打到具体人的身上才行。

---

① 《邓小平文选》第三卷,人民出版社 1993 年版,第 117 页。
② 《邓小平文选》第三卷,人民出版社 1993 年版,第 28 页。

无人负责的现象非常严重。名曰集体负责,大家负责,实际上是无人负责。有的人无事干,有的事无人干,人与事不对号,严重影响效率。消灭这种现象的办法就是建立严格的责任制,实行定任务、定人员、定数量、定质量、定时间等几定制度,也就是"包干",什么人干什么事以及干多少——明确起来,各司其职,各负其责,互不指靠,互不推诿,使大家都着急,而不是部分人着急,更不是无人着急。

"责任到人就要权力到人"。各人有各人的责任,各人也有各人的权力,别人不能侵犯。权力和责任的关系就像法律中权利与义务的关系。我有义务完成你交的任务,但我必须拥有怎样完成任务的权力。如果你规定我只能这样做,不能那样做,那么作出来的结果如何就应由你负责了,这是天经地义的。但是在传统的经济体制中,权力比责任更模糊,常常出现这样的怪现象:上级出主意却要下级负责任。这是说不通,也是不负责的。邓小平反复强调要层层扩大自主权就是针对这种现象。他断言:"只交责任,不交权力,责任制非落空不可。"①

责任制的最后一个环节是严格考核,赏罚分明。承担一定的责任就有权力得到相应的酬劳,这也是天经地义的,种瓜得瓜,种豆得豆。邓小平希望把每个人的劳动所得同其劳动贡献联系起来,以解决长期以来干多干少、干好干坏都一样的现象。国家干部,根据工作成绩的大小、好坏,有赏有罚,有升有降。同样,专业人员和知识分子也要把他们的能力和贡献反映在技术职称和学术职称上,而且官阶和职级要同物质利益联系起来。至于普通劳动者,更需要把他们所得的物质利益同他们劳动所作的贡献直接挂起钩来。多劳多得,少劳少得,不劳不得,有赏有罚,赏罚分明。这样责任制才能落到实处,起到调动人的积极性的作用。

从领导者、管理者角度看,责任制也可以叫"转移矛盾":让每个人都着急,都负责任,都承受压力。但负了责、出了力后,多劳多

> 邓小平希望把每个人的劳动所得同其劳动贡献联系起来,以解决长期以来干多干少、干好干坏都一样的现象。

① 《邓小平文选》第二卷,人民出版社1994年版,第151页。

得,好处还是自己的。多干有多干的好处,这种有好处的压力谁不愿干呢? 反过来,领导者们虽然失去了部分权力,但他可以少操心,不必为农民的田里种什么之类的事情劳神费力,也划得来。有了全体人民和干部的积极性,多出粮油,多出产品,经济效益提高,国家也不亏。这叫各得其所。

邓小平首先从农村改革中看到了责任制的效率。农村实行家庭联产承包责任制,一下子就把几亿农民的积极性调动起来了,很快就改变了农村的面貌。1984 年邓小平去南方的特区转了转,又发现深圳建设"效率高的一个原因是搞了承包制,赏罚分明"①。两年后他去天津视察又有同感,天津的"中环线搞得这么快",邓小平问向他汇报的市领导,"是不是搞了承包? 就是要搞改革,搞承包,分段、分级承包,实行责任制"。②

20 世纪 70 年代末在少数地区萌动的农村生产责任制,到1983 年年初已覆盖了 90% 以上的农户和土地。1984 年"包"字进城,到 1988 年年底,全国预算内工业企业的承包面达 80% 以上,其中大、中型企业达 85% 以上。

十、让一部分人先富起来

邓小平像毛泽东一样追求共产主义大同理想,但是他有两点与毛泽东不同:第一,进入共产主义社会的门票很昂贵,必须有高度发达的生产力作物质基础。第二,不可能所有的人同步进入富裕殿堂,必须有先有后,一拨一拨地进。

邓小平的社会主义保留了毛泽东的共同富裕的理想目标,却舍弃了毛泽东的平均主义社会政策。在邓小平看来,平均发展、同步富裕是不可能的。过去毛泽东搞平均主义,吃大锅饭,吃掉了积

邓小平的社会主义保留了毛泽东的共同富裕的理想目标,却舍弃了毛泽东的平均主义社会政策。

---

① 《邓小平文选》第三卷,人民出版社 1993 年版,第 51 页。
② 《邓小平文选》第三卷,人民出版社 1993 年版,第 166 页。

极性和效率,使整个社会出现功能性障碍,结果不是共同富裕,而是共同贫穷。

邓小平从毛泽东的失败中吸取了教训:与其让所有的人都挤在富裕王国的大门口外,谁也进不去,不如适当拉开距离,一个一个地进。据此,邓小平提出一项反平均主义的大政策:允许并鼓励一部分地区、一部分企业、一部分个人先富起来。

邓小平称"这是加速发展,达到共同富裕的捷径"①。邓小平的构想是:一部分人、一部分地区先富起来后,可以通过精神激励、技术辐射和物质援助等形式,影响和带动其他的人、其他的地区,推动整个国民经济波浪式向前发展,最终达到共同富裕的目标。

要使所有的人都富起来,必须让一部分人先富起来。但是邓小平所允许的两极化是有限两极化,不能导致两极分化,穷的越来越穷,富的越来越富。如果那样,就会出现灾难性后果:"民族矛盾、区域间矛盾、阶级矛盾都会发展,相应地中央和地方的矛盾也会发展,就可能出乱子。"②邓小平意识到如果他的政策走到这一步,他就失败了。

怎样避免两极分化? 邓小平提出如下方案:先富起来的地区和单位,通过多交利税和技术转让支援落后地区和单位;先富起来的个人,通过征收所得税和社会捐献活动帮助其他的人。

邓小平在考虑这些办法时,有三点限制:

方式:邓小平强调税收手段,显然不主张用政治力量"杀富济贫"、"抽肥补瘦",让穷的部分去共富的部分的产。而是鼓励先富的人拿钱出来办教育等公共福利,也必须是自愿的,不能搞硬性摊派,吃大户,弄得谁也不敢富,觉得富了吃亏,富了惹麻烦。

时限:邓小平强调不要动得太早。例如,先富部分可以多交点税赋,但不能一下子负担太重,削弱其发展活力。开始时可以做点技术转让。多交税赋的办法邓小平预计要等达到小康水平

① 《邓小平文选》第三卷,人民出版社1993年版,第166页。
② 《邓小平文选》第三卷,人民出版社1993年版,第364页。

时才能实行,那时先进部分多出点钱支援落后部分不会影响自身的发展。

程度:邓小平的共富论不同于传统的均贫富。共同富裕并不排除富裕程度上的差异。解决贫富悬殊的方向是先富带动后富,而不是吃大锅饭,穷富拉平。那样做似乎很公平,却牺牲了效率。邓小平要求效率优先,兼顾公平,实行保护而不是抑制先富部分发展活力的社会政策。这样,富的部分当然是越来越富。但个人财富超出自身消费的部分,实质上是社会财富。由于社会财富总量的增加,穷的也会相应地富起来。

十一、不讲物质利益是唯心论

党的十一届三中全会后,邓小平提出以经济办法管理经济,推出一大堆经济杠杆。搞活企业最重要的杠杆是利润:允许企业拥有税后利润的支配权,企业的工资总额同经济效益(利润)挂钩,企业要学会做生意,追求利润最大化……针对个人的工资、奖金等杠杆,邓小平申明:评定职工的工资级别只能根据劳动好坏、技术高低、贡献大小等指标,而不能按政治态度,或按什么资格。干得好的,贡献大的,除了发奖牌、奖状,进行精神鼓励,还要发给奖金,提高工资待遇,给予物质上的鼓励。以前批判这些东西是"利润挂帅"、"物质刺激",是资产阶级法权、修正主义黑货。邓小平则认为这样做既体现了多劳多得的社会主义原则,又调动了人们的生产积极性,到头来,对个人、对集体、对国家都有好处。

这些经济杠杆的作用原理其实很简单:每个人都有从物质利益上关心自己劳动成果的天性。邓小平相信物质刺激比精神激励更能调动人的积极性。"不讲多劳多得,不重视物质利益,对少数先进分子可以,对广大群众不行,一段时间可以,长期不行。"他承认革命精神是非常可贵的,但是"如果只讲牺牲精神,不讲物质利

这些经济杠杆的作用原理其实很简单:每个人都有从物质利益上关心自己劳动成果的天性。

益,那就是唯心论"①。

十二、"小锅饭"比"大锅饭"养的人多

"大锅饭"是邓小平对平均主义分配政策的形象称谓。在中国,最早发明"大锅饭"的可能是汉代的张鲁。张鲁设五斗米道教,其中有一项社会措施,叫"置义舍",即吃饭不要钱。毛泽东搞人民公社,一大二公,受到张鲁的启示;自此认定吃"大锅饭"是社会主义制度的一大优越性。于是企业吃国家的大锅饭,工人又吃企业的大锅饭,农民吃集体的大锅饭,个人吃单位的大锅饭,全民吃社会主义大锅饭,一直吃了20多年。

邓小平断定:"搞平均主义,吃'大锅饭',人民生活永远改善不了,积极性永远调动不起来。"②"大锅饭"有两大坏处:第一,"大锅饭"养懒汉;第二,"大锅饭"越吃越穷。

"大锅饭"的理论根据是堂而皇之的平等原则:大家共一口大锅吃饭,锅里有什么大家就吃什么,谁也不能特殊化,有福共享,有苦同吃。不过,这种"平等"对懒汉有利,是懒汉的逻辑。懒汉什么也不干,也可以吃到人均的一份,而勤劳者干得再多再好,也不过是一份,这算什么平等? 平均主义在邓小平看来是不公平的,因为它规定不等量的劳动可以获得等量的报酬。

打破"大锅饭"的办法就是搞承包,分"锅"吃饭,干多少吃多少,各人自己负责,形成一种竞争机制,调动各人的积极性以增加社会财富的总量。尼克松认为这是"在以贫穷为代价的平均和以不平均为代价的进步之间作出选择"的结果。中国的可耕地仅占世界的6%,而现在却能养活占世界总人数22%的人口。相反,仍在斯大林式集体农庄劳动的苏联农民,却不能提供足够的产品来

邓小平断定:"搞平均主义,吃'大锅饭',人民生活永远改善不了,积极性永远调动不起来。""大锅饭"有两大坏处:第一,"大锅饭"养懒汉;第二,"大锅饭"越吃越穷。

---

① 《邓小平文选》第二卷,人民出版社1994年版,第146页。
② 《邓小平文选》第三卷,人民出版社1993年版,第157页。

养活 2.5 亿苏联人——听了中国驻美大使韩叙的这番比较,尼克松相信邓小平的"小锅饭"(按劳分配)确实比"大锅饭"养的人多。

十三、计划和市场都不过是手段

邓小平对传统社会主义政治经济学有两项重要革命:一是把原来认为不是社会主义本质要求的"发展生产力"定为社会主义的本质,二是把过去一直看作社会主义本质规定的"计划经济"放到社会主义的本质规定之外,从而使"市场经济"和"社会主义"能够相融起来。

没有市场,什么搞活经济、发展生产力,都将成为空话。邓小平的第二项革命是第一项革命的逻辑延伸,也更具震撼力,因为它触动了传统经济体制的实质。传统经济体制的根本特征是排斥市场的作用,认定社会主义与市场经济水火不容,市场经济是资本主义特有的东西,社会主义要同资本主义划清界限,就只能搞计划经济。这个教条统治中国 20 多年。20 世纪 50 年代陈云提出"计划为主,市场为辅"的口号,总算在单一计划模式上打开了一个缺口,但在实践中很快被否定了。改革之初,邓小平首先将 50 年代的提法扶正,反映在十二大(1982 年)报告中就是"计划经济为主,市场调节为辅"的提法。这个提法在具体解释上比 50 年代有所进步,因为它把计划分为指令性和指导性的两种,强调要扩大指导性计划,减少指令性计划,而且不论什么计划的实施都要考虑经济发展的客观要求。

但是随着城市经济体制的深入,特别是触及到如何搞活国有大中型企业(这是计划经济的主要领地)时,"计划为主市场为辅"的思维框架就显得不够了。邓小平需要考虑怎样进一步把"市场经济"扶正。他明白这必须突破市场经济与社会主义难以相容的障碍。1985 年 10 月邓小平在会见美国企业家代表团时提出"社

没有市场,什么搞活经济、发展生产力,都将成为空话。邓小平的第二项革命是第一项革命的逻辑延伸,也更具震撼力,因为它触动了传统经济体制的实质。

会主义与市场经济之间不存在根本矛盾"，主张"把计划经济和市场经济结合起来"，问题的出发点是"用什么方法才能更有力地发展社会生产力"①。既然是为了发展生产力，计划和市场就不必考虑谁主谁辅的问题。这是邓小平的策略，问题已经被他突出了，但他并不直接点明。

可是这一含蓄也为反对者提供了便利：计划和市场的结合，总得有个主和次？矛盾着的对立面总有一主一次，这是毛泽东教导人们分析问题的一个基本方法。你说计划和市场结合是可以的，但总不能说市场为主吧？这就使市场的作用的发挥受到很大限制。

邓小平明白问题还是出在没有把计划和市场的关系同社会制度的性质区别开来。

邓小平明白问题还是出在没有把计划和市场的关系同社会制度的性质区别开来。1987年2月邓小平对几位中央负责同志点明了问题的要害："为什么一说市场就是资本主义，只有计划才是社会主义？计划和市场都是方法嘛。"②既然只是方法手段问题，那就好办了！与姓社姓资没有关系，为谁服务就跟谁的姓。

邓小平还特别指明"不要再讲""计划经济为主"。这个思想在几个月后变成十三大报告中的核心概念："有计划的商品经济"。这下计划只是个限定词，主体是商品经济，而商品经济是无法拒绝市场的。

照说计划和市场的关系已经扯清了，市场经济的思路也快明晰了。可是1989年平息政治风波又带来一段插曲。政治风波、自由化的泛滥，与经济活动中减少计划管理而强调市场作用是不是有关系呢？邓小平最担心的是重新回到过去的计划体制，把经济搞得死死的。为此，他强调以后还是要"继续坚持计划经济与市场经济相结合，这个不能改"③。至于在实际工作中谁多一点谁少一点，可灵活掌握，但不搞"计划为主"这一点是肯定了的。

可是这句话在正式发表时据说改动了两个字：那与计划经济

---

① 《邓小平文选》第三卷，人民出版社1993年版，第148页。
② 《邓小平文选》第三卷，人民出版社1993年版，第203页。
③ 《邓小平文选》第三卷，人民出版社1993年版，第306页。

相结合的"市场经济"被改成"市场调节"。中国的政治修辞学真是到家了:市场只是"调节"手段,起附带的补充作用,当然就不能与"计划经济"这个主体相提并论。两个字的变动标志着指导思想重新回到"计划为主市场为辅"的思路。邓小平不得不在尔后的两三年中花很大力气再来第二次历史性纠正。

症结当然还是那个老观念,总觉得市场经济后面隐藏着资本主义魔鬼。1990年12月邓小平对几位中央负责同志说:"我们必须从理论上搞清楚,资本主义与社会主义的区分不在于是计划还是市场这样的问题。"①1991年1月视察上海时又说:"不要以为,一说计划经济就是社会主义,一说市场经济就是资本主义,不是那么回事。"②邓小平还说道,十三大报告提出的两句话,"国家指导市场,市场引导企业",他就看不出有什么问题。

这些说法几乎是重述1987年的观点,然而没有起多大作用。邓小平不得不来一个大动作,于1992年春发表南方谈话,把最后一层窗户纸捅破:判断姓社姓资问题的根本标准是看是否有利于发展生产力、提高综合国力、改善人民生活水平。计划和市场都不过是发展生产力的方法,所以"计划多一点还是市场多一点,不是社会主义与资本主义的本质区别。"③

这一次邓小平的话起作用了,十四大报告关于经济体制改革目标模式的提法,再没有"计划"的字样,而是"社会主义的市场经济"。改革就是要建立单一的市场经济体制。尽管这单一市场经济并不排斥计划的作用,而且它前面还有个"社会主义"的限定词,但有一点可以肯定,人们再也不必为计划多一点还是市场多一点的问题而伤脑筋了。

邓小平完成了一项马克思主义发展史上的奇迹:将市场经济嫁接到社会主义制度上。他的嫁接技术相当高明:首先,资本主义也有计划,这一点谁也不能否认,可见计划经济并不等于社会主

> 邓小平完成了一项马克思主义发展史上的奇迹:将市场经济嫁接到社会主义制度上。

---

① 《邓小平文选》第三卷,人民出版社1993年版,第364页。
② 《邓小平文选》第三卷,人民出版社1993年版,第367页。
③ 《邓小平文选》第三卷,人民出版社1993年版,第373页。

义。反之亦然,市场经济也不等于资本主义。于是计划和市场的关系与姓社、姓资的问题脱了钩,两者都成了经济手段。既然是手段,只要对发展生产力有好处,就可以利用。市场可以为资本主义服务,为什么不能为社会主义服务?它为社会主义服务,那么它就是社会主义的。

十四、效益优先,兼顾公平

允许一部分人通过辛勤劳动先富起来;根据劳动贡献大小把工资差距拉大些;知识分子按能力区分为不同的职级、享受不同的待遇;行政干部的任免升降强调能力和政绩,有能力的上,无能力的下;甚至高校招生也择优录取……这一系列反平均主义政策,对个体的意义在于奖勤罚懒,对整体的意义在于效益优先。

> "造物主"把人从能耐上分为强者和弱者,于是有两种不同的逻辑:平均主义和效益原则。

"造物主"把人从能耐上分为强者和弱者,于是有两种不同的逻辑:平均主义和效益原则。有人说共产主义是弱者的创造,如果把共产主义解释成平均主义,那确实是对弱者有利的:弱者对社会的贡献没有强者大,但可以获取同强者一样的报酬。这种政策符合中国的传统美德:同情、照顾、优待弱者。但是它却使强者吃了亏,形成"鞭打快牛"的机制,强者本来可以跑得快些也不愿快了。弱者只有那么大能力,而强者身上的潜力又不能充分发挥出来,结果是整个社会机能衰竭,效益下降,最后陷入普遍贫弱。

在公平与效益的关系上,邓小平比较偏爱效益。把工资福利、社会待遇等向强者一边倾斜,这对于弱者似乎不"公平",甚至有点残忍,但是它可以有效地调动强者身上的积极性,保证社会的整体效益不受损害。整体效益上去了,反过来弱者也不亏。要亏,只是一种心理感觉:原来大家都一样,现在别人跑到前面去了,出现所谓心理反差。如果你心里不舒服,那就加把劲赶上去,而不能等待别人照顾,指望共别人的产。这样就形成"鞭打慢牛"的机制,人人都有压力,造成你追我赶的局面。此外,在社会资源有限的条件下,优先满足对社会贡献大的人,也符合经济原则,可以以较小的投入保证社会有效生产力的积极性。

邓小平似乎觉得社会的分化是保持竞争和活力的必要条件。但中国有个特殊情况:穷人、弱者的比例特别大。这么多人也不能一点儿不管,否则于政治稳定不利。问题是怎么管。过去的办法是让弱者去共强者的产。事实证明这样做由于牺牲了积极性,会使整个社会越来越弱,强者变弱,弱者更弱。邓小平解决强弱、贫富矛盾的办法是在不损害强者积极性的前提下,先让强者富起来,使社会总体实力强盛起来,然后抽出部分财力、智力去扶贫助弱,通过强者带动弱者。

先扶强,再助弱,即便助弱也不抑强,而是让强的越来越强,使弱者也跟着相应地强起来。这大概就是邓小平的“效益优先、兼顾公平”的智慧所在。

十五、对外开放:让中国走向世界

邓小平的经济智慧,概括起来不外两条:对内改革和对外开放。

邓小平曾向莫桑比克总统希萨诺传经:

建设一个国家,不要把自己置于封闭状态和孤立地位。要重视广泛的国际交往,同什么人都可以打交道,在打交道的过程中趋利避害。用我们的话讲,叫对外开放。①

邓小平把对外开放看作中国谋求发展的一项基本国策,乃出于一种“世界经济”的眼光。大约从产业革命以后,世界各国的经济发展愈来愈走向一体化,使得任何一个国家要发达起来,闭关自守都不可能。中国长期处于停滞和落后的状态,在邓小平看来,一个重要原因就是闭关自守。从明朝中叶算起,到鸦片战争,有三百

---

① 《邓小平文选》第三卷,人民出版社1993年版,第260页。

先扶强,再助弱,即便助弱也不抑强,而是让强的越来越强,使弱者也跟着相应地强起来。这大概就是邓小平的“效益优先、兼顾公平”的智慧所在。

多年的闭关自守。鸦片战争使中国人尝到了闭关自守的苦头,于是有了洋务运动。可洋务运动又在甲午海战中宣告破产。自此,中国人抵御外侮的义愤代替了学习外国的考虑。1949 年的胜利可以说赢得了民族的独立,但走向世界的道路似乎变得更加曲折。西方国家不承认社会主义的新中国,毛泽东只有向苏联一边倒。这也算开放,不过只开了半扇门。不久中苏分裂,这半扇门也关上了。按邓小平的说法,新中国成立后 30 多年,某种程度上也还是闭关自守。其中有外部的原因,即"人家封锁我们";也有自己方面的原因,那就是过分相信自力更生的奇迹。"文化大革命"中"四人帮"借风庆轮事件批"崇洋媚外",邓小平同他们吵了起来:"才 1 万吨的船,吹什么牛! 1920 年我到法国留学时,坐的就是 5 万吨的外国邮船。"①

邓小平总结了郑和下西洋以降近 200 年闭关自守的苦果:"把中国搞得贫穷落后,愚昧无知。"②

又总结了中共执政三十几年来的经验教训:"关起门来搞建设是不行的,发展不起来。"③

结论是:"中国要谋求发展,摆脱贫困和落后,就必须开放。"④

邓小平向一时思想不通的老同志做工作说:"你不开放,再来个闭关自守,五十年要接近经济发达国家水平,肯定不可能。"⑤

现在世界市场都被发达国家占领了,像中国这样的不发达国家同人家打交道还有什么油水可捞呢?

邓小平有他的看法,他看上了三样东西:外国的资金、先进技术和管理经验。这些东西在西方发达国家有的是,而对中国的现代化来说又是非常急需的。

中国要搞现代化,但是底子薄,本钱小。吸收利用外资,在邓

① 《邓小平文选》第三卷,人民出版社 1993 年版,第 367 页。
② 《邓小平文选》第三卷,人民出版社 1993 年版,第 90 页。
③ 《邓小平文选》第三卷,人民出版社 1993 年版,第 64 页。
④ 《邓小平文选》第三卷,人民出版社 1993 年版,第 266 页。
⑤ 《邓小平文选》第三卷,人民出版社 1993 年版,第 90 页。

小平看来,"是不可缺少的补充"①。

谈到科学技术,邓小平说:"如果不开放,我们生产汽车还会像过去一样用锤子敲敲打打。"②现在虽然不必用锤子了,但差距,邓小平估计至少有 30 年。

对外开放也是中国经济走向世界的内在需要。邓小平算了一笔账,实现第三步战略目标,年国民生产总值将达到 1 万亿美元,到那时,"我们的产品怎么办? 统统在国内销? 什么都自己造? 还是要从外面买进来一批,自己的卖出去一批"③。

对外开放也是中国经济走向世界的内在需要。

所以,邓小平说:"没有对外开放政策这一着,翻两番困难,翻两番之后再前进更困难。"按照他的设计,中国至少"50 年离不开开放政策"④。

邓小平的开放不是一边倒,而是面向世界上所有国家的全方位开放,包括三个方面:

一是对西方发达国家的开放。邓小平看中这些国家的主要是他们的资金和技术以及先进的管理经验。

二是对苏联和东欧国家的开放。这些国家指望不到什么资金,但可以做做生意,搞搞技术合作,技术改造或合资经营。

三是对第三世界发展中国家的开放。这些国家不比中国发达,同他们打交道中国吃不了亏,所以邓小平说这方面大有文章可做。

三个方面的开放,邓小平瞄准的主要目标是西方发达国家,因为他们有中国现代化建设最需要的资金和技术。当然资本家不会把资金和技术白白送人的,邓小平只能遵循资本主义的规则,他允诺在资金和技术方面"帮助了我们的人,得到的利益不会小于他们对我们的帮助。"⑤让人家得到好处,尝到甜头,目的是为了把别

---

① 《邓小平文选》第三卷,人民出版社 1993 年版,第 90 页。
② 《邓小平文选》第三卷,人民出版社 1993 年版,第 367 页。
③ 《邓小平文选》第三卷,人民出版社 1993 年版,第 90 页。
④ 《邓小平文选》第三卷,人民出版社 1993 年版,第 90 页。
⑤ 《邓小平文选》第三卷,人民出版社 1993 年版,第 80 页。

人手中的资金和技术拿过来为我所用。

西方国家由于在资金和技术上占有优势,中国与之打交道,明显是要吃亏的,这怎么办?邓小平不得不承认这一点。他权衡得失,暂时吃点儿亏,甚至忍受一些剥削,只要能换来中国的长足发展,为中国在将来的世界交往中不再处于吃亏地位创下基础,那还是很值得的。

还要算算政治账:引进外资,会不会冲击社会主义这个"立国之本"?邓小平相信不会,吸收几百亿、上千亿外资,也不会冲击社会主义的经济基础。因为这个基础很大,不管怎么开放,不管外资进来多少,它占的份额还是很小的,影响不了社会主义的公有制。

对"西方的东西",邓小平根据趋利避害的原则进行取舍。

对"西方的东西",邓小平根据趋利避害的原则进行取舍。西方国家先进的科学技术和管理经验,是社会化大生产的产物,本身没有阶级性,可以大胆地拿来为我所用。至于西方的政治制度和价值观念,邓小平觉得不宜引进,引进了,对中国的社会稳定和现代化建设反而不利。

当然,利和弊在现实中往往是很难截然分开的。邓小平承认在引进资金和技术的同时,肯定也会带来一些消极因素。有消极因素就把门关上吗?不。邓小平权衡利弊,开放"带来的消极因素比起利用外资加速发展的积极效果,毕竟要小得多。危险有一点,不大"①。再说,消极因素也不难克服,邓小平有的是办法,这办法就是他用来制约改革开放这只手的另一只手:坚持四项基本原则,严厉打击各类犯罪活动,加强爱国主义教育,等等。

经过十几年的努力,邓小平把传统的古老的中国一步一步地推向世界,形成了从经济特区到沿海开放城市再到经济开发区再到内地的多级开放格局。

---

① 《邓小平文选》第三卷,人民出版社1993年版,第65页。

十六、经济特区:对外开放的窗口

邓小平怎么想到要办经济特区? 据说念头起于 1979 年 4 月中央工作会议,会上广东省委负责人习仲勋、杨尚昆谈到要发挥广东的优势,邓小平顺势提出他办特区的设想:可以划出一块地方,叫做特区,陕甘宁就是特区嘛。中央没有钱,要你们自己搞,杀出一条血路来。后经谷牧率工作组到广东、福建两省实地考察,选定深圳、珠海、汕头和厦门为特区。这一建议当年 7 月即获正式认可。

特区作为对外开放的窗口,必须与外面的资本主义世界相衔接,允许某些资本主义因素存在。这就与大陆整齐划一的社会主义制度不一样,世界上还没有哪一个社会主义国家做过这样的尝试。邓小平用一个"特"字来解释:特区的政策有别于其他地区,不然为什么叫特区? 他想起当年的陕甘宁边区,那是国民政府下的一块特别区域,他和毛泽东等人当年就是沿着中央苏区——陕甘宁边区——华北解放区这条血路杀出来的,而今为了现代化大业,为什么不能再杀一轮呢?

中央没有钱,但是有政策,这政策其实就是给地方更多的自主权。特区因为姓特,那就更特殊些,放手让他们自己去搞。1979 年 7 月中共中央和国务院应允广东、福建两省在对外经济活动实行特殊的政策和灵活的措施,两省又把这一模式推广,在辖下的四个特区实行更特别的政策。有人做过比较,大陆的特区允许外资利用境内劳动力和自然资源的条款比香港和台湾还要优惠。

中央只给政策不给钱,特区只有把政策变成钱,靠吸引外资,首先是侨资和港、澳、台的资金来发展自己。深圳毗邻香港,珠海靠近澳门,汕头是因为东南亚国家潮州人多,厦门是因为闽南人在外国经商的很多。邓小平相信只要放宽政策,给予足够的优惠,让人有利可图并讲究信用,境外华人、侨商就会把钱优先投放到大

> 邓小平用一个"特"字来解释:特区的政策有别于其他地区,不然为什么叫特区?

陆,外商也会跟着进来,这样特区就会像蓄水池样起到集中引进外资的作用。这一策略果然见效,据统计,广东、福建两省通过特区在最初的 5 年中就引进利用了 17 亿美元的外商投资,占全国同期利用外资总额的 43.5%。

引进外资,增加外汇收入,扩大劳动就业,繁荣当地经济,是邓小平办特区的目的之一,但绝不是全部,甚至不是主要目标。在邓小平的心目中,特区不是金库,而是窗口:"技术的窗口,管理的窗口,知识的窗口,对外政策的窗口。从特区可以引进技术,获得知识,学到管理。"这才是对中国经济起飞具有战略意义的东西。邓小平显然是把特区作为中国走向世界的跳板,通过这块跳板接近世界先进的科学技术和管理方式,杀出一条通向世界经济大舞台的血路。

> 邓小平显然是把特区作为中国走向世界的跳板,通过这块跳板接近世界先进的科学技术和管理方式,杀出一条通向世界经济大舞台的血路。

邓小平特别提到对外政策的窗口:"特区成为开放的基地,不仅在经济方面、培养人才方面使我们得到好处,而且会扩大我国的对外影响。"①四个特区分别摆在港、澳、台旁边,是邓小平独具匠心的设计。据说过去曾有人在香港架设高倍望远镜,供游人观赏中国内地的"水深火热"。邓小平喊出再造几个"香港"的口号,就是要设几个窗口,让外面看看,内地也有诱人的地方,共产党也能创造繁荣,有中国特色的社会主义的优越性一点儿也不亚于资本主义。1984 年邓小平去深圳考察发现过去冒着生命危险从宝安逃到香港去的人现在被陆续吸引回来了,邓小平相信特区的发展对于稳定港澳人心,收回港澳主权,促进台湾回归祖国,也能起到同样的作用。

特区的作用不是单向的,对外是开放的窗口,对内又是改革的示范。关于城市经济体制改革,早在 1979 年就开始在不少城市搞试点,可奇怪得很,这些点一直试到 1984 年上半年还没法铺开。幸亏邓小平还有另一着棋,以开放促改革,他把他的许多改革措施首先拿到特区上演。在特区试验改革比在其他地方好,因为这是

---

① 《邓小平文选》第三卷,人民出版社 1993 年版,第 52 页。

特区,可以放开手脚干,又是小块区域,失败了也不要紧。试验之初,持怀疑、反对态度的人也不少,但他们的理由经不起反驳:这是特区,是试验嘛,看一看再说。特区的成功等于在长期僵化的经济体制上杀开了一条血路,为经济体制改革提供了样板。

20世纪80年代人们去深圳取经就像70年代去大寨取经那样踊跃。邓小平本人也不失时机地利用特区作为改革开放的讲坛。他先后有两次著名的特区之行,每一次都把改革向前推进一大步,1984年的深圳之行拉开城市改革的序幕,1992年的视察南方又促成十四大确立市场经济的纲领。戴维·W.张评论道:"经济特区的试验符合邓小平的两个革命目标:(1)对外开放;(2)对内搞活"。

十七、迎接太平洋世纪的到来

中国的发展离不开世界。在这一思想指导下,邓小平有计划地将传统的内向型经济转变成外向型经济。过去担心沿海不安全,把重点项目收缩到被称为"三线"的战略后方,邓小平则把目光投向沿海"前线",致力于发挥沿海优势,以带动内地发展,谋求从沿海到内地的逐级开放。

1984年年初,邓小平跑完沿海三个特区,回京后请来几位中央负责同志,要求他们明确实行开放政策的指导思想"不是收,而是放"。邓小平觉得原来的厦门特区划得太小,要把整个厦门岛搞成特区,厦门特区不叫自由港,但实行自由港的某些政策。这一年邓小平最大胆的行动是开放14个沿海港口城市,这些城市不叫特区,但可以实行特区的某些政策,例如给前来投资和提供技术的外商以优惠待遇,使其有利可图;扩大这些开放城市的自主权,使其有充分活力开展对外经济活动。这样做实际是为即将开始的全面经济体制改革铺展道路,体现了邓小平以开放促改革的经济智慧。

中国的发展离不开世界。在这一思想指导下,邓小平有计划地将传统的内向型经济转变成外向型经济。

4 个沿海特区加上 14 个开放城市,差不多把整个海岸线串起来了。顺着这个思路,邓小平又提出建立沿海经济开发区的设想。该设想 1985 年年初形成轮廓,计划分两步走,先搞长江三角洲、珠江三角洲和闽南厦漳泉三角地区,继而搞辽东半岛和胶东半岛。邓小平设想有这 5 个"区"再加上原来的 18 个"点",就可以构成一条从南到北足以影响全国、打入世界的沿海开发、开放地带。

由经济特区、开放城市和开发区构筑起来的整个沿海经济带,要起到打入世界、带动全国的作用,必须立足于外向型经济,即资金技术和产品"两头在外",参与国际大循环,扩大出口创汇,同时加强与内地的联系,如共同开发资源,联合生产名牌优质产品,交流技术和人才,等等。不过这一设想最初几年在深圳等特区并未兑现。特区人利用他们的优势,把大部分产品销向内地,这样特区成了外商打入中国市场的跳板,而不是中国走向世界的跳板。1984 年邓小平考察深圳等地时发现这一问题,提出由内向外转向的要求,认为只要深圳没有做到这一步,它的关就还没过,还不能证明它的发展是很健康的。之后,特区经过了一番转轨:利用引进的资金和技术,建立贸—工—农的生产体系,即按出口贸易的需要发展加工工业,按加工的需要发展农业和其他生产。到 1987 年时,特区已有 50%以上的产品打入国际市场。

对特区的所有怀疑都消除以后,邓小平开始考虑开发海南岛,要把海南建成全国最大的特区。从外向型经济的眼光看,海南是一块宝地。海南岛和台湾岛面积差不多,自然条件也相似,如同中国在南海面上的两只眼睛。不知为什么过去只考虑解放台湾,而让海南长期荒弃,致使两只眼睛,一只睁得亮亮的,另一只却黯然失色。和台湾的经济成就相比,海南的现状对社会主义的声誉很不利,对整个南部中国海域的开发和南海边防的巩固更是极大的失策。

邓小平意识到开发海南是很了不起的大胜利,因为这是中国向整个南海进发的第一站。可是开发海南中央更没有钱。那么唯一的办法还是借鸡生蛋,以对外开放促岛内开发。

1992 年岁首邓小平视察南方提出"大开放"的口号,形成沿海、沿边、沿江所谓"三边"开放的热潮。沿 2 万多公里的内陆边境线,原来是禁地、边关,现在被一个个通商口岸和临时过货点串了起来。边贸事业方兴未艾。这一轮开放最引人注目的是以上海为龙头的沿江开放,一口气开放了 12 个沿江口岸,还在 23 个沿江城市办了 100 多个开发区。邓小平特别强调上海的作用,他说搞四个经济特区时没有把上海考虑进去是他的"一个大失误",后悔没有把浦东像深圳特区那样早几年开发出来。1984 年把上海列入沿海开放城市,但那是一般化的。上海基础雄厚,有人才方面的优势。现在邓小平要把这张王牌打出去,开发浦东,利用上海作基地发展长江三角洲乃至整个长江流域。邓小平认为这正是用沿海开发带动内地发展的一条捷径。如果把中国东南沿海 18000 公里的海岸线比作一张弓,那么自西向东横贯内陆 8 省市的长江恰如一支箭,箭上了弦,目标自然是太平洋世纪。

1991 年 10 月英国《经济学家》载文称赞邓小平从沿海到内地的开放战略:"现在中国南部沿海不仅经济搞活了,而且它还是一个从东亚延伸到东南亚的中华民族网络的核心,这个华人网已使海外华侨成为该地区一股仅次于日本人的商业力量。金钱、工厂、管理人员以及贸易正在通过用语言和血统所开辟的渠道源源不断地流入中国"。沿海特区、开放城市和开发区已成为中国与西方世界连接的纽带,同时它又作为一条传送带,带动中国内地经济发展。

十八、招商引资要允许吃亏、不怕吃亏

天下没有不怕吃亏的人,唯独懂得亏与不亏关系的人才敢于说不怕吃亏。

对外开放,吸引外资,办"三资企业",甚至允许外国独资到中国办工厂,有些人想不通,怕吃亏。倒不一定是怕自己得不到好

天下没有不怕吃亏的人,唯独懂得亏与不亏关系的人才敢于说不怕吃亏。

处,最怕的是人家把好处得走了。允许个体经济、私人企业存在和发展,让一部分人先富起来,虽然也有点儿眼红,但这好的毕竟不是外人。让外国人把钱赚去,那就想不通。特别是这外资、外商总是同记忆中的帝国主义联系在一起。让"帝国主义"得到他们用战争也难于得到的东西,岂不是太便宜他们了?怕便宜了别人,所以觉得自己吃亏。

邓小平想得开:投资不赚一点儿钱,那谁愿意来?商品经济的原则是自愿互利,外商得了好处不要紧,关键是看对自己是否有利,利大利小。

邓小平想得开:投资不赚一点儿钱,那谁愿意来?商品经济的原则是自愿互利,外商得了好处不要紧,关键是看对自己是否有利,利大利小。"多吸引外资,外方固然得益,最后必然还是我们自己得益。""得益处的大头是国家,是人民,不会是资本主义。"①

邓小平算了一笔笔的账:

通过三资企业吸引外资,解决了国家建设急需的资金问题。这种解决办法比借债合算。借债是要还的,还要加上利息。合伙做生意,不花本钱不欠债,还可以赚回一点儿,何乐而不为?

外商是要赚走一些钱,但我们也不亏呀!合资合作的企业收入本身就有一部分归我们所有,此外我们还可以从税收、劳务等方面得到益处。加起来,合资经营的实际收益,大半是我们拿过来了。就是外商独资企业,国家也要拿回税收,工人也要拿回工资,也不亏。

还可以从中学到先进的科学技术和管理经验,培养一批现代化建设所需的专业人才。这是一桩不用交学费就可以学到东西的买卖,怎么划不来?

还可以通过与外国人做生意打交道,了解到外面的信息,熟悉世界行情,为我们自己的产品打入国际市场做准备。

还可以发展一些为外资服务的行业,在外资周围办一些对我们有利可图的企业,把我们的经济搞活。

外国人用他们的资金和技术优势,利用中国的廉价劳动力和资源,把我们的钱赚走。从这点说,我们确实吃了亏,吃了贫穷落

---

① 《邓小平文选》第三卷,人民出版社 1993 年版,第 313、91 页。

后的亏。但是为了消灭贫穷落后，"现在我们总的是要允许吃亏，不怕吃亏，只要对长远有益就可以干"①。眼前吃点儿小亏正是为了今后不吃大亏。

有位评论家，也是外国人，他说邓小平像一个精明的生意人。确实，生意人考虑问题的出发点不是怕好了别人，而是对自己有没有好处，有多大好处。对自己有利，或者利大于害，或者利在将来，就可以干，何必怕好了别人呢？怕好了别人，结果会苦了自己。

十九、人家借给我们钱都不怕，我们怕什么

多少年来中国人都以中国既无外债又无内债而自豪。邓小平却不这么看，他说："有些国家借了很多外债，不能说都是失败的，有得有失。他们由经济落后的国家很快达到了中等发达国家的水平。"②

中国也是落后国家，可不可以借点儿外债？邓小平主张三条：

第一，为了加速发展，要勇于借外债。1986 年天津市准备向外国借 100 亿美元，邓小平得知后不但不批评，还鼓励他们不要怕。"人家借给我们钱都不怕，我们怕什么？"③有一阵子戈尔巴乔夫向西方七国乞援人家还不给呢。

第二，借外债要适度，不能借得太多。这是一条现实原则。借债就得考虑偿付能力，借得太多，在一定时期内，经济的增长抵消不了欠债，就会背上债务包袱，反过来制约经济发展，违背借债的初衷。

第三，借债要用于发展生产，而不能用来解决财政赤字。借债之不可怕是鉴于它能发展经济，增强国力，暂时借债是为了以后不再借债。如果用借债解决吃饭问题，那就会越借越被动，很难从债务国地位中翻过身来。

---

① 《邓小平文选》第三卷，人民出版社 1993 年版，第 313 页。
② 《邓小平文选》第三卷，人民出版社 1993 年版，第 193 页。
③ 《邓小平文选》第三卷，人民出版社 1993 年版，第 193 页。

生意人考虑问题的出发点不是怕好了别人，而是对自己有没有好处，有多大好处。对自己有利，或者利大于害，或者利在将来，就可以干，何必怕好了别人呢？怕好了别人，结果会苦了自己。

第四章　邓小平政治智慧

一、从制度上解决问题

1980 年秋,邓小平正忙于评价毛泽东的工作,意大利记者法拉奇向他提出一个问题:"如何避免类似'文化大革命'那样的错误?"

邓小平回答:这要从制度方面解决问题,我们准备从改革制度着手。

差不多同时,邓小平还在政治局扩大会议上提到:"斯大林严重破坏社会主义法制,毛泽东同志就说过,这样的事件在英、法、美这样的西方国家不可能发生。"邓小平说,毛泽东虽然认识到这一点,但是由于没有在实际上解决领导制度方面的问题,仍然导致了"文化大革命"的十年浩劫,这个教训是极其深刻的。①

"文化大革命"要是稍微有一点法度,就不会有发生在国家主席刘少奇身上的悲剧。据说刘少奇在遭受批斗时,曾拿出《中华人民共和国宪法》为自己辩护:"我是中华人民共和国主席,你们怎样对待我个人,这无关紧要,但我要捍卫国家主席的尊严。我个人也是一个公民,为什么不让我讲话? 宪法保障每一个公民的人身权利不受侵犯。破坏宪法的人是要受到法律的严厉制裁的!"可是在那个无法无天的年代,连宪法也抵挡不了所谓的"群众运动"。在刘少奇 70 岁生日那天,他被"永远开除出党"。1969 年

> "文化大革命"要是稍微有一点法度,就不会有发生在国家主席刘少奇身上的悲剧。

---

① 《邓小平文选》第二卷,人民出版社 1994 年版,第 333 页。

11月12日,在曾经流传过包公故事的河南开封,刘少奇的心脏停止了跳动。在火化单上,这位主持并参与制定宪法的国家主席,职业一栏中填的是"无业"二字。

在系统总结"文革"教训和评价毛泽东晚年的功过时,邓小平得出一个结论:"制度是决定因素"①。他说:"我们过去发生的各种错误,固然与某些领导人的思想、作风有关,但是组织制度、工作制度方面的问题更重要。这些方面的制度好可以使坏人无法任意横行,制度不好可以使好人无法充分做好事,甚至走向反面。"②

在系统总结"文革"教训和评价毛泽东晚年的功过时,邓小平得出一个结论:"制度是决定因素"。

把"文革"悲剧归咎于"不好的制度",不仅顺利解决了"总结过去",特别是评价毛泽东的难题,还引出足以指导未来的革命性结论。邓小平关于政治体制改革的大智慧,首先就表现在这里。1980年,邓小平分析中国政治生活中的一些主要弊端,认为其根子无一不在制度方面,要么是制度不好,要么没有好的制度,或者有了但不健全。例如家长制和领导职务终身制,虽然没有明文规定,但事实上存在这两种不良制度。官僚主义和干部特权两大弊端,过去只看做思想作风问题,邓小平认为更重要的是制度问题,特权不就是超出法律和制度之外的权利吗?

整人不如改制。从思想作风上解决问题只是治标,从制度上解决问题才是治本。因为制度问题更带有根本性、全局性、稳定性和长期性。邓小平因此断言:如果不坚决改革现行制度中的弊端,过去出现过的一些严重问题今后就有可能重新出现,以至于无法回答人们的疑问:为什么资本主义制度所能解决的一些问题,社会主义制度反而不能解决呢?

从制度上解决问题与从思想作风上解决问题,门径不同,方法也各异。邓小平明确反对用政治运动和革命大批判的方法来解决制度和思想上的问题。理由有四条:(1)经过历次政治运动的人民,对大规模的运动厌烦了。(2)凡是这样的运动都要伤害一批

① 《邓小平文选》第二卷,人民出版社1994年版,第309页。
② 《邓小平文选》第二卷,人民出版社1994年版,第333页。

人,而且不是小量的。(3)经常搞运动,就安不下心来搞建设。(4)历史经验证明,用大搞群众运动的办法,去解决现行制度的改革和新制度的建立问题,从来都是不成功的。

制度上的弊病只有通过制度的改革来治疗。这种只针对制度而不针对人的改革智慧,看起来不及群众运动那么激烈,那么革命,实质上却更富有革命性和挑战性,确如评论家称道的,是一种"和平革命"。

二、改革党和国家领导体制

1957 年,邓小平作为总书记提出一个问题:"在中国来说,谁有资格犯大错误? 就是中国共产党。"①

这多少可以解释 20 世纪 80 年代初邓小平的一个观点:各方面制度的改革,其中党和国家领导制度的改革是关键。

共产党执 10 多亿生灵之大要,处于国家政治生活的中心,国家制度的改革当然首先要从党自身改起。自己不主动改革,难道要等到别人起来革命不成?

1980 年 8 月 18 日,邓小平在中央政治局扩大会议上做了那篇著名的讲话,即《党和国家领导制度的改革》。该讲话被认为是中国政治体制改革的纲领性文件。

邓小平对他新接手的国家机器进行系统分析,从党和国家的领导制度、干部制度方面指出五大弊端:

(1)党和国家政治生活中广泛存在、在国内事务和国际交往中均已达到令人无法容忍地步的官僚主义现象。

(2)一言堂、个人决定重大问题、个人崇拜、个人凌驾于组织之上,而组织则成为个人工具的家长制作风。

(3)权力过分集中,一切权力都集中于党委,党委的权力又集

---

① 《邓小平文选》第一卷,人民出版社 1994 年版,第 270 页。

中于少数人甚至某一个人,上面对下面管得过多,统得过死。

（4）领导职务实际存在的终身制。

（5）形形色色的干部特权现象。

邓小平认为这些弊端多少都带有封建主义色彩,而肃清封建主义影响的重点措施就是要切实改革并完善党和国家的各项制度,从制度上保证党和国家政治生活的民主化、经济管理的民主化、整个社会生活的民主化,促进现代化建设顺利发展。

症状摸准了,至于怎么改,邓小平好长时间没有理出个头绪来。他只是提出三条检验党和国家领导制度好不好的标准:

（1）经济上有利于迅速发展生产力;

（2）政治上有利于充分发扬民主;

（3）组织上有利于选拔、培养优秀人才。

20世纪80年代初,邓小平认为改革党和国家领导制度的时机和条件已经成熟,并在中央一级进行了几项"手术",如设立中央书记处,废除党的主席一职;解决中央领导兼职、副职过多的问题;设立中央纪律检查委员会和顾问委员会;等等。然后,邓小平一门心思去搞经济改革。

可是到了20世纪80年代中期,邓小平发现政治体制改革严重落后于经济体制改革,越来越感到进行政治体制改革的必要性和迫切性,再不搞政治体制改革,经济改革无法深入下去,已经取得的成果也难于巩固。1986年邓小平在各种公开场合反复议论政体改革的目标和方法问题。到党的十三大召开前夕,邓小平形成如下改革设想:

第一个目标是党和行政机构以及整个国家体制要增强活力。

第二个目标是克服官僚主义,提高工作效率。

第三个目标是调动基层和工人、农民、知识分子的积极性。

兴利除弊的方法也是三条:

（1）党政分开;

（2）权力下放;

（3）精简机构。

> 邓小平发现政治体制改革严重落后于经济体制改革,越来越感到进行政治体制改革的必要性和迫切性,再不搞政治体制改革,经济改革无法深入下去,已经取得的成果也难于巩固。

在共产党执政的条件下,改革党和国家的领导体制,最容易引起这样的疑虑:还要不要党的领导?党的领导是应当强化还是弱化?害怕改革的官僚们经常把此类问题摆到邓小平面前。

邓小平回答:他改革党和国家的领导制度正是为了坚持和加强党的领导,因为只有对上述弊端"进行彻底的改革,人民才会信任我们的领导"①。

如果一定要说邓小平的某些改革措施(如反对党干预过多)是"弱化"党的领导的话,那么邓小平的智慧正在于"如欲强之,必固弱之"。这就是说,邓小平是想通过改革,主动地纠正党过去所犯的错误并避免将来重犯这些错误,从而使党的领导获得新生。没有这些改革,中共很可能会步苏联东欧共产党后尘。

邓小平用"难以为继"形容政治体制改革的必要性。党的领导是要坚持的,问题是党要善于领导。要不断改善领导,才能加强领导。这种既坚持又改善(改革)的模式,是邓小平谋划整个体制改革的思维空间。

问题却在于坚持和改革两个过程不可能分开进行,不能设想先把党的领导改革好了,再来坚持党的领导。两套手续同时进行,意味着邓小平关于党和国家领导体制的改革只能采取这样的方式:在党的领导下改革党的领导。有时还会出现这样的情况:越是改革开放,越感到需要坚持和加强党的领导。

邓小平的这种改革必然是自上而下的、自我改良式的,而且必定是渐进式的。如此改革的优点是不致引起社会失控,而其复杂性也是可想而知的。正如费正清所说:"邓小平现在要走的一条既要扶持首创精神,又要重建党和政府的新路子。他意识到中国的进步必须通过一个有训练有素的权力机构进行,而不能绕过它。这是一种比毛泽东的唯意志论要更切合实际的看法,但同时也是复杂得多的任务。"②

> 邓小平的这种改革必然是自上而下的、自我改良式的,而且必定是渐进式的。如此改革的优点是不致引起社会失控,而其复杂性也是可想而知的。

---

① 《邓小平文选》第二卷,人民出版社 1994 年版,第 333 页。

② 费正清:《伟大的中国革命》,世界知识出版社 2003 年版,第 409 页。

三、党政分开

邓小平早在 20 世纪 40 年代初就反对"以党治国"。1941 年 4 月 15 日他在《党的生活》上刊文历数"以党治国"的表现和恶果：以党治国论者"把党的领导解释为'党权高于一切'，遇事干涉政府工作，随便改变上级政府法令；不经过行政手续，随便调动在政权中工作的干部；有些地方没有党的通知，政府法令行不通，形成政权系统中的混乱现象。甚有把'党权高于一切'发展成为'党员高于一切'者，党员可以为非作歹，党员犯法可以宽恕。其结果怎样呢？结果非党干部称党为'最高当局'（这是最严酷的讽刺，不幸竟有人闻之沾沾自喜！），有的消极不敢讲话，有的脱离我们以至反对我们，进步分子则反为我忧虑。结果群众认为政府是不中用的，一切要决定于共产党。于是要钱的是共产党，要粮的是共产党，政府一切法令都是共产党的法令，政府一切错误都是共产党的错误，政府没有威信，党也脱离了群众。这实在是最大的蠢笨！结果党的各级指导机关日趋麻木，不细心地去研究政策，忙于事务上的干涉政权，放松了政治领导。结果党员'因党而骄'，在政权中工作的党员自高自大，盛气凌人，自以为是，看不起非党员，自己可以不守法，不遵守政权的纪律和秩序。""总之，'以党治国'的国民党遗毒，是麻痹党、腐化党、破坏党，使党脱离群众的最有效的办法。我们反对国民党以党治国的一党专政，我们尤要反对国民党的遗毒传播到我们党内来。"①

20 世纪 80 年代邓小平要反对的"党政不分"、"以党代政"，可以说正是他 40 年前申斥的"以党治国"的遗毒所在。

邓小平认为权力过分集中是传统体制的一大弊端，并且是其他诸弊的总根源。权力又是怎么集中起来的？就是借口加强党的

---

① 《邓小平文选》第一卷，人民出版社 1994 年版，第 11、12 页。

"总之，'以党治国'的国民党遗毒，是麻痹党、腐化党、破坏党，使党脱离群众的最有效的办法。我们反对国民党以党治国的一党专政，我们尤要反对国民党的遗毒传播到我们党内来。"

一元化领导,不适当地把一切权力(所谓工农商学兵、党政军民学、东西南北中)都集中于各级党委,而党委的权力又集中于几个书记,特别是集中于第一书记,在中央则是集中于党的主席,结果所谓党的领导变成个人领导。毛泽东时代也曾看出权力过分集中不利于发挥地方和下级的积极性,搞过几次分权,但是每次都没有触及到党政不分、以党代政这个要害问题,所以分权只能是一句空话,集权之弊越积越深。

现在邓小平抓住了要害:政治体制改革的目标是调动积极性,提高效率,克服官僚主义,而效率不高主要是因为党政不分,在许多事情上党代替了政府工作。所以"改革的内容,首先是党政要分开"①,解决"党同政府、经济组织、群众团体等等之间如何划分职权范围的问题"②。邓小平认为这是所有政改方略的关键所在,"要放在第一位"③。

党为什么不能包办一切? 首先还是那个老问题:外行能否领导内行?

党为什么不能包办一切? 首先还是那个老问题:外行能否领导内行? 一日在党的干部会议上,邓小平问道:"共产党员中具有专业知识的人究竟有多少? 特别是我们的领导干部中具有专业知识的有多少?"这一问肯定使不少人脸上难看。据 1982 年国家统计局人口普查推算,近 2200 万干部中,大专程度占 21%,高中占 42%,高层领导中至少有一半文化水平偏低,广大中下层领导干部就更低。然而邓小平接着说:"党员就是具有了专业知识,党也不能够代替一切,包办一切,现在尤其不能这样。"④

1980 年邓小平宣布了一条规定:"今后凡属政府职权范围内的工作,都由国务院和地方各级政府讨论、决定和发布文件,不再由党中央和地方各级党委发指示、作决定",以便"真正建立从国务院到地方各级政府从上到下的强有力的工作系统"⑤。

---

① 《邓小平文选》第三卷,人民出版社 1993 年版,第 177 页。
② 《邓小平文选》第二卷,人民出版社 1994 年版,第 329 页。
③ 《邓小平文选》第三卷,人民出版社 1993 年版,第 177 页。
④ 《邓小平文选》第二卷,人民出版社 1994 年版,第 270 页。
⑤ 《邓小平文选》第二卷,人民出版社 1994 年版,第 339 页。

党政关系怎么摆,完全取决于党。邓小平陆续采取一些组织体制上的措施,例如从中央开始,党的主要领导不在政府中兼职;各级党委不设管政府工作的专职书记;撤销政府部门中的党组;撤销党委机构中与政府机构对口的经济管理部门;法律范围的事应由国家和政府管,由党直接管不合适。

党政关系怎么摆,完全取决于党。

基层则普遍实行党委领导下的厂长(以及军队首长、学校校长)负责制。党委只管大的政治问题、原则问题,厂里的生产、行政方面的管理工作,由厂长负责统一指挥。党的领导体制大概就到这一级为止,至于工厂的车间、学校的系,邓小平不主张由党总支领导。

这些大致就是邓小平的"党政分开"的思路。邓小平这样做绝不是要削弱党的最高权力,而只是限制党干预日常的政府工作和经济事务。在他看来,"干预太多,搞不好倒会削弱党的领导"①。党应该居于领导地位,问题在于党管政府怎么管法,党实行领导通过什么手段?像过去那种管法,坚持不了党的领导,提高不了党的威信。邓小平的管法和手段比较高明:党只掌握方针政策并决定重要干部的使用;党的主张通过法定程序变成国家意志和政府法令;然后,党通过政治思想工作和党员在群众中的模范带头作用保证其实行。

邓小平对他的这套改革措施寄予很大希望,他希望通过这些方法恢复共产党在全国各族人民中、在国际上的地位和作用。联系到苏联、东欧各国共产党的命运,人们不能不佩服邓小平公"补天"的胆识和谋略。然而他的"补天术"在实施过程中仍然遇到很难克服的矛盾:一方面不允许党滥用权力,另一方面又不能使党失去控制局面的能力。党又要处于领导地位,又不能干涉太多,这样的艺术确实不易掌握。因此在地方上普遍存在党、政、人大三家不协调的现象,在企业中则时不时冒出书记"核心"和厂长"中心"的矛盾。

---

① 《邓小平文选》第三卷,人民出版社 1993 年版,第 144 页。

四、权力下放

权力下放是针对权力过分集中而采取的改革措施。

权力过分集中是党政不分、以党代政造成的。然而克服此弊的办法，除了"党政分开"，还得有"权力下放"这一着，解决中央和地方、政府和企业、国家与人民之间的关系。党政分开只是权力在党和政府间的重新分配，真正的问题是要把权力在国家（党和政府）与社会（经济组织、人民团体等）之间重新定位，通过纵向分权，使民间社会获得自由发展的空间——这才能达到改革搞活的目的。

纵向分权牵涉到传统体制的中枢神经。中共执政后一次又一次地强调集中统一，很少说要分权，要给被领导对象自主权。上级对下级、领导对群众，管了许多不该管、管不了、管不好的事情。邓小平举了个"管得太多"的例子：20世纪50年代晋南的领导机关规定农历八月初五棉花打顶尖，不够尺寸不准打顶尖，干部拿上尺子到地里量着打顶尖，照办了的每亩收棉40斤，没照办的每亩收棉50斤。干部们想必是要让顶尖上多结些棉桃，还当先进经验宣传，邓小平说"这是滥用党的威信"①。

权力过分集中，妨碍了社会主义民主制度和党的民主集中制的实行，妨碍了集体智慧的发挥，容易造成个人专断，破坏集体领导。邓小平认为这是"产生官僚主义"、发生"文化大革命"的一个重要原因，使我们付出了沉重的代价。现在再也不能不解决了。

权力高度集中还有另一弊害：什么都由上面包起来，地方和企业没有自主权，也就没有责任，搞好搞坏都是上面负责。上面抓住权力不放，下面没有积极性，搞不活，势必大幅度影响经济发展。

放权的总原则，十三大概括成：凡是适宜于下面办的事情，都

---

① 《邓小平文选》第一卷，人民出版社1994年版，第272页。

由下面决定和执行。地方的事情地方管,中央的责任只是提出大政方针和进行监督;经营管理权下放到企事业单位,各单位的事各单位自己管,政府的责任只是按照法规政策服务企业并进行监督;群众的事情由群众团体和基层自治组织依法自己去办。

邓小平要达到提高工作效率、调动积极性和解放生产力三大目的,全赖分权和放权两招。可是政府和企业、国家和社会间的纵向分权要比党政之间横向分权难得多。因为权力有许多用处,有权的人要叫他放弃权力等于砸了他的饭碗。所以在体制改革过程中经常出现这样的现象:你在这边把权力往下放,他又在那边千方百计把权力往上收。

另一方面,权力下放后,"闯红灯"现象又突出了,"上有政策,下有对策",有令不行,有禁不止,中央政府权力有失控的危险。因此又觉得不能放得太猛。当然,这符合邓小平有放有收的策略,改革的总趋势是放,不过每走一步总得有所放亦有所收。中国的事只能这样波浪式前进。

五、拆庙送神

体制改革的中心目标是权力下放。邓小平感到苦恼的是,放权经常遇到人为障碍。放权对各级党政官员的权力和地位构成威胁,可事情又得要他们去办。于是出现这样的局面:你这里放权,他那里收权。你有什么办法?

邓小平的办法是釜底抽薪——精简机构,形象地说,就是拆庙送神。"婆婆"多就要找事做,抓住权力不放,把"婆婆"和"媳妇"的身份差别抹掉,你好管事,让你管自己去。

这下触及到事情的根本,不仅对制度,也要对人,因而工程更浩繁。

有一本《中国常设机构目录》,仅书价就几百元,可见中国机构之多。按精简原则,县级以上党政机关常设机构超编3万多个。

体制改革的中心目标是权力下放。邓小平感到苦恼的是,放权经常遇到人为障碍。放权对各级党政官员的权力和地位构成威胁,可事情又得要他们去办。于是出现这样的局面:你这里放权,他那里收权。你有什么办法?

还有难以统计的内设机构和非常设机构,某省一个市的非常设机构多达 131 个,有的一设就是 10 年,实质成了常设机构。

有人开玩笑说:在北京,上公共汽车不小心,一脚踩着仨处长,这或许还是一位处长踩的呢！北京是首都,官自然要多些。可某省一贫困县,人口不过 30 余万,机关干部竟多达 1600 人,这官与民的百分比就很可观。1979 年统计,全国党政机关干部 279 万多人,1988 年增至 543.5 万,10 年翻了一番,接近同期国民收入的增长速度,这意味着 10 年改革的成果,很大一部分被抵消掉了。

官多府大是造成财政亏空的重要原因。全国行政事业费的开支占去整个财政收入的 40% 以上,不少省份占 65% 以上,大多数县占 80%—90% 以上。1990 年全国财政超支 70 亿元,其中 36 亿超在行政管理费上。全国 2100 多个县约 55% 靠财政补贴活命。补贴都活不下去,就把上面拨的扶贫金、计生费、救灾款等挪作机关人员解决"吃饭"即工资问题。如果把几百万干部工资外、政策外的特殊收入和享用都计算在内,每年该要吃掉多少社会财富！人们常说 10 多亿人口有饭吃很不容易,以目前的生产水平能养活庞大的官僚机构就更不容易。

每年耗掉几百亿国民收入还在其次,更重要的是机构臃肿、部门林立、层次重叠、冗员充塞、职责不清、人浮于事,造成双重后果:机关工作效率低下,该尽的职责不能尽到;另一方面官多揽权,严重妨碍社会各方面积极性的发挥——这反过来又会影响多少国民收入？

还有更严重的后果:"现在的庙很多,每个庙里菩萨也很多,老同志盖住了,年轻人上不来"[1]。如此下去,"不只是四个现代化没有希望,甚至于要涉及亡党亡国的问题,可能要亡党亡国"。[2]

面对这种难以为继、不能容忍的情况,邓小平别无选择,决心来一场精简机构的革命。

官多府大是造成财政亏空的重要原因。

---

[1] 《邓小平文选》第二卷,人民出版社 1994 年版,第 226 页。
[2] 《邓小平文选》第二卷,人民出版社 1994 年版,第 397 页。

邓小平计划从 1982 年起花两年时间裁减 1/3 至 1/4 干部，500 万—700 万人。办法是控编、限员，只设那么多庙，不准超编；只摆那么多椅子，不准超员。多余的干部和被解职的工作人员，接受职业培训，或另行安排到其他部门任职。未到退休年龄的干部或提前离休，或离职培训，另外一些被调到没有决策权的管理岗位上。有经验的老干部则设一些荣誉职位安置起来。

邓小平想通过这种办法来"消肿"，挤出一批老人、病人、庸人，同时乘机进一批新人、年轻人、能人，达到增强活力、提高效率的目的。

然而拆庙容易送神难。轮训的终究要回来，调职的只是换了个庙，真正告别官场的并不多，新的倒是进来了不少。这一来二去，庙显得更拥挤了。庙小装不下，就变着法子扩充庙宇。你在这里拆庙，他重新在那里盖起来。结果形成精简——膨胀——再精简的恶性循环。

为了打破循环，党的十三大抓住转变职能这个关键，按经济改革和政企分开的要求合并、裁减专业管理部门和综合部门中的专业机构，变直接管理为间接管理。多余的行管部门统统变成经济实体，走海南式"小政府大社会"的路子。

但效果仍然不佳，问题还是送神难。你不给椅子，他站在庙里，站也要一炷香，而且因为没有位子更需要揽权。若让他出去办实体，可他的官阶、官威、"关系"还在身上，于是办出许多行政性公司、"翻牌公司"，等于盖了一座座新庙，兴许香火更旺些。国务院机构从 45 个减到 41 个，人员减了 1/5，离那 1982 年提出的 1/3 差一大截。即使如此，也仅是中央开了个头，地方各级进展缓慢。事情还得要这些人做，几百万干部一旦怠工社会就乱了。不久提出政体改革与政局稳定并重，转入治理整顿时期。

到 20 世纪 90 年代初，全国党政机关平均每个省、地、地级市和县分别超编 15、20、15 和 10 个左右。虽然进来了大批新人，但"菩萨"的总数也随着增长一倍。邓小平只有寄希望于市场经济一招了。

邓小平想通过这种办法来"消肿"，挤出一批老人、病人、庸人，同时乘机进一批新人、年轻人、能人，达到增强活力、提高效率的目的。

六、新老交替

按照邓小平的设计,机构改革的目的是为了增强活力,提高效率。而党和国家机器的活力,来源于领导成员的新陈代谢。这就提出一个问题:怎样消除进入 20 世纪 80 年代以后中共领导层日趋严重的老化现象?

怎样消除进入 20 世纪 80 年代以后中共领导层日趋严重的老化现象?

这个问题要有干部退休制度就不会出现,偶尔出现也不难解决。问题是中国历来没有这套制度。中国有的是另一种根深蒂固的观念,即认为人的年龄越大越英明,50 岁知天命,70 岁则随心所欲而不逾矩。20 世纪的共产主义革命又加进一条新信念,认为真正的革命者是绝不下台的,要为理想奋斗终生。小车不倒只管推,一直推到共产主义。再加上有权好办事、有权受尊重这些实际考虑,所以很少有人自愿下台。除非政治上犯错误而被革职,或在路线斗争中被打倒,所有的领导干部都要在岗位上"鞠躬尽瘁,死而后已"。这种领导职务实际存在的终身制,是造成领导层老化的根本原因。

客观地说,在中共立国之初,领导层年龄老化现象并不突出,因为那时参加过长征的老革命也不过四五十岁。"文革"期间造反、夺权,打倒大批老干部,也可叫"新老交替",可惜交错了人,方法也不对。粉碎"四人帮"后,大多数官复原职。但是邓小平很快就意识到这种成功只是暂时的。1975 年邓小平主持中央工作时,王洪文就说过"十年以后再看"。这句话提醒了邓小平,"从年龄上我们是斗不过他们的"①。请回了老同志,又面临着老化和断层的新问题。"如果我们在三几年内不解决这个问题,十年后不晓得会出什么事"②。因此"凡是派"的问题一解决,邓小平就提出:

① 《邓小平文选》第二卷,人民出版社 1994 年版,第 280 页。
② 《邓小平文选》第二卷,人民出版社 1994 年版,第 222 页。

"一定要趁着我们在的时候挑选好接班人"。"老同志在,问题比较好解决,如果我们不在了问题还没有解决,就要天下大乱。"①

在邓小平看来,顺利完成领导层新老交替是从组织上保证改革开放政策的连续性和国家长治久安的重大战略措施。邓小平完成这项工程的决心是坚定不移的,但他采取的行动相当谨慎。他明白新老交替的关键步骤是要解决老同志挡路的问题,而相当多的老干部又恋权惜位,不愿交班。老同志又是现政权的主心骨,一时少不了他们。因此处理不能太急,太急了行不通,必须尽可能减少阻力,因势利导,循序渐进。

1980 年从中央开始解决兼职、副职过多问题,其中就有一个意图:让那些占了几个位子的人让出一些位子,以便插进一些新人。此法在排挤"凡是派"方面收到了预期效果,赵紫阳就是以此法上去接替原由华国锋兼任的总理职务的。但是这条办法门径太窄,进不了多少人,而且老的仍待在里面,进去的年轻人名字总是排在尾巴上,像这样实现整个领导层的新陈代谢简直遥遥无期。

为了加速换班,1982 年邓小平发动一场精简机构的革命,想把出和进做一道手续来完成,通过定编、限员等方式挤出一批老人、庸人,乘机招进一批新人、能人。不料在实施过程中碰到拆庙容易送神难的麻烦。结果新的倒是进了不少,老的却没有如数出去,进大于出,导致机构进一步膨胀。要加速新老交替而又不(或尽量少)牺牲精简原则,前提是让老同志真正退下来。位子就那么多,还要精兵简政,老的不退下来,新的怎么上得去?

根本的解决办法是逐步形成一套干部退休制度。邓小平计划用 10—15 年时间完成这项体制革命。到时不仅干部的名额有限制,任期、年龄也有明确的规定。任期一满,自动下台;年龄到了,自动退休。那样年轻人就可以有条不紊地进入领导中心,从根本上解决年龄老化和青黄不接问题。但这一计划难解燃眉之急,况且在此之前必须有一段过渡时期。难就难在目前的过渡时期怎样

在邓小平看来,顺利完成领导层新老交替是从组织上保证改革开放政策的连续性和国家长治久安的重大战略措施。

① 《邓小平文选》第二卷,人民出版社 1994 年版,第 192、193 页。

使老干部退下来。

邓小平想出两个办法,一是"劝退"。他用国家前途和四化大义苦口婆心地劝说老干部自觉让位。同时,邓小平考虑到老干部不愿交班无非是怕丢了在位的种种好处,于是规定退职后仍然享受在职时一样的待遇和特权,有的未到年龄而离休,还有优惠。这种以优待换权力的办法固然会加重国家的负担,但是让老人病人让出位子别人好干事,比起他们占着位子不办事,还是很划得来的。

邓小平还有一个"半退"的办法,就是设立一些荣誉职位,让老干部退居"二线"。1981年刚刚接受华国锋的辞呈,邓小平就提出他的设想:"除了新的中央委员会以外,再设两个委员会,一个是顾问委员会,一个是纪律检查委员会,容纳一批老同志。中央委员会成员比较年轻一点,这是为后事着想。"①最令人叫绝的是顾问制。邓小平有意识地采用这种史无前例的办法,目的是为了平稳过渡。顾问不任现职,这样可以把位子让给忠于四化的年轻人。顾问又是一种职务,而且它的"格"不低于同级党委成员,让老同志把自己的椅子移到这种地方,工作比较好做。然而顾问的头衔不单是起安慰作用,还有"传帮带"的责任。

邓小平的这一层智慧用意很深。因为中国现行领导班子不仅有老化问题,还有个断层问题。"文革"影响了一代人,许多年轻人不可靠,可靠的又没有及时培养。在这种情况下,老的一下子丢开不管也不行,必须在离开前选好接班人,并把他们放到领导岗位上加以扶植。接班人在一线顶事,老同志则利用他们的经验在二线上做参谋,必要时指导指导,发现选得不当就换人。到时年轻人成熟了,老同志放心了,同时也陆续告别人世,顾问制自动取消,终身制到此为止,过渡到常规退休制,新老交替也就顺利完成了。

1982年9月中顾委宣告成立,邓小平当时就宣布:"最多不要超过十五年,取消这个顾问委员会。"邓小平告诉他的顾委们,"我

---

① 《邓小平文选》第二卷,人民出版社1994年版,第385页。

们要尊重这个生活和历史的辩证法"①。由于有了这个基础,1985年十二届四中全会、全体代表会议和五中全会等一系列的会议,大进大出,形成令世人瞩目的换班高潮。到1987年党的十三大,邓小平基本上完成了新老交替的任务,最高领导权顺利转移到长征后的一代人手中。

美国《基督教科学箴言报》总编福尔评论说:"邓小平搞的新旧交替似乎证明共产党政权已经找到了一种方法,既能使领导班子实行有条不紊的新旧交替,又能使庞大的机构恢复青春活力。"

"邓小平搞的新旧交替似乎证明共产党政权已经找到了一种方法,既能使领导班子实行有条不紊的新旧交替,又能使庞大的机构恢复青春活力。"

七、领导班子年轻化

据说历来许多革命都是"吃年轻人"。邓小平的革命恰好相反,为的是给年轻人让路——这是一位西方评论家的观感。

"干部年轻化,要当作体制改革的一个中心目标,军队、地方一样,党政军一样。"②邓小平这样说,不是心血来潮,而是深谋远虑。

邓小平之所以能够第三次复出,少不了"文革"中被打倒的那批老干部的支持。主政后,邓小平陆续把这批人请了回来。但他很快意识到,这一代打江山的人搞政治可以,对现代化却有点陌生。他们缺乏领导现代化的专业知识,再说年龄也到了,即使想干精力也不行。老干部无法胜任跨世纪的现代化事业,所以他们回岗后,邓小平一方面为干部太多而苦恼,另一方面又感到干部奇缺:"现在我们面临的问题,是缺少一批年富力强的、有专业知识的干部。而没有这样一批干部,四个现代化就搞不起来。"③

本来,权力的代谢是自然而然的事,老的走了,新的上来,长江

---

① 《邓小平文选》第三卷,人民出版社1993年版,第6页。
② 《邓小平文选》第二卷,人民出版社1994年版,第410、411页。
③ 《邓小平文选》第二卷,人民出版社1994年版,第221页。

后浪推前浪,用不着担心后继乏人。然而邓小平面临一种特殊情况:"文革"那一代年轻人,程度不同地受到极左思潮的影响。有的人帮派思想严重,又很会钻营投机。邓小平充分估计到林、江分子东山再起的可能性:"现在我们不是把林彪、'四人帮'横行时期的好多案都翻过来了吗? 如果让那些人来接班、掌权,他们还是要翻了回去的。"①此话足以提醒不愿让位的老干部意识到问题的严重性。

这就需要老同志在离开之前,提前安排后事,趁自己还能管事,清除掉"文革"分子,同时把政治上可靠而又有专业知识的年轻人选拔出来,放到领导岗位上锻炼、培养,亲自看着他们成长,等老同志完全不能理事时再来接替掌权。邓小平认为只有这样,才能保证改革开放政策的连续性,保证四化大业后继有人。

邓小平要求老同志把选好接班人当做第一位的任务,别的事稍差一点没关系,这件事一点马虎不得,不然见马克思交不了账。

有的老同志怕年轻人经验不足,不能胜任。邓小平说,老干部对现代化中的新问题又有多少经验:不少人二三十岁时就当团长、师长,甚至有当军长的,难道现在的年轻人比过去的年轻人蠢?

还有人嫌年轻人好骄傲。邓小平对"骄傲"二字有点怀疑。凡是有点干劲、有点能耐的,总是比较自信,有主见,这并不坏。真是有点骄傲的,放到适当的岗位上,他就会自己谦虚起来。

又有人担心年轻人压不住台。邓小平说,压不住,老同志帮他压嘛。帮助、扶植年轻人是老同志的应有之责。

选人的标准除了年龄,还有两条:第一要有专业知识和事业能力,如20世纪60年代的大学毕业生。第二要忠于三中全会以来的方针、路线,"文革"中受到打击,对林彪、"四人帮"一伙不满,进行过积极或消极抵制的,就是一个政治标准。一度受了欺骗但确已觉悟而又有真才实学的人也可以用。邓小平特别提醒老干部,不要以是否拥护自己做标准。林、江分子的能耐之一就是会吹、会

邓小平要求老同志把选好接班人当做第一位的任务,别的事稍差一点没关系,这件事一点马虎不得,不然见马克思交不了账。

---

① 《邓小平文选》第二卷,人民出版社1994年版,第222页。

捧,相当灵活,老同志要当心上当。

邓小平计划用 10 年时间,两个五年计划完成领导班子年轻化。头五年选出 5 万左右的,50 岁以下的,40 岁左右的,40 岁以下的,各有一定比例,形成一个梯级结构。准备过三五年、七八年,逐步输送到省部级领导机构,表现特别突出的提到中央来。权力移交方式:中下级领导机关直接让年轻人当一、二把手;高级领导机关先让他们当二、三把手,过三五年再交班,发现选错了人,再换也来得及。头五年省部级领导成员中不同年龄档次各占一定比重。第二个五年做到除特殊情况外,一般不超过规定年龄,通盘解决年龄和名额限制问题。

1982 年召开党的十二大时,政治局势要求邓小平把一些已平反的老干部选入政治局和其他一些领导机构,同时也有一些年轻人进了这些机构。这是年轻化的第一步,但邓小平觉得十二大成员年龄还是偏高,因此决定在两次代表大会之间开一次党的代表会议,重点解决年轻化问题。1985 年召开的这次特别会议,有人说是中国历史上一次空前的权力新陈代谢。131 名老资格领导人退出党的几个主要机构,同时选出 179 名新领导人,新增选的中央委员,新上任的部长、省委书记,一般是 50 多岁,有的才 40 出头。邓小平说,这件事在党的历史上值得大书特书。1987 年党的十三大则是一次换代的大会,领导权转移到长征以后的一代人手中。邓小平在五年中迈出三大步,成功地实现了领导班子的年轻化。而且这样大的权力转移,没有一个人被杀,没有一个人被抓,基本政策没有剧烈的变化,这在中国政治史上大概只有邓小平做得到。

> 邓小平在五年中迈出三大步,成功地实现了领导班子的年轻化。而且这样大的权力转移,没有一个人被杀,没有一个人被抓,基本政策没有剧烈的变化,这在中国政治史上大概只有邓小平做得到。

八、在台阶上架梯子

干部要一个台阶一个台阶地沿着集权体制的金字塔往上升,"宰相必起于州部,猛将必发于卒伍",不可越级上升——这就是中国选官制度上特有的"台阶论"。

台阶论对集权政制有一利也有一弊。利在对干部进行长期考验、磨炼，可以保证选上来的人绝对可靠。弊在论资排辈，老年人挡在前面，有才能的年轻人难以脱颖而出；终于有一天上去了，已经精疲力竭；越到上面年龄越大，使干部特别是中上层干部趋于老年化，缺乏青春活力。

邓小平在"文革"期间也主张台阶论，反对王洪文那样的造反派头头坐直升机甚至火箭一步登天，与长征一代老年者平起平坐。进入 20 世纪 80 年代，干部队伍普遍老化，不能胜任四化大业，再按老台阶一步步来，已经来不及了。为了加速干部队伍年轻化，邓小平对台阶论进行修正：必要的台阶（如专业职称、熟悉基层、积累经验）还是要设，因为舍此无法考验、锻炼干部。但是必须打破那些关于台阶的过时的观念，创造一些适合新形势、新任务的台阶，以及大胆破格地把那些优秀的中青年干部快一点提拔上来。其中特别优秀的，邓小平说，"要给他们搭个比较轻便的梯子，使他们越级上来"①。

必要的台阶（如领导班子年轻化的梯队结构）加上轻便的梯子——破格提拔，构成邓小平在 20 世纪 80 年代大力取用年轻干部的基本方略。

长长的台阶和轻便的梯子各有利弊。前者上得慢，但考验时间长，有稳定的好处。后者上得快，考验时间短，在有些部门，如军队中，要特别慎重。邓小平将军队和地方做了区分。军队有它的特殊性，虽然也要选择一些比较年轻的干部，但还是要一个台阶一个台阶地提，不能跳得太快。但是"地方和军队不同，企业单位和军队也不同，学校、科研单位和军队更不同，选拔人才可以破格。"②邓小平在这方面做了一个示范。1980 年他去第二汽车制造厂视察，发觉该厂一个副厂长是个人才："文革"前大学毕业，"文革"中受过打击，对反击右倾翻案风不满，年龄 38 岁，又是技

必要的台阶（如领导班子年轻化的梯队结构）加上轻便的梯子——破格提拔，构成邓小平在 20 世纪 80 年代大力取用年轻干部的基本方略。

① 《邓小平文选》第二卷，人民出版社 1994 年版，第 324 页。
② 《邓小平文选》第二卷，人民出版社 1994 年版，第 223 页。

术骨干,于是顺手搭了个梯子,让他上到省部级。

九、集体领导原则

"文革"教训之一是把党的一元化领导搞成一个人领导,个人决定重大问题,个人凌驾于组织之上,组织成为个人的工具,成了家长制、一言堂。

邓小平克服此弊的对策是重申集体领导。

集体领导的规则是民主集中制,重大决策坚持少数服从多数的原则,某一个人,哪怕是一把手,说了的也不一定算数,需要多数同意才能算数。

怎样实行集体领导? 邓小平还是从制度入手。党的十二大修改党章废除党的主席职务,而恢复党的总书记职务是第一步。毛泽东的个人崇拜来自他长期担任集威望和权力于一身的主席职务,而党的总书记只是一个重要的职责岗位,其任职者只是地位相同的多人中的第一个而已。

其次是把决策和执行两套机构相对分开。总书记和他所领导的书记处只是一个办事机构,不处于决策地位。党的最高决策机构是政治局常委会,重大问题都由常委会集体讨论决定,然后交书记处执行。总书记在书记处是一把手,但在常委会只有一票表决权,不再处在"主席"位置上。这就杜绝了一个人说了算的现象。

"集体领导也要有个头"①。中央的总书记和各级党委的第一书记,就起"头"的作用,对日常工作负第一位的责任,或叫负总责。这是为了防止因集体领导而出现无人负责的现象。

在胡耀邦、赵紫阳两位总书记任职期间,邓小平本人一直没有正式当头,他只当总设计师。为什么他的设计和决策能起主要作用? 就是因为在决策机构(政治局常委会)中没有坐第一把交椅的,

①　《邓小平文选》第二卷,人民出版社 1994 年版,第 341 页。

而邓小平,由于他的资历和威望,可以稍微超脱一点。遇上重大问题需要主心骨,特别是常委们议而难决的情况,非请教他不可。

第三代领导集体产生后,邓小平向他们作政治交代时说:"任何一个领导集体都要有一个核心,没有核心的领导是靠不住的。"毛泽东是第一代领导集体的核心,邓小平说,"第二代实际上我是核心"①。现在邓小平决定全退下来,所以第三代领导集体也要有个核心,还要求大家要有意识地维护这个核心。

有集体领导就行,少数服从多数得啦,为什么还要明确一个核心呢?邓小平本人不再起核心作用,他放手后,若不明确一个核心人物,就可能因为无中心而出现多中心,克服了一元化却出现多元化。让大家有意识地自觉维护一个核心,就是说,除了这个人以外,其他人都不要以自己为中心。再说,在某些特定情况下,如一班人内部发生意见分歧,少数服从多数原则失效,或遇上人事变故的非常时期,总得要有一个主要人物出面挺着、顶着。不然,在这种情况下,集体领导就很容易瘫痪,甚至分裂、瓦解。当然,核心或头不能太重,否则又走上个人专权的老路。

强调集体领导有利于发扬民主、防止个人专断,但弄不好又会出现另一倾向:借口集体领导,大家有份,而相互推诿,无人负责。为防此弊,邓小平在集体领导的原则外,又加了个"分工负责"的规定,并希望把两者统一起来。集体领导体现在决策程序中,每个书记只有一票的权利,不能由第一书记或总书记说了算。分工负责体现在执行过程中,集体决定了的事情,明确分工,分头去办,各负其责,责任要分明,不能互相推诿,失职者要追究责任。

十、不提路线斗争

毛泽东用来巩固党内团结和统一的法宝是开展两条路线斗

---

① 《邓小平文选》第三卷,人民出版社 1993 年版,第 310 页。

争。在两条路线中,毛泽东自然代表正确路线、革命路线。结果必然是这样:如果你不想滑到错误路线上去,只有一条路可走:事事赞成毛泽东——不搞修正主义;处处以毛泽东为中心——不搞分裂;一切都向毛泽东公开——不搞阴谋诡计。由于路线斗争没有调和余地,一旦沾上错误路线,政治前途就算完了。错误路线的头子,更是难逃脱身败名裂的下场。"四人帮"深谙此道,堪称制造路线斗争的高手。例如,"文革"后期,他们为了打倒周恩来,就千方百计把周恩来和毛泽东的细微差异加以上纲上线无限放大,以便制造出所谓"第十一次路线斗争"。这"第十一次路线斗争"如果真的成立了,而"错误路线"的头儿又非周恩来莫属,那么周恩来无论多么劳苦功高、忠心耿耿,都逃不出被打倒的厄运。

20 世纪 80 年代初,邓小平在系统梳理党史上的是是非非时,遇到一个问题:过去的许多问题用"路线斗争"不好解释。首先是彭德怀和刘少奇代表的两次路线斗争显然不能成立,拨乱反正要求把过去对他们的结论从根本上推翻。如果按照"两条路线斗争"的模式,彭、刘是正确的,那么谁是错误路线的代表呢?刘少奇那一次尚可以推到林彪头上去,彭德怀那一次一推就推到了毛泽东自己身上了。"文化大革命"更是一次全局性错误,怎么证明毛泽东一生的功绩远远大于错误?此外,错误路线统治这么多年,那么党的领导跑到哪里去了呢?

其他几个不必翻案的人物用"路线斗争"去套也很勉强。高饶问题邓小平最清楚:"高岗拿出了一条什么路线?我看,确实没有什么路线。"在邓小平看来,高岗、张国焘,还有林彪、"四人帮",都是搞阴谋诡计的。说罗章龙是路线错误,也没有说中,罗是分裂党,另立中央。瞿秋白的错误只有三个月,李立三不到半年。除了陈独秀和王明,邓小平觉得其他几次党内斗争叫路线斗争都不准确。因此他主张放弃"路线斗争"的模式,党内斗争是什么性质就是什么性质,按它的实质分析,犯了什么错误就是什么错误,讲它的内容,原则上不再用路线斗争的提法。

路线斗争不仅仅是提法不准确,还带来一系列后果。两条路

路线斗争不仅仅是提法不准确,还带来一系列后果。两条路线斗争是一种非此即彼的模式,它把党内的各种意见简单地分为正确的与错误的两种,迫使全党同志进行二者必居其一的选择。

线斗争是一种非此即彼的模式,它把党内的各种意见简单地分为正确的与错误的两种,迫使全党同志进行二者必居其一的选择。谁愿意选择错误路线?于是在党内只能听到一种永远正确的声音,发出这个声音的人即使犯了严重错误,也不会有反对意见。不要说反对意见,就是不同的意见,也没有存在的余地。因为在两极化模式中,"不同的"就是"相反的"。著名的"上纲上线"也是由此来的。一句话、一个看法、一条意见,只要与正确路线的代表者稍有不同,按非此即彼的逻辑,很容易上升到路线斗争的高度,发起一场批判错误路线的政治运动。在这种情况下,哪有什么正常的党内民主生活?哪有真正同志式的批评和自我批评?哪有不产生个人崇拜、个人专权的道理?

一搞路线斗争,就是伤害许多人,很少有不扩大化的,不然为什么有那么多冤错假案?邓小平本人就深受其害。"文革"中复出后他不就是把毛泽东的三条指示的关系实事求是地变通了一下吗?可就是因为这点小小的不同,他遭到再次被打倒的命运。看来党内斗争要反对的主要是"宗派"、"分裂"等非组织活动和搞阴谋诡计,至于搞马列主义还是搞什么其他的主义,有时候实际上只是一些意见分歧。意见当然有正确、错误之分,但正确意见战胜错误意见的方法不是批判、斗争、运动,而应该采取比较明智的办法,讨论、交流、说服、教育。有理走遍天下,一时说不通也不要紧,允许人看,拿事实说话,最后总会通的。

运动式的路线斗争非扩大化不可。取胜的一方必须把与自己意见相左、站错了队的所有人都清除掉,即使不从组织上清除,也要从精神上来一次人人过关,这就为心术不正的人排斥异己提供了广泛的机会。还必须对失败者的所作所为来一个全盘否定,昨日是功臣,今天成祸首,新账老账一起算,每一句话都是反动的,每一个行为都包藏着祸心。每出现一个错误路线的头子,都要来一次全党共诛之,全国共讨之,党史得重写一遍,出版物要来一次大检查。原来执行的政策更不用说,全部要反其道而行之,以示彻底肃清流毒,批倒批臭。殊不知这样做反而给胜利者自己造成无穷

意见当然有正确、错误之分,但正确意见战胜错误意见的方法不是批判、斗争、运动,而应该采取比较明智的办法,讨论、交流、说服、教育。

的麻烦。他甚至感到连选一个新的政治口号都很困难,因为前任说过的话他不能再说。实在想不出什么新纲领、新口号,不得不重复过去的,也要变个说法。变了以后,又恐人民误以为这是走老路,就搬出一批擅长"唯吾变戏法"(所谓"唯物辩证法")的理论家论证这两个其实一样的口号有什么"本质上的区别",于是造出许多滑稽可笑无聊至极的文字游戏来。

除了政治虚伪化,还会导致政策的极端化。因为必须与错误路线"对着干",从原则上排除了前任政策中的一切合理因素,新政策必须来一个180度的大转变。极端化肯定要失败,从而成为下一轮斗争中被打倒的对象。这种反复无穷的路线斗争对国家造成的后果,只能是政策不稳、政局不稳,不仅一朝天子一朝臣,而且一朝君臣一个法。国家大政方针无定则,今天这样,明天那样,翻来究去,左右折腾。百姓们无所适从,国家则陷入一种周期性震荡中,永无宁日,哪有心思搞建设、干实事?邓小平执意不搞政治运动,不搞路线斗争,就是基于这样一种谋虑。

党内斗争总是有的,但不必用"路线斗争"的方式去解决。邓小平对付对立面和反对派的主要办法是从组织和制度上解决问题,把人和规则变过来。执行错误路线的人,如果触犯法律就绳之以法,否则,用不着穷追猛打。人不在其位无法谋其政,即便有什么路线也不起作用了。至于思想上的问题,让正确路线在实践中拿出事实给人们看,自然会变过来,犯不着兴师动众大批一通。这套办法对人的处理来得温和,政策的转变来得平稳。

1978年年底,邓小平的权力基础刚刚形成,马上宣布全国性揭批"四人帮"的群众运动(这是过去进行路线斗争的主要形式)到此为止。随后邓小平把"四人帮"交给法律公开审判,而不是交给群众口诛笔伐。"四人帮"所犯罪行均诉诸法律,是什么就是什么,不搞无原则的上纲或漫画式的批斗。对"四人帮"的帮派体系和各地爪牙,着重从组织上洗理,由党委出面,撤职调人,剥夺其权力,而不搞什么群众性大批判运动。这种办法的摧毁力并不比群众运动差,但它显得比较理智,不致助长无政府主义情绪,并有效

党内斗争总是有的,但不必用"路线斗争"的方式去解决。邓小平对付对立面和反对派的主要办法是从组织和制度上解决问题,把人和规则变过来。

地避免了扩大化现象。过去发动群众搞路线斗争,美其名曰让群众在斗争中经受锻炼,增强识别错误路线的能力,提高执行正确路线的觉悟。实际结果恰恰相反,把群众的思想和社会秩序都搞乱了,乱了"敌人",也乱了自己。

对付"凡是派"更加平稳、理智。华国锋在拨乱反正中犯了错误,但没有给他加一个"反党"、"反社会主义"之类帽子(这些帽子是过去每搞倒一个人所必戴的),是什么错误就是什么错误,更没有搞什么群众性批判运动来批倒批臭,还充分肯定他在粉碎"四人帮"中所起的积极作用。华国锋从最高权力上走下来时,先是政治局委员,后降为中央委员。邓小平这样做并不是为了表示他的仁慈,而是因为他觉得政治斗争不一定要搞到你死我活,解决领导权问题就行了。路线上的是非要由实践来证明,没有必要大事声讨。邓小平不相信"破字当头,立也就在其中"。他的方法相反:立字当头,重在建设,在确立新规则、新观点的过程中,逐步排除错误路线的影响。

> 邓小平不相信"破字当头,立也就在其中"。他的方法相反:立字当头,重在建设,在确立新规则、新观点的过程中,逐步排除错误路线的影响。

邓小平不搞路线斗争,在处理毛泽东问题上显得更加精明。邓小平上台后系统纠正毛泽东晚年的错误,他开创的改革路线与传统政策间的差异性,绝不亚于历史上任何一次路线斗争,如果按传统方法搞一场路线斗争,那是很有内容的。但那样做的结果将是什么呢? 第一,用路线斗争来定义三中全会后的历史性转变,势必要把毛泽东推到对立面上去,那样的话,极有可能的不是毛泽东被全盘否定,而是邓小平本人被轰下台。第二,即使不下台,由于割掉了共产党领导的传统联系,新政权的合法性很难建立起来,邓小平会为此弄得焦头烂额,戈尔巴乔夫就是例子。第三,二中全会以后的路线很可能要走向另一极端,无法继承毛泽东时代的合理因素,那么改革必引起社会动荡而又无法控制。邓小平不搞路线斗争,而采取庄重的"历史决议"方法,在指出毛泽东晚年在一系列问题上犯了严重错误的同时,充分肯定毛泽东一生的伟大功绩,然后通过有计划的改革措施去克服毛泽东的错误。结果,他不仅成功地避开了一个个巨大的政治陷阱,而且创造出来的革命性转变远远超出任何一次路线斗争的内容。

对胡耀邦、赵紫阳两人的处理,是邓小平排除路线斗争方法的最好例证,也可以说是他在新形势下创造出来的新型党内斗争方式的标本。胡、赵都是在反自由化问题上栽跟头的,两个基本点,他们一手硬一手软,按过去的"上纲"法,完全够格"路线错误"。而且胡、赵都是党的一把手,照以前的逻辑,不犯"路线错误"是扳不倒的。邓小平却采取极其温和的方式,仅仅是不让他们当总书记,而且不叫"解职",而叫"辞职"。胡耀邦辞去总书记后还当政治局委员。赵紫阳在 1989 年政治风波中犯了"分裂党的领导"的错误,照以前的做法,犯这样的错误,肯定是要批判其"错误路线"的。邓小平不但不让批,还强调原来的路线政策连一个字都不要变,前任的错误后任吸取教训就是了。如果允许批胡、赵二人的"错误路线",会是什么结果? 反改革的势力会乘机进攻、排斥、打击改革势力,最后把矛头对准邓小平本人。此外,还会失去两件关系到国家前途命运的重要东西:政策的连续性和政局的稳定性。

十一、急流勇退,全身而退

自 1978 年年底召开三中全会后,邓小平掌控中国的实际权力和威望一直在上升。与此同时,他在权力舞台上的职务却在不断后退:1980 年辞去副总理,1981 年退让党和国家的主席,1987 年退出中央委员会,1989 年退掉军委主席。

这种进退之道并不是每位政治家都懂得。据尼克松观察,像邓小平这样体面而又成功的引退,在任何形式的政府中,都是非同一般的。戴高乐坚持反对他的当然接班人蓬皮杜,丘吉尔坚持反对艾登,阿登纳坚持反对他的干练的财政大臣艾哈德……

邓小平的每一步退,都是一次成功的进。或者说,他是通过退来进的,又在进的过程中往后退,进和退巧妙地结合在一起。上述政治家之所以缺乏退的风度,是因为他们缺少进的智慧。

邓小平的每一步退,都是一次成功的进。或者说,他是通过退来进的,又在进的过程中往后退,进和退巧妙地结合在一起。上述政治家之所以缺乏退的风度,是因为他们缺少进的智慧。

1980 年秋,国务院领导成员发生重大变动:华国锋、邓小平、李先念、陈云、徐向前、王震、王任重和陈永贵 8 人一齐辞退国务院领导职务。邓小平解释说,这种变动是出于解决兼职副职过多、权力过分集中和党政不分等毛病以及准备交接班而考虑的。确实,除陈永贵是"辞职"外,其他七人都是"不再兼任"。邓小平从 1977 年复职后,一直没有增加或提升自己的职务,还是 1974 年年底毛泽东嘉允的那几项,其中党的"第一副主席"还降了格,名字排在华国锋和叶剑英后面,"屈居"第三位。这一次他又要退掉副总理。

华国锋不应该为失去总理而难过,因为同时退出国务院的还有邓小平和其他几位老同志。不过,上来接替华国锋当总理的是邓小平亲自选定的接班人赵紫阳。这样,邓小平在政府中少了个副总理的头衔,却多了个当总理的得力助手。

1981 年 6 月华国锋正式辞去中共中央主席和中央军委主席。这项职务是中国最高权力的象征,过去属于毛泽东。无论从资历、威望、能力、贡献中的哪个条件说,多数人认为今后担当此任的非邓小平莫属。然而邓小平却坚持拒绝这样做。他把党的主席让给胡耀邦,国家主席交给李先念,自己只接任军委主席,在党内职务的排名仍居第三。为什么这样安排?

人们都知道清除"凡是派"的头功应归于邓小平,按过去的权力转移规则,华国锋下台后,取而代之的必是邓小平。邓小平没有按这个惯例把华国锋让出的职位全部接过来,这就足以使人们相信:他与"凡是派"的斗争,不是为了争夺最高领导权,而是为了党和国家的前途和命运。

邓小平从 20 世纪 80 年代起就倡导废除领导职务终身制,劝老同志自动让位,为领导班子年轻化做贡献。但他本人也属老同志,怎么可以劝别人往下退,自己却一个劲地往上走呢?

另一层积极意义是要给党内元老们留下一个强烈印象:老同志应该自觉地准备为年轻的一代让路。邓小平从 20 世纪 80 年代起就倡导废除领导职务终身制,劝老同志自动让位,为领导班子年轻化做贡献。但他本人也属老同志,怎么可以劝别人往下退,自己却一个劲地往上走呢?现在邓小平自己不在党和政府中占据高位,这样叫老同志让位就更有说服力。

党、政、军三个主席，按中国的政治体制，前后两个最重要，以前都是一肩挑，以保证党对军队的绝对领导，现在由胡耀邦、邓小平两人分担。胡出任党的主席（总书记）有两个条件：第一，他是实践派的主将，拨乱反正的先锋，在重大问题上一定能够与邓小平保持一致。第二，胡年纪较轻，他上去符合领导班子年轻化要求，其他与邓小平资历相当的元老无可厚非。

退后一步，天地宽阔。党的十二大后邓小平一直让他的两个主要助手胡耀邦和赵紫阳在前台唱主角，分领党政两方面。邓小平自己在政府中什么职务都没有，在党内排行第三。然而十二大产生的政治局六位常委，胡、赵、邓占其三，邓小平足以掌握这个最高决策机构。此外，他一直保留着军委主席，掌握着人民解放军这个坚强柱石。所以即使后来胡、赵先后出了问题，邓小平也能有效控制整个局势。邓小平后来说过他这种办法并不算成功（如有"垂帘听政"、"名不正，言不顺"等说法），但是他没有说过还有什么更成功的办法。

1987 年党的十三大上，邓小平又后退一步，退出中央委员会（政治局委员和常委）和顾问委员会，只保留军委主席。在他的带动下，同时退出中央委员会的还有陈云、李先念、彭真、邓颖超、徐向前、聂荣臻等老同志。李、彭二人随后还分别退出国家主席和人大委员长。老同志在 1985 年已经退得差不多了，这一次是最后一批。断后的还有陈云（最后一届顾委主任）、杨尚昆和王震（分别为国家主席和副主席）以及邓小平本人。邓小平申明他只当军委主席，坚持不过问中央日常工作。可是本届大会一中全会也有个申明：邓小平虽然退出中央委员会政治局常委会，但他作为党和国家重大问题决策人的地位和作用仍旧不变，因为党和国家需要他继续掌舵。

> 邓小平虽然退出中央委员会政治局常委会，但他作为党和国家重大问题决策人的地位和作用仍旧不变，因为党和国家需要他继续掌舵。

邓小平深知在 20 世纪 70 年代的"凡是派"下台后，中国改革开放的主要阻力，将来自老同志思想上的顾虑，而这个阻力只有他才能克服。克服的根本办法是让老同志让路。如果老同志在台上，他也必须在台上，才能顶得住。在邓小平的带动和劝说下，老同志一批批地往下退。他自己当然也在退,不过他的退与别人有所不同。别人退下后多半影响也随之消失,他则在自己身后留下了颇尽其意的人和政策。退到最后,反改革的势力都排除了,剩下的都是改革政策的积极支持者。结果,他虽然身居"二线",却比当年毛泽东更好地行使了领导权力。职务一步步往后退,政策一步步往前进,不管他本人退不退,半退还是全退,改革开放的车轮都会按照他设计的轨道走下去,稍有偏差,别人又会把他请出来或者扛出来。

十二、希望自己从政治舞台上逐渐消失

1988 年 9 月 5 日,邓小平对来访的捷克斯洛伐克总统胡萨克吐露心声,说他希望自己从政治舞台上逐渐消失掉。

历来的统治者都希望自己在政治舞台上"长命百岁"。邓小平为何希望自己消失?

名誉太高对自己是个负担,只是考虑之一。更重要的是邓小平认识到,他的分量太重,对国家和党不利。

早在 1984 年邓小平就要求不要宣扬他起的作用有什么了不起。他说这不是什么谦虚,而是关系国家安全的大事。1989 年,他注意到香港传说他被刺了,病危了,等等,结果引起股市波动。还有许多国家都把对华政策放在他是不是病倒了或者死了上面。

他清醒地意识到,把一个国家的命运建立在一两个人的威望之上是很不正常,也是很危险的。

这样的威望很容易使人陶醉,邓小平却深感不安。他清醒地意识到,把一个国家的命运建立在一两个人的威望之上是很不正常,也是很危险的。那样,只要这个人一有变动就会出现不稳定;不出事便罢,一出事就不可收拾。他不希望出现这样的局面:哪一天他不在了,中国像丢了魂似的;或者对外形成一种印象:邓某人不在,中国的政策就会变。那将是个人和国家的双重悲剧。

避免悲剧发生的办法就是趁着自己还健康的时候从权力舞台退下来。然而在一个人治传统很深的国家,一个人要从权力金字塔的顶峰退下来,并不比爬上顶峰更容易。邓小平想退的诚意是不用怀疑的,可每次总有点什么因素说别人退可以他不能退。他发现自己亦处于一种尴尬状态:一方面从废除终身制说,他应该身体力行,先退一步;另一方面他必须最后一个退,以便监督这场权力交替,在新旧体制转型中起平衡稳定作用。1980年法拉奇问他准备什么时候退,他允期1985年。邓小平设想到1985年新老交替基本完成,他再没有必要待在台上。可事实不然。到1986年,已经晚了一年,华莱士又问他什么时候退,他允诺到党的十三大。邓小平发现人们对他的进退问题太关注了,有的希望他早退,以成就退休制;有的说他不能退,中国仍然需要他掌舵,两种说法都有道理。于是在十三大上,他来个折中——"半退":退出中央委员会,只当军委主席,坚持不过问日常工作,以便逐渐消失,过渡到全退。

"半退"后不久,突尼斯传来政变消息:突尼斯民族解放运动的元老、终身总统布尔吉巴于1987年11月7日被人毫不客气地轰下了台。据说那几天邓小平非常关注事态的发展以及各方的反映,心情很不平静。他从布尔吉巴的遭遇中得出一条教训:"老人政治"搞不得!布尔吉巴在突尼斯威望一直很高,但他一直不安排好后事,结果让人安排了他的后事。邓小平的做法当然明智得多,从1980年开始就在精心安排后事。只是到现在还没有安排好,还没有完全退下来,这使他焦急。

什么时候全退?根据布尔吉巴的教训,邓小平希望至少要在脑子糊涂前退下来,免得将来糊涂,犯下错误,结果像布尔吉巴那样被人清除掉。邓小平能说出这样的话,证明他的头脑是十分清醒的。

当然,最好是在身体还健康的时候退下来。这样,有足够的精力安排交接班事宜,有利于保持政策的连续性。而且,退了以后,确实不做事,人又健在,还可以起到一些稳定人心的作用。

在人还在的情况下,最终决定他能否退下去的因素是现行政策能否在他不管的情况下照行不误。不需要他管,又能照行不误,

什么时候全退?根据布尔吉巴的教训,邓小平希望至少要在脑子糊涂前退下来,免得将来糊涂,犯下错误,结果像布尔吉巴那样被人清除掉。邓小平能说出这样的话,证明他的头脑是十分清醒的。

他才可以放心地退去,将个人影响悄悄消失到历史背景中去。如果人还活着,看见出了偏差,他能不管吗?

"半退"正是出于这样的考虑:有些事还不放心。作为一种过渡形式,邓小平坚持不过问日常工作,但是像1989年政治风波那样的大事他不能不管,不管不行。邓小平说过:那场风波迟早要来,而早来比迟来好,好就好在有他们老同志在,才能够顶住,不然连事件的性质都难以确定。

这一管,全退的计划又得重新考虑。事件发生后,邓小平考虑马上退还不行。但是要想等到一个什么合适的时候再退又很难。再不退就很难保证在脑子糊涂前退下来。因此事后三个月,邓小平看到政局平静下来了,遂下定决心,趁此时机,赶紧从舞台上消失掉。

这一次是全退,邓小平希望新的领导班子不要再给他安个什么头衔,或再宣布他起一个什么作用。他不想再起作用了。当然,他表示,如果有什么事去找他,他不会拒绝,还可以在旁边帮帮忙,但不能像过去那样。

邓小平决心从此"断奶",不再过问,不再干涉。可是到了20世纪90年代初,经济滑坡,政策受阻,"左"的东西重新回潮,眼看中国有失去发展良机的危险,他能不管吗?

邓小平又出去管了一下,发表南方谈话。原来以为他消失了,这一下又成了万众注目的中心。不过,邓小平似乎做了"最后一次"的打算,他把要说的话都说透,把要办的事(主要是人事)都办妥,力争100年不动摇,形成"十四大"新局面。

100年不敢说,但至少此后两三年,邓小平没有去管,一切都还如意。这就行了,不用他亲自去管,又能按他的方针办,这就等于使自己从政治舞台上悄悄消失掉了,溶进了历史惯性之中。

十三、"名誉太高是个负担"

1989年9月,邓小平决定退掉他最后一项职务,以便从政治舞台上慢慢消失掉。在对新一代领导人作政治交代时，邓小平还对自己的后事做了交代。退的方式越简单越好，不要来一番歌功颂德，死后丧事也要从简。"对我的评价，不要过分夸张，不要分量太重。有人把我的规格放在毛主席之上，这就不好了。我很怕有这样的东西，名誉太高了是个负担。"①

人们只知道这是谦虚，而不知道这是智慧，并且是典型的东方智慧，是做人的诀窍，也是为君子之道。阿拉伯谚语说：一棵树上的果子越多，拿石头去打的人就越多。中国则有皎皎者易污，峣峣者易折，树大招风，伟人难做之类说法。在一个需要英雄的国度里，人民是容不得他们所崇拜的英雄有半点过失的。邓小平知道他做不起这样的大英雄。他坦率地承认自己革命几十年，功劳是有一些，但也有不少缺点、错误。邓小平不相信有什么十全十美的完人、圣人。毛泽东，他的基本评价是三七开。至于自己，他说有四六开就满足了。每个人都有难以避免的局限性，因此过分夸张只会成为漫画式的人物，反而对自我形象不利。

此外，邓小平还虑及个人名望太重对国家、集体、大众不利。悉尼·胡克曾提醒人们要提防历史中的英雄。英雄的地位太高会淹没大众，掩盖组织，祸及国家。德国剧作家布莱希特在《伽利略传》一剧中设计了两句有名的独白：一句出自伽利略的一个门徒之口："一个没有英雄的国家是多么不幸啊！"另一句是伽利略本人的回答："不！一个需要英雄的国家才是不幸的呀！"毛泽东虽然也知道"木秀于林风必摧之"的道理，但他晚年却欣然接受了别人对他的个人崇拜，结果造成灾难性后果。在历史从英雄时代走向民主时代之际，这不仅是个人的悲剧，也是一个民族的悲剧。

邓小平不想做毛泽东之二。对英雄崇拜他一向持反对态度，因为他发现把一个国家的命运寄托在一两个人的威望之上是很危险的。他多次拒绝外国人要他写自传的要求，也反对过分宣传他的作用，更不搞什么"为尊者讳"之类的东西。虽然他很讲究业

邓小平不想做毛泽东之二。对英雄崇拜他一向持反对态度，因为他发现把一个国家的命运寄托在一两个人的威望之上是很危险的。

---

① 《邓小平文选》第三卷，人民出版社1993年版，第317页。

绩、使命、作为之类，但他不愿过分突出自己，而倾向于把自己放在一个集体中。例如他从不追求形式上的"第一"，而宁可把自己摆在一个比较适中的位置。他系统地纠正了毛泽东晚年的错误，开创了中华人民共和国的中兴局面，但他仍然不忘把自己摆在毛泽东后面。仅仅根据这一点，人们就有理由断言：邓小平的历史形象将有可能超过毛泽东。当然这取决于国民的认识水平。

十四、"我的工作方法就是尽量少做工作"

一次，邓小平向中顾委的老同志公开他的工作方法，那就是尽量少做工作。

少做工作对一般人来说，那是什么工作方法，简直是消极怠工或偷懒。然而对邓小平来说，少做工作妙处无穷，他自己就举出两点：

妙处之一是可以使自己多活几岁。这是典型的邓小平式幽默，多活几岁是国家稳定的需要，当然也是他本人的愿望。

第二个好处是有利于年轻一代的成长。这一点对处在顾问位置上的老同志倒是有普遍意义。邓小平曾告诫当顾问不要干预、妨碍一线上年轻同志的工作。老同志的特点是牌子硬，威信高，邓小平就更不用说。他要是工作太多，事必躬亲，旁边的人就无法放开手脚独立地开展工作，妨碍底下人积极性、创造性的发挥，并养成依赖习惯，难于独当一面。相反，自己少管事，放手让年轻一点的人干，年轻人精力充沛，头脑灵活，工作会做得更好。

新中国成立初周恩来曾对邓小平和刘少奇两人工作方法的特点作过评价，说邓小平是"举重若轻"，刘少奇是"举轻若重"。一位老干部十分感叹地说：有些事小平同志就真能放得开手。就真能放手不管交别人管，周恩来不得不承认邓小平是举重若轻的"帅才"，而他自己只是事必躬亲的"相才"。

20 世纪 80 年代邓小平成为中国最高决策者后，他那"粗线条"的领导风格更加突出。他一向只管大政方针,掌握改革的航向,以及必要时做些重大决策。至于日常的具体工作,详细政策的规则、实施、监督和评价,他都交给其他人,放手让年轻一些的下属去办。

少做工作有一种危险:容易导致大权旁落。毛泽东 20 世纪 60 年代退居二线后就有过此种感觉。可是邓小平没有遇到这种危险,他管事很少又能控制局面。其中的秘诀在于邓小平牢牢地掌握了组织路线:那些具体管事的人都是他亲手扶上去的。当然,自己选的人不一定都能听自己的。问题是这些人在年龄上都是晚辈。中国政治运作的特点是资格越老威望越高。在老同志还在的情况下,年轻一代遇到重大问题没有主心骨,或者说彼此之间谁都难以服谁,因此都不由自主地把最终裁决权留给老一代。可是老一代在体制改革的大潮中陆续被邓小平劝退了。邓小平本人也在退,不过中国需要他掌舵以及监督权力的交替,所以他之退是最后的一个。邓小平深知改革的主要阻力不在年轻一代,年轻一代构成不了对老一代的威胁,能够构成威胁的是同他一样的老资格。所以在老同志都退下之后,邓小平即使站在旁边也是有足够的影响力,可以从容不迫地与他的年轻支持者共同分享领导层的决策权。尽管他形式上没有担任最高领导职务,年轻一代还是乐意把他放在最高决策者的位置上,让他对所有重大问题做最后仲裁。一些重大决策不是他要不要管的问题,而是别人非要他管不可,因此邓小平管得少而又管得住、管得好。

由此看来,尽量少做工作的好处远不止以上两点,至少还可以补充两点:

少做工作反而更有作为。政治业绩并不取决于管事之多少,历史上躬身庶务的当权者多不是很有作为的政治家。邓小平只管大事,不为庶务左右,这种比较超然的领导方式有利于他高瞻远瞩,统筹全局,而且为他留出大部分时间考虑战略、人事、改革目标、机构调整以及寻求解决问题的新方法等,收到"无为而治"之效。

一般的人只知揽权却不知权力是与责任连在一起的；只知争功却不知功劳是与错误并生的。

一般的人只知揽权却不知权力是与责任连在一起的；只知争功却不知功劳是与错误并生的。什么都管的人，必须对什么都要负责任，这样管得好功劳全是他的，一旦出了差错，他也脱不开干系。这就是多做工作多犯错误、少做工作少犯错误的道理。中国的改革是一场大试验，风险很大，随时有可能翻船，一有失误就会招来反对势力的攻击。相反，他只管大政方针而不问具体工作，这样就可以避开许多攻击矛头，跳出冲突漩涡，以比较超然的姿态，一会儿左右开弓，一会儿居中调节，在改革风浪中进退、伸缩自如。

当然，邓小平不可能像汉高祖的谋臣张良那样，功成名就以后就飘然离去，不问世事。邓小平之少做工作，只是尽量而已，不是一点不管，比如，发现改革有了干扰，他就要出来排除一下，人们的思想有了束缚，他就要帮助解放一下，等等。

第五章　邓小平军事智慧

一、军队要忍耐

1985 年 6 月,邓小平向军队的同志讲解四个现代化的关系,要求军队忍耐几年,硬着头皮先把经济建设搞上去。此所谓忍耐,就是要削减军费开支。1971 年中国军费开支占国民生产总值的 17.4%,1985 年压缩到 7.5%。

减少军费很可能会在军队中引起怨言。美国战略学家约翰·科林斯说:"国家安全利益对财力、人力、物力的需求,不可避免地要同国内外的其他需求愿望相冲突。""如何最有效地分配经济这块馅饼,一直是、而且永远是一个争论不休的问题。"

根本的解决办法是把经济这块馅饼做得大一些。日本的军费支出所占国民生产总值的比例远远小于中国,但是它只要稍微突破 1%,其绝对值就是中国的 5—6 倍。中国 1992 年全年的军事费用,还不足买一艘核动力的航空母舰。提高到 15% 或者 20% 又能解决多大问题? 所以邓小平说:"军队装备真正现代化,只有国民经济建立了比较好的基础才有可能。"①

邓小平看到:目前,正因为馅饼太小了,把有限的财力用于经济建设和科学发展才显得更为重要。国家的安全保障最终取决于一个国家的经济实力。第二次世界大战中,一名日军少将临死前反省说:日本初战胜利后,就被美国的物质力量压倒了。德军的一

美国战略学家约翰·科林斯说:"国家安全利益对财力、人力、物力的需求,不可避免地要同国内外的其他需求愿望相冲突。""如何最有效地分配经济这块馅饼,一直是、而且永远是一个争论不休的问题。"

---

① 《邓小平文选》第三卷,人民出版社 1993 年版,第 128 页。

些高级将领也承认:德国之失败,首先败于经济战。苏联 20 世纪 60—70 年代之所以能同美国争夺全球霸权,就因为它在这个时期经济增长率远远高于美国。同样的道理,80 年代苏联衰落也是因为经济跟不上。

保罗·肯尼迪说:"把国防开支放在次要的地位,是中国全力发展经济的决心的最有说服力的例证。它与苏联拼命追求军事安全的思想以及里根政府把大量资金投入武装部队建设的许诺形成了鲜明的对照。"许多分析家认为,依据中国目前的国民生产总值,中国在国防上花费比目前更多一些钱是没有问题的。但是中国没有这样做。这反映了北京这样的信念:只有在目前的产值和财富翻了几番之后,长期的安全才有保障。

邓小平确实是这样考虑的。20 世纪 80 年代中期,东西关系开始缓和,世界大战一时打不起来,苏联的明显衰落为中国解除了边防压力,中国正应该趁这样的机会,集中财力物力加快经济建设,增强国力,为 21 世纪打下基础。"到那个时候我们经济力量强了,就可以拿出比较多的钱来更新装备。""国力大大增强了,再搞一点儿原子弹、导弹,更新一些装备,空中的也好,海上的也好,陆上的也好,到那个时候就容易了。"①

一家西方杂志评析邓小平的忍耐智慧说:对于(中国的)军队来说,他们以极大的忍耐来渡过经济改革的全过程。这是会得到报偿的。这就是,如果邓小平的经济总体发展计划能够顺利完成,中国的生产总值能够按计划于 1980—2000 年间增长 4 倍,那么在 10—15 年的时间内,民用经济将能够积蓄足够力量,全力推动军事部门以更快的速度发展。到那时,中国的邻国和大国就真的要好好考虑中国的军队了。这只不过是个时间问题。

> 邓小平确实是这样考虑的。20 世纪 80 年代中期,东西关系开始缓和,世界大战一时打不起来,苏联的明显衰落为中国解除了边防压力,中国正应该趁这样的机会,集中财力物力加快经济建设,增强国力,为 21 世纪打下基础。

---

① 《邓小平文选》第三卷,人民出版社 1993 年版,第 129、99—100 页。

二、军队要消肿

邓小平治理军队碰到一个特殊任务："消肿"。这不是一般的扩军、练兵问题。军队得了"肥胖症"，需要动大手术。

1975 年邓小平着手整顿军队时，就提出要整掉 5 个字，第一个字就是"肿"。结果被迫中断，延误了几年，肿得更大。军队机关膨胀，人数增多，特别是干部太多。

这不是军队强大的表现，而是一种潜在的危险。邓小平一针见血：军队如此臃肿不堪，"真正打起仗来，不要说指挥作战，就是疏散也不容易"①。军队要提高战斗力，提高指挥能力和工作效率，非"消肿"不可。

此外还有两个问题：军队臃肿，军费开支占国家预算的比重增大，势必影响经济建设这个大局。在军费开支有限的条件下，军队人员过多，把很多钱花在人员的穿衣吃饭上面，又妨碍了军队装备的现代化。邓小平希望减少军队人员，把省下来的钱用于更新装备；如果能够节省出一点儿用到经济建设上就更好了。

"总之，搞四个现代化也好，把军队搞精干、提高战斗力也好，都需要'消肿'。"②

怎样"消肿"？必须对症下药。

军队是怎样肿起来的？同国家体制方面的病根一样，都出自官本位制：官职是衡量功绩、资历的唯一尺度，当官是获得地位、待遇的唯一途径。军队是无产阶级专政的柱石，官的分量更大。看看肿在哪里就知道了。尽管中国部队这样大，但连队并不充实，而各级机关却十分庞大，臃肿的情况很严重。机关臃肿又是菩萨太多的缘故，有什么团职保密员，营级打字员，机关焉能不肿？肿就

---

① 《邓小平文选》第二卷，人民出版社 1994 年版，第 284 页。
② 《邓小平文选》第二卷，人民出版社 1994 年版，第 284 页。

军队是怎样肿起来的？同国家体制方面的病根一样，都出自官本位制：官职是衡量功绩、资历的唯一尺度，当官是获得地位、待遇的唯一途径。

肿在机关和军官上。西方国家官兵比例保持在 1∶11 左右,主要做法是精简机关,限定副职数额,实行文职人员制,大量使用军士,士官数量占 30% 以上,有功劳的可以晋级,但不一定要升官当权。

邓小平提出"消肿"主要做两件事,就机构来说主要是精简各级领导班子和领导机关,首先是总部和大军区、省军区的机关。就人头来说,主要是减少不必要的非战斗人员,减少统率机构、指挥机构的人员,最主要的是减少干部。与其说是"精兵",不如说是"精官"。

这就涉及体制。"要'消肿',不改革体制不行。""体制改革,实际上同消肿是一个问题的两方面。"① 体改包括:县市人武部划归地方建制;铁道兵并入铁道部;基建工程兵撤销;炮兵、装甲兵和工程兵司令部分别改为总参谋部下属的业务部门;实行文职官员制,将一些军队工作人员,如军队院校的教员,军队医院的医生改为文职人员、雇佣人员,不穿军服;实行士官制度以调整官兵比例;等等。

"消肿"除了改制,还要建制。没有制度做保障,前面消了后面又肿。首先是科学制定和严格执行编制。国外视军队编制为法律,例如美国的军队哪怕是增减一个营,也需要国会批准;日本 1983 年通过的"防卫厅设置法",规定三军总数为 272162 人,增减 1 人都经国会重新立法。中国过去则视编制为儿戏,"文革"期间军队中有难以数计的"毛泽东思想宣传队",名目繁多的"首长办",同时有随意使用的公勤人员,轻率实施的"工改兵",都是无视编制的结果。邓小平强调"编制要严格","要切实遵守","编制就是法律"。规定配一个秘书,就不要用多了,该用几个人就是几个人。这些都要制度化。制度化后,编制就不会臃肿。

多出的人消到哪里去? 要真是减"兵"那好办,哪来哪去,复员就是了。难就难在干部,多出几十万,又不能"削职为民",怎么安置? 唯一的办法是转业,消化到社会上去。但又不能甩包袱,因

> "消肿"除了改制,还要建制。没有制度做保障,前面消了后面又肿。

---

① 《邓小平文选》第二卷,人民出版社 1994 年版,第 287 页。

为社会上其他行业也肿得厉害。邓小平知道有些军队干部转到地方后不太受欢迎,主要是因为不懂行。军队干部的专业是政治和军事,到地方后军事用不上,只有搞政治,到党政部门继续当官。这岂不是拆东庙盖西庙,加剧地方党政机构的臃肿?地方上需要的不是官,而是各类专业人员,如警察、律师、审判员、中小学教员,各方面的管理人员。邓小平建议根据社会需要,按专业办一些训练班或速成学校,对要转业的干部进行专业培训,转到哪一行就学哪一行的业务,学上半年、一年或一年半,变成地方可用的内行,用这个办法解决消肿后的干部安排问题。

但是有些老干部,创建共和国的有功之臣,就不好让其转业了。邓小平想了另一个办法,像党政部门消肿一样,设立顾问制,让这些人当顾问,待遇不变,但位子让出来。只是工作不需要,并不是降格处理。顾问也有权,但只是建议权。不在其位,不谋其政。实际上是把他们养起来,相当于"以待遇释兵权"。

"消肿"的长远之计是建立军官服役、退役制度。美国每年都有10%军官退役,常去常新,三四十岁的将军不足为奇。中国没有军官退役制,活到老、干到老,党政军官,特别是高级军官年龄老化,领导班子缺乏活力,领导机构臃肿不堪。解决起来,一个人一个人地处理,处理不下去。好不容易处理下去了,过不久又会肿起来。有了机构编制,限定人数,再加上退役制度,到了年龄自动离去,这样才能根除臃肿症。

"'消肿'也有利于我们干部的更新"①。这是邓小平"消肿"智慧最为精到之处。原来之所以肿,也是因为老干部挡了路,年轻人上不来;上来一点,就会肿得更厉害。现在正好通过"消肿",让那些不称职、没受教育和年纪大的军官退下去,乘机把新生力量提拔上来。这样一举两得,既"消肿"又"输血","消肿"后就不只是缩小了块头,还提高了战斗力,使军队变得更精干。

> "'消肿'也有利于我们干部的更新"。这是邓小平"消肿"智慧最为精到之处。

---

① 《邓小平文选》第二卷,人民出版社1994年版,第286页。

三、百万大裁军

邓小平的"精兵之道"到 1985 年迈出决定性的一步。这年 6 月,他主持军委扩大会议,决定在两年内裁减军队员额 100 万。

结果,全国 11 大军区减少了 4 个,军级单位减少了 31 个,师团单位减少了 4054 个。全军共裁减干部 45 万,三总部机关人员减少了近一半。兵员总额几乎裁减了 1/3,从 420 万减到 300 多万。这个数字只占全国人口总数的 0.3%,略大于日本(0.27%),居世界第 6 位,绝对数远小于当时的苏军(511 万)。

有国不能无防。军队总数的多寡总是与国际形势的紧张程度成正比的。邓小平裁军 100 万的智慧是基于 20 世纪 80 年代中期国际形势相对缓和,世界大战一时打不起来的考虑。可是,如果国际形势重又紧张起来怎么办? 邓小平说:"即使国际形势恶化,这个裁减也是必要的,而且更加必要。"①何以战争的可能性越大越需要裁军:这涉及治军的指导思想。

过去在人民战争思想指导下,认为军队人数越多越好,讲究人海战术,以人多取胜。邓小平认识到"韩信将兵,多多益善"的时代已经过去。应付现代战争,兵贵于精而不在于多。军队像过去那样臃肿庞大,调动都困难,更不要说打仗了。和平时期常备军建设只能走精兵之路,兵太多势必制约国民经济发展,而国家经济发展缓慢又会影响军队建设,影响国家战略水平的提高。

> 邓小平认识到"韩信将兵,多多益善"的时代已经过去。应付现代战争,兵贵于精而不在于多。

邓小平的裁军可以做到三个效果:国家可以把人力物力集中到四化建设和经济改革中去;军队可以把更多国防经费用于改善武器装备;通过强化军队的教育训练提高现有官兵的战斗力,被提到战略高度。一些西方军事专家也看到,中国裁军 100 万,不仅没有影响中国的防御能力,反而使人民解放军变成了一支可信赖的

---

① 《邓小平文选》第二卷,人民出版社 1994 年版,第 126 页。

威慑力量。

　　苏联红军在 20 世纪 20 年代进行大量裁减时,裁得几近瓦解。美国陆军在第二次世界大战后也出现过类似的情况,因为裁减被削弱到几乎毫无战斗力的程度。邓小平的裁军相反,"减少 100 万,实际上并不削弱军队的战斗力,而是增强了军队的战斗力。"①一个越裁越弱,一个越裁越强,诀窍在于怎么裁法。

　　第一,裁减不是随便地去掉一部分,而是经过了精心选择。被裁的大多为非战斗人员,年迈无能、无法适应现代化战争需要的军官。边防作战部队是最不可能裁减的。将担负内卫和守护任务的部队,县市人武部门、铁道兵、工程建筑部队等非战斗部队移交政府部门领导,只是使真正的军队轻了装,变得更精干。

　　第二,裁减不是单纯地减少数量,还伴随着结构的调整。大军区减并后,缩小了总部的指挥幅度,同时增大了有关军区的战略纵深,提高了战区的战争潜力;陆军和野战军改编的集团军,大幅度地提高了部队的合成化程度,增强了独立作战的能力。作战部队中增加了炮兵、装甲兵、工程兵、防化兵等特种兵的编制单位,更好地适应了现代战争的要求,提高了实战能力。

　　第三,裁减不是简单地把多余部分去掉了事,同时还植入了新生力量。一出一进,两道手续一齐走。几十万年迈体弱、不称职、没有受过多少教育的干部通过离休或转业退出各级领导班子,与此同时,一大批年富力强、专业和文化水平较高的新军官大踏步地走上各级领导岗位。出和进,邓小平强调要把进放在首位,而进,最关键的是要选比较年轻的。三总部领导班子的人数比原来减少了近 1/4,但出现了 40 多岁的总政副主任和副总参谋长。大军区的领导班子比原来减少了一半,结果平均年龄下降了 8 岁。

　　军队的战斗力主要不取决于兵员数量,而取决于官兵素质,组织结构和武器装备。邓小平正是掌握了军队的有效参数,他的裁减叫"淘汰"似乎更合适:去掉了多余的甚至有害的部分,同时输

　　　　　军队的战斗力主要不取决于兵员数量,而取决于官兵素质,组织结构和武器装备。

---

　　① 《邓小平文选》第二卷,人民出版社 1994 年版,第 126 页。

入了生机和活力;从数量上看是压缩了,从质量和效果上说是增强了。这种裁军,是精兵之道,强军之策。所以当两个超级大国为裁军谈判讨价还价时,中国却单方面地自动地裁军100万,比谁都干脆。邓小平说,这是中国以实际行动对维护世界和平作出的贡献,同时也是中国有力量有信心的表现。

四、恢复军衔制

军衔、学衔、官衔之类等级、身份标志,要考证它起自何时很困难。

军衔、学衔、官衔之类等级、身份标志,要考证它起自何时很困难。但有一点可以肯定:目前世界各国无一不有这些玩意儿。用孔夫子的学说解释,这叫正名,名不正则言不顺,言不顺则事不成。

中国在20世纪50年代前期也有过军衔制,计有元帅10名,大将10名,上将57名,中将177名,少将1360名。但不知为什么,毛泽东在为将帅们授完军衔后不久,又悄悄地把它取消了。美联社记者艾博伦说这是因为毛泽东认为"军衔对他们没有阶级的农民军队不合适"。还有人解释:"取消军衔的目的是全国在军内推行更符合毛泽东思想的平均主义方针。"更恰当的说法是为了实行官兵一致,上下平等。

好在这东西在中国有过,邓小平的任务只是恢复。

恢复整整花了10年时间。大概因为军衔涉及等级观念,不融入改革大潮是难以正名的。军队的改革和其他方面的改革一样,都有一个公平和效率的关系如何处理的问题。军队必须有严格的指挥系统,这就需要有明确的条文规定,在战时还得有相应的外部标记,表明谁下命令,谁接受命令,上下级关系,一目了然,才不至于乱套。据说1979年在对越自卫反击战中,因为缺乏这样的符号标记,曾出现过令人难堪的局面。这件事使人想起军衔制的作用:可以加强部队纪律,使指挥系统运转自如,特别是在非常情况下。

恢复军衔的另一考虑是它可以鼓励士气。没有军衔使人看不出谁是官谁是兵,看不出官职大小的差别,似乎很平等,但实际上在待遇上的各种差别一直存在着,而且差别全系于是否当官和官之大小。这就使人感到除了当官没有别的"奔头"。军衔和官职是两套不同的系统。有功之臣,有术之士,可以授予或者晋升军衔,而不一定要升官当权。这样就在这升官之外多出一套激励机制,升不了官也有"奔头",不至于把人都往官道上逼。军衔鼓励人人上进,但不会因为人才增多而把官道挤得水泄不通,闹得机关臃肿,干部成灾。

邓小平恢复军衔制最终是为了清除军队中"左"的痕迹,使武装部队走上正规化道路。1989年正式恢复的军衔系统比20世纪50年代还有所发展,除了五星上将以外,将军等级按美国的格式分,将军以下的军官根据苏联模式任命。钉是钉,铆是铆,井然有序。这比较新中国成立前的工农队伍,比较"文革"中的解放军叔叔,无疑要正规得多,威严得多。

> 邓小平恢复军衔制最终是为了清除军队中"左"的痕迹,使武装部队走上正规化道路。

五、治军先治校

"治军先治校"是刘伯承的名言。邓小平的名言是:"宁可少几个兵,少几个机关人员,也要把学校办好,让多一点人进学校。"①

天下平定之初,刘伯承主动请缨筹办南京军事学院。以此为起点,中国办出上百所军队院校。可惜在"文化大革命"中,有3/4关了门。理由是毛泽东说过"从战争中学习战争"的话。对此,邓小平有新的看法:过去是从战争中学习,但是现在,即使有了战争,不经过学校学习也不行。

小米加步枪的英雄时代已经过去。应付现代化战争,光凭勇敢和经验是不行的。现在当个连长,不是拿着驳壳枪喊声"冲啊"就行了,给你配几辆坦克,配个炮兵连,还要进行对空联络,通信联

---

① 《邓小平文选》第二卷,人民出版社1994年版,第289页。

系,你怎么指挥? 一个连是这样,更不用说营、团、师、军了。邓小平坦率地指出:"指挥现代化战争,包括我们老同志在内,能力都不够。要承认这个现实。""不要把自己的眼睛蒙住了。"①

邓小平看到:不仅各级军事干部指挥现代化战争的能力都很不够,政治干部的素质也成问题。不然,为什么在同林彪、"四人帮"的斗争中,政治干部上当受骗甚至陷进去的,比其他干部多呢?

如何弥补军队干部的现状同现代化战争的要求之间的距离,是邓小平新时期治军考虑的重点之一。加紧军队本身的教育训练显然还不够,还必须大办其学校,现代战争是高技术的对抗,专业程度很高,不经过"科班"训练难以掌握。

邓小平希望"通过办学校来解决干部问题"②。学校分两类:军事学校主要培养军事指挥官,教学内容七分军事三分政治;政治学校主要培养政工干部,教学内容六分政治四分军事。

学校教育不能像"文革"那样,要讲一点儿有用的东西。邓小平认为最有用的东西就是现代军事知识和优良传统作风。这两样东西都要通过学校获得。学校一方面学习现代化战争知识,学习诸军兵种联合作战;一方面培养、恢复优良作风,带到部队去发扬光大。传统优势加上现代知识,将会使这支军队无敌于天下。

邓小平希望军队学校能够起到"集体组织部"或"集体干部部"的作用,担负起为全军培养干部、选择干部、推荐干部的任务。这样的军校将成为"军官的摇篮",就像当年的黄埔军校一样。因此选什么人去办学校就很有讲究。邓小平主张选最优秀的干部去办学校。名师才能出高徒。

至于选什么人去学习,邓小平做了更精心的谋划。原来军政大学训练的基本是军师一级的高层干部,团级干部只占 20%。邓小平主张以团级干部为主,加上一部分优秀的营级干部,同时也训

邓小平看到:不仅各级军事干部指挥现代化战争的能力都很不够,政治干部的素质也成问题。不然,为什么在同林彪、"四人帮"的斗争中,政治干部上当受骗甚至陷进去的,比其他干部多呢?

---

① 《邓小平文选》第二卷,人民出版社 1994 年版,第 61 页。
② 《邓小平文选》第二卷,人民出版社 1994 年版,第 61 页。

练军师级干部。几级干部"一炉炼",而以团级为主,其用意是使
作战部队指挥员年轻化、专业化。在学校现代化战争知识学得比
较好的,指挥、管理能力比较强的,而且思想、作风又好的干部,经
学校推荐,营级的提到团级,团级的提到师级。在部队搞两年后,
再把其中一些优秀的师干部、团干部"回炉"一年,调回来再学习,
重点是加深现代化战争知识。然后把其中好的师级提到军级,好
的团级干部提到师级。这样经过五年左右时间,逐渐实现作战部
队干部的年轻化和专业化。

不只是高级干部,从排长起,各级军官都必须经过军官学校的
训练。排连干部要求初级步兵学校毕业,营团干部要求进过中级
军官学校,军和师的领导干部则要求进过高级军官学校的才能当。
军官的晋升也要讲学历,每个阶段的晋升都必须经过学习,掌握现
代化战争的知识。"文凭热"吹到军营,这确实是了不起的大
变革。

1979 年以来,建立了 100 多所军事教育学院,全军约有 100
万军官在军校受过教育,70%的师级领导干部受到大学教育,1962
年才 1.6%。可见邓小平办军校的措施对促进中国军队的现代
化、正规化起了很大的作用。

六、把教育训练提到战略位置

中国有句俗话:"仗可以千日不打,兵不可一日不练。"古代兵
家还有"士先教,可用也","用兵之法,教戒为先"等格言。邓小平
的最佳搭档刘伯承讲得更形象:须知没有平时很好的练兵,战时就
不能很好的用兵,犹如手中没有积蓄的钱,就无钱可用。

邓小平则把军队的教育和训练提高到战略地位来考虑。道理
其实很简单:和平时期军队既要能打仗,又无仗可打,军事素质的
提高就只有靠训练了。

也许有人会搬出老黄历:打起仗来,在实战中学,不是更符合

邓小平则把军队的教育和训练提高到战略地位来考虑。道理其实很简单:和平时期军队既要能打仗,又无仗可打,军事素质的提高就只有靠训练了。

实践出真知的原则吗？邓小平预先做了驳斥："如果不注意军队的训练,至少在战争初期要相当倒霉就是了。"①

这是"至少","至多"会怎样？只要看到中国军队的现状和未来战争的要求之间的差距,就不难得出结论:这样一支人数虽然很多,但素质却不高,打现代战争的能力还很不够的军队,如果再不在教育训练上下一番工夫,真正打起现代化战争来,能不能打赢还是个问题哩！

现代战争至少有两个特点:一是高技术的参与,二是各军兵种协同作战。这和中国军队的传统优势——靠小米加步枪、凭勇敢和机灵、在运动中歼灭敌人等相去甚远。

邓小平强调教育和训练的战略意义,就是为了缩小这个差距。

教育,仅仅学"硬骨头六连"还不够,还要努力学习现代化战争知识,学习诸军兵种联合作战的技术,真正懂得现代化战争是怎么回事。

训练,不能总是停留在练射击、刺杀、投手榴弹的低水平上,要考虑怎样对付坦克、飞机,怎样把天上、地下、水中协调起来。

在邓小平的统帅下,中国军队的训练已完成"三个转变":由过去单一兵种作战为主的训练,转向诸兵种协同作战为主的训练;由过去打步兵为主的训练,转向打坦克、打飞机、打空降为主的训练;由过去战士训练为主转向干部训练为主。

实兵演习比平时训练更进一层。经过训练再搞实兵演习,可以提高部队的实战水平,同时也是对训练成果的检验。邓小平担任军委主席后决策的第一件大事,就是组织1981年秋季的华北军事大演习。

演习前,总参谋部和北京军区的筹划者们颇费踌躇:想搞得大一点,以便激扬军威,演出现代化战争的特点来。但又顾虑到经费,演习是要花钱的,可军费减了又减,哪里弄钱？于是他们预定三套方案:集团军规模的,方面军规模的,师规模的。然后把"矛

在邓小平的统帅下,中国军队的训练已完成"三个转变":由过去单一兵种作战为主的训练,转向诸兵种协同作战为主的训练;由过去打步兵为主的训练,转向打坦克、打飞机、打空降为主的训练;由过去战士训练为主转向干部训练为主。

---

① 《邓小平文选》第二卷,人民出版社1994年版,第21页。

盾"上交,让军委主席去定夺。

　　预选方案送上才四天,邓小平就把总参谋长杨得志和副总参谋长张震召去商定最后方案。杨、张心想:大、中、小三套方案同时上呈,按中国的政治思维的一般经验,最容易批准下来的是不大不小的折中方案。可是这一次例外,邓小平拍板要按第一方案搞,搞集团军规模。经费方面的担心也解决了,用国防费外的特批专款,还准备动用一些军中的储备物资。

　　当时国民经济处在调整阶段,钱很紧张。但邓小平觉得这笔钱还是要花,要搞好一点儿,要把部队的士气鼓一下,要把军队训练得像个军队的样子。

　　据说这次演习的规模是国外罕见、国内空前的。在演习中进行合成军编制,天上的地下的都有,就缺水中的。目的是根据现代战争的要求对部队的战斗力做一次综合实验。

　　邓小平说:搞这么一次实兵演习有好处,我们的部队可以实际锻炼一下,也可以看看部队训练的成果。这样的演习对军队也有鼓舞作用,对军队在人民中的观瞻也有好处。这样的规模过去没有搞过,邓小平特别要看看这次的组织能力怎么样。

　　结果演习获得圆满成功。邓小平看了很高兴。有人统计过他鼓掌的频率,平均 10 分钟一次。驻东欧国家的五个武官参观后评价说:演习水平超过了东欧。

　　演习结束后,北京军区司令员秦基伟摆下庆功酒,宴请各大单位的领导。邓小平和众将官把盏痛饮。他的女儿为其健康着想,一再捣乱,不让他多喝。为什么不喝呢? 军队有进步,训练有成绩,军队像他设想的那样,像个现代军队的样子。邓小平高高兴兴地干了 10 杯。

　　次日,就 10 余万演习大军进行了阅兵式。邓小平向三军将士提出"六个一定要",中心是要建成一支强大的现代化、正规化的革命军队。

邓小平和众将官把盏痛饮。他的女儿为其健康着想,一再捣乱,不让他多喝。为什么不喝呢? 军队有进步,训练有成绩,军队像他设想的那样,像个现代军队的样子。邓小平高高兴兴地干了 10 杯。

229

七、培养军地两用人才

在邓小平看来,军队的教育训练"只着眼于军队本身建设的需要还不够,还要着眼于干部战士转业复员到地方的需要"①。而同时满足两方面需要的办法就是"大力培养既能打仗又能搞社会主义建设的军地两用人才"②。

20 世纪 80 年代初准备给军队"消肿"时,有几十万干部要到地方找出路,过了这个高峰,以后每年还有大批军队干部到地方工作。按照中国的干部制度,军队干部到地方都要安排相应的职位,不然难以稳定军心。照原来的说法,这样做也是加强地方领导力量。新中国成立后的一阵子确有许多地方党政干部是由军队提供的。然而经过"文化大革命",邓小平清醒地看到:"一些(军队)干部知识很简单,有的还学坏了,到地方不太受欢迎。"③还有些军队干部相当自大,自己知识不多,还觉得了不起。军队最擅长的东西是做政治工作,可是有不少人到地方上竟不会做政治工作,也不会做管理工作。连这点专长也没有,到地方干什么?当然地方不欢迎也得接受,可是把什么也不懂的军队干部放到地方当干部,地方上外行领导内行的现象岂不是更严重了?

军队干部就算他懂行,那也不过是擅长做政治工作,会做政治工作到地方也不能都进党政机关。因为地方不同于军队,再说地方也容不下这么多干部。地方各级党政机关也要"消肿",而且它之所以臃肿起来,原因之一就是每年要消化大批军队干部。如果只顾军队"消肿",而不考虑地方的消化能力那很可能军队精干了,地方却更加臃肿起来。

两全齐美的办法只有一个:使军队干部到地方能够做各种各

两全齐美的办法只有一个:使军队干部到地方能够做各种各样的专业工作和实际工作,而不仅仅是当干部。

① 《邓小平文选》第二卷,人民出版社 1994 年版,第 80 页。
② 1983 年 6 月邓小平为《学习科学文化知识培养军地两用人才展览》题词。
③ 《邓小平文选》第二卷,人民出版社 1994 年版,第 79 页。

样的专业工作和实际工作,而不仅仅是当干部。这就给军队的教育训练增加了一项任务,要为干部到地方工作创造条件。"你不在军队里创造条件,到地方就不受欢迎"①。

于是邓小平想起毛泽东的一句著名口号:把军队办成一个大学校。当然这个大学校的"课程设置"与林彪办的"毛泽东思想大学校"有很大不同。邓小平要办的大学校是"使干部既学到现代战争的知识,又学到现代科学知识和生产知识,还要学会做政治工作和管理工作"。他设想,"这样,我们的军队干部既能在军队建设中发挥作用,到地方也能发挥作用,打起仗来,又在战争中发挥作用","就成为军队和地方都会用的干部"②。

对战士的教育训练,邓小平要求做到一兵多能:要学政治,学军事,还要学点民用技术,学点数理化,学点工农业知识,学点外语。这也是为战士复员后的出路着想。

军队每年有上百万战士复员。战士复员比干部转业好安排,他们绝大多数来自农村,复员就是回到农村种责任田,不增加城市就业负担,也不需要在"国家干部"范围内分享份额。但事实上并不这么简单。这些战士为国无偿服务几年,有的还立了功。他们外出当兵本来就是为了生活,回农村后不免有失落感。他们外出闯荡多年,有了城乡对比,知道了世态炎凉,容易产生不满情绪。他们见过世面,不像一般农民那样胆小怕事,又会使用武器。如果回农村后,一无所长,四业不居,生活无着,受到冷落和嘲讽,这部分人就有可能成为社会一大不稳定因素。美国社会所谓"越战后遗症"就是一面镜子。

把军队办成一个大学校,使战士在保卫祖国的同时学会一两门民用技术,就可以化不利为有利。现在入伍的战士,多半是中学毕业生,有一定的文化基础,如果在服兵役期间经过教育训练,学点养猪、开车、种菜之类的民用技术并不难。过去农村青年入伍的唯一盼头是入党、升职,现在多了一条广阔的门路:利用部队较好

把军队办成一个大学校,使战士在保卫祖国的同时学会一两门民用技术,就可以化不利为有利。

① 《邓小平文选》第二卷,人民出版社1994年版,第81页。
② 《邓小平文选》第二卷,人民出版社1994年版,第79页。

的条件学习民用技术,为日后回家当专业户创造条件,当兵的积极性也高了。据悉现在不少部队把战士接受民用技术培训作为一项奖赏,比如军事训练成绩突出者优先安排学习民用技术。战士有了民用技术,复员后不仅自己可以安居乐业,还能发挥积极作用,带动一家、一村乃至一方致富。

八、国防建设和国民经济良性互动

在世界的永久和平到来之前,国防不可不搞。但到底怎么搞,世界各国方式各异。

美国是世界第一大军事强国,可它竟然没有独立的国防工业,也没有纯粹的军事工厂。它的军工生产全溶于民用部门,比如著名的福特汽车公司,除了生产汽车,还制造坦克、飞机、舰用大炮乃至宇宙飞船。美国还有一绝,国防科研统一组织政府、军队、企业和高校的科研力量,研究出来的成果不限于军用,还及时向社会推广。虽然它的国防科研经费占了国防经费的 10%,但在军转民过程中可以产生 5—7 倍的社会经济效益。例如航天技术中仅商业卫星一项到 20 世纪末获利 250 亿美元。

中国除了继承汉武帝的屯田制——军垦农业和军队内的农副业生产外,国防工业和国防科研过去一直在秘密状态下进行,成为与民用部分隔绝的"另外一个天地"。结果出现这样的局面:中国虽然早就加入了世界"核俱乐部",什么原子弹、氢弹都可以制造出来,但是也就建了 1 座核电站。中国是世界上发射人造卫星的第 3 个国家,但民用卫星才刚刚进入实用阶段,为了传播"奥运"节目,不得不以重金租用国际通信卫星的线路……

过分神秘化,等于作茧自缚。邓小平提出"要结束另外一个天地的时代",将国防工业和国防科技纳入整个国家的计划,总题目是军队的各个方面都要"考虑如何支援和积极参加国家建设"①。

过分神秘化,等于作茧自缚。邓小平提出"要结束另外一个天地的时代",将国防工业和国防科技纳入整个国家的计划,总题目是军队的各个方面都要"考虑如何支援和积极参加国家建设"。

---

① 《邓小平文选》第三卷,人民出版社 1993 年版,第 99 页。

所谓"支援"是要军队方面从大局出发腾出一些力量支援国民经济的发展,例如空军可以腾出一些机场,一是搞军民合用,一是搞民用,支援国家发展民航事业。海军的港口,有的可以合用,有的可以腾出来搞民用,以增大国家港口的吞吐能力。军队还可以抽调一些人力承担国家的某些重点项目建设,这不仅支援了国家建设,还改善了军民关系。

"参加"国家建设的潜力更大。国防工业设备好,技术力量雄厚,充分利用起来,加入到整个国家建设中去,大力发展民用生产,邓小平说,"这样做,有百利而无一害。"既然中国有能力生产形形色色性能良好的军用歼击机、轰炸机,为什么不能把这种能力用于生产民用飞机,而让民航驾驶员操纵着美国货呢?既然中国可以成批量地生产性能优越的坦克、装甲车,为什么不能生产出高质量的汽车,使中国的卡车早日打入国际市场,而让"皇冠"、"丰田"等外国名牌在中国公路上奔驰呢?

其实不是单方面的支援,好处是双方的。1985年军工技术转为民用2万多项,成交金额10亿多元,这等于多了10多亿元军费收入。按通常技术转让所产生的经济效益1∶7—1∶10计算,又等于为国家创造了70亿—100亿元的经济效益。国家财政那块馅饼做大了,再多搞一点武器装备也就容易了。真是"有百利而无一害"。

美国那些亦国亦民的企业,军品生产占大头,如洛克希德公司军品占80%,民品占20%;通用动力公司军品占67%,民品占33%;波音公司军品占54%,民品46%。中国所谓正规的军工企业,在20世纪90年代初,民品产值已占其总产值的65%。看来这下该轮到美国向中国学习了。美国在冷战结束后需要压缩原来过于庞大的军工生产规模,转一部分到民用方面。怎么转?中国早在80年代初就开始了,相比之下,美国起步整整晚了10年,当然需要借鉴中国在这方面的经验。

国防工业设备好,技术力量雄厚,充分利用起来,加入到整个国家建设中去,大力发展民用生产,邓小平说,"这样做,有百利而无一害。"

九、革命的两面派政策

邓小平的军事智慧不仅体现在治军方面，还体现在打仗方面。

邓小平的军事智慧不仅体现在治军方面，还体现在打仗方面。这里略举两例。

抗日战争进入相持阶段后，针对日寇的"总力战"，邓小平提出"以政治斗争为主，以武装斗争为骨干的全面抗战"方针，而政治斗争的形式之一就是实施"革命的两面派"政策。

邓小平认为"革命的两面派"政策是深入敌人内部的进攻政策。它的实施说到底是一项"打入"工作：打入到敌占区群众中去，打入敌占城市中去，打入到伪军伪组织中去，打入到黑团、帮会、土匪中去，打入到一切组织中去，而以伪军为当时打入的主要目标。打入的任务是长期埋伏，进行隐蔽的、巧妙的、谨慎的对敌斗争和宣传组织工作，在敌人内部积蓄力量，以待时机，配合反攻或进攻。

另有一种中性的两面派，敌我两边都应付，都不得罪。革命的两面派则是一切为积累革命力量，准备最后的反攻，应付敌人只是出于不得已。但是这两种两面派的界线并不是固定不变的。敌占区中性两面派占多数，他们正是革命两面派打入生根、开展活动的基础。一般两面派被争取过来后，就变成革命的两面派，然后通过他们去团结组织更多的力量。这是一种瓦解敌伪、化敌为友的挖心战术，可以收到战场上无法收到的效果。

邓小平区分了做革命的两面派策略，有两种不同的应用范围。在伪军或上层伪组织中的运用，首先要充分利用和掌握日伪矛盾和伪军组织内部的矛盾，以便以敌攻敌，乘机发展自己。这是基本出发点。此外还要善于广交朋友；善于利用自己的合法身份以非常隐蔽、巧妙的方式开展工作；善于把握时机，争取同事、下级尤其是上级成为两面派；充分照顾中国人特别是革命抗日分子的利益；对没有危害于我的特务分子争取"敬鬼神而远之"的态度；对于死心塌地的汉奸及借刀杀人分子,则不惜采取任何手段铲除之。这是一种极其残酷复杂、充满神秘色彩的斗争方式。邓小平要求每一个革命的两面派都要具有既大胆又谨慎的素质,不夸张,不蛮干,不暴露,脚踏实地去做,就能收到良好效果。

邓小平要求每一个革命的两面派都要具有既大胆又谨慎的素质,不夸张,不蛮干,不暴露,脚踏实地去做,就能收到良好效果。

邓小平认为在敌占区或敌占优势的游击区也可运用相应的革命两面政策。不过,这需要具备以下条件:第一,必须是全乡全村一致对敌的;第二,必须有武装斗争的配合;第三,各种组织形式表面上不能不是伪组织的一套,但实质则必须是抗日的;第四,必须由一村的一致发展到全乡乃至一个区域的一致,才更便利于应付敌人欺骗敌人。

推行革命的两面派策略,打入敌人内部,在敌后发展势力,不只是在抗战中有对日斗争的意义,邓小平还看到它在战后有对蒋斗争的意义。他看到国民党在这方面比共产党更积极,抗战一开始,它就着眼于在攻占区积蓄力量,着眼战后优势,派人打入敌人内部,努力争取伪军组织。共产党则长期停留在宣传阶段,满足于取得情报,没有认真的打入生根,组织力量。邓小平向国民党"学习",变被动为主动,结果到抗战结束时,共产党的成果也不少。不然,在下一轮国共之争中,哪有共产党在华北敌后的优势?

十、军事仗和政治仗一起打

1945 年 10 月中旬,国民党军 11 战区副司令长官马法五、高树勋共率三个军,从河南新乡沿平汉铁路北进,外加一个乔明礼的河北民军纵队,三路兵马夹击河北重镇、扼平汉线的华北战略要地邯郸。

刘伯承说:这下"蒋介石把足球朝解放区的中央大门踢来了"。中央军委指示:平汉战役的胜负,关系到全局。并令刘邓亲临指挥此役。

刘邓分析敌我双方形势:马法五的第四十军、三十军都是强的,高树勋的新八军也是有战斗力的。刘邓所部基本上是一个游击队的集合体,而且刚刚打完上党战役,部队疲惫不堪,队伍硬拼不是上策。陈锡联先在马头镇拼了一下,一拼就是几百人的伤亡。

刘邓看出敌军虽然兵力总和占优势但其内部派系不一,矛盾重重:马法五的四十军属"杂牌",与蒋的嫡系不和。更重要的是高树勋的新八军,是西北军的旧部,国民党一直想吃掉。高树勋早在 1942—1944 年间受汤恩伯指挥时,就与共产党方面有联系。这些邓小平心里都清楚。何不利用这些矛盾,把军事仗和政治仗结合在一起打?

何不利用这些矛盾,把军事仗和政治仗结合在一起打?

军事仗分两部分,集中所有主力把敌军团团围住,同时组织民兵和游击队截击来援之敌。政治仗就是争取高树勋起义,分化瓦解敌军。这方面只用了一个人,当然下的本钱也不小,主要是精心策划。

平汉战役 1945 年 10 月中旬打响,战前 5 个月,刘邓就派了长期在国统区做地下工作的王定南深入高部当联络。邓小平与王定南谈过多次,已料定高树勋确有起义倾向,但是仍在犹豫之中。于是在向被困之敌发起总攻的头一天,又派参谋长李达和王定南亲往马头镇高的司令部做工作。李、王二人一到那里,看见所有的汽车、马车都头向南,是准备撤退的。双方见面,一说就合拍,高树勋决定起义,并且第二天就配合刘邓的攻势率万余众宣布起义,把部队开向西北面的解放区。

新八军起义,马法五就慌了,急令他的两个军南撤。刘邓早在敌军退路西侧做了部署,把马法五堵在漳河北岸,进行多路突击和兜击,一举歼敌 3000 余人,俘敌 1.7 万余人,马法五也在其内。

邓小平后来回顾说:

> 平汉战役应该说主要是政治仗打得好,争取了高树勋起义。如果硬斗硬,我们伤亡会很大。我一直遗憾的是,后来我们对高树勋处理不公道。他的功劳很大。没有他起义,敌人虽然不会胜利,但是也不会失败得那么干脆,退走的能力还有的,至少可以跑出主力。他一起义,马法五的两个军就被我们

消灭了,只跑掉3000人。①

像这样分化瓦解战胜敌人是很划得来的。敌军中一个小小的缺口、矛盾,好好地加以利用,足以致强敌于灭亡。一个善于策反的政工人员,可以抵得上数千乃至数万之众。本小利大,不战而屈人之兵。此法尤其在敌强我弱形势下显得必不可少。邓小平策动高树勋起义,取得平汉战役的胜利后,毛泽东大悦,就势发挥,在全军掀起一场"高树勋运动",作为解放战争初期以弱胜强、克敌制胜的一项重要措施。

像这样分化瓦解战胜敌人是很划得来的。敌军中一个小小的缺口、矛盾,好好地加以利用,足以致强敌于灭亡。一个善于策反的政工人员,可以抵得上数千乃至数万之众。本小利大,不战而屈人之兵。此法尤其在敌强我弱形势下显得必不可少。

① 《邓小平文选》第三卷,人民出版社1993年版,第337页。

第六章 邓小平统战智慧

一、进军西藏,政治先行

西藏这个地方,人口虽然不多,但战略地位十分重要。为了防止外国插手西藏事务,当刘邓大军解放大西南的战事快要结束时,毛泽东及时发出"进军西藏宜早不宜迟"的号召。

由谁担此重任?起初,毛泽东考虑"以西北局为主经营西藏"。主持西北局的彭德怀认为从此路进藏困难很大,短期内难以克服。为了"宜早",毛泽东还是将进军西藏的历史重任交由西南局担负。邓小平作为西南局第一书记和西南军区政委,理所当然地成了解决西藏问题的直接决策和具体谋划人。

中国古代兵家常说:兵马未动,粮草先行。进军西藏,在邓小平的心目中,不仅粮草要先行,更重要的是政治要先行。

善于从政治上考虑问题是邓小平的一贯风格,早在二野部队进军巴蜀途中路过湘、黔交界的少数民族地区时,他就说过,像这样的少数民族地区,要着重从政治上解决问题,可以专门成立一个民族自治地方,以利于他们的发展。

西藏的情况更加特殊和敏感,历史上一些帝王将相多次用兵,有的翻了船,损兵折将,有的不战自退。邓小平对西藏的历史和现实、政治和军事、宗教和神权做了一番分析比较后,得出西藏问题"政策性很强"的结论。

他说:解放西藏,需要一定数量的军事力量,从历史上看,对藏多次用兵而未解决,而解决者亦多靠政治,要团结达赖、班禅两大

中国古代兵家常说:兵马未动,粮草先行。进军西藏,在邓小平的心目中,不仅粮草要先行,更重要的是政治要先行。

238

派,要靠政策走路,靠政策吃饭。

据此,邓小平提出进军西藏的基本策略:"政治重于军事,补给重于战斗"。

解放西藏当然需要相当兵力,但是邓小平认识到兵力过大会引起以后问题不好解决,因此进藏部队要力求精干。他认为主力部队有3万人就够了,而补给线至少要上1万人,以加强兵站线。后来还组织了一个规模庞大的支援司令部,包括后勤部队和西南军区工兵司令部,统一解决修路和运输问题。这些措施是为了进军西藏"不吃地方",以便树立仁义之师的形象,为政治解决铺平道路。

进藏部队既然要精,派谁去合适? 经过反复权衡,刘邓决定让年仅38岁的军长张国华率所部18军执行进藏使命。这样考虑是因为18军干部条件较好,在已经开辟新区的工作中颇有建树。军长张国华年轻有为,有利于西藏长期建设。

3万人的部队,孤军深入茫茫西藏高原,弄不好会有全军覆没的危险。刘邓不能不考虑到这一点,因此在确定18军入藏的同时,据说中央"在康、藏两侧之新、青两省及云南邻省各驻防兄弟部队",以便必要时予以协助。后来的实际兵力部署是:18军由川西进至金沙江东岸的邓柯、德洛、巴塘;云南军区第126团进至贡山;青海骑兵支队进至玉树;新疆独立骑兵师进至于田。还有一个精干团"经德钦、科麦溯雅鲁藏布江西进,策应与支援第18军解决西藏问题"。有这等阵势,进军西藏的"兵"虽不多,"力"却不小。

邓小平宁可把大部队摆在外围,而让进藏部队尽量少些,是为争取政治解决的考虑,同时又能应付任何大的军事行动,以求万无一失。

军事只作后盾,政治还是先行。邓小平指示进藏部队成立"政策研究室",专门研究进军西藏的政策问题。他告诫进藏部队:政策就是生命。必须紧密联系、依靠群众,要用正确的政策扫除中外反动派的妖言迷雾,去消除历史上造成的民族隔阂和成见,

他告诫进藏部队:政策就是生命。必须紧密联系、依靠群众,要用正确的政策扫除中外反动派的妖言迷雾,去消除历史上造成的民族隔阂和成见,去把西藏的广大僧俗人民和爱国人士团结到反帝爱国的大旗下来。

去把西藏的广大僧俗人民和爱国人士团结到反帝爱国的大旗下来。

他还指示起草"进军守则",要求进藏部队模范执行党的民族政策,严格遵守纪律,尊重藏胞的风俗习惯。进藏部队即使在风雪中行军,也只能住帐篷而不得住进寺庙,不经同意不能住进民房,真正做到秋毫无犯。据说后来有一位战士在进军途中对横在路上的老鹰踢了一脚,即按不尊重藏胞风俗、违反民族政策和军纪而被处以警告处分。此类严格要求使进藏部队在藏民中赢得了"新汉人"、"菩萨兵"的称誉。

宗教是西藏最敏感的问题,也是政治解决成败的关键。邓小平多次训导进藏部队要切实保护喇嘛寺庙,尊重西藏僧俗人民的宗教信仰。后来当先头部队准备进入拉萨时,邓小平亲往交代:到了拉萨后,会见达赖喇嘛时,如果他提出要摸顶,可以不受我军纪律的约束,让他摸去,还要代表官兵向他赠送礼品。

1950年2月25日,中央电示西南局:"我军进驻西藏的计划是坚定不移的,但可以采用一切办法与达赖集团谈判,使达赖留在西藏与我和解。"根据这一指示,邓小平果断地把解放西藏的筹码拨到和平的天平上。他亲自拟定10项政策,作为与西藏当局和平谈判的条件,其主要内容是:西藏人民团结起来,驱逐英美帝国主义侵略势力出西藏;实行西藏民族区域自治;西藏现行各种政治制度维持原状,概不变更,达赖活佛之地位及职权不予变更,各级官员照常供职;实行宗教自由,保护喇嘛寺庙,尊重西藏人民的宗教信仰和风俗习惯;维持西藏现行军事制度不予变更,西藏现有军队成为中华人民共和国国防武装之一部分;发展西藏民族的语言、文字和学校教育;发展西藏的农牧工商业,改善人民生活;有关西藏的各项改革事宜,完全根据西藏人民的意志,由西藏人民及西藏领导人采取协商方式解决;对于过去亲英美和亲国民党的官员,只要他们脱离与英美帝国主义和国民党的关系,不进行破坏和反抗,一律继续任职,不咎既往;中国人民解放军进入西藏,巩固国防。

后来中央人民政府同西藏地方政府签订的和平解放西藏办法

后来中央人民政府同西藏地方政府签订的和平解放西藏办法的17条协议,就是在这10条的基础上发展起来的。更有趣的是,这些政策的若干内容与20世纪80年代邓小平关于解决台湾和处理香港问题的政策有颇多相似之处。

的 17 条协议,就是在这 10 条的基础上发展起来的。更有趣的是,这些政策的若干内容与 20 世纪 80 年代邓小平关于解决台湾和处理香港问题的政策有颇多相似之处。

这 10 项政策充分考虑到了西藏社会的历史和现实,照顾到了各阶层的利益。有的藏族代表人士看到后竟觉得这些政策太宽容了些。邓小平说:"就是要宽一点,这是真的,不是假的,不是骗你们的。所以这个政策的影响很大,其力量不可低估。"①

为了防止进藏部队带着阶级斗争的框框,看不惯西藏农奴主对农奴的压迫剥削,犯急性病,违反政策,邓小平提醒官兵,遇到这类问题,要睁一只眼闭一只眼。这不是什么阶级觉悟问题,"现在我们民族工作的中心任务是搞好团结,消除隔阂"②。

派谁去当和平使者? 西北局曾先后派出两批,一批被限令离境,一批遭到扣押。西南局有位很理想的人选,即当时西南军政委员会委员、西康省人民政府副主席、朱德在长征途中结识的藏族朋友、甘孜白利寺的格达活佛。当格达请命前往拉萨劝和时,邓小平赞扬他的爱国精神可嘉,但告知他拉萨形势比较复杂,劝他暂不要前去。

无奈格达活佛去意更坚,邓小平只好尊重他的意愿,并即修书一封,请格达活佛转告达赖喇嘛,表明毛主席党中央和平解放西藏统一祖国的决策之英明和诚意。可惜格达活佛和平使命未完便在昌都遇到暗害。邓小平深表痛切,为其召开追悼大会,送挽词称格达活佛"光荣殉国,永垂不朽"。为表其不朽,如今甘孜立起一尊朱总司令和格达活佛联谊塑像。

劝和不成,先礼后兵。政治先行有时还得军事开路。以摄政达扎为首的西藏地方当局挟持 14 世达赖逃到亚东,企图把达赖带到国外,并调集一半以上的藏军,约 9 个代本(相当于团),加上 3000 多民兵,布防在昌都以东的金沙江一带及昌都附近地

劝和不成,先礼后兵。政治先行有时还得军事开路。

① 《邓小平文选》第一卷,人民出版社 1994 年版,第 163 页。
② 《邓小平文选》第一卷,人民出版社 1994 年版,第 164 页。

在这种情况下,邓小平决定以打促谈,给西藏当局一点厉害,叫他知道王师不可阻挡,打不如谈。

区,想以武力抵挡解放军和平进藏。在这种情况下,邓小平决定以打促谈,给西藏当局一点厉害,叫他知道王师不可阻挡,打不如谈。

仗打得非常漂亮。刘邓只以少量部队正面佯攻,吸引敌人,而用主力部队从昌都南北两方实行深度迂回包抄。经过 20 天战斗,歼灭藏军 6 个代本的全部、3 个代本的一部,争取一个代本起义,共歼敌 5700 余人,消灭了藏军的主力部队,一举解放昌都,打开了进藏的门户。

在强大的军事攻势下,西藏上层统治集团内部急剧分化,过去久被压抑的爱国力量(班禅派)得到发展,更加坚定;而亲帝分裂分子(达赖派)受到沉重打击,开始动摇。昌都大捷后,进军西藏又回到和平筹码上,中央政府要求西藏地方当局迅速派代表来京谈判,同时表示在谈判协议达成前暂不进军拉萨。进驻昌都的部队和工作人员根据邓小平的指示大力开展统战宣传,以实际行动影响藏民。周恩来通过印度给西藏地方政府做工作,促使西藏上层统治集团进一步分化。阿沛·阿旺晋美和西藏地方政府在昌都的一些官员,两次上书达赖喇嘛力主和平谈判。在各方压力下,达赖喇嘛被迫面对现实,派出阿沛·阿旺晋美为首的西藏地方政府代表团出面议和。

阿沛一行到达重庆后,受到西南党政军领导的热情接待。邓小平高度赞扬阿沛在关键时刻深明大义作出历史性选择,向他们讲解和平解放西藏的 10 大政策,争取达赖从亚东回来对和平进军的好处,一再坦诚地表示这些政策是要认真执行的,希望他们消除隔阂和猜疑,力促和谈成功。

1951 年 5 月,中央人民政府和西藏地方政府签订了和平解放西藏办法的协议。7 月份人民解放军分多路向拉萨进发,10 月 9 日先遣部队到拉萨,10 月 26 日主力部队开进拉萨城。邓小平不负重托,胜利完成了进军西藏的历史任务。

剩下的问题是如何管治西藏这块特殊的地区。1952 年,邓小平调到中央工作,仍时刻关注西藏问题,"比如实行民族区域自治,我们派不派干部?派是必要的,但一定要少而精"。① 他告诉张国华,每县至多派五六名去培养藏族干部,了解情况,做好团结工作。驻藏机构要力求简便,工作方式多用口头,少用公文。各级机关都要吸收藏族干部参加工作。

培养藏族干部采取三条途径,一是从苦大仇深的农奴中物色一些干部苗子就地锻炼培养,二是在陕西咸阳创办西藏公学专门培训,三是保送一批优秀藏族青年到成都、北京的民族学院深造。这些做法中蕴含着一个"藏人治藏"的策略。

进军西藏的最终目标是要对西藏进行民主政策。邓小平深知这个问题太敏感了,"我们确定,在少数民族里面,正是由于过去与汉族的隔阂很深,情况复杂,所以不能由外面的力量去发动制造阶级斗争,不能由外力去搞什么改革"。"改革是需要的,不搞改革,少数民族的贫困就不能消灭,不消灭贫困,就不能消灭落后,但是这个政策必须等到少数民族内部的条件具备了以后才能进行。"邓小平说在这个问题上"来一点'慢性病'没有关系"②。

1956 年大陆其他省份争先恐后地跨入了社会主义,西藏的民主政策还搞不搞?和平解放西藏的条款中有几个"不予改变",现在要改,关系到大局的稳定。邓小平主持中央书记处会议,多次慎重讨论这个问题,认为西藏改革的时机还不成熟,确定 6 年不改的期限。针对西藏干部围绕政策出现的意见分歧,邓小平明示:西藏今后 6 年不改是肯定的,西藏的人员、机构、事业、财政要大下马,下马越快越好,人员内调越快越好。

这种收缩方针是考虑到西藏地方政府不愿意改变现状,并且已有一些地区发生排除汉人的叛乱。叛乱既已发生,就要作出应变决策。针对初期的局部叛乱,邓小平指示:"西藏当局万变不离其宗。现在不要发动群众,只搞整顿队伍,交朋友和学习。在社会上也不要大搞社会主义教育。西康叛乱武装来西藏,除噶厦自己

> 进军西藏的最终目标是要对西藏进行民主政策。

---

① 《邓小平文选》第一卷,人民出版社 1994 年版,第 166 页。
② 《邓小平文选》第一卷,人民出版社 1994 年版,第 164 页。

外,我们不派人去打。"进藏部队遵照指示尽量收缩到交通线和点上,有的调回内地。

叛乱分子错误理解了邓小平的克制和忍让,他们得寸进尺,使叛乱不断升级,到1958年演变成一场全局性武装叛乱。这时邓小平向张国华交代策略:叛匪威胁党政机关和主要交通就打,有把握就打,没有把握就不打。交通要保护起来,双管齐下,先从交通要道把自己的命保住。6年不改,但出了乱子由他们负责。

几天后,张国华等人准备回藏部署军事,邓小平又一次向其面授机宜:"人不犯我,我不犯人。巩固自己的阵地,维护交通,如威胁交通有把握就打。解放军不要轻易上阵,不要轻易把部队拿上去,还有4年多时间,长得很。"

收缩是为了赢得主动,政治上的主动,以退为进。不久,邓小平对西藏问题作出重要批示:6年不改,收缩方针没有变化,收是对头的,他的统治者要变是另一回事,与我无关,他们要变,我们就发动群众。和平改革的方针是不会变的,但完全用和平的方法是不会的,我们要做准备。

收缩退让到了1959年年初,叛乱武装向进藏部队发起全面进攻。6年期限还没到,但人已开始犯我了,证明西藏反动当局已撕毁了和平协议,现在该由他们自己负责了。于是从3月20日起,收缩到交通点上的驻藏部队从拉萨开始进行全面的平叛斗争。

这下子改革问题也好办了,平叛部队遵照指示一边平叛一边改革,以摧枯拉朽之势,一举摧毁了西藏的封建农奴制度。

到1962年3月,正好6年期满,西藏境内的武装叛乱全部被平息,与此同时,一个僧侣贵族专制的时代在西藏高原永远结束了,代之而起的是社会主义的新西藏。

当年跟随邓小平进军西藏的阴法唐将军回忆说:虽然岁月已远,沧桑巨变,许多历史往事正渐被淡忘,但是邓小平同志为和平解放西藏,平息西藏叛乱,完成民主改革等所建立的功勋和作出的特殊贡献,将永远铭刻在世界屋脊上。

244

二、"一国两制",和平统一

美国记者华莱士曾问邓小平:"台湾有什么必要同大陆统一?"

这个问题问得有点傻,说明外国人不了解中国的政治文化。董仲舒说:"《春秋》大一统者,天地之常理,古今之通谊也"。中国自秦王扫六合以来,历代君王都以建立一统江山、维护版图统一为其千秋大业和己任。还有许多志士仁人留下"但悲不见九州同"的感慨。1949 年共产党虽然得了天下,但并没有一统宇内,因为台湾和大陆天各一方。毛泽东一定要解放台湾,终未如愿,留下陆游式的遗憾。

邓小平决心完成前人未竟的统一大业,认为这是 20 世纪 80 年代的三大任务之一。他讲了两条要统一的理由,首先是个民族感情问题。凡是中华民族的子孙都希望中国能够统一。长期不统一,说不定哪一天台湾会脱离祖国而去,永远从中华人民共和国的版图上消失掉。如果这是国共相争的最终结局,那怎么向人民交代、向子孙后代交代?

当然,仅仅说我们都是炎黄子孙便应该统一在一个国家里,道理还不够充分。美洲、澳洲的移民都是欧洲民族的后裔,可他们偏偏要从宗主国的保护下独立出来,自立门户,分家过日子。对于台湾,邓小平更重要的考虑是国家主权和领土完整。"只要台湾不同大陆统一,台湾作为中国领土的地位是没有保障的,不知道哪一天又被别人拿去了。"①20 世纪 50—60 年代毛泽东之所以接连不断地炮击金马,在海峡两岸保持内战状态,作出要解放台湾的样子,其目的也是为了"让蒋介石离我们近一点",以防台湾问题被国际化。中美建交后台湾问题由主权之争变成中国内政,但国际

邓小平决心完成前人未竟的统一大业,认为这是 20 世纪 80 年代的三大任务之一。

---

① 《邓小平文选》第三卷,人民出版社 1993 年版,第 170 页。

上仍不时有人想打台湾的主意。台湾问题成为中国对外交往中攥在外国人手中的一个砝码,任何国家只要承认台湾是中国的一个部分我们就要感谢一番。中美关系更是如此。"美国目前有一股势力,继承'杜勒斯主义',把台湾当作美国的'航空母舰'和势力范围。一旦……解决了台湾问题,这个热点也就消失了,这些人不也就死心了?"①

要统一是毫无疑问的,问题是怎么统一? 可供选择的方法只有两种:武力解决或和平谈判。邓小平虽然不排除使用武力的可能性,但他始终认为武力解决是下策。中国人尝够了战乱之苦,现在更需要集中精力搞现代化建设。为了统一,再打一次内战,代价实在太大了。况且台湾已有一定的防卫能力,打下来伤亡肯定不小。伤害了台湾人民,再去稳定那里的局势,是件很麻烦的事情。海峡两岸一旦开战,势必涉及整个东亚地区,有可能使中国同东南亚国家的关系全面紧张,损害来之不易的亚太和平和周边稳定。台湾毕竟不是天安门,许多西方国家在那里有利害关系,真正打起来,难保外国不插手,那将会使中国同美、日、欧关系复杂化,把刚刚开创的外交新局面毁掉。所有这些,都于四化大计不利。

20 世纪 50—60 年代,海峡两岸、国共两党都曾致力于统一,一个要"解放台湾",一个要"反攻大陆",都想吃掉对方,把对方统一于自己。结果谁也没有吃掉谁,倒使隔阂更加深了,彼此敌视了30 多年。像这样僵持下去,总有一天要爆发冲突,甚至武力冲突。冲突只会使疙瘩越结越死,最后只有通过武力解决问题,国共再度在战场上一决雌雄。如果武力解决不了,那就只有一条路可走:台湾独立,各走各的路,走进民族分裂的死胡同。

不统一不行,武力解决又不妥,长期顶着更不是办法。多年来,邓小平一直在想,找个什么办法,不用武力手段而用和平方式,解决这个问题,从死胡同里走出来。

郑成功于明末清初从荷兰殖民者手中收复台湾,后世誉之为

要统一是毫无疑问的,问题是怎么统一?

---

① 《邓小平文选》第三卷,人民出版社 1993 年版,第 97 页。

民族英雄。可清朝统治者视台湾郑氏政权为一统江山之外的异端,进行封锁,围剿。康熙初年,清王朝曾一度改武力征讨为和平招抚,两次派员到台湾谈判。谈得不错,清政府承认郑氏世守台湾并开放沿海对台贸易,郑氏同意改奉清朝,称臣纳贡。然而结果还是武力解决。1683 年,康熙命施琅率军收复台湾。施琅通过激烈的战斗攻克澎湖,使台湾郑氏管辖的"数千里之疆,重归土宇,百余万之户口,并属版图"。是什么使和谈告吹? 原来郑氏坚持,臣服是可以的,但"须援朝鲜例,不剃发,不易服"。康熙则认为,"朝鲜系从来所有之外国,郑氏乃中国之人",不能相提并论。这就是中国大一统政治思维的奇怪逻辑:外国人管不了,可以不同;中国人在管治之下,不能有所不同;称臣纳贡还不算统一,还要求服装发式统一。就因为这一点不能容忍,使一场战争无法避免。如果康熙大帝想开一点,就让台湾人的服装发式不同,不用兴兵动武,台湾不也照样重归王土吗?

中华民族几千年的文明史没有逃出分合相间、治乱迭乘的怪圈。人们痛恶战乱,殊不知历史上的战争至少有一半是为了统一而进行的。统一是件好事,可以免除战乱,可是统一本身又必须通过战争去实现。为什么统一如此之难,非诉诸武力不可? 其中又至少有一半是因为统一的要求太苛刻了。所谓统一就是一方吃掉另一方,想不被吃掉就得拥兵自重或占山为王。独一无二的统治者容不得治下有半点特殊性、差异性。这样的统一当然非武力不能达到。许多统治者为了平定天下,统一国家,弄得精疲力竭,甚至焦头烂额。如果想开一点,把统一标准降低一点,不强求四方诸侯与中央王朝绝对一致,使统一体的结构容量大一些,能够容纳更多的特异性,如同现代联邦制,战争的必要性不就减少了一半吗?

台湾和大陆分裂对抗 30 多年,根源无非是两岸的制度和主义不同。双方都有一个相同的政治思维方式,认为一国之内容不下两个主义、两种制度。讲统一是可以的,但都想用自己的主义去统一对方。因此统一就意味着你死我活,一方吃掉另一方。谁都想把对方吃掉,谁都害怕被对方吃掉,于是就顶着,连敌国的关系都

中华民族几千年的文明史没有逃出分合相间、治乱迭乘的怪圈。人们痛恶战乱,殊不知历史上的战争至少有一半是为了统一而进行的。

国与国之间都能超越社会制度和意识形态的差异而握手言和，为什么同是炎黄子孙反而不能超脱一点，硬是让制度的差异阻碍了民族的统一呢？

缓和了，海峡两岸却始终走不到一块儿。这就颇费思索：国与国之间都能超越社会制度和意识形态的差异而握手言和，为什么同是炎黄子孙反而不能超脱一点，硬是让制度的差异阻碍了民族的统一呢？难道血不比水浓一点，非要一方吃掉另一方才舒服、才伟大？为什么不能想开一点，把制度之争放在一边，先抓主要矛盾，解决国家或民族统一问题？

邓小平劝大家都想开一点，"台湾当局提出要以三民主义统一中国，至少是太缺乏现实感了。能用一千几百万人口的台湾的现行制度来统一十一亿人口的大陆吗？"①同样，大陆想用社会主义去统一台湾，也行不通，除非使用武力。用武力勉强令其接受了，也会造成很大的混乱。即使不发生冲突，台湾也会变成一个萧条的台湾、后遗症很多的台湾，而不是共产党所希望的台湾。既然谁也不好吃掉谁，那就尊重现实，承认差别，把统一的标准订低一些，搞一个你不吃掉我，我也不吃掉你，双方都可以接受的办法：海峡两岸来个求同存异，统一在一个国家内，但双方的社会制度、生活方式和价值观念等，悉听尊便，你搞你的三民主义，我搞我的社会主义，不强求一致。这样一来，统一的障碍就从根本上消除了，双方可以坐下来谈谈。

邓小平对台湾出示的和谈条件很优惠：统一后，台湾作为特别行政区，虽然是地方政府，但享有国内其他省市乃至自治区所没有的特殊权力，对内政策可以自搞一套，现行的社会、经济制度、生活方式可以保持不变，司法独立，终审权不须到北京，只要不损害统一的国家利益就行了。大陆不派人到台湾，台湾的党、政、军等系统都由台湾自己来管，中央政府还要给台湾留出名额。台湾可以继续对外发展经济文化关系，只需变一下名义，用"中国台湾"而不是"中华民国"，明确在国际上代表中国的，只能是中华人民共和国。

军队是个棘手的问题。本来，既是"一个国家"，起码外交和

① 《邓小平文选》第三卷，人民出版社1993年版，第97页。

防务两项要统一。在香港问题上,邓小平强调了驻军的必要性:"既然是中国的领土,为什么不能驻军呢?""除了在香港驻军外,中国还有什么能够体现对香港行使主权呢?"可是台湾有所不同:国共两党在 20 世纪 40 年代中后期几次和谈都因为军队的归属问题而闹崩了。现在若提驻军台湾,或把台湾的军队收过来,台湾当局肯定接受不了,"我不吃掉你"也叫人不好理解。邓小平索性连这一点也不要求,允诺统一后台湾可以保留自己的军队。好在台湾和香港有点不同,台湾的军队也是中国的军队,只是将来可能要改个名,不能叫"国军",叫什么名字都可以在谈判中协商。

虽然统一后台湾当局注定只能是地方政府,但考虑到中国人的面子,在谈判阶段,不提中央和地方谈判,而采用两党对等谈判的提法。只是两党对谈,万万不可像 20 世纪 40 年代那样让外国人插手,否则后患无穷。

世界上有哪一个国家的政府制定过这么开明的政策?统一后的台湾除了国旗和国徽变一变,几乎一切照旧。这样的统一对台湾有什么损失?台湾当局再不心向祖国有点说不过去。

邓小平谋求和平统一的条件和诚意使台湾方面不好拒绝,一切都可以商量,还要怎么样?与此同时,邓小平始终不做出放弃非和平解决方式的承诺。"我们不能做这样的承诺。如果台湾当局永远不同我们谈判,难道我们能够放弃国家统一?当然,绝不能轻易使用武力……但是,不能排除使用武力……这是一种战略考虑。"①

第一是统一,第二是和平,第三才是武力。统一的决心和和平的诚意都公开了,如果台湾当局不想背分裂的罪名,不想进行军事冒险,它就只有一个选择:坐下来谈判。

由于底价已经很低了,台湾方面只要接受这个框架进行谈判,就很难再加码,可能台湾对"地方政府"不满意,想跟共产党争正

邓小平谋求和平统一的条件和诚意使台湾方面不好拒绝,一切都可以商量,还要怎么样?与此同时,邓小平始终不做出放弃非和平解决方式的承诺。

---

① 《邓小平文选》第三卷,人民出版社 1993 年版,第 87 页。

统,可是你台湾能够称 10 多亿人口的大陆为地方政府吗? 一个国家只能有一个中央政府,搞两个中央,平起平坐,等于一中一台,没有统一,哪有"一国两府"的道理? 争自治吧,已经到顶了,连军队都可以保留,可谓高度自治。再要自治,搞成"完全自治",那和独立国家有什么区别? 不又成了两个中国? 所有这些可能的讨价还价,都会给人缺乏和平统一的诚意的感觉。邓小平的这种低标准统一的智慧,堵死了台湾方面制造分裂和独立的任何口实。

邓小平告诉美国朋友:"采用一国两制的办法,不仅解决了中国的统一,美国的利益也不致受损害。"①美国人照样可以同台湾做生意,打交道,只是要明确打交道的对象是中国的一个省份,必须尊重北京的意志,再不能把台湾当成针对中华人民共和国的"航空母舰"了。

也许有人会说这种统一只是名义上的,实质上并不统一,按老标准看确实如此,但这有什么关系? 实质上统不统一是内政问题,可以放后一步,只要名义上统一了,台湾作为中国领土一部分的地位有了保障。"哪怕它实行的制度等等一切都不变,但是形势就稳定了。"②一些想拿台湾做文章的人也就死心了,中美关系上的热点也就消除了,再想敲中国人得另找题目。

局势稳定了,也好向人民交代,邓小平只是多一点宽容,便不费一枪一弹完成了前人没有完成的统一大业,大陆什么也没有输,至少政治地位有保证,台湾再特殊也是地方政府,一些跳不出旧框框的人也许觉得这样的统一不过瘾,没有干净、彻底、全部地消灭对方。这也不要紧,邓小平可以用"有中国特色的社会主义"去做说服工作:不吃掉不但没有坏处,还有好处。两岸从此不必剑拔弩张,不用担心台湾独立,不用担心外国插手。至于"两个制度"之间的内部矛盾,可以慢慢来。

一些想拿台湾做文章的人也就死心了,中美关系上的热点也就消除了,再想敲中国人得另找题目。

---

① 《邓小平文选》第三卷,人民出版社 1993 年版,第 97 页。
② 《邓小平文选》第三卷,人民出版社 1993 年版,第 219—220 页。

三、"铁娘子"遇上"钢小平"

1982年9月22日,一架英国皇家空军飞机载着英国首相撒切尔夫人及她的丈夫丹尼斯和一大批政府官员外加16名记者飞抵北京。

说来也巧,这一天正是主张"和为贵"的中国古代伟大思想家孔子诞辰2463年纪念日。而此时的中国也确实体现了一个"和"字:内部可以说"和气生财",不再搞所谓的"阶级斗争";对外则是"和平共处",同不少制度对立的国家化敌为友,例如美国和日本。

英国首相选择这个时机访华,说明这个老牌资本主义国家也想搭上开往中国市场的早班车。不过,她此行最惹人注目的还是另一件事:就香港问题与中国领导人进行正式会谈。

撒切尔夫人是继丘吉尔后英国政界的铁腕人物,人称铁娘子,在处理国际事务中向以强硬和变通著称。香港问题从何谈起,她心中早有"腹稿"。

英占香港百余年,其中至少有两次,第二次世界大战后和20世纪50年代初,是预备要扯皮的,结果都相安无事地过来了。这一回,是祸是福看来都是躲不过的。邓小平已宣布解决台湾问题、实现祖国统一是80年代三大任务之一。香港自然也在解决之列,最迟不会超过1997年。问题是怎么样解决,英国人很想探个虚实,以确定对策。1979年3月香港总督访问北京时,第一次同邓小平讨论了这个问题。1981年4月英国外交大臣卡林顿访华时,邓小平向他暗示:如果香港将来的地位发生了变化,外国投资者的利益将不会受到严重损害。半年后,当北京宣布和平统一台湾的九条原则时,实际上是间接公开了解决香港问题的参考方案。1982年4月,邓小平在会见英国前首相爱德华·希思时,明确表示统一台湾的九条也适用于香港。

这下英国人心里有底了,香港总督尤德爵士甚至认为香港主

撒切尔夫人是继丘尔后英国政界的铁腕人物,人称铁娘子,在处理国际事务中向以强硬和变通著称。香港问题从何谈起,她心中早有"腹稿"。

权移交不过是个"例行手续"问题。精于国际利益关系的女首相当然不会把问题看得如此简单。不过,经过一系列试探性接触,她相信已经把中国的立场摸准了:中国是决心要收回香港主权的,但并不想改变香港作为一个自由港和国际商业中心的地位。这种"一国两制"的模式,其思路是政经分离。中国人按照政经分离原则把国有企业的所有权和经营权分开了,那么在香港这个地区性问题上,主权和治权能否分开呢? 香港的主权看来是非交不可的,中国在这一点上态度很明确而且不会让步。但是如果设法把中国人的思路引到两权分离上,英国就有一种可能性:在归还香港主权后,仍保留它对香港的实际管治权。

当然,女首相知道要这样做必须有一个大前提,即坚持历史上有关香港的三个国际条约的合法性。1842 年的《南京条约》和1860 年的《北京条约》分别规定将香港本岛和九龙半岛南端永久割让给英国,1898 年的《展拓香港界址专条》,又将九龙半岛大片土地和附近两百多个岛屿(统称"新界")租借给英国,租期 99 年。如果这三个条约都有效,那就是说,到 1997 年,英国理当把新界归还中国,但它仍拥有港、九两地的主权。新界面积为 984.53 平方公里,港、九两处合起来才 91.49 平方公里。英国没有新界,港、九也无法存在下去。但是它可以讨价还价:中国不是很着重主权吗? 我把港九的主权给你,换新界的治权怎么样? 如果行得通,到时整个香港的主权都交还了中国,而英国则继续管治着整个香港,相当于一个半殖民地,这也是很不错的嘛!

熟悉背景的人还知道,铁娘子此次是挟着英阿马尔维纳斯战役胜利的余威来华讨论香港问题的。来华前她就先声夺人声明"有关香港的三个条约仍然有效"。这来华的架势,等于摊牌,肯定会谈出新闻来的。

中国方面对会谈做了精心安排。首先由赵紫阳总理出面,正式通知英方,中国决定 1997 年正式收回香港主权,同时阐明收回后将实行特殊政策以继续保持香港的繁荣。

铁娘子继续坚持她的三个条约有效论,提出如果中国同意英

熟悉背景的人还知道,铁娘子此次是挟着英阿马尔维纳斯战役胜利的余威来华讨论香港问题的。来华前她就先声夺人声明"有关香港的三个条约仍然有效"。这来华的架势,等于摊牌,肯定会谈出新闻来的。

国1997年后继续管治香港,英国可以考虑中国提出的主权要求。仿佛她不是来物归原主,而是给中国送来了你梦寐以求的东西,只是有个小小的条件。

对中方来说,这是一次很有必要的"火力侦察"。实质性的会谈安排在第二天,即9月24日。铁娘子面临的对手将是一座"钢铁公司",——这是毛泽东送给邓小平的雅号。用美国总统乔治·布什的话说:"在会见外国领导人时,邓小平有一种把握强硬和灵活间最佳比例的高超才能。"

这一天,铁娘子身着蓝底红点丝质西装套裙,脚蹬黑色高跟皮鞋,手挽黑色手袋,颈项上戴一串珍珠项链,显得雍容华贵,气质不凡。她被告知先在人民大会堂新疆厅与邓颖超叙谈片刻,然后再前往隔邻的福建厅与邓小平会谈。

奇怪的是,铁娘子从新疆厅那一头走向福建厅,走了一半还不见邓小平的人影。福建厅大门紧闭,与刚才邓颖超老早就在门外伫立恭候的情形适成相反。记者们注意到,女首相此时虽然脚下款款,但面带难色,心存疑惑:怎么还不见主人出来迎接?

主人心里有数,他没有早早恭候女首相,也不会过分冷落远方的客人。就在铁娘子惶惑地走到离大门约20来步时,门忽然一声洞开,邓小平笑着走出来,上前五六步与客人握手问好。

终于见到了中国的一号人物,铁娘子说:"我作为现任首相访华,看到你很高兴。"

不料,邓小平却说:"是呀,英国的首相我认识好几个,但我认识的现在都下台了。欢迎你来呀!"

这本来是句大实话,不过喜欢揣摩弦外之音的人不免胡思乱想,所以有些记者听后暗自发笑。铁娘子此时作何感想别人就不知道了。

寒暄过后,转入正题。记者们被请离现场,会谈闭门进行。但全世界的人都可以通过卫星电视看到会谈的每一细节,听到这两位世界级谈判大师会谈的每一句话。

铁娘子正襟危坐,胸有成竹,打出她早已准备好的第一张牌,

不料,邓小平却说:"是呀,英国的首相我认识好几个,但我认识的现在都下台了。欢迎你来呀!"

强调历史上有关香港的三个条约按国际法仍然有效,1997 年后英国要继续管治香港。

香港本来就是中国的地方,"割让"、"租借"都是帝国主义炮舰外交强加给中国的不平等条约,英国凭借这些条约占有香港100 多年,如今反而要谈论什么条约的合法性,这不是对中国主权提出挑战吗?邓小平的回答斩钉截铁:"主权问题不是一个可以讨论的问题。""中国在这个问题上没有回旋余地"。"香港是中国的领土,我们一定要收回来的。"时间可以定在 1997 年,但是邓小平提醒女首相不要误会了,到时"中国要收回的不仅是新界,而且包括香港岛、九龙"①。

既然是中国的地方,
中国随时有权收回。

既然是中国的地方,中国随时有权收回。1943 年开罗会议上蒋介石就同丘吉尔、罗斯福认真讨论过香港归还中国问题。日本投降后,英国还真的做过还港的思想准备,后来因国共战争而延搁下来了。1949 年人民解放军打到海南岛,但终于没有跨过深圳河。此后 30 多年中,中国任何时候都可以给香港制造麻烦,但中国政府不但始终没有这样做,相反特别关注香港的繁荣稳定。从 1962 年起,周恩来总理亲自批准每日三趟往返于香港和内地的列车,以保证香港的副食品和蔬菜供应,即使在四年三灾时也没有中断过。中国一直有意保护香港的现状,是因为香港的存在对中国有一定的好处,可以作为赚取外汇、观察世界的窗口。另外是内地一直处在动荡之中,没有找到一种既可收回主权又能保持香港繁荣的办法。邓小平把这些都说成是中国人民长期等待的结果,已经等了 33 年,如果再加 15 年,就是 48 年,连过去的 100 年,共等了 1 个半世纪,可见中国是够有耐心的。英国人竟不知足,还谈什么继续管治!

邓小平特别提醒中国现在收回香港主权的时机已经成熟。1945 年国民政府同苏联签约租旅顺、大连给苏联 30 年,结果到1950 年,才 5 年时间,就被已经站起来的中国人收回了。邓小平

---

① 《邓小平文选》第三卷,人民出版社 1993 年版,第 12 页。

说,如果到 1997 年还不收回香港,那就意味着中国政府是晚清政府,中国领导人是李鸿章,任何一个中国领导人和政府都不能向中国人民交代,甚至也不能向世界人民交代,应该自动退出政治舞台,没有别的选择。这番话与其说是要英国人体谅中国政府难处,不如说是提醒英国人,如今的中国政府再也不是软弱无能的清政府,中国领导人也不再是屈膝求和的李鸿章了。英国不见得比苏联强大多少,租给苏联 5 年就收回了,租给英国 90 多年还不收回?

邓小平进一步开导女首相:中国收回香港主权,对英国也是有利的,因为这意味着届时英国将彻底结束殖民统治,在世界舆论面前会得到好评。铁娘子终于意识到中国愿意通过谈判解决香港问题还是给英国人留点面子的。毕竟殖民主义时代已经过去,世界上的殖民地现在只剩下两块:香港和澳门。中国要收回香港,谁都不会有话说。要收回,通知一声就行。甚至连通知也用不着,像印度收回果阿那样,把军队开去就行了。现在坐下来谈判,是够客气的,英国还有什么好讨价还价的?

"主权牌"输了,铁娘子开始晓之以"利害":中国不是很关心香港的繁荣吗? 如果中国收回香港,给香港带来的将不是繁荣,而是灾难性影响,这可是对中国的四化建设不利啊!

老实说,邓小平决定通过谈判解决香港问题,目的之一就是要保持香港的继续繁荣。这个心思确实被铁娘子抓到了。但是邓小平提醒对方:不能说香港继续保持繁荣必须在英国的管治下才能实现。中国收回香港后,自有办法继续保持香港繁荣。这就是"一国两制",让香港继续保持现行制度至少 50 年不变。

邓小平索性把话说透:即使香港不能继续保持繁荣,对中国的四化建设又会有多大影响? 邓小平承认影响不能说没有,但他告诉好心的英国人,不会有很大的影响。"如果中国把四化建设能否实现放在香港是否繁荣上,那末这个决策本身就是不正确的。"①

> 铁娘子终于意识到中国愿意通过谈判解决香港问题还是给英国人留点面子的。

---

① 《邓小平文选》第三卷,人民出版社 1993 年版,第 14 页。

还有什么可以阻止中国收回香港的？"如果说宣布要收回香港就会像夫人说的'带来灾难性影响'，那我们也要勇敢地面对这个灾难，作出决策。"

还有什么可以阻止中国收回香港的？"如果说宣布要收回香港就会像夫人说的'带来灾难性影响'，那我们也要勇敢地面对这个灾难，作出决策。"①邓小平不讳言两国通过外交途径进行磋商就是为了避免这种灾难，但他向英方交底说：中国还考虑了一个自己不愿意考虑的问题，即如果有人不愿意合作在香港制造混乱，中国政府将不得不对收回的时间和方式另作考虑。一开始，撒切尔夫人提出谈判的题目就是一个主权归属问题。这样谈下去对谁有利是很清楚的。戴维·W.张说："如果北京承认这三个条约的合法性，那么以后的外交谈判就需要双方采取完全不同的立场。"

邓小平巧妙地把对方抛过来的话题一分为三：一是主权问题，二是1997年后怎么管理，三是过渡时期怎么安排。哪些该谈，哪些不该谈，邓小平再次显示出他把握强硬和灵活间最佳比例的高超才能：主权问题是不能谈判的，中国1997年要收回整个香港，至于用什么方法收回，我们决定谈判。

这样的谈判对中国有三个好处：（1）尽量避免因主权交接对香港的繁荣和稳定带来不利影响。（2）争取英国在过渡时期合作有利于恢复主权后继续同英国保持正常关系。（3）为解决台湾问题提供样板，打下基础。

这样的谈判英国可能不感兴趣，香港现在在它手上，它至少可以消极对待。于是邓小平又开出谈判的时间表：不迟于一二年时间，中国就要正式宣布收回香港的决定。"我们可以再等一二年宣布，但肯定不会拖延更长的时间。"②看来英国指望使用拖延战术也是不可能的。

如果谈得好，合作愉快，邓小平表示可以充分考虑英国的利益。过渡时期怎么安排，准备认真听取英国的意见。1997年后英国人可以以顾问的身份继续留在香港，还可以享受英国在对华贸易和投资方面的一些优惠条件。

---

① 《邓小平文选》第三卷，人民出版社1993年版，第14页。
② 《邓小平文选》第三卷，人民出版社1993年版，第13页。

好话坏话都说在前面。如果中英双方根本谈不拢,怎么办?邓小平亮出底牌:中国将不得不重新考虑收回香港的时间和方式。这对英国当然也没有什么好处。

外电评述这次会谈:撒切尔夫人是锋芒毕露,邓小平是绵里藏针。会谈结束后,撒切尔夫人落寞地从门口走出,脸色凝重。当她走到人民大会堂前倒数第二级石阶时,不小心让高跟鞋绊到石阶上,身体顿失平衡,栽倒在石阶地上,连皮鞋和手袋也被摔到一边。幸亏她摔到平地上,摔得不重,左右连忙把她扶起。

邓小平击破"三条约有效论",把主动权拿了过来,解决香港问题的调子就这样定下来了。中英双方通过外交途径就香港问题进行磋商,前提是1997年中国收回香港,在这个基础上磋商解决今后15年怎么过渡得好以及15年后香港怎么办的问题。

铁娘子毕竟是块"铁",虽然她在第一回合中被逼到下风,但在香港主权问题上还是不松口。双方有半年时间"谈不拢"。铁娘子知道谈不拢对英国也没有好处,1983年3月她终于写信给中国总理,作出她准备向国会建议使整个香港主权回归中国的保证。

1983年7月13日,撒切尔夫人再次访华,两国代表团开始第一轮会谈,原计划用一二年时间来谈,现在快过去一年了,邓小平不免有些急,指望用"一国两制"去解决台湾问题呢,如果解决香港问题就这么难,哪还了得。于是第二轮会谈开始时,邓小平向中方代表团发出指示:只许成功,不许失败。

可是英方仍坚持1997年后要继续管治香港,主权问题转到治权上,直到第四轮会谈仍无进展。1983年9月,邓小平再次会见爱德华·希思,指明英国想用主权换治权是行不通的。中国要的是完整的主权,治权是主权的具体体现,没有治权,算什么主权?治权可以交给港人,但不是英人,不然就不是"一国两制",而变成"两国两制"了。邓小平劝英方改变态度,以免出现到1984年9月中国不得不单方面公布解决香港问题方针政策的局面。当然,为了会谈成功,中方也应表示相应的灵活性。

英方只好让步,承认谈判应建立在1997年后整个香港的主权

好话坏话都说在前面。如果中英双方根本谈不拢,怎么办?邓小平亮出底牌:中国将不得不重新考虑收回香港的时间和方式。这对英国当然也没有什么好处。

应该归还中国这一前提的基础上。英国一旦放弃三个条约仍然有效的主张,他们就没有多少能力讨价还价了。从 1983 年 12 月第 7 轮会谈起,谈判开始纳入了邓小平设计的轨道。

两年谈判,虽然差不多有一年多的时间拖在主权和归属问题上,但总的说,由于邓小平一开始就坚持了主权不容讨论的原则,谈判进程控制得很好。1984 年 9 月,正好是邓小平规定的两年期限内,中英达成联合声明,确认中国于 1997 年 7 月 1 日起对香港恢复行使主权。100 多年前的不平等条约终于被邓小平摆平了。

中英达成联合声明,确认中国于 1997 年 7 月 1 日起对香港恢复行使主权。100 多年前的不平等条约终于被邓小平摆平了。

四、不承认"三脚凳"

1984 年 5 月香港立法、行政两局非官方议员钟士元等 9 人赴英国游说,在机场发表了一篇不太得体的声明。未几,钟士元、邓莲如、利国伟又组团赴北京访问,似有"为民请命"之意。

6 月 22 日,邓小平在人民大会堂四川厅接见了这三位两局议员。会谈前既没有与三位合影留念,也没有迎出厅外握手欢迎。会谈时,邓小平没有与他们闲谈,也没有什么客套话,开门见山地说:"我欢迎你们以个人身份到北京来走走。听说你们有不少意见,我们愿意听取。"

"以个人身份",钟士元听出话中有话,立即说明他们三位是作为香港行政、立法两局非官方议员头一次来北京参观的,在谈到"非官方议员"时,钟加重了语气,以强调不代表港府。

邓小平肯定他们三位"来北京参观",利用这个机会了解一下中华人民共和国,了解一下我们这个中华民族,很有好处。然后,他直言不讳地指出:你们前不久伦敦之行,情况我们都了解,你们有话都可以讲,但是我要讲一句,中华人民共和国政府决定的方针、立场和政策是坚定不移的,不管这些方针、立场有多少人了解,我们相信这是符合 500 万香港人利益的。我们听到不同观点的人有不同意见,但我们不承认这些意见是代表全部香港人利益的。

中英谈判你们是了解的,中英会谈我们会同英国解决,不会受到任何干扰。过去所谓"三脚凳",我们不承认,我们只承认两脚,没有三脚……

　　邓小平不止一次讲过,解决香港问题的办法要做到中国、英国和香港三个方面都能接受。英方抓住这一点,多次提出要让港英政府官员参加中英两国间的谈判,而港府港民中也确有些人乐于响应。港人把英方的这种做法称为玩弄"三脚凳"把戏。

　　"三脚凳"对谁有利是很清楚的。英国经营香港百余年,直到1997 年 7 月 1 日前香港还在它的管辖之下,港府还是听命于英国政府的殖民政府,凭这个优势,英国从港府港民中肯定不难找出这样的人:他们以港人代表自居,实则站在英国一方说话。如果准许香港人士直接参与谈判,不管是作为第三者,还是作为英国的代表团的一部分,都会加重英国的砝码,形成于中国不利的"两对一"局面,使英国有更多的机会和权力同中国讨价还价。

　　精于世事的中国人当然不会上这个当。早在中英第二轮谈判开始时,港督尤德就自告奋勇提出他愿意代表香港人民参加英国代表团谈判,中方没有同意他的要求。1992 年 4 月中英两国商讨1994 年、1995 年香港选举安排问题,英方又提出,要派出一个以英国驻华大使为首,包括三名港府官员和一名英国外交官的代表团参加会谈,并要求中方确认来自香港政府和英国政府的官员没有区别。中方偏偏要加以区别:只允许港府官员作为顾问或专家身份参加谈判。

　　后过渡时期,港督彭定康抛出"政改方案","三脚戏"唱得更响。当中方不予接受时,港英当局提出要就"政改方案"在香港进行"全民投票",并一再威胁要交立法局讨论通过。中方认为前者是由一个局部地区的人来就全国性的问题(中国的主权)作出决定,后者是将香港一个地方立法凌驾于中英两国会谈之上。道理很简单,根据中英协议,香港问题在 1997 年以前是中英两国间的事,港府不过是英国属下的一个地方殖民政府,只有执行两国协议的责任,断无同两个主权国家平起平坐、插足两国政府级谈判的权力。

精于世事的中国人当然不会上这个当。

把"港府港民"撇在一边,并不是不尊重"港方",否认这一只脚的存在,而是为了剥夺英方的"民意牌",把香港问题限制在中英两国的外交关系上。对台湾问题,邓小平强调千万不能让外国人插手,一插手问题就复杂化了,台湾的比分也会增大。香港问题相反,不能让自己人插足,插足反而复杂,增加英国的砝码。中英两国一旦在外交范围内讨论香港问题,英国就没有多少讨价还价的余地。如果它要价太高,态度过于强硬,它就要冒中英两国正常国家关系破裂的危险。善于权衡利弊、遵循边沁原则的英国人会考虑:为了香港问题而同中国这个块头这么大、市场这么广的国家全面闹翻是否划得来。保守的英国政治家一般不会作出这样的选择,价还是要讨的,但必须以两国关系的最大张力为限度,因此总会在最后一刻作出让步。至于剩下来的那一只"脚"——香港怎么办,北京政府会用别的方式去同他们说,让他们发挥应有的作用。这不关英国的事,是中国的内政。

1993 年 3 月 22 日,彭定康在接受电视台采访时,声称要把管治香港的责任交给港人。这话听起来不错:港人治港人嘛!可是,港人是什么? 各有各的标准。香港是个多元化的社会,港人中不能排除亲英反华分子。邓小平则希望从港人中"选择出好的政治人物来管理香港"。为此,他积极支持香港人在过渡时期参与香港政府的管理,把香港的各界知名人士有选择地请到政协和人大的主席台上,邀请港澳记者来京采访,让香港人士不时组团访京,参加国庆观礼,到祖国各处看一看,支持他们在内地投资,赞扬他们的爱国义举,同他们合影留念,促膝交谈……所有这些都是为了让"第三只脚"在中英的较量中站到中国一边来,并为 1997 年回归后的事做准备。

五、港人治港

邓小平解决香港问题的整体框架立于两个基本点:收回主权,

中英两国一旦在外交范围内讨论香港问题,英国就没有多少讨价还价的余地。

保持繁荣。

治权是主权的具体表现。主权收回后,治权交给谁? 交给英国人或任何其他外国人,与中国的主权原则相矛盾。由北京派人去接管,又不利于香港的繁荣与稳定。因此结论只能是"港人治港"。

港人治港首先排除英国人继续管治香港。

什么是港人? 主要是"香港的中国人",但不能排除外国人,其中也包括英国人。血统无法改变,国籍可以改变。英籍或其他国籍人士,如果取得香港居民身份,无疑也可以参与港人治港。他们在港人中占多大比例是次要的,但参与到什么程度却很有讲究。英方要求持有香港身份证的海外官员可担任"公务员系统中直至最高层官员"。谁都知道,香港身份证在 1997 年以前英国人是很容易弄到的。中方加了个限制,只允许他们担任顾问或政府一些部门中"最高到副司级的职务"。顾问是不当权的,或说只有建议权,没有决策权。司是部级机关中的一个部门,香港特别行政区直辖于中央政府,相当于部级,司级就是二级单位,再加一个副字,正好相当于新中国成立初多数民主党派首领和党外民主人士在政府部门中所处的位置。血毕竟浓于水。如果让外国人当上最高层长官,能够左右香港局势,就可能发生喧宾夺主的现象,使港人治港变质为英人或外人治港,削弱中国主权。

参与港人治港的英人或外人,还须记取他们的政治身份与以前有所不同,不再是宗主国派遣的殖民地官员,而是中国政府聘请的特区顾问或雇员。英国作为外国,可以像其他国家一样,派出"驻港领事",什么"英国专员"之类越格的机构,也是行不通的。多年在英国殖民统治下的香港人,突然间发现自己要当家主事,感到信心不足。邓小平鼓励他们:"要相信香港的中国人能治理好香港"。万一能力不够,可请中央政府帮忙,就是"不能继续让外国人统治"①。港人治港同样排除北京派人接管。邓小平公开声

————————

① 《邓小平文选》第三卷,人民出版社 1993 年版,第 60—61 页。

明:"北京除了派军队以外,不向香港特区政府派出干部……派军队是为了维护国家的安全,而不是去干预香港的内部事务"①。本来,政治路线确定以后,干部就是决定因素。共产党能够在幅员辽阔的领土上实施有效的领导,关键在于它握有一支庞大的干部队伍,而且这支队伍是由各级党组织从上至下直接掌管着的。未来的香港不派干部去,没有党的组织系统,这确实是香港特别行政区不同于其他省市乃至自治区的最大特点。之所以这样做,是为了继续保持香港的繁荣。香港过去在经济上的成功在于它是个自由港。同样,未来的香港要在国际竞争中继续取得成功,保持它作为世界第三大金融贸易中心的地位,以利内地的对外开放和现代化建设,它就不能受到中央政府的严厉约束,而必须拥有高度的地方自治。

> 共产党能够在幅员辽阔的领土上实施有效的领导,关键在于它握有一支庞大的干部队伍,而且这支队伍是由各级党组织从上至下直接掌管着的。

但是繁荣不能危及稳定,不能走到中央政府无法控制的地步。这就涉及未来中央政府和特区政府间的权力怎么分配才恰当。对此,邓小平亲自领导制定的香港基本法做了认真谋划:

香港可以继续维持它独特的经济结构、社会制度、生活方式和生活水准;包括财产所有权、言论自由、迁移自由、集会自由、宗教信仰自由及罢工权等均保持现状不变,并受到法律保护。

财政独立:钞票仍由汇丰银行发行,不与人民币挂钩,相反与国际货币保持联系,自由兑换;不受外汇管制,资金进出自由;现行外贸体制照旧;不负担国防费用,等等。总之,继续保持香港作为自由港、独立关税区和国际金融中心的地位不变。

香港可以有其适当的外事权,可以单独地发展对外的经济文化关系。香港政府可以加入有关国际组织,甚至国际条约,还可以在其他国家派驻贸易代表团和经济代理机构。但是当香港与其他国家、地区和有关国际组织签订协议时,必须使用"中国香港"的名称。香港除了挂中华人民共和国的国旗和国徽,还可以挂特别行政区的旗徽,以便它能够以独立的身份保留并发展国际贸易

---

① 《邓小平文选》第三卷,人民出版社 1993 年版,第 58 页。

关系。

中央政府有权向香港派驻军队,但驻军只负责国家安全,不干涉香港的内部事务。香港的社会治安将由地方政府任命警察维持。地方政府不能保持原有的武装力量(英军),更不能向外购买武器。但原有的警察和保安力量(香港团队)可保留无妨。

至此,除了外交和防务两项由中央政府管理外,香港享有高度的自治权。

英国"以主权换治权"的目的受挫后,想在香港自治中做点文章,因而对"高度自治"不满足,提出要"最大程度的自治"。显然,香港相对于中央政府的自治程度越高,对作为外国的英国越是有利。所谓"最大程度的自治"无非是反对香港特区直辖于中央政府,使其变成某种独立或半独立政治实体。这样英国就可以利用它在港的基础从中分享到部分治权,港人治港就要打折扣。

邓小平同意"高度自治",但反对"完全自治"。因为自治总是相对的,有限的,"完全自治"就成了独立的政治实体,"两制"而非"一国"。

有限的"高度自治"是富有弹性的。现行的法律制度基本不变,不是完全不变。"基本"就是很有弹性的,既变又不变,不变中又有变。变多少,怎么变,取决于日后具体的政治操作和环境条件。

既然"高度自治"是有限度的,中央政府的干预就不能一概排除。

邓小平努力破除这样一种看法,"以为香港的事情全由香港人来管,中央一点都不管,就万事大吉了。"他说:"中央确实是不干预特别行政区的具体事务的,也不需要干预。但是,特别行政区是不是也会发生危害国家根本利益的事情呢? 难道就不会出现吗? 那个时候,北京过问不过问?"①如果中央把什么权力都放弃了,就可能会出现一些混乱,甚至动乱。如果发生动乱,中央政府

邓小平同意"高度自治",但反对"完全自治"。因为自治总是相对的,有限的,"完全自治"就成了独立的政治实体,"两制"而非"一国"。

_____

① 《邓小平文选》第三卷,人民出版社 1993 年版,第 221 页。

就要加以干预。由乱变治,这样的干预应当欢迎而不是拒绝。

邓小平劝告那些害怕干预的香港人士:大家可以冷静地想想,香港有时候会不会出现非北京出头就不能解决的问题呢?过去香港遇到问题总还有个英国出头嘛!总有一些事情没有中央出头你们是难以解决的。比如1997年后香港有人骂中国共产党,骂中国,我们还是允许他骂,但是如果变成行动,要把香港变成一个在"民主"的幌子下反对内地的基地,怎么办?那就非干预不行了。①

干预的对象是那些危害国家,包括危害香港本身根本利益的事情。由香港地方政府决策并执行的干预,在自治范围内,当然不算是中央干预。

干预的对象是那些危害国家,包括危害香港本身根本利益的事情。由香港地方政府决策并执行的干预,在自治范围内,当然不算是中央干预。

可以肯定,驻军非万不得已,不会轻易出动。"只有发生动乱、大动乱,驻军才会出动。"②出兵将会对"一国两制"的整个构想造成致命的挑战。要尽量避免出兵这种极端形式,达到不用兵而能长治久安的目的,除了法律约束,根本之计还在政治操作上如何选人。

"由香港人推选出来管理香港的人,由中央政府委任,而不是由北京派出"③。这就不仅使得选人变得非常重要,而且需要相当的艺术。

香港没有中央直接派出的干部,更没有地方党团组织,任港人自治。但港人千差万别未必都能同中央保持一致,甚至还有亲英反华势力存在。如果在大原则上与中央不一致,就有失控的危险,港府权力落到反华分子手中,那就更不好办。因此,"港人治港有个界线和标准"④。

那么这个界线和标准和什么呢?邓小平声明:"就是必须由以爱国者为主体的港人来治理香港"⑤。可见这个界线不是什么

① 参见《邓小平文选》第三卷,人民出版社1993年版,第221页。
② 《邓小平文选》第三卷,人民出版社1993年版,第221页。
③ 《邓小平文选》第三卷,人民出版社1993年版,第74页。
④ 《邓小平文选》第三卷,人民出版社1993年版,第61页。
⑤ 《邓小平文选》第三卷,人民出版社1993年版,第61页。

"阶级路线",而是"爱国统一战线"。

那么什么是爱国者呢？邓小平制定的标准是："尊重自己民族,诚心诚意拥护祖国恢复行使对香港的主权,不损害香港的繁荣和稳定。只要具备这些条件,不管他相信资本主义,还是相信封建主义,甚至相信奴隶主义,都是爱国者。"①

邓小平还明确排除姓"社"姓"资"的标准："我们不要求他们都赞成中国的社会主义制度,只要求他们爱祖国,爱香港。"②

爱国爱港,具体说就是不做损害祖国和香港同胞利益的事。再具体一点,就是不能与中央闹独立性。

邓小平不主张清一色："未来香港特区政府的主要成分是爱国者,当然也要容纳别的人,还可以聘请外国人当顾问。"③

爱国者还有左中右。"选择这种人,左翼的当然要有,尽量少些,也要有点右的人,最好多选些中间的人。"④

右到什么程度呢？可以骂共产党,但行动上不能制造混乱,这是下限。

左、中、右都要有,但是与抗战时期的三三制政权不同,邓小平主张两头小、中间大。"这样,各方面人的心情会舒畅一些。"而且可以保证"以爱国者为主体的港人来治理香港。"⑤

邓小平相信,只要"选择好的政治人物来管理香港,就不怕变,就可以防止乱。即使乱,也不会大,也容易解决。"⑥

香港人士有一种担心,谓香港在商业方面出了不少人才；但在政治上来说,目前仍然是处于婴孩的阶段,还没有出什么人才；要经过一段时间锻炼才会出比较成熟的政党及政治人才。这样,在一段时间内,就免不了要中央悉心扶持和培养。

爱国爱港,具体说就是不做损害祖国和香港同胞利益的事。再具体一点,就是不能与中央闹独立性。

---

①　《邓小平文选》第三卷,人民出版社 1993 年版,第 61 页。
②　《邓小平文选》第三卷,人民出版社 1993 年版,第 61 页。
③　《邓小平文选》第三卷,人民出版社 1993 年版,第 61 页。
④　《邓小平文选》第三卷,人民出版社 1993 年版,第 74 页。
⑤　《邓小平文选》第三卷,人民出版社 1993 年版,第 74、61 页。
⑥　《邓小平文选》第三卷,人民出版社 1993 年版,第 75 页。

港人治港要在邓小平设计的框架内最终落实,期待着香港产生这样的政治人物:他必须在爱国这一点上毫不含糊,并懂得怎样处理香港与北京关系的艺术,善于在给定的自治范围内充分代表港人处理港务;一屁股坐在北京,不考虑港人利益,这是行不通的;太我行我素,置中央号令于不顾,也是不妥当的。

六、为什么不能驻军

枪杆子里面出政权,军队历来是中国社会治乱分合的决定性因素,自然也成为邓小平统一大计中最敏感的话题。

和平统一台湾九条中有一醒目内容:统一后台湾可以保留自己的军队。这等于说,将来大陆中央政府不派军驻台,台湾需要军队办的事情将由台湾地方军队夫办理。邓小平作出这一承诺是充分考虑到台湾的实际:有鉴于 20 世纪 40 年代国共和谈的历史教训,台湾当局绝不会在谈判桌上同意你动他的军队,而派军队去台湾无异于对台宣战,和平统一断无可能。

可是这一设计首先要在香港问题上受到考验:如果统一台湾的模式也适用于香港,台湾不驻军,香港驻不驻?

英国人深知军队在中国政治生活中的分量,所以在会谈中一再要求中方承诺不在香港驻军。可是这一要求同中国的主权原则相冲突。按照政治学的常理,一个主权国家对其领土内的一切人、物和事件均享有排他性的管辖权,包括驻军。1997 年后中国收回香港主权,驻不驻军是中国的权力,英国无权干涉。

邓小平用国家主权做武器回击英方的要求:"中国有权在香港驻军。除在香港驻军外,中国还有什么能够体现对香港行使主权呢?"①英国外交大臣豪不得不屈服于邓小平的逻辑力量,他说:当然希望中国不驻军,用另外一种形式;但是他承认,中国政府既然收回香

---

① 《邓小平文选》第三卷,人民出版社 1993 年版,第 75 页。

港主权,就有权在香港驻军。

在中英两国之间谈论驻军问题,英国注定要亏理。英国,因为是外国,没有权力反对中国在 1997 年后在香港驻军。于是港英方面打出民意牌,通过一些舆论媒介传出不希望,甚至反对中央政府在港驻军的意向。邓小平关于驻军的谈话一度在香港引起轩然大波。这时中英谈判正处于节骨眼上。香港一家报纸可能是为了安定人心,报道说前国防部长耿飙 1984 年 5 月 21 日出席湖南省人大代表小组会议时,说过"中国军队将来不会驻在香港"的话。

邓小平看到这个消息后非常生气。5 月 25 日,他向采访"两会"的港澳记者声明:"我要辟个谣,耿飙讲的香港驻军问题不是中央的意见。你们去登一条消息,没有那回事。在香港是要驻军的,既然是中国的领土,为什么不能驻军? 这个英国外交大臣豪和我会谈时,他也承认……难道连这点权利都没有吗? 那还叫中国领土?"

过后,邓小平又稍微缓和地对出席"两会"的港澳代表说:驻军是象征性的,是维护中国主权的象征。港人治港是最广泛的自治了,除了驻军之外,几乎没有什么象征了。驻军人数不必太多,大概三五千就够了。

这下港澳同胞松了一口气:驻军只是国家主权的象征。

不过,对比未来台湾将可能享受到的自治权限,港人心里还是有点不解:为什么台湾保留自己的军队而不影响国家主权和统一? 似乎可以这样解释:台湾军队本来就是中国的军队。可是香港原有的"国防军"并不都是英国派来的呀! 香港多年来就有自己的武装,叫"香港团队"。为了维护国家主权,把英国军队请走,让香港的中国军队起作用就行了,为什么还要派驻军队呢?

邓小平又说服香港同胞:驻军还有另外一个作用,可以防止动乱。

这实际也是邓小平坚持要在香港驻军的真实意图。中国有没有权力在香港驻军的争论,基于有没有必要驻军的谋虑。

香港近几十年来,除 1967 年一度发生动荡外,没有发生过大

在中英两国之间谈论驻军问题,英国注定要亏理。英国,因为是外国,没有权力反对中国在 1997 年后在香港驻军。

的动乱。"文革"十年内地全面内战,香港仍平安无事。然而,1997 年之后会怎样? 邓小平不敢乐观。"能够设想香港没有干扰,没有破坏力量吗? 我看没有这种自我安慰的根据"①。邓小平充分估计到将来会有人捣乱,动乱的因素,捣乱的因素,不安定的因素,总会有的,没有才怪呢? 这样的因素当然不会来自北京,但是不能排除存在于香港内部,也不能排除来自某种国际力量。有动乱的因素,就得有安全措施,这是很简单的道理。

邓小平的这番谋虑绝非多此一举。香港搞的是资本主义,又不能派干部去,没有地方各级党组织可依靠,如果再不驻点军队,一旦有事,中央拿什么去稳定局势? 人无远虑,必有近忧。1989 年北京发生政治风波,没有军队出面能平息吗? 更何况是香港!

为了减少港人的忧虑,邓小平说明驻港的军队只是负责防御、防止动乱的工作,不管具体治安,不会干涉香港内部事务。

对外防御功能与社会治安是完全不同的两码事,而内部的动乱与治安是很难分开的,照这么说,处理与地方治安相关的"内乱",像拟议中的台湾那样,由香港的地方武装"香港团队"担负就行了。如果是外国人搞的动乱,威胁到国家的安全,到时再派军队去对付也来得及,而不必先驻军了。

然而邓小平担心的正是"内乱"。香港一旦发生动乱,就成了中央和地方的关系,出现这种情况,中央当然会责令香港特区政府出面干预,不会轻易出动军队。但是长期的政治实践告诉他,即使是"内政问题",政治解决的效能也是有限度的。如果发生大的动乱,譬如香港变成了一个在民主的幌子下反对内地的基地,怎么办? 首先是行政干预。行政干预不起作用怎么办? 那就非动用军队不可。要在政治上永远立于不败之地,军队始终是不可少的。

等到乱了再派军队,情况就不同了。那样也来得及,也不难找到理由,但是更容易惹出非议,使问题复杂化。既然如此,何不先坚持一下原则,事先把军队派到那里驻起来,以防患于未然呢? 有

---

① 《邓小平文选》第三卷,人民出版社 1993 年版,第 221 页。

了军队，即使发生动乱也不会大，能及时解决。军队摆在那里，可以起到威慑作用，那些想搞动乱的人，知道香港有中国军队，他就要考虑，不敢胡作非为，形成不了气候。有军队在旁边，这样动乱就不会发生，似乎证明驻军没有必要，却正是驻军收到的效果。

　　总之，驻军是确保未来香港形势稳定的良策，而且这一点已获得法律通过，邓小平以主权需要一劳永逸地解决了这个问题。

七、索性讲成 50 年不变

　　邓小平对 1997 年后的香港一口气承诺了五个不变："现行的社会、经济制度不变，法律基本不变，生活方式不变，香港自由港的地位和国际贸易、金融中心的地位也不变……北京除了派军队以外，不向香港特区政府派出干部，这也是不会改变的"①。

　　至于为什么作出这样的承诺，邓小平直言不讳地告诉世人："不保证香港和台湾继续实行资本主义制度，就不能保证它们的繁荣和稳定，也不能和平解决祖国统一问题"②。和平统一的前提是要几个方面都能接受，如果用社会主义去统一，香港就接受不了，"勉强接受了，也会造成混乱局面"③。

　　这话使人觉得保证"五个不变"是为了稳定香港的人心，以便到时用和平的方式把它统一过来。港人担心的是，统一了以后会不会变？这就需要对更远的未来作出承诺。

　　对香港，据悉原打算讲统一后 15 年不变。1984 年 10 月 29 日邓小平会见香港朋友，谈到期限问题，他说："15 年太短了，索性讲50 年吧！"

　　一位日本朋友对此不理解，问邓小平：讲不变，为什么还有个50 年？根据是什么？是否有个什么想法？其实，有这类疑虑的人

----

①　《邓小平文选》第三卷，人民出版社 1993 年版，第 58 页。
②　《邓小平文选》第三卷，人民出版社 1993 年版，第 67 页。
③　《邓小平文选》第三卷，人民出版社 1993 年版，第 101 页。

不只是这个日本朋友。香港 1997 年才收回,这之前保证不变是为了和平解决,解决了以后靠什么保证不变?

邓小平讲出他的"想法",他说:"要从我们整个几十年的目标来看这个不变的意义。"①三步走的战略目标,每一步都离不开改革开放政策。第一步已为事实证明了。第二步到 20 世纪末,虽然是个未知数,但香港也要那时才收回,所以不必担心变,邓小平依此类推:中国要实现现代化还需要跨出第三步,即到下世纪中叶,才能接近发达国家水平,这不正好 50 年吗?

匈牙利的巴拉奇·代内什、美国的戴维·W.张和香港地区的陆铿先生等举出中国暂不急于收回香港的几个理由亦可作为收回后 50 年不变的根据:(1)香港地区是中国外汇收入的重要来源,内地大部分出口产品第一站就是这个吞吐量达 500 万吨的港口城市,改变香港自由港的地位,中国会失去 1/3 的外汇收入,经济上是一大损失。(2)变了,私人资金,外国资金都会跑掉,跟上海不同,上海的资金多在国内活动,跑不掉;香港随时可以跑,像包玉刚的船在海上,一下就可以开跑了。此外,香港还是内地中国了解世界的窗口,也是改革开放的试验场。

邓小平还举了个例子说明不变的意义:有人曾对国内出现的雇工问题忧心如焚,主张要动一动。邓小平主张看两年再说,两年过去了,又说再看看。并不是共产党动不了这个东西。"要动也容易,但是一动就好像政策又在变了"②,容易引起人心浮动。由此推知,将来对香港,要改变也是很容易的。但是变了以后,邓小平担心会引起混乱,"即使不发生武力冲突,香港也将成为一个萧条的香港,后遗症很多的香港,不是我们所希望的香港"③。

这样看来,50 年不变的承诺是郑重的,不是一时的感情冲动,随随便便地信口开河,也不是玩弄什么手法,即"不只是为了安定香港的人心,而是考虑香港的繁荣和稳定同中国的发展战略有着

这样看来,50 年不变的承诺是郑重的,不是一时的感情冲动,随随便便地信口开河,也不是玩弄什么手法……

① 《邓小平文选》第三卷,人民出版社 1993 年版,第 216 页。
② 《邓小平文选》第三卷,人民出版社 1993 年版,第 216 页。
③ 《邓小平文选》第三卷,人民出版社 1993 年版,第 101—102 页。

密切的关联。"为了实现这个发展战略，"我们在内地还要造几个'香港'，……既然这样，怎么会改变对香港的政策呢？"①

允诺 50 年不变，是否意味着 50 年过后要变？虽然港人不一定考虑到那么远，这个问题还是很有趣的。50 年内不变，是因为中国还没有发展起来，有赖于香港的繁荣和稳定，50 年后中国发展起来了，香港繁不繁荣无关紧要，那是不是可以变呢？

对此，邓小平有一个很机智的回答："前 50 年是不能变，50 年之后是不需要变。"②理由是"后 50 年，我们同国际上的经济交往更加频繁，更加相互依赖，更不可分，开放政策就更不会变了"③。再说，"到了 50 年以后，大陆发展起来了，那时还会小里小气地处理这些问题吗？"④

人们终于明白，对香港、台湾的政策 50 年不变，基于整个中国的改革开放政策不变。可是中国有个特点，政策变不变统统取决于人。邓大人健在时没人敢变，邓小平之后谁敢保证呢？

话说到这里，邓小平只好诉诸于"人民的拥护"：这些政策实践证明是正确的，人民都拥护，谁也变不了，谁要是想改变，谁就会被打倒。"我不在了，相信我们的接班人会懂得这个道理的"⑤。

至此，人们已无法否认邓小平允诺 50 年不变的诚意。然而海外仍有人(宋恩荣)说："诚意本身便是一种唯心的东西，而内地过去 30 多年的历史却是唯物的，并不以主观意志为转移。"邓小平不可能活到他的诺言兑现的时候，怎样使人相信他所说的一切几十年后仍然不变？

只有立法为据。人们不相信个别的人，总应该相信法律吧！法律有其稳定性。所以邓小平指示"香港基本法至少要管 50

> 对此，邓小平有一个很机智的回答："前 50 年是不能变，50 年之后是不需要变"。

---

① 《邓小平文选》第三卷，人民出版社 1993 年版，第 267 页。
② 《邓小平文选》第三卷，人民出版社 1993 年版，第 267 页。
③ 《邓小平文选》第三卷，人民出版社 1993 年版，第 103 页。
④ 《邓小平文选》第三卷，人民出版社 1993 年版，第 73 页。
⑤ 《邓小平文选》第三卷，人民出版社 1993 年版，第 217 页。

年"①。有了这个法律依据,可以证明50年不变的承诺不是信口开河,是要记录在案的。这对未来的接班人也是个制约,讲信义是中华民族、古老大国的风度,中国政府和党即使在过去的动乱年代,在国际上说话也是算数的,白纸黑字写在那里,怎么好说变就变?

讲了这么多不变的根据和保证后,邓小平觉得不对劲,怎么老是要内地一方面承担不变的义务? 于是他反过来说:不要笼统地说怕变。变并不都是坏事,有的变是好事。问题是变什么。我们总不能讲香港资本主义制度下的所有方式都是完美无缺的吧? 把香港引导到更健康的方面,不也是变吗? 这样的变,有什么不好?港人应当欢迎才对。

邓小平告诉香港人士:"如果有人说什么都不变,你们不要相信"②。所以他说"基本法不宜太细"③,应留下因时而变的余地。至于会变到什么程度,人们可以从雇工问题的对策中揣摩。邓小平说过,雇工问题,"动还是要动,因为我们不搞两极分化。但是,在什么时候动,用什么方法动,要研究。动也就是制约一下。"④

看来香港人更应该关心的不是内地有朝一日会不会改变对香港的政策,而是香港人自己如何理解这些政策的极限,学会同中央相处的方式方法。如果香港发生中央不愿看到的事,比如有人想把香港变成一个反对内地的基地,那就要制约一下,不能让它跑出某个框框。

八、平稳过渡,顺利交接

按照中英联合声明,1997 年 7 月 1 日,也许还要加上零点零分零秒,香港上空将发生戏剧性变化:米字旗下降,五星红旗上升,

> 变并不都是坏事,有的变是好事。问题是变什么。

---

① 《邓小平文选》第三卷,人民出版社 1993 年版,第 215 页。
② 《邓小平文选》第三卷,人民出版社 1993 年版,第 73 页。
③ 《邓小平文选》第三卷,人民出版社 1993 年版,第 220 页。
④ 《邓小平文选》第三卷,人民出版社 1993 年版,第 216 页。

英国派遣的香港总督将把管治香港的权力大印交给由中国政府任命的香港特别行政区长官。

这一天,乃至这一刻,从香港的皇后大道到北京的天安门广场,将是一种什么样的情景? 中国人一雪百余年丧权辱国之耻,又赶上共产党的第 76 个生日。邓小平届时将年满 93 岁。他很想活到那一天,亲眼到香港去看一看,哪怕是坐着轮椅在香港的土地上站一站,与万民共享那胜利、那自豪、那五星红旗第一次飘扬在香港上空的时刻。

然而,邓小平提前 13 年预计到问题的另一面:撤下米字旗换上五星红旗是很容易的,但"不能设想,到了 1997 年 6 月 30 日,一夜之间换一套人马"①。

这就可以解释,既然有关香港的三个条约是不平等条约,中国不承认它们的合法性,它们对中国没有约束力,中国随时有权收回香港,以前不收回只是因为条件不成熟,20 世纪 80 年代初条件已经成熟,为什么还要等到 1997 年? 还有,什么时候收回通知英国一声就可以了,英国没有理由拒还本应属于中国的领土,为什么还要费口舌同它谈判呢?

在正式收回香港之前,有意留出一段时间,通过外交途径同英国进行认真反复地磋商,这样做不是为了装斯文,也不是怕英国不肯交,而是基于这样一个深远的谋虑:争取得到英国的配合,实现平稳过渡和顺利交接,以达到既收回香港主权又不影响香港繁荣稳定的双重目的。

但事情总是有两个方面,有一利必有一弊。一下子拿回(或在 20 世纪 80 年代初开始同英国接触时就宣布立即收回,或先不动,等到 1997 年抑或任何其他更合适的时机突然宣布收回),痛快利索,英国措手不及,没有讨价还价的余地,可以少扯很多皮。可是拿回怎么办? 肯定会引起混乱,甚至动乱,香港的人,香港的法治和规则经不起那样一个晴天霹雳。内地即使有办法去收拾局

> 事情总是有两个方面,有一利必有一弊。

---

① 《邓小平文选》第三卷,人民出版社 1993 年版,第 74 页。

面,很可能主权收回了,得到的却是一个冷落萧条、后患无穷的空港、死港。

慢慢谈也有两重性。留出一段时间让港民港情逐步适应,有利于将来顺利接管,但同时也为英国提供了继续染指的机会。英国知道它什么时候要离开香港,而在离开前它又有权继续支配这块地方,势必要抓紧时机大捞一把,甚至会造出种种麻烦事来。

邓小平不担心1997年后的事,只担心1997年前的过渡时期。1997年后变不变,怎么变,是中国自己的事,中国自己会考虑。1997年前治权还在人家手里,就难免发生一些不依自己意志为转移的事。最值得担心的是以下诸事:

1.英资带头把资金撤走,使香港成为一座空港。

2.储备金用尽,使港币作为国际流通货币的地位发生动摇。

3.现有资源,主要是土地批租收入耗尽,为将来的特区政府造成财政困难。

4.港英政府在过渡期另搞一套班子,为将来政权移交造成意想不到的困难。

显然,过渡时期如发生上述情况,不但无法保持繁荣,还会引起动荡、混乱,或者乱得你无法接手,或者接手后难免一乱,最后是治了乱,但难有繁荣。

磋商、谈判,就是为了争取英国政府积极合作,包括约束各自的厂商和各业人士,不要在过渡时期作出有损香港繁荣和稳定的事来。

可是,英国凭什么合作呢? 不是因为它把中国的地盘占用了100多年感到难为情而对物主表示感谢吧?

香港昔日只是一个名不见经传的荒凉小岛,如今高楼林立,寸土千金,成为世界第三大国际金融贸易中心,被誉为"东方明珠"。邓小平现在要求英国在约定的时间把这颗"明珠"完好无损地奉还中国——可以再用一段时间,但不要试图损坏它,不要留下扎手的钉子,还要尽力帮助中国学会将来怎样管理它。

英国会说:我当初借的只是个荒岛,而现在是颗"明珠"! 要

邓小平现在要求英国在约定的时间把这颗"明珠"完好无损地奉还中国——可以再用一段时间,但不要试图损坏它,不要留下扎手的钉子,还要尽力帮助中国学会将来怎样管理它。

英国就这样归还，或曰放弃，它是不会那么甘心情愿的。如果说有朝一日它非放弃不可的话，它也不会为这即将放手的东西负责任。即使它不会有意制造麻烦，它也要首先考虑如何尽最大可能在这最后的几年里多沾点光。所以要英国在过渡时期内按中国的意志行事，为将来中国接手它而放手香港创造条件，是件很难的事。

邓小平的难处是：由于中国缺乏经验，港民港情需要一个熟悉、适应过程，不能一下子拿回香港，先得让英国管一段时间，但又不能让英国在这段时间乱来，否则将来接管起来更加困难。这就造成一个悖论：在这段中国未管时间内，中国又不能放手不管。如果储备金用尽，港币贬值，就会发生动乱。过渡时期我们不过问储备金行吗？还有一个土地问题，如果把土地卖光用于行政开支，把负担转嫁给 1997 年以后的香港政府，不干预行吗？

怎样做到未管而先管？两国政府就过渡时期的各项安排进行谈判就是一个好办法。

谈判，英国未必都听中国的。但是通过谈判，可以把英国，从而把港英政府攥在手里。不谈，等于放手不管，任其乱来，没有回旋余地。一谈起来，就不怕它不合作，至少它不会走到同中国断交的地步。邓小平曾当着英国首相说，他只担心过渡时期出现人为的混乱，"这当中不光有外国人，也有中国人，而主要的是英国人。制造混乱是很容易的。我们进行磋商就是要解决这个问题。"①

邓小平不谈主权，也不担心 1997 年后的事，独把重点放在过渡时期，道理就在这里；让英国在这段该它管的时间内在一定程度上按照中国的意见办，为将来中国正式接管香港地区打下基础。

关于过渡时期香港安排和政权移交的谈判，从 1984 年 4 月开始。其中最大的胜利是设立中英联合联络小组。

开始英国是不同意的：1997 年前香港怎么办是英国的事，弄出一个中英联合小组，岂不成了中英"共管"？

邓小平对英国外交大臣杰弗里·豪讲这样做的理由：在过渡

关于过渡时期香港安排和政权移交的谈判，从 1984 年 4 月开始。

---

① 《邓小平文选》第三卷，人民出版社 1993 年版，第 14 页。

时期有很多事情要做,没有一个机构怎么行? 英方可能认为设立这种办事机构中方会占便宜,邓小平表示:这个小组可以设在香港,而在香港、北京、伦敦轮流开会。——这样总算平衡了吧! 豪只好同意谈下去。

但谈了3个月,英方还是不通,说中国提出设立联合小组是要提前干预港府事务。到7月,离邓小平限定的时间表只有两个月了,豪再次访华,中方又灵活了一下,表示:如果英方同意设立联合小组并以香港为常驻地,该小组进驻香港的时间以及1997年后是否继续存在一段时间,都可以商量。最后商定的结果是:联合小组1988年7月1日进港,2000年1月1日撤销。——不是忌讳"共管"吗? 各共管一段总满意了吧!

中英联合联络小组的使命是协调中英协议的具体实施,对"为1997年顺利过渡所要采取的措施"进行磋商乃至审议。有了这个东西,过渡时期香港怎么搞就不是英国一方说了算。中方有了参与机会,届时英国的一举一动都在中国的监督之下,中国不同意的事,英国办不成。

1984年9月中英联合声明草签,平稳过渡有了法律保障。这是国庆节前几天的事。国庆节后三天,邓小平会见港澳同胞国庆观礼团,谈到另一种更广泛的参与:"不能设想,到了1997年6月30日,一夜之间换一套人马。如果那样,新班子上来,什么都不熟悉,不就造成动乱吗,即使不造成动乱,也会造成混乱。在过渡时期后半段的六七年内,要由各行各业推荐一批年轻能干的人参与香港政府的管理,甚至包括金融方面。不参与不行,不参与不熟悉情况。在参与过程中,就有机会发现、选择人才,以便于管理1997年以后的香港。"①

邓小平还说到"参与者的条件只有一个,就是爱国者"②。香港事务不是没人管,但那些管事的人肯定不都是爱国者。让爱国

① 《邓小平文选》第三卷,人民出版社1993年版,第74页。
② 《邓小平文选》第三卷,人民出版社1993年版,第74页。

者参与进去,就是把管理香港的权力逐步从倾伦敦势力手上转到倾北京势力手上。当然这个参与不是北京直接出面参与,而是香港人参与——"中央政府支持香港人参与"①。

中英联合声明和联合小组把英国这个方面牵制住,使其不能乱来。与此同时,以香港同胞为对象的爱国统一战线也得到了加强。在人大代表和政协委员的名单上出现了港澳代表。1984 年 5月,在港澳代表和委员出席"两会"时,北京还首次邀请港澳记者赴京采访"两会"。邓小平百忙中单独会见他们,亲切交谈,合影留念。这年 10 月 1 日,北京还来了一个庞大的港澳同胞国庆观礼团,各行各业各界各种不同观点的人都有。邓小平专门接见他们讲解中央的对港政策,提出殷切希望,并请他们回去后向香港 500万同胞做些宣传解释,还希望香港同胞多回来走一走。此后,香港人士不时组团访京,北京则让他们到全国各处看看,以激发爱国热情。香港人士在内地投资或捐款,一律得到支持、鼓励,被赞为爱国义举。通过这些活动,北京有效地扩大了它在香港居民中的影响,港民港情大幅度地倾向于北京,为平稳过渡打下了群众基础。

1984 年开始的过渡期一直按照邓小平设计的目标平稳进行。1986 年制定香港特别行政区基本法,以规范香港的未来。1987 年4 月 13 日,中葡关于澳门问题的联合声明签署。至此,邓小平要完成的三个统一对象——港、澳、台,已经有两个十拿九稳了。看来"一国两制"行得通。

三天后,邓小平接见香港基本法起草委员会,做了一篇对香港未来很有分量的讲话。该讲话专就基本法讲了两个问题,态度非常明确。

第一个问题涉及香港未来的政治制度。按"一国两制"的构想,未来香港实行不同于内地的资本主义制度,这一点是肯定了的。但邓小平强调,香港未来的制度不能照搬西方的那一套,比如搞什么三权分立、议会民主等。

① 《邓小平文选》第三卷,人民出版社 1993 年版,第 74 页。

第二个问题涉及中央政府与未来香港特区的关系。邓小平强调了中央干预的必要性："如果……把香港变成一个在'民主'的幌子下反对大陆的基地,怎么办？那就非干预不行。干预首先是香港行政机构要干预,并不一定要大陆的驻军出动。只有发生动乱、大动乱,驻军才会出动。但是总得干预嘛！"①

然而只要过渡时期没有结束,香港还没有完全攥在北京手里,有矛盾总会爆发出来。1992年10月,新任港督彭定康提出"政改方案",持续了七八年的平稳过渡再起波澜。

彭定康要在临近1997年的最后几年里将香港现行政治体制来一个大的变动,而变动的方向与邓小平所设计的香港未来正好相反：

邓小平说香港1997年后也不能实行西方式的三权分立、议会民主等。彭督的政改方案偏要扩大香港立法局的权力,把香港政体由行政主导变为立法主导。行政主导体制有利于中央对地方政府的垂直控制,变成立法主导将意味着行政机关要受制于立法机关。那样,香港将会出现政治上争论不休的局面,行政机关难以行使权力,行政决策失去稳定性,外国政治势力易于插手香港事务,而中央政府反而难以控制香港局势。一旦香港有事,中央无法通过行政手段责成香港地方政府出面干预,北京将只有两种选择：要么放任,要么动武。

邓小平说："我们说,这些管理香港事务的人应该是爱祖国爱香港的香港人,普选就一定能选出这样的人来吗？"②彭定康的政改方案偏要扩大直接选举的范围,如把立法局中功能团体议席的选举方式由原来的团体间接选举改为按职业划分的直接选举,把市政局,区域市政局和区议会的委任议席变为直选议席。这一着实际上是跟北京争"人头"。果若如此,就无法保证1997年后治港的港人是邓小平所要求的爱国者。

1992年10月,新任港督彭定康提出"政改方案",持续了七八年的平稳过渡再起波澜。

① 《邓小平文选》第三卷,人民出版社1993年版,第221页。
② 《邓小平文选》第三卷,人民出版社1993年版,第220页。

　　早在 8 年前邓小平就提醒英国外交大臣："希望港英政府不要在过渡时期中自搞一套班子,将来强加于香港特别行政区政府"①。彭定康正是要自搞一套班子,他让 1995 年选举委员会成员全部由直接选举产生的区议会议员担任,这样选举产生最后一届立法局,然后无条件"直通车",不就变成了 1997 年后香港特区的立法会"班子"吗? 再加上立法主导体制,谁还改变得了?

　　这样一改,等于在平稳过渡的道路上挖了一道深坎子。要真是这样,邓小平的平稳过渡等于白白谋划了几年,还不如早几年一下子把它拿过来好,像这样"过渡"到 1997 年,不要说顺利交接,还会陷入两难困境:再动个手术把它变过来吧,势必引起剧烈震动,而且难避"不要民主"的指责。不动吧,英国等于只是从形式上撤走了,人虽走茶不凉,香港真有可能变成一个在"民主"幌子下反对内地的基地,而且你除了动武,别无办法。

　　怎么办? 唯一的办法是在外交上发扬不信邪、不怕鬼的精神,不断指责港督的方案违反了中英联合声明,违反了与基本法相衔接的原则,违反了中英业已达成的谅解和协议,有意为平稳过渡、顺利交接设置障碍,试图决定 1997 年后的香港事务,安插亲英反华势力,干扰中国对港行使主权……不管港英方面怎么威胁要在香港"全民投票",要交立法局讨论通过,中方就是不同意,不接受,不让步,硬着头皮顶着。双方交涉了半年未达成任何协议,加上 1994 年北京申办奥运受挫,中英关系一度降到零点。

怎么办? 唯一的办法是在外交上发扬不信邪、不怕鬼的精神。

　　最后还是英方让步,因为它不愿意看到两国关系破裂,从而失去在中国市场上的机会。1994 年 10 月,中英再度达成协议。过渡时期最后一轮较量仍以中国取胜告终。

----

① 《邓小平文选》第三卷,人民出版社 1993 年版,第 68 页。

九、以港示台

陆铿报道:1982 年 6 月 15 日邓小平在人民大会堂约见 12 位港澳左派代表人士时,有一位先生慷慨陈词说:"当前,说收回香港,最大的问题是信心问题。如果 1957 年时提出收回,相信绝大多数香港人都会赞成,但现在不同了。1957 年以来的 25 年,我们走了多少弯路,做了多少错事,把中国折腾得太厉害了,因此,人民丧失了信心。我们不能怪香港人,要怪自己。而今最重要的是收拾人心,别的都是次要的。"据说,邓小平听了这话,不仅不以为忤,还表示嘉许。

香港要收拾人心,台湾更是如此。香港人心受损仅仅因为 25 年折腾,台湾和大陆的主人却有半个多世纪的历史积怨。国共两党曾经有过两次合作,结果如何,印象太深了。美国的华人学者认为:根据以前和共产党谈判结果导致中共变得越来越强大的经验,国民党在心理上对这次统一谈判产生抵抗情绪。如果中共希望通过谈判统一国家,它必须真诚地证明并避免试图同化台湾、破坏国民党的做法。除非中共能够消除国民党的不信任心理,否则国民党将不会与共产党谈判,签署它认为是死亡证明书的协议。

证明诚意需要事实。和共产党打交道的历史,使国民党心有余悸,而现在和台湾还没有开谈,用什么办法证明将来一定不会吃掉它? 这样解决香港问题对台湾问题就有很大的战略价值。香港问题解决好了,对台湾可以起到示范作用:你看,香港这个模式如此成功,你台湾为什么不能接受同样的模式。邓小平深明此理,所以他说:"能否真正顺利的实现大陆和台湾的统一,一要看香港实行一国两制的结果,二要看我们经济能不能真正发展。"①

"一国两制"本来是为解决台湾问题设计的,首先用到香港

> "一国两制"本来是为解决台湾问题设计的,首先用到香港上,有点凑巧,但也不妨歪打正着,先在香港这个相对简单问题上动动脑筋,可以为解决更为复杂的台湾问题提供思路。

---

① 《邓小平文选》第三卷,人民出版社 1993 年版,第 365 页。

上,有点凑巧,但也不妨歪打正着,先在香港这个相对简单问题上动动脑筋,可以为解决更为复杂的台湾问题提供思路。

解决香港问题的时机至少在 20 世纪 80 年代初就成熟了。邓小平不急于收回,要等两年再宣布,这好理解,为了取得英国的合作,让港人有个转弯的过程,来得平稳一点。为什么要等十几年,等到 1997 年? 这不是因为租期未满的缘故,有关香港的三个条约既然是不平等的,就不存在租期问题。99 年的租期顶多只说明拖到 1997 年以后不妥,而不能说明一定要等到 1997 年。真正的原因还是邓小平说的:"解决台湾问题要花时间"①。一位纽约教授说:我个人感觉,从中共眼光来看的话,台湾问题未解决前,香港问题不但不会让它解决,而且会故意让它拖。这话怎么说呢? 因为它一定要做成一个公开的模式,将来吸引台湾。

香港问题本来用不着多谈,因为那是中国的地方,中国随时有权收回。什么时候决定收回,顶多通知英国一声就算够客气的。即使像印度收回果阿那样,根本不通知葡萄牙,直接把军队开进去,在国际上也不会有人说话。邓小平却不紧不慢,彬彬有礼,郑重其事地同英国进行磋商、谈判,谈了一轮又一轮,而且生怕会谈失败,能让则让。这其中固然有争取英国合作以利平稳接收的考虑,但更重要的是邓小平意识到:"香港问题的解决会直接影响到台湾问题"②。中英两国就香港问题进行一系列谈判、协商、签约活动,可以系统地向台湾演示,如今共产党解决此类问题是何等的信守规则、通达情理! 这还是对外国人呢,对自己人——台湾同胞就更不用说了。

然而台湾和香港有点不同。香港曾是英国的殖民地,中英外交谈判达成的协议有国际法效应,任何一方都不好违背。台湾和大陆、国共两党间的只是一个国家的内政,内政问题要信守协议在中国就比较困难。国共两党历史上的会谈协议该有多少? 最后都

> 香港问题本来用不着多谈,因为那是中国的地方,中国随时有权收回。什么时候决定收回,顶多通知英国一声就算够客气的。

① 《邓小平文选》第三卷,人民出版社 1993 年版,第 86 页。
② 《邓小平文选》第三卷,人民出版社 1993 年版,第 86 页。

是实力解决问题,没有谁愿为一纸协议而放弃可以吃掉对方的机会。

这样看来中英两国为解决香港问题所达成的妥协就不一定能感召台湾。那么,用什么办法使台湾相信共产党作为执政者,对一国之内的问题也像国际上的问题一样说一不二、讲究信用呢?声明、讲话、誓言等都不足以解决问题,只有立法。人们种种信心不足无非是因为中国政治没有法制化,往往人亡政息,立了法就可以改变人治的形象。因此设立香港特别行政区——无非比其他民族自治区更特别一点——首先在宪法上立法,进一步又广集专家顾问费时5年郑重其事地制定出一部香港基本法。邓小平很看重这个基本法,他说:"我们的一国两制能不能够真正成功,要体现在香港特别行政区基本法里面。这个基本法还要为澳门、台湾作出一个范例。"①香港基本法主要不是用来制约港人,而是让港人放心,更进一步说是使台湾相信,"一国两制"以及多少年不变等等,不是信口开河,玩弄手法,而是准备认真执行的,请台湾方面消除不信任心理。

那么,用什么办法使台湾相信共产党作为执政者,对一国之内的问题也像国际上的问题一样说一不二、讲究信用呢?

十、两岸三通

邓小平本以为香港问题的解决会对台湾起到示范作用。不料,香港模式搞得有声有色,台湾方面却不怎么激动。1980年国务院公布对台湾产品免征进口税的优惠条件,台湾当局不但不"上钩",还对此类民间活动采取惩处措施。1981年叶剑英委员长发表九条对台示好政策,1983年政协主席邓颖超又发出"一切都好商量"的信号,台湾方面的回应都很冷淡,直到1986年,台湾的动静还不大。

台湾不急于谈,邓小平感到焦急。上了年纪的人,希望早点看

---

① 《邓小平文选》第三卷,人民出版社1993年版,第215页。

到祖国统一,这是一回事。更重要的是,台湾问题若这样一直拖下去,后果堪忧。台湾除第二次世界大战后有过短短 3 年同大陆自由交往的时间外,几乎同大陆隔绝了 90 年。这地方与香港不同,在地缘、经济和社会生活上同大陆没有任何现成的联系,在政治上也已形成一套基本上能为岛上居民接受的体系。当时唯一联结两岸的东西,除了同宗意识,就是国共两党在历史上形成的宿怨。台湾方面当时尚未放弃"光复大陆"的"国策",这对实现"中央对地方"的"一国两制"是个很大的障碍,但在客观上又遏制了台独势力的发展。设若有朝一日台湾的当权者淡化或放弃其"国统"纲领,两岸之间联系的纽带就只剩下一个民族感情了。可感情这东西是会随着时间的流逝而渐渐淡忘的。像于右任先生那样的第一代,尚讲究落叶归根,第二代、第三代,根和叶都在岛上,还会这么想吗?到那时,再说我们都是炎黄子孙便应该统一在一个国家里,能有多少人听?两岸已经隔绝了几十年,再不接触、交流、来往,隔阂只会越来越深,说不定哪一天台湾会永远从中华民族大家庭中独立出去,真的出现"两个中国"或"一中一台"的局面。

谁诱惑它都不"上钩",你条件再优惠也无济于事。除了尚存的一点亲情关系,没有任何现实的联结基础可供发挥。讲爱国,台湾不像香港长期处在外国殖民者的统治之下,爱国统一战线的感召力不大。讲统一,岛人也感兴趣,但谁跟谁统一?跟大陆统一,多数人怕失去他们现有的生活条件。讲第三次国共合作吧,很容易勾起过去两次合作残存的记忆,反而增加对方的抵触情绪。那么,用什么办法打开缺口、打破僵局?

台湾跟香港不同,仅靠示范还不足以把它吸引过来。1986年,邓小平在接受美国记者华莱士采访时,表示希望美国"鼓励、劝说台湾首先跟我们搞'三通':通商、通航、通邮。通过这种接触,能增进海峡两岸的相互了解,为双方进一步商谈统一问题创造条件"①。

台湾跟香港不同,仅靠示范还不足以把它吸引过来。

---

① 《邓小平文选》第三卷,人民出版社 1993 年版,第 170 页。

"三通"策略及时抓住了对岸老一代人的乡思情。一别三四十年的人谁不希望有生之年能有机会回老家看看、寻宗问祖？台湾当局抵挡不了这股民意，终于 1987 年开放了一般民众赴大陆探亲的禁令。大陆方面对回来看看的台湾同胞不仅不追究当年他们为什么"投敌叛国"，反而礼为上宾，由政府出面进行多方关照、多种优待，例如在候车室里有了台胞和军人共用的优待购票窗口，最初几拨回大陆定居者还按月发给生活补贴，享受到社会主义的优越性。

台湾探亲迈出了两岸交流的第一步。有了第一步就不愁第二步，因为"三通"策略下了诱人的经济实惠：你可以对国家统一不感兴趣，但不能对发财的机会置之不理。随着一波波的探亲人潮，台湾工商界人士也纷纷涌回大陆，发掘商机。国务院不失时机地颁布了鼓励台湾同胞投资大陆的规定，使两岸经贸交流从单纯的转口贸易跨入投资领域。这可是对双方都有好处的事情。台商对大陆市场的兴趣绝不亚于外商，何不近水楼台先得月？大陆反正是要引进外资，何不把这个甜头给台湾同胞？两岸很快在互利互惠的经贸交流上达成共识。1990 年，台湾正式开放台商赴大陆投资办厂，并推出大陆物品管理办法，两岸经贸交流从此步入法制化轨道。

台胞回大陆探亲，台商到大陆投资，以及两岸贸易的增长，对两岸关系的发展起了积极的推动作用。首先是维持和巩固了两岸仅存的同宗意识和民族感情。台北一直想"扩大国际生存空间"，扩大之后以"对等的政治实体"与北京交手。而北京为了防止台湾独立和外国插手，在国际上一直对台湾采取孤立政策。凡是与中国建交称友的国家，都必须接受一个前提：承认只有一个中国，台湾是中国领土的一部分，承诺不与台湾发生任何正式的官方关系。这样做无疑会加深台北对北京的敌意！两岸间频繁的经贸往来和感情交流恰好起到了某种补偿作用，证明大陆的上述政策并非有意孤立打击台湾，只是希望台湾离大陆更近一点。

经济是政治的基础。经贸搭台，政治唱戏。国共两党由于

台胞回大陆探亲，台商到大陆投资，以及两岸贸易的增长，对两岸关系的发展起了积极的推动作用。

在历史上有过对双方来说很不愉快的经历,加上新中国成立后几十年的对抗分立,彼此敌意很深。在这种情况下,先得有个信任树立期。一开始就要国民党爽快地坐下来同共产党谈论国家统一、第三次合作等问题,它是很难接受的。"两岸三通"正好避开了这些敏感的政治问题。一时谈不拢的问题先不谈,放到下一步再说,先谈通商、通航、通邮这些非政治、有实惠的话题。这样国民党当局就不好拒绝了。当然它免不了要扭捏,但不久就逼出一个"海基会"。大陆则马上回以"海协会"。这两个政府授权的"民间团体",起着代替政府的"白手套"作用,为两岸的直接沟通提供了便利。1992 年,海基、海协"两会"的最高领导人在新加坡会谈,并签署了四项协议。这是两岸隔绝 40 年以来最高层次的接触。自此,"两会"发挥中介团体的作用,积极推动两岸关系的发展。台湾终于同大陆谈起来了,只是隔了一层"白手套"而已。

1992 年,海基、海协"两会"的最高领导人在新加坡会谈,并签署了四项协议。这是两岸隔绝 40 年以来最高层次的接触。

台湾学者刘秀珍看到,即使两岸政治关系摇摆不定,台商受到大陆辽阔市场的召唤,两岸经贸往来也是无法阻挡。到 1994 年,台商对大陆的投资总额已达 37 亿美元,投资项目达 10305 个,成为大陆仅次于香港的第二大外资来源。这在相当程度上免去了大陆对其他外资的依赖,反过来又加强了台湾和大陆间的依赖关系。据说 1994 年台湾的外贸顺差几乎全部来自对大陆的贸易。有人估计台湾对大陆市场的依赖程度在 5—10 年内将超过对美国市场的依赖程度。这都是"三通"的战绩。

邓小平说过"解决台湾问题要花时间,太急了不行",尽管目前两岸间仅有互动,尚无互信,但是像这样有来有往,良性互动,在互动中增加相互了解,培养两岸间的互信,和平统一的路子是会越走越宽的。邓小平设想的那种"商谈统一问题"的条件迟早会创造出来,因为经贸、文化、感情的交往终究会突破界线蹦到政治领域。

十一、在"台湾当局"后面加上"和各界人士"

人们记得，在 20 世纪 80 年代初期及以前，大陆对台政策一直针对着"台湾当局"，以当政的国民党为谈判对手。这一点引起台湾内部其他政治力量和海外一些华人的批评，亦引起邓小平的高度重视。因此 1984 年国务院总理在国庆招待会上的讲话中，凡提到"台湾当局"的地方，邓小平都在后面加上"和各界人士"几个字。

这不是一般的修辞学问题，而是关系到统战策略的重大政治问题。"两岸三通"是从经济、文化向政治倒逼，联络当局以外的"各界人士"则是在政治领域营造活局。

"两岸三通"是从经济、文化向政治倒逼，联络当局以外的"各界人士"则是在政治领域营造活局。

台湾的国民党当局总的立场是既反共又反对台独。就反台独这一面说，国共间有共同语言，但反共的立场又妨碍了双方的接近。由于历史上两度合作国民党自认为吃了亏，上了当，如今再提第三次合作，仅以国民党为谈判对手，它是很难接受的。如果它硬是不肯坐下来谈，你怎么办？难道动武不成？在这种情况下，要避免武力手段，只有一个办法，在政治棋盘上寻找活局。而政治上的活局是必得三角关系才能做成的。过去两次合作，虽然皆有勉强，但都达成了，盖因为当时有个共同的敌人在前面，先是军阀政权，后是日本侵略者，现在却没有这样的共同敌人。香港回归比较顺利，是因为对面有个英国殖民者，而在中英谈判中又坚持了"两脚凳"原则，在台湾问题上却找不到这样有利的外交支点。这样，全部文章都得在岛内去做。现在要迫使国民党坐下来和谈，台湾人民和台湾的反对力量的意愿肯定也是一个重要砝码。邓小平说"台湾问题接触面要宽，除了国民党当局为对手外，要广泛开展工作面"①就是这个道理。当局不动，先从民间的"三通"入手，进行

---

① 《邓小平文选》第三卷，人民出版社 1993 年版，第 86 页。

经济、文化、感情交流,以期推动官方的政治接触,就是这样考虑的。

十二、两种制度,和平共处

国与国之间超越社会制度和意识形态的差异而和平共处,这是邓小平搞活中国外交关系的重要智慧。

经过进一步考虑,邓小平发现和平共处原则用于解决一个国家内部的某些问题也是一个好办法。用"一国两制"的办法解决中国的统一问题,统一后 10 多亿人口的大陆继续搞社会主义,台湾和港澳可以搞它的资本主义,北京不派人去,你不吃掉我,我也不吃掉你,这不也是一种和平共处吗?

按"一国两制"的理论逻辑来推理也只能是这样:50 年不变,而且是两个方面都不变,不仅港澳台的资本主义不变,大陆的社会主义也不变,结论只能是和平共处,至少要共处 50 年。

这可是世界共产主义史上从未有过的新鲜想法。社会主义和资本主义的关系一向被认为是"你死我活"的,怎么能够"和平共处"? 海内外都有人认为邓小平这样做将会对中共的意识形态根基构成挑战。不过,邓小平早就预备好了应战的武器:"我们搞的是有中国特色的社会主义","这个特色,很重要的一个内容就是对香港、澳门、台湾问题的处理","可以允许两种制度存在"①。

确实,有中国特色的社会主义已经容纳了好几个经济特区,还有 20 来个开放城市,那些地方都允许外资存在,但并没有改变那里的社会主义制度。既然社会主义可以同"外资"和平共处,为什么反而不能同"内资"和平共处? 邓小平只要把特区的概念稍稍扩大一点,就可以为将来的港澳台在有中国特色的社会主义中找到一席之地,从"经济特区"到"特别行政区",是合乎逻辑的延伸,

国与国之间超越社会制度和意识形态的差异而和平共处,这是邓小平搞活中国外交关系的重要智慧。

---

① 《邓小平文选》第三卷,人民出版社 1993 年版,第 217—218 页。

只是多了"行政"二字,顺着这个思维走下去,港澳台与大陆统一后,就没有必要去急于改变那里的生产关系,不过是在共和国的版图上增加了几块姓"特"的地区而已。

当然,两种制度和平共处并不意味着力量均衡。邓小平强调:"一国两制除了资本主义,还有社会主义,就是中国的主体,十亿人口的地区坚定不移地实行社会主义"。"这是个前提,没有这个前提不行,在这个前提下,可以容许在自己身边,在小地区和小范围内实行资本主义。"①这大概是他意识到社会主义对比资本主义的优越性还没有完全发挥出来(在下世纪中叶以前),如果没有数量(地域和人口)上的优势,就这样"半斤八两"地"共处"下去,社会主义很可能会被资本主义慢慢"吃掉"。到时,港澳台多少年不变倒是保证了,可大陆这一边却变了,那样"两制"岂不成了"一制"?

邓小平这样说,主要是做自己人的工作:搞社会主义没有一点胆略和勇气是不行的。同时也向外界表明共产党人的态度:大陆不会因为"一国两制"的灵活性而放弃社会主义的原则性。实际上大陆的主体地位是个明摆着的事实,大陆有 10 多亿人口。港澳台合起来才 2500 多万,"更重要的是政权在我们的手里"②。除非共产党主动放弃社会主义,否则港澳台再发达也改变不了大陆 10 多亿人口的现实。

既然是一国,就只能有一个中央政府。

再说政治上,既然是一国,就只能有一个中央政府。港澳台不管怎么特殊,怎么自治,也只能算地方政府。港澳不说,台湾很可能不服,要跟共产党争正统。可是台湾怎么好称大陆为地方政府呢?中央政府固然要为台湾和港澳留下名额,然而这中央政府本身也是中国共产党领导下的。这样,台湾只能接受地方政府的地位,即使允许它保留军队,也只能是地方军队。地方军队要是同国家军队发生冲突,谁有理谁无理不是很好判明的吗?

还有什么可怕的?也许还有资本主义的"影响"。不过要知

---

① 《邓小平文选》第三卷,人民出版社 1993 年版,第 103 页。
② 《邓小平文选》第三卷,人民出版社 1993 年版,第 373 页。

道两种制度是分处在不同地区的,而且中间都有社会主义特区隔离着。港澳台同大陆统一后,深圳等经济特区将成为缓冲地带,这就可以大大减少资本主义冲击波对大陆带来的负作用。沿海特区也好比一个过滤器,把资本主义的消极影响限制在一定范围内,同时尽可能地吸收并发挥它的积极作用。

港澳台的资本主义吃不掉大陆的社会主义,剩下的问题是大陆会不会吃掉港澳台的资本主义? 大陆有理论家提出论证:"既然社会主义和资本主义已经在同一个星球上并存了那么长时间,为什么它们就不能在同一个国家里共存共生呢?"其实这个类比并不恰当,由"同一星球"的事实推不出"同一国家"的事实,邓小平所主张的两制不同于国际法上独立国家的两制。独立国家的两制之所以不得不和平共处是因为有国家主权做后盾。一个国家要想改变另一国家的内部制度,叫"干涉内政",在国际上站不住。那么在同一个国家内两种制度的和平共处靠什么来保证呢? 邓小平提供的保证来自国家统一和社会主义自身的需要:"如果不保证香港和台湾继续实行资本主义制度,就不能保持它们的繁荣和稳定,也不能和平解决祖国统一问题。"①

港澳台人士不明白这到底是原则让步还是策略考虑。邓小平不否认这是统战策略,但他承认这"不是一时的感情冲动,也不是玩弄手法"②,而是为中国发展壮大的战略利益所决定的。理由是,在社会主义为主体的前提下,容许在小范围内实行资本主义,不但改变不了中国整体的社会主义性质,反而对社会主义经济的发展壮大有许多好处。既然对社会主义有好处,社会主义为什么要"吃掉"它? 两种制度和平共处,取长补短,相互促进,最后有可能彼此接近。这到底是不是社会主义在原则上作出了让步,取决于将来的领导者对"原则"怎么理解。

真正有可能使两制失去平衡,打破共处局面的因素很可能不

邓小平不否认这是统战策略,但他承认这"不是一时的感情冲动,也不是玩弄手法",而是为中国发展壮大的战略利益所决定的。理由是,在社会主义为主体的前提下,容许在小范围内实行资本主义,不但改变不了中国整体的社会主义性质,反而对社会主义经济的发展壮大有许多好处。

---

① 《邓小平文选》第三卷,人民出版社 1993 年版,第 67 页。
② 《邓小平文选》第三卷,人民出版社 1993 年版,第 60 页。

在经济上社会主义和资本主义的矛盾,而在政治上中央和地方如
何相处。有人说大陆暂时不吃掉港澳台,是因为社会主义力量还
不够,等社会主义发展壮大了,就会毫不客气地吃掉。此说未必合
实际。只要统一进来了,大陆完全有能力以各种不同方式把几块
资本主义地区消化掉,改造掉,而且这是内政,任何外部力量都干
预不了。因为主动权在大陆,在中央政府,在共产党,吃不吃掉不
是能不能的问题,而是愿不愿的问题。不吃是因为港澳台的资本
主义繁荣对大陆社会主义发展有好处,至少好处大于坏处。如果
港澳台资本主义的存在对大陆没有好处,甚至构成威胁,例如成为
反共、反大陆的基地,发生动乱,试图动摇大陆要坚持的社会主义
制度尤其是共产党的领导地位,到了"你死我活"的地步,那就对
不起,必须吃掉,而且有充分理由要吃掉:人不犯我,我不犯人,人
既犯我,我当然要犯人了。

因此两制能维持多久?大陆会不会吃掉港澳台?还是事在人
为,要看大陆的政策取向,怎样看待资本主义,归根结底取决于双
方决策人士如何相处。只要满足两个条件:(1)大陆坚持改革开
放的政策不变,(2)港澳台比较安分,不向大陆现行制度特别是共
产党的领导地位发生公开挑战——这两个方面在相当程度上又是
互为因果的——两种制度就可以和平共处下去。

两千多年前的政治家吕不韦把中国政治的症候诊断为六个字:
"一则治,两则乱。"邓小平设计的两种不同乃至相反的制度要真能
在一个国家内长期生存、和平共处,各得其所,相安无事,那将对中
国数千年来大一统的政治模式产生不可估量的积极影响。中国政
治基于中央和地方的矛盾长期在治与乱、合与分两极间循环,跳不
出一统即死、一放即乱的怪圈。直到现在中央和地方如何恰当分权
还是一个很难把握的问题。虽然毛泽东和邓小平都在两个积极性
上下了不少工夫,往往还是强调中央的集中统一就容易牺牲地方的
活力,而强调搞活地方、权力下放又会削弱中央权威,有政治失控之
虞。如果港台这等特殊性能与中央集权相容,将来中国人在处理中央
与地方、集权与分权的关系时,肯定会变得更富理性和更具现代感。

第七章　邓小平外交智慧

一、"东西南北"矛盾论

　　国际战略,外交谋略,盖基于一个对世界形势的基本看法,恰如诸葛亮的隆中对:纵论天下大势,然后给刘备献出"三分天下享其一"的定国智慧。

　　中国共产党自立国以来,用于分析世界形势的概念框架先后有三个:毛泽东在 20 世纪 50—60 年代用的是"两大阵营"理论。随着中苏分裂,社会主义阵营不复存在,70 年代过渡到"三个世界"理论。80 年代,邓小平对世界格局的分析框架,可以叫做"东西南北"论。

　　　　现在世界上真正大的问题,带全球性的战略问题,一个是和平问题,一个是经济问题或者说发展问题。和平问题是东西问题,发展问题是南北问题。概括起来,就是东西南北四个字。①

　　"东西南北"论的理论智慧是在考虑国际关系中把政治的考虑与经济的考虑适当分开。

　　"东方和西方"的关系以和平反战为主题。邓小平的基本谋略是维护世界和平、反对霸权主义,用和平共处五项原则构思世界政治新秩序,为中国确立独立自主的外交策略。

　　"南边和北边"的关系建立在发达国家和不发达国家的差异

　　① 《邓小平文选》第三卷,人民出版社 1993 年版,第 105 页。

上。邓小平的基本谋略是加强南南合作,推动南北对话,用发达国家和不发达国家共谋发展的全球视野构思世界经济新秩序。

毛泽东的"三个世界"论超越了原先的"两大阵营",邓小平的"东西南北"论又超越了"三个世界"。比较起来,"三个世界"仅相当于一个"南北关系"。与毛泽东相比,邓小平的世界战略视野中明显地多出一个"东西关系"。正是这一点,把20世纪80年代中国的对外关系"搞活"了。

按照"三个世界"的划分,中国只能把自己定位在第三世界。这对中国团结亚、非、拉广大第三世界国家并争取第二世界国家共同反对霸权主义,无疑具有重大战略意义。但是仅仅局限在第三世界,对中国的自我发展极其不利,首先会增加中国对第三世界穷伙伴的义务,使中国在走向现代化过程中背上沉重的包袱。其次不便于中国放开手脚独立自主地进行全方位外交。

"三个世界"理论是鉴于中国处于弱者地位而采取的一种积极防御战略。问题是中国在经济上虽属不发达国家,在政治、军事上都有相当优势可资。要在国际上积极进取,有所作为,既需要团结第三世界,以压迫发达国家;又需要利用自己的优势,超出第三世界范围,在更广阔的国际舞台上发挥自己的作用。邓小平的"东西南北"论正是这种既站在第三世界中又可跳出第三世界,使中国在国际舞台上具有更大自主性和灵活性的外交智慧。

> 邓小平的"东西南北"论正是这种既站在第三世界中又可跳出第三世界,使中国在国际舞台上具有更大自主性和灵活性的外交智慧。

"东西南北"论把中国放在两种关系中加以定位:在东西关系中处在"东"的位置上,在南北关系中处在"南"的位置上,从而使中国的国际角色地位具有两重性。这样对中国有什么好处呢?

乔纳森·波拉克分析说:为什么中国在华盛顿和莫斯科所制定的谋略中占有如此重要的地位,而世界其他国家对它又是那么密切注视?问题的答案在于,尽管中国把自己塑造成受威胁、受委屈的样子,但它却机敏地利用了它可以利用的政治、经济和军事手段。结果,中国成了对于所有国家来说是一个什么都是的国家。

这种不固定而十分灵活的角色定位,正是中国在20世纪80年代和90年代初得以成功地推行全方位独立自主和平外交战略的秘密所在。

二、世界战争：危险存在，但可避免

对当今世界形势怎么估计，怎么感受，是战争的阴云密布，还是和平的祥云升腾？这不只是对外部世界的认识问题，还直接决定着一个国家的内政外交方针。像中国这样的国家更是如此。中国的人口相当于美、日、苏加上整个欧洲的总和，而经济上则远远落后于发达国家，对世界范围内的战争与和平问题不可能漠不关心。

中国对世界形势的基本估计，在毛泽东时代是：战争迫在眉睫，立足于早打大打。20世纪70年代末80年代初倾向于"战争不可避免，但是可以推迟"。80年代中期邓小平作出新的判断：虽然战争危险依然存在，但世界战争可以避免。

邓小平的判断基于以下事实：打世界大战只有两个超级大国有资格，但是苏美两家都拥有毁灭对方的力量，因此形成恐怖平衡，谁也不敢先动手。再说，苏美双方的全球战略都受挫，都陷得很深，尽管两家当时还在进行军备竞赛，但苏联已形成骑虎难下的局面，无法考虑打一场世界战争，相反倒有谋求缓和的趋势。此外，是世界上制约战争的和平力量的增长超过战争力量的增长，真正想打核大战的狂人很少。再则，世界新技术革命蓬勃发展，未来的世界竞争将主要取决于经济和科技力量而不是军事力量，这一点苏美也不能不考虑到。

邓小平看到今后国与国之间的竞争有一个从武力手段向和平手段的转变，即便是帝国主义也并不认为战争是谋求国家利益的最好手段。这一认识改变了中国对战争根源于帝国主义本性的看法。过去很长一段时间之所以认定战争不可避免，乃基于帝国主义是战争根源这一认识。"文革"中负责对外联络的王稼祥因建议放弃帝国主义是战争根源这一提法，结果被看作投降主义、"三

对当今世界形势怎么估计，怎么感受，是战争的阴云密布，还是和平的祥云升腾？这不只是对外部世界的认识问题，还直接决定着一个国家的内政外交方针。

"和一少"而受到批判。实际上,尽管战争的主动权在帝国主义手里,但被动的一方采取什么态度,是对抗还是合作,也是很有关系的。战争可否避免取决于双方是否都愿意打仗,包括被动的一方是否也觉得除了打仗再没有别的应对办法。如果后一方采取要打就打、一决雌雄的态度,就会形成苏美对抗那样的局面。

中国的外交战略是立足于打还是立足于和,从根本上说,取决于它对现存世界秩序采取什么态度。如一位学者所言,中国态度的转变带来它的外交政策的"半激进化",即倾向于改革而不是全盘推翻现存世界体制。这一转变使中国淡化了世界革命的使命感,更多地从国家现实利益出发考虑问题,改变了对西方世界的敌视态度。最明显的表征是不再使用"帝国主义"之类带有强烈意识形态色彩的名词去称呼它昔日的对手,而改用"霸权主义"、"强权政治"、"发达国家"、"超级大国"等比较中性化的称谓。在传统的不信邪、不怕鬼的傲骨精神中加进了一些敢与魔鬼打交道的胆识和愿与不同社会制度国家和平共处的勇气。结果中国的外交战略,就由敌视走向接触,由对抗走向和解,由拒斥走向参与,并为中国开展广泛的国际交往和合作提供了可能性。

邓小平对世界局势的判断引导中国的外交政策从立足于战争转向立足于和平。是战争引起革命,还是革命制止战争,邓小平不感兴趣。重要的是中国需要一个和平稳定的国际环境,以便集中精力一心一意进行现代化建设。"中国太穷,要发展自己,只有在和平的环境里才有可能。要争取和平的环境,就必须同世界上一切和平力量合作。"①和平外交不再仅仅是一个策略性口号,而是出于中国自身战略利益的考虑。打仗需要耗费时间和资源。中国不是胆小怕事,而是担心万一打起来,就要耽误已经耽误了很久的现代化进程,就会打乱中国实现四个现代化的战略部署,再次错失民族复兴的历史机遇。相反,广泛地开展和平外交和国际合作,可以为中国的现代化建设争取急需的技术和资金,何乐而不为?

邓小平对世界局势的判断引导中国的外交政策从立足于战争转向立足于和平。

① 《邓小平文选》第三卷,人民出版社1993年版,第82页。

三、世界战略：反对霸权，维护和平

反霸维和是邓小平的一号外交方针。他说："高举反对霸权主义、维护世界和平的旗帜，坚定地站在和平力量一边，谁搞霸权就反对谁，谁搞战争就反对谁。……树立我们是一个和平力量、制约战争力量的形象十分重要。"①

反霸，如果仅仅是对霸道作风不服气，路见不平，拔刀相助，表现出一副侠骨柔肠、忠肝义胆，那就不见得"十分重要"。因为邓小平讲究的是实际。

那么，反霸维和对中国的实际意义是什么？

中国文化中有一种反对以强欺弱的侠义精神，以强凌弱谓之霸。有人研究，这种人文精神有利于弱者生存。而在当今国际环境中，中国无疑还是个弱者，在许多方面不能逞强，更无法同西方发达国家特别是超级大国较强。因此，维护国家无论强弱大小一律平等，不许以大欺小、恃强凌弱这一保护弱者的原则，无疑对中国自己是有利的。

更重要的是当今世界还是一个弱者占数量优势的世界，强国不多，真正能逞强、好称霸的就更少。邓小平的策略是同一切国家都来往，不管它是强国弱国大国小国，来者不拒。但是谁要是搞霸权，欺负弱小，即使不针对中国，中国也要站出来说话，主持公道，反对那少数搞强权的人。这样的反霸立场，固然要得罪少数国家，却可以结好绝大多数国家。有了绝大多数的支持，本来不算很强的中国，就变得很有力量了，那些因为中国反霸而不悦的人，对中国也奈何不得。反霸一招，既能镇住强者，又能结交弱者，使得弱者纷纷从之，而强者又不敢欺负，当然十分重要。

中国不仅要站在弱者一边，以结好占世界人口 3/4 的第三世

反霸维和是邓小平的一号外交方针。他说："高举反对霸权主义、维护世界和平的旗帜，坚定地站在和平力量一边，谁搞霸权就反对谁，谁搞战争就反对谁。……树立我们是一个和平力量、制约战争力量的形象十分重要。"

---

① 《邓小平文选》第三卷，人民出版社 1993 年版，第 128 页。

界国家,而且站在和平力量一边,这样路子就更宽了。世界上拥护和平的人口和国家更多,即使是想以战争捞得好处的人,也不能弃和平旗帜而不顾。高举和平旗帜足以号召天下,这就使霸权主义更加孤立。邓小平将反霸与维和联系起来,以证明搞霸权不利于世界和平。就中国的实情来说,对付霸权主义还是有能耐、够格的;真正担心的是战争,因为中国需要集中精力搞现代化。邓小平以维护和平的号召来反霸,说明中国的反霸不单纯是个防守性策略,不是因为看不惯霸权作风而反霸,还有积极内容,即抑制战争因素,为中国的现代化建设争取一个和平稳定的外部环境。

反霸维和的另一意义是抵消所谓"中国威胁论"。中国若按预定目标到 21 世纪中叶接近发达国家水平,又有这么大的地盘,这么多人口,到那时,会不会称霸一方,转过来欺负原来的小兄弟呢?许多中小国家就是因为这种心理对中国敬而远之,甚至防一手,他们一方面支持中国的反霸立场,但又怕支持过头,让中国很快强大起来,反而对自己不利。高举反霸旗帜,声明中国永远站在第三世界一边,站在和平力量一边。这样,至少从理论上看,中国的发展等于世界和平力量的增长,等于第三世界自身的壮大,有何可怕?

四、仍然站在"第三世界"一边

邓小平高度评价毛泽东关于划分"三个世界"的战略,称其对于团结世界人民反对霸权主义,改变世界政治力量对比,对于打破苏联霸权主义试图在国际上孤立中国的计划,改善中国的国际环境,提高中国的国际威望,起了不可估量的作用。

进入新的历史时期后,中国和世界的情况发生了很大变化。邓小平仍然重申中国站在第三世界一边。一次,他对一位第三世界的朋友说:"联合国安全理事会常任理事国,中国算一个。中国这一票是第三世界的,是名副其实地属于第三世界不发达国家的。

邓小平高度评价毛泽东关于划分"三个世界"的战略,称其对于团结世界人民反对霸权主义,改变世界政治力量对比,对于打破苏联霸权主义试图在国际上孤立中国的计划,改善中国的国际环境,提高中国的国际威望,起了不可估量的作用。

我们多次讲过,中国属于第三世界,将来发展起来了,还是属于第三世界,永远不做超级大国。"①

谁都知道第三世界都是小国、弱国、穷国。中国当时在经济上仍是个穷国、弱国、小国;政治上则是不可小视的大国,如果逞强一点,中国完全可以以大国自居。但这不符合中国人的传统智慧:弱者道之动。弱者有一个办法使自己成为实际上的强者,那就是把自己放在弱者一边,以弱者的代表出现。如果这世界上的弱者占大多数,那么它一下子就变得很强了,足以和占少数的强者相抗衡。

邓小平继承毛泽东的外交战略,宣布中国站在第三世界一边,代表第三世界说话,有两大意义:

第一,可以团结大多数国家共同反对霸权主义和强权政治,加重中国在国际事务中的分量。中国本来不算强大,但有广大第三世界朋友在身边,足以令任何一个超级大国刮目相看。

第二,可以通过与第三世界的"南南合作"从中得到类似发达国家同中国合作得到的好处,并以"南南合作"推动"南北对话",对发达国家施加压力,例如要求发达国家从全球利益出发拿出钱来帮助不发达国家共同发展。

五、千万不要当头

"站在第三世界一边"有种种不同站法,站得好,对中国有利,站得不好,反受其累。

一次,邓小平警醒党内同志:"第三世界有一些国家希望中国当头。但是我们千万不要当头,这是一个根本国策。"②不当头是中国对外关系的根本国策。

"站在第三世界一边"有种种不同站法,站得好,对中国有利,站得不好,反受其累。

---

① 《邓小平文选》第三卷,人民出版社1993年版,第94页。
② 《邓小平文选》第三卷,人民出版社1993年版,第363页。

当头怎么啦？有史为鉴：苏联当了好一阵社会主义国家的头儿，弄得"大家庭"内"兄弟"间争争吵吵，哪家出了问题就要去维持秩序，对外还要承担保护安全的义务。结果成为外强中干的军事巨人、经济小国，里外不好做人，终于支持不下去，分家过日子。

"文革"期间，中国有一些老"左"想仿效苏联，以毛泽东的"三个世界"为号召，把中国搞成世界革命根据地，明明自己吃不饱肚子，还勒紧裤带充好汉，慷慨援助第三世界兄弟国家，发誓要解放全人类，更是闹剧一场！

在邓小平看来，站在第三世界一边，讲讲公道话是可以的。但绝不能当头，当了绝无好处：

第一，中国自己的力量不够，当不起这个头。当头，等于把放在墙上的葫芦拿过来挂在自己的脖子上，那么多葫芦总有一天会把中国压得伸不起腰来，至少行动不便。再说中国本来就穷，自己的事都做不完，哪有能力把那么多小兄弟都包起来。况且你去大包大揽，吃了力不一定能讨好。把10多亿人口的中国搞好，本身就是对人类作出了很大贡献。齐10多亿人民的温饱而不顾，硬去充头儿揽事儿未免太不明智了。

第二，一旦当上头儿，就会失去许多主动。当头儿，等于把中国绑在第三世界的船上，而且还要当船长，负责全体船员的安全。第三世界从理论上说，是以富国，尤其是超级大国为敌人的。当上了他们的头，就得起领导作用，带领这些小兄弟去同发达国家、超级大国相对抗。果若如此，中国就无法独立自主地同发达国家打交道，无法在处理大国关系时采取灵活机动的策略。中国站在第三世界一边，是同超级大国打交道的一张重牌。但是如果陷得太深，那中国反过来成了其他国家手上的牌。这等于作茧自缚，给自己设置障碍，堵死了中国同发达国家开展合作、获取资金和技术以利四化建设的道路。

> 一旦当上头儿，就会失去许多主动。当头儿，等于把中国绑在第三世界的船上，而且还要当船长，负责全体船员的安全。

六、超越社会制度和意识形态

邓小平 20 世纪 80 年代外交新思维,若用一句话概括,这句话便是:"考虑国与国之间的关系主要应该从国家自身的战略利益出发……不去计较社会制度和意识形态的差别。"①

中国过去对外交往与合作为什么长期打不开局面? 有人家的原因,也有自己的原因。自己的原因,主要是把"姓社姓资"一类教条搬到国际关系上,用社会制度和意识形态去衡量敌友,制度相同,观点一致,才能做朋友,否则就是敌人。中美敌对 20 多年,中国同整个西方世界长期不合作,中苏之间出现 20 多年的对抗,其中有对方的原因,就自己方面说,一个是帝国主义,一个是资本主义,一个是修正主义,加上不信邪、不怕鬼的硬骨头精神,发誓要消灭帝、修、反,怎么可能接触、对话、合作呢?

邓小平用一句话挑明了问题的实质:这些都是自己给自己设置障碍。

国与国关系的障碍并不纯粹是人为的幻影,根子还在利益冲突上。问题是利益冲突一旦同社会制度和意识形态方面的偏见挂起钩来,问题就复杂化、极端化了。纯粹的利益冲突完全可以心平气和地坐下来,通过协商谈判找到一种双方均可以接受的解决方法。制度和观点上的分歧掺和进来后,冲突双方就会相互把对方当作心怀不轨的敌人看待,谁也不服谁的理,没有商量余地,让步就等于投降,没骨气。于是唯一的解决办法是打倒或消灭对方,消灭不了就僵持、冷战,谁也不买谁的账。

从社会制度和意识形态上考虑国家关系,在苛责别人的同时,也孤立了自己。要做朋友就得和我制度相同,观点一致;不能与"豺狼"为伍,与"魔鬼"打交道。这样能交几个朋友? 邓小平意识

----

① 《邓小平文选》第三卷,人民出版社 1993 年版,第 330 页。

到这种画地为牢的政策,等于把自己孤立于世界之外。中国要想实现四个现代化,就必须向所有国家开放。全方位开放要求拆除一切人为的障碍。障碍去除后,便是现实主义的外交政策:"同什么人都可以打交道,在打交道的过程中趋利避害"①。第三世界要交,发达国家更要交;北朝鲜要交,南朝鲜也要交。不管白猫黑猫,只要对中国的发展有好处,就要结交。邓小平知道"用这样的思想处理国家关系,没有战略勇气是不行的"②。

从社会制度和意识形态上考虑国家关系,不仅朋友难交,交了也难处,很容易闹僵。因为强调一致,容不得别人与自己有差异,一有差异就觉得不够朋友,就要指责、干涉,强加于人。干涉总是相互的,你振振有词地指责别人,别人也有权利回敬于你,结果平地起风波,一言不合,即可散伙。中国过去也做过干涉别人的事。改革开放以后,变得比较宽容,不再好管别人的闲事。剩下的主要问题是如何不让别人干涉中国。在同有优势的发达国家打交道时,中国倾向于不干涉别人,但是容不得、经不起别人干涉自己。邓小平知道一些国家好对中国说三道四,也是因为把国家关系同社会制度、价值观念的分歧搅和在一起的缘故。因此强调超越社会制度和意识形态,反过来变得对自己十分有利。你家的事我不管,也请你放尊重些,不要管我家的闲事吧!这样才能保证独立自主地同一切国家和平共处。

计较社会制度和意识形态的差异给中国自己带来两大坏处:朋友变少且动辄闹翻。邓小平稍稍超越一点,就获得两大好处:朋友变多又独立自主。

七、独立自主的和平外交政策

邓小平认为,中国处理同任何国家的关系,都应努力避免两个

① 《邓小平文选》第三卷,人民出版社 1993 年版,第 260 页。
② 《邓小平文选》第三卷,人民出版社 1993 年版,第 330 页。

300

极端的政策:对抗和结盟。对抗会失去朋友,结盟会失去独立性。介乎两极之间最理想的方式是独立自主的和平外交。它的精髓是对任何一个国家都和平友好,但是又都保持一定的距离。这才是对中国最有利的选择。

改革开放以来,邓小平以极大努力先后结束了同美国、日本、西欧和苏联的敌对或隔膜状态。但对任何一方,邓小平都留有余地,不贴得太紧,更不抱成一团。中国同第三世界一向友好,但是不搞成"国际大家庭"。有些第三世界国家主动要求中国当头,邓小平坚决不当。中国同亚洲的经济强国日本一衣带水,以亲密友好邻邦相称,但总不同它搞成"势力范围"。邓小平1979年访美,实现中美关系正常化,明显有针对苏联霸权主义的用意,但不打算加入美国"政治集团"。访问结束时,只发表联合新闻公报,而不发官方的联合声明,因为这样非正式些,约束力小一点。20世纪80年代末同苏联改善关系,但是再不像60年代以前那样"同志加兄弟"了,为的也是独立自主。

这种既交朋友又不过分亲热的态度,可不能理解成对朋友不忠诚,而是一种广交朋友又不丧失独立性的中国式外交谋略。

等距离地对待朋友才能保持更多的朋友。对某一个或几个朋友过分亲密,势必令其他朋友不安,所以不利于广交朋友。如果中国同一个或几个要好的国家搞成一个什么集团,那就意味着同这集团外的其他国家割袍断交,不能再交其他朋友了,而集团内的盟友是否靠得住还是个问题。

和朋友保持一定距离,反而更便于处理同朋友的关系。贴得太近,反受他人制约,使自己丧失许多主动性。相反,离得稍远一点,他还生怕你跑了哩,怕你跑到别人那里,加强了对手的力量。这样,你反而主动起来,用不着看朋友脸色行事。他有什么不对,你还可以批评几句。如果过于亲密,那就不好批评了,一批评就见外。

保持一定距离,约束力小一些,自己的自由度也就大一些。虽然做了朋友,但有所保留,除了保留同第三方交往的权利,还保留批评你这个朋友,甚至在你很不够朋友时离你而去的权力。有所保留保持一定距离,约束力小一些,自己的自由度也就大一些。虽然做了朋友,但有所保留,除了保留同第三方交往的权利,还保留批评你这个朋友,甚至在你很不够朋友时离你而去的权力。

就可以自由来往,可以独立发表自己的见解。这样更有利于中国在国际事务中独立自主地发挥作用,而不是什么都围绕别人转。

感情上稍微亲密一点没关系,也是难免的。邓小平特别强调不能搞成有盟约的集团。结盟有三种情况:一是别人更弱,中国做盟主。这样可能得一些好处。但中国可做盟主的似乎只有第三世界,而对这些小兄弟,中国一向的态度是义务感大于权利感。再说这张牌在政治上也许有点分量,在军事和经济上就算不得什么。二是做盟员,别人比中国强大。中国加入这样的集团等于把自己绑在别人的战车上。上了别人的战车,失去自由不说,还要把自己的安全保障托付给别人。这意味着必须看别人脸色行事,一旦反目,就什么保障也没有。三是实力相当,做地位平等的盟友。在内部,义务和权利都是对等的;对外,你可以打我的牌,我也可以打你的牌,互相打牌,抱成一团。这看起来不错,但并非上策。上策是做朋友,但又保持一定距离,保留来去自由的权利。这样主动权就全在自己手里。这边不够意思我可以稍微往那边靠靠,那边不够朋友我又稍微往这边倾倾。结果谁都怕中国离去了,别人打不了我的牌,我反过来可以不时打打别人的牌。

不依附于任何人,会不会被孤立? 如果中国弱小得一钱不值,势必如此。然而中国不论从哪个方面说,都是不可以被人忽视的。仅凭中国巨大的市场,就足以令许多国家放弃不得。当然有这些条件而不依附于任何人,要不被孤立,还得有个前提,那就是谁都不要得罪。不得罪任何人,谁都交朋友,但谁也不依附,保持独立地位,结果会怎样呢? 谁都想争取,谁都怕得罪。这样中国的分量就加重了,朋友也更多了。

所以邓小平说:"我们坚持独立自主的和平外交政策,不参加任何集团。同谁都来往,同谁都交朋友,谁搞霸权主义我们就反对谁,谁侵略别人我们就反对谁。我们讲公道话,办公道事,我们国家的政治分量就更加重了。这个政策很见效,我们要坚持到底。"①

> 不依附于任何人,会不会被孤立? 如果中国弱小得一钱不值,势必如此。然而中国不论从哪个方面说,都是不可以被人忽视的。

---

① 《邓小平文选》第三卷,人民出版社 1993 年版,第 162 页。

八、与大国约定互不干涉内政

互不干涉内政是中国首倡的和平共处五项原则之一。它本是20世纪50年代处理同中国地位差不多的印度的邻里关系的一个规则，没想到在80年代成为中国对外交往中一个非常重要的自卫武器，成为邓小平及其他中国领导人面对世界讲话时的口头禅。邓小平甚至说："国际关系新秩序的最主要的原则，应该是不干涉别国的内政"①。

干涉内政不同于武装侵略。它是一个国家基于国家实力而以外交方式对另一国施行的压力或影响。能不能对外施加影响或怕不怕外来影响，主要取决于国家的强弱大小。一般地说，主张干涉，或不在乎干涉是强国的立场，而弱者则倾向于不干涉主义。

经济上不发达，加上不希望其他少数国家主宰世界的心理，决定中国是大国干涉行为的天然反对者。由于历史和文化方面的原因，我们对于针对中国的干涉行为特别敏感。当然不能说不干涉原则是只对中国有利的片面原则。邓小平充分估计到该原则能够在国际上获得大多数的支持。非洲统一组织的强烈的普遍的呼声就是要求别国不要干涉他们的内政。此外，占世界人口1/5的众多伊斯兰国家也不会接受西方资本主义的干预。再加上中国，也占世界人口的1/5，这个队伍就够大了。

不干涉是双方行为，要求别人不干涉自己，自己也不得干涉别人。中国要做到不干涉别人是比较容易的。从历史上看，中国人历来只专注在中央大国内部如何战胜、控制别人，对域外夷邦从来没有什么支配欲，最大的希望是别人勿来打扰。"文革"中少数人有过世界革命根据地的狂妄想法，做过一些强加于人的事，出发点还是好心帮助别人，且中国从中付出的比得到的多得多，只有极不

不干涉是双方行为，要求别人不干涉自己，自己也不得干涉别人。

---

① 《邓小平文选》第三卷，人民出版社1993年版，第359页。

聪明的人才会这么做。改革开放以来,中国一心交好于天下,担心战争影响四化建设,把发展自身放在首位,自己的事都做不完,根本无心他顾。既然中国无心也无力去干涉别人,那么"互不干涉"对中国来说,就成为反对霸权主义和强权政治,捍卫国家主权和民族尊严的有力武器。

中国要实现现代化,必须对外开放,尤其要对西方发达国家开放。在这种情势下,如果不把内政和外交分开,允许相互干涉,看起来权利是对等的,你干涉我,我也可以干涉你,实际上却于中国不利。因为中国处于弱势,社会主义对于资本主义的优越性还不足以令人信服,不设防的互相干涉,中国影响不了别人什么,别人凭借多方面的优势,则足以改变中国的颜色,把中国引向自己政权无法控制的方向。当然,干涉不过别人,还有一个防范办法,就是把国门重新关闭起来,不与外界打交道。可是这样又于现代化建设不利。在不得不打开国门,又不愿看到全盘西化后果的考虑下,互不干涉就成了一条必不可少的自我保护措施。

不允许干涉,也是在国际上做人的一种技巧。中国正因为弱,更需要维护中国独立自主,不信邪、不怕鬼、不接受干涉的形象,不能示弱。这倒不一定是阿 Q 精神,而是因为在强者面前,你越怕,越示弱,人家劲头就越大。人家并不因为软了就对你好一些,反倒觉得你好欺负,更看不起你。如此得寸进尺,以后的麻烦越来越大。当然,对强者进行这种心理战,是需要很大勇气的。

中国要变也可以,但必须按自己的意愿变,而不能让外人指手画脚。这关系到中国人的自尊心。邓小平懂得,没有民族自尊心,不爱惜自己民族的独立和尊严,国家是立不起来的。一次他对尼克松讲了自己的"真话":"如果中国不尊重自己,中国就站不住,国格就没有了,关系太大了。任何一个领导人在这个问题上犯了错误都会垮台的,中国人民不会原谅的。"① 的确,近代史上凡是有卖国嫌疑的政府都长不了。

---

① 《邓小平文选》第三卷,人民出版社 1993 年版,第 332 页。

更实际的问题是中国还有维护自己主权、独立和领土完整的任务没有完成。台湾问题一旦国际化，祖国统一就无望。用什么阻止台湾问题国际化？就是不干涉内政原则。台湾问题是中国的内政，海峡两岸怎么搞是中国自己的事情，任何国家都想同中国保持友好关系，前提是都得承认台湾是中国的一个部分。

台湾问题一旦国际化，祖国统一就无望。用什么阻止台湾问题国际化？就是不干涉内政原则。

九、先给北极熊安上笼套再对越自卫反击

"北极熊"苏联从20世纪60年代开始在整个中苏、中蒙边界上部署重兵，包括派到蒙古的军队，总数达100万；指向中国的导弹，相当于苏联全部导弹的1/3。70年代末，苏联又成功地把曾经受到中国大力援助的越南拉了过去。1978年11月，苏越签订安全条约。一个月后，苏联支持的越南进军中国的盟友柬埔寨。又一年后，苏联直接入侵中国的近邻阿富汗。苏联形成对中国的战略包围，中国的后院成了苏联的势力范围，国家安全受到严重威胁。

刚刚战胜"凡是派"、掌握中国最高决策权的邓小平，本希望中国从此以后一心一意致力于现代化建设。这件事不能再拖了。可是在苏联三面包围的形势下，怎么能安下心来搞建设？邓小平不得不一边部署现代化进程，一边考虑怎样给北极熊安个笼套，以遏制它对中国的扩张野心。

第三世界朋友帮不了多少忙。恰好这时美国作出了主动表示。华盛顿不愿看到俄国人在亚洲的势力过分膨胀，觉得面对苏联的威胁，美中两国的共同利益增多了，于是在原来阻碍中美关系正常化的台湾问题上作出妥协，第一次接受了对台撤军、断交、毁约三条件。在这种情况下，邓小平迈出他外交战略上最大的一步，接受卡特总统的"正常化"邀请，于1979年年初，作为中国最高领导人，飞越太平洋，第一次对美国进行攻关访问。

许多观察家认为，邓小平在访美期间，努力把自己扮演成一位

"亲美"人士。仅仅为了寻求现代化所需的经济、技术合作，当然没有必要这样。更重要的考虑是要借以强调中美两国的共同利益，以便给北极熊一点颜色看看。在同卡特的正式会谈中，邓小平强调美国、中国和印度应该协调行动遏制苏联的扩张，但有重大保留，认为没有必要建立正式联盟。然而在公开场合，邓小平作出的反苏姿态是"文革"以来从来没有的。在与新闻界接触时，邓小平呼吁美国、中国、日本、西欧和世界其他国家联合起来共同反对苏联霸权主义，他说：我们认为战争的危险来自苏联，对国际和平、安全和稳定的威胁来自苏联。我们大家可以做这么一件事：苏联在哪里搞，我们就阻止它、破坏它、挫败它在世界上任何地方的捣乱。谈到中越关系，邓小平说：越南起的作用比古巴更坏。对付这样的人，没有必要的教训，恐怕任何其他方式都不会收到效果。

有人说，邓小平这几天在美国的反苏言论几乎与"文革"期间对苏联的攻击同样激烈。为什么？在接受《时代》周刊采访时，邓小平做了回答："要给北极熊安上笼套"。离美之前，邓小平留下最后的话："如果要束缚住北极熊，我们唯一的办法就是团结起来"。苏联《真理报》指责邓小平的访美是"为发动反苏煽惑游说的一星期"。实际上，邓小平在途经日本时，所强调的是同一主题。

人们还注意到，邓小平旋风般地回到北京后第 10 天，中国边防部队在广西、云南边境地区开始了教训越南的自卫反击战。西方舆论界据此认为，邓小平此前的环太平洋访问是对美、日两国态度的火力侦察。是啊，如不事先给北极熊安上笼套，怎好轻易对越动兵？越南是与苏联有安全条约的。为了加固笼套，整个 1979 年，中美两国在加强经济文化合作的同时，也开始了军事合作，例如美国海军访问中国，双方军事代表团进行交流，美国对中国出售武器。1979 年中国邀请美国国防部长哈罗德·布朗访华，开始中美军事合作。中国和美国共同监视苏联的核试验，交换有关阿富汗和越南的情报。

离美之前，邓小平留下最后的话："如果要束缚住北极熊，我们唯一的办法就是团结起来"。

十、中日关系的地位

中日关系在邓小平的外交战略中占有特殊地位,在某种程度上甚至超过改善中美关系和中苏关系的重要性。

与中美、中苏相比,中日之间的共同点显然要多一些。中苏之间一度有几千公里的边界冲突,中美之间则有异常敏感的台湾问题。从日本方面说,它同苏联有北方四岛的领土争端,同美国虽有安全条约,但经济竞争尤其是贸易摩擦只会越来越严重。这两个问题都不是很容易解决的。中日之间只有一个钓鱼岛问题,因为美国插手悬而未决,邓小平用"搁置争议、共同开发"的办法避开了这一障碍。日本虽然是经济强国,但战后在国际政治事务中一直处于战败国地位。日本要改变这一现状,就不能忽视作为联合国安理会五大常任理事国之一的中国。

1978 年 10 月,邓小平为交换中日和平友好条约批文出访日本,在会见天皇时,邓小平讲过一句话:"中日条约可能具有出乎我们预料的深远意义"。对中国来说,日本不构成苏联那样的战争威胁,同时又具有美国那样的现代化潜力。中日友好既可以起到共同遏制苏联的作用,又可以使中国不至于因为现代化的需要而过分地依赖美国和西方。

1978 年,邓小平在访美前 3 个月把中国改革开放的信息首先带到日本。在邓小平访日期间,中日双方对经济技术合作都表现出浓烈的兴趣,日本对中国这个大顾主似乎等待了很久。这对美国无疑是个刺激。这时中美关系正常化还差一截距离。凡是资本主义发达国家都希望能够乘上通往中国大市场的早班车,美国怎肯让他在太平洋区域的经济竞争对手捷足先登? 同日本交好,对于中国处理同美国的关系,掌握太平洋地区中、美、日三角关系的主动权,肯定是一颗重要的棋子。即使中国同美国甚至整个西方的关系都搞僵了,只要中日合作保持下去,中国也还有向外学习和引进现代化的通道。

算历史账,从中国得利最多的,一个是日本,一个是沙俄和后来的苏联。日苏之间也有账可算,那就是北方四岛。中日在对付苏联这一点上并不亚于中美。日本虽然不想与苏联为敌,但它成为中国 20 世纪 80 年代中期以前反苏统一战线中的一个盟友还是不成问题的。1978 年邓小平首次访问日本时,在东京国宾馆的欢迎仪式上,有 28 国驻日大使参加,日本应中方要求,独不邀请苏联大使。邓小平利用日本讲坛,解释中日和约中的反霸条款,除了中日双方自我约束,还包括反对任何国家的霸权主义行径。面对世界各国记者,邓小平更强调"反对霸权主义是中日和平友好条约的核心"。三个月后,邓小平为遏制苏联在南亚的扩张而出访美国,归途中又在日本做短暂停留,再一次向日本领导人强调反霸问题,这样才有尔后的对越自卫反击战。

邓小平希望中日两国人民子子孙孙、世世代代友好下去,不只是 20 世纪,还考虑下一个世纪,下几个世纪。这方面有利条件不少。例如两国同属亚洲籍,是一衣带水的邻邦;都是黄皮肤,东方文化系统,历史上有过两千多年友好交往。邓小平很注意利用这些宝贵的人文资源发展中日关系,例如访日期间,他特意专程前往奈良市拜访唐招提寺,并许下让鉴真和尚回国探亲的愿。尔后在两国经济技术合作交流过程中,中国一方面采取有效措施防止日本产品如洪水般涌入中国;另一方面对日本的高科技和资金则是来者不拒。

中日关系不是没有障碍,最大的潜在障碍可能是中日战争在两国人民心头刻下的痕迹。中国人很难消除对曾在中国杀人放火的"日本强盗"的敌意。不过,这个障碍经过邓小平的转化工作反过来成为发展中日关系的有利因素。访日期间,邓小平在会见天皇时,日本政府官员生怕他当面追究天皇的战争责任。邓小平掌握了这个心理,他不像会见戈尔巴乔夫时那样历数从沙俄到苏联的罪过,而是采用另一种更有征服力的方法:天皇还没有提到过去,邓小平先声夺人,非常爽快地说:"过去的事情就让它过去吧,

中日关系不是没有障碍,最大的潜在障碍可能是中日战争在两国人民心头刻下的痕迹。

我们今后要积极向前看"。这种不计前嫌的风度使昔日的战争罪
人深受感动。邓小平马上占领了优势。天皇在讲话中出乎意外地
离开原定讲稿以"不幸的事情"的措辞表示谢罪之意。之后，福田
首相在祝酒词中又一次脱离讲稿，对侵华战争深表遗憾。这就是
邓小平要达到的预期效果。日本的侵华战争对中国造成无法估量
的损害，单是死人，中国就死了几千万。战后中国高姿态，不向日
本索赔，如今两国修好时，又如此大度地不计前嫌，这就给中国方
面造成一种人情优势。中国是同昔日的战争罪人交朋友，日本人
心理上先就有一种负疚感。

　　过去的让它过去，并不等于忘记过去。邓小平知道要使中日
友好关系保持下去，很重要的一个条件就是不能改变过去日本侵
华犯罪的历史事实。所以中日关系正常化后，邓小平对日本军国
主义复活保持着高度的警惕。中国曾对日本文部省修改教科书否
认日本侵华事实一事提出严正抗议。1985 年日本内阁成员参拜
靖国神社，邓小平间接而又严厉地提出了警告。北京、西安等地大
学生在"九一八"前后发动游行示威抗议日本军国主义，邓小平没
有批评学生制造混乱。1987 年日本防卫费突破百分之一，邓小平
也非常敏感。警惕日本军国主义复活，当然有维护亚太地区和平
的考虑，但主要不是怕日本重新侵略中国，而是不能让日本翻侵华
战争的案。邓小平不断提醒日本朋友不要忘记过去的惨痛教训。

十一、发展中美关系

　　中美敌对 20 余年，主要障碍无非两个：社会制度的差异和台
湾问题。就中国方面说，前者关系到姓"社"还是姓"资"，后者关
系到爱国还是卖国，都是极为敏感的问题。

　　如果加上国际条件，中美关系的实际走向取决于三个因素：一
是中国国内政治力量对比，政治决策对资本主义取什么态度，是一
概批判、否定，还是主张有所学习、借鉴。这一点虽不直接却从根

1987 年日本防卫费突破百分之一，邓小平也非常敏感。警惕日本军国主义复活，当然有维护亚太地区和平的考虑，但主要不是怕日本重新侵略中国，而是不能让日本翻侵华战争的案。

本上决定中美关系的大势。二是中美双方对台湾问题各取什么态度,双方能在多大程度上达成谅解。这一点非常直接地决定中美关系的发展曲线。三是中苏关系这个外部因素。按照中国传统的外交战略,主要敌人只能有一个,不可两个拳头同时打人。如果中苏紧张加剧,就会直接推动中美接近,当然中苏缓和并不一定意味着中美关系要退到临界点下。

三个因素相互制约。20 世纪 70 年代初,随着中苏北部边境危机加深,毛泽东逐步把原来的反两霸战略向苏联重点倾斜。与苏联相比,远在大洋彼岸的美国对中国的现实威胁毕竟要小得多。1972 年,毛泽东以"台湾事小,世界事大"的风度同尼克松握手言和。毛泽东有意与美国结成心照不宣的战略同盟以抵制来自北方的威胁。然而中美关系的正常化并不顺利。华盛顿不愿轻易放弃它在太平洋上"永不沉没的航空母舰",在台湾问题上迟迟不愿作出相应让步。而中国在继续坚持"文革"路线的条件下,也难同头号资本主义的美国走在一起。

这一切都靠邓小平扭转乾坤。邓小平心中装着四个现代化,他设计的四化目标,倚仗两个轮子前进:一是对内改革旧的体制以最大限度地解放社会生产力;二是对外结束长期闭关锁国状态,向世界各国尤其是西方发达国家开放,以便获得先进的科技知识和现代化的管理经验。邓小平知道向西方开放首先要经过美国这一站。美国是西方发达国家的头儿,又是现代化程度最高的国家。过去中国同整个西方世界隔绝,首先是因为同美国隔绝,现在要通向西方,首先要敲开美国的大门。

但是邓小平同样受到各种因素制约,不得不审时度势,小心从事。1977 年 8 月万斯来华访问,与邓小平谈判正常化问题,邓小平不愿触及台湾问题。后来白宫发表的报告称此次会谈取得了进展,中国领导人对正常化的条件表现出灵活性,等等,邓小平甚至起而加以反驳。这一行动虽令美方感到惊讶,实际并不难理解。因为此时邓小平刚复职不久,他的政治基础还很脆弱,在中美关系这个敏感的话题上不能不有所顾忌。1978 年 5 月,布热津斯基再

邓小平知道向西方开放首先要经过美国这一站。美国是西方发达国家的头儿,又是现代化程度最高的国家。过去中国同整个西方世界隔绝,首先是因为同美国隔绝,现在要通向西方,首先要敲开美国的大门。

来搭桥,情况就很不同了。这时邓小平的权力已经明显上升,他表示中国现在愿意谈判正常化问题。

随后,中苏关系的恶化又成为有效的催化剂。苏联与越南于1978年11月签订安全条约,一个月后越南进攻柬埔寨,构成对中国的包围之势。中苏关系已没有缓和余地。美国鉴于苏联在南亚的扩张,也作出积极反应,第一次接受对台撤军、断交、毁约三条件,只保留向台湾出售武器的权利。联美拒俄本是毛泽东生前的意向,邓小平不失时机地推进了这一进程。1979年1月1日,中美正式建立外交关系,完成了历时8年的正常化谈判。这一进程与十一届三中全会完成的伟大转折汇合在一起,标志一个新的历史时代开始。

紧接着,邓小平开始了30年来中国第一位最高领导人对美国的正式访问。除了巩固和发展业已形成的中美友谊,邓小平此行还有三项使命:联合美国共同遏制苏联,以减轻中国北方边境的压力;把解决台湾问题,完成祖国统一大业提上具体日程;为刚刚启动的现代化工程寻求经济技术合作。

邓小平把他的访美行期定在农历大年初一。这一天人们都忙于拜年,讲究图吉利,开门红。邓小平选择这一天到大洋彼岸拜年结友,使卡特总统深为感动。在次日的欢迎词中,卡特说:副总理先生,昨天是旧历新年,是你们春节的开始,是中国人民开始新的历程的传统日子。我听说,在这新年之际,你们向慈善的神灵打开了所有的门窗。这是忘记家庭争吵的时刻,这是人们走亲访友的时刻,也是团聚和和解的时刻。对于我们两国来说,今天是团聚和开始新的历程的时刻。今天是和解的时刻,是久已关闭的窗户重新打开的时刻。

在华盛顿盛大的国宴上,邓小平致词说:"我们两国曾在30年间处于相互隔绝和对立状态,现在这种不正常的局面终于过去了"。一次,当着许多记者的面和卡特热烈握手,邓小平兴奋地说:"现在两国人民都在握手"。

除了联合对苏的默契,两国领导人签订了一系列科技合作和

1979年1月1日,中美正式建立外交关系,完成了历时8年的正常化谈判。这一进程与十一届三中全会完成的伟大转折汇合在一起,标志一个新的历史时代开始。

文化交流协定。内容包括：两国互设领事，互派留学生，能源开发、高能物理和空间技术合作等。卡特说这些协定代表了中美关系"一个新的不可逆转的潮流"。邓小平则说，这些"仅仅是开始，而不是结束"，今后还"有更多的双边合作领域和渠道等待我们去开拓"。

分歧只有两处。卡特的日记写道：邓小平极力反对外国传教士到中国传教的计划，但他原则上同意美国的新闻机构在中国设立分支机构。邓小平不赞成向台湾出售武器，他要求卡特明年起在向台湾出售武器的问题上采取审慎态度，还希望美国和日本敦促台湾同意与大陆谈判。

在美 8 天，邓小平用一半时间访问美国三大工业中心城市亚特兰大、休斯敦和西雅图。这样的安排，目的是为今后彼此间开展经济技术合作奠定基础。他特别留意美国的高新技术和现代化成就，一再表示美国有很多东西值得中国学习。这不仅仅是客套或谦虚。在西雅图，邓小平发表了一段结束语："我们行程的最后一站就是你们这个被称为'通向东方的大门'的城市。这使我们更加意识到，我们两国是隔水相望的邻居。太平洋再也不应该是隔开我们的障碍，而应该是联系我们的纽带。"

8 天中，邓小平不知疲倦地与美国总统和其他官员进行会谈，会见了数以百计的议员、州长、市长以及企业界、教育界的知名人士，在不同场合向数千人直接发表讲话，并回答了一批又一批记者提出的问题。2000 多名新闻记者跟踪采访报道，美国三大电视网的黄金时间都变成"邓小平时间"。世界舆论普遍认为，邓小平这次访美所受到的隆重接待和空前欢迎，是近 20 年来美国外交史上从未有过的。新华社记者则评论说，在中外关系史上，"中国对当前国际事务和中美的立场以这种有效的方式直接为美国公众所深切了解，这是从未有过的"。

这次在美国掀起的"邓旋风"把中美关系推到前所未有的顶点。但是有人因此产生错觉，认为中国有求于美国，把中国看得无足轻重，甚至认为中国出于反苏的战略会把台湾问题吞了下去。

邓小平觉得有必要降点温。事实上各种制约因素也在变化。苏联在1979年的中越战争中保持了克制,这意味着中苏之间的紧张局势有所缓解。而美国在卡特执政后期,竟搞出一个《与台湾关系法》,紧接着里根在竞选纲领中又说了一些令人不安的话。与此同时,国内反"凡是派"阵线出现裂隙,邓小平的改革路线压力增大。因此在访美后的第二个年头,邓小平开始对中美关系做低调处理。尔后数年中,中国方面不断就台湾问题向美国发出抗议,而美国则以人权问题和"最惠国待遇"相还。双方争吵不断,但经济技术合作一直照协定进行。

十二、改善中苏关系

中苏对立亦起于两端:一是意识形态分歧,争论谁是马列主义的正宗。二是存在已久的边界争端:沙俄时代从中国划走150多万平方公里领土,20世纪60年代苏联又在中苏边境陈兵百万。

邓小平曾是一名出色的反苏战士。他同赫鲁晓夫有过面对面的较量,被赫氏称作"很难对付的小个子"。1974年邓小平在联合国讲坛上向世界公布中国的立场:与美国相比,"在欺侮他国上,那个贴着社会主义标签的超级大国更为凶恶"。

苏联成为对中国来说比美国更危险的主要敌人,不是因为它的"修正主义"意识形态和社会制度,而是它对中国的安全造成比美国大得多的现实威胁。意识形态之争就中方来说纯属"文革"产物。中国人消除对"修正主义"的成见比消除对"资本主义"的戒心毕竟要容易些。"文革"结束后到20世纪70年代末,中国开始拨乱反正,"苏修"敌人的形象亦自动消失。这应该说是两国开始接触、对话的一次机会。不料,勃列日涅夫此时又增加两个新障碍:支持越南入侵柬埔寨并直接进攻阿富汗,对中国形成"C"字形包围圈。

在中苏缓和无望的情况下,邓小平不得不继承毛泽东晚年的

邓小平曾是一名出色的反苏战士。他同赫鲁晓夫有过面对面的较量,被赫氏称作"很难对付的小个子"。

国际战略:联合美国共同遏制苏联的扩张野心。这一招果然见效。经过 1979 年年初邓小平在美国的攻关访问,苏联在中国教训越南时保持沉默,没有使事态扩大,发展成中苏直接冲突。

邓小平虽然素以对苏联态度强硬著称,但他也像刘少奇一样,一直认为同苏联保持和平至关重要。现代化工程启动后,邓小平对苏战略的根本点,是缓和紧张局势,以防战争爆发。中国不需要同苏联在军事上比个高低,只需要有一个和平安定的外部环境以便专心于现代化建设。

同苏联改善关系还有一个重要意义:可以使中国不至于因为苏联的威胁而过分地依赖于美国。那样,中国在国际舞台上活动的余地更大了。

事实上度过 1979 年的危机期后,从 20 世纪 80 年代初开始,中苏关系就出现缓和迹象。虽然中苏间有一笔沉重的历史老账,提起来就令人气愤。但邓小平从现实出发,只要求苏联解除对中国的边境威胁,回到 50 年代边界状态就万事大吉。这个要求是很低的,苏联只要收敛一下它的霸权主义野心就可以做到。

当然,希望苏联放弃霸权野心只是一厢情愿。能不能放弃,最终取决于苏联内部的变化。苏联一直想同美国争霸全球,但它的经济实力显然不及美国,这一点决定它终有一天支持不下去,由于对外扩张战线拉得太长,进入 20 世纪 80 年代,苏联渐渐暴露出它外强中干的实质。中国的和平外交和改革内政对同属社会主义的苏联也许多少有点启示:中国致力于发展自身的战略,同苏联致力于对外扩张的战略,哪一个更可取呢?

20 世纪 80 年代兴起的社会主义国家改革浪潮,邓小平领导的中国走在最前面,1982 年中国农村改革已初见成效。与此同时,中苏之间的贸易活动开始复苏,从 1982 年到 1986 年,两国贸易增长 6 倍。改革带来的实惠比当年赫鲁晓夫"土豆烧牛肉"更富有吸引力。昔日的"老大哥"突然觉得亚洲的"小兄弟"有值得效法之处。1985 年戈尔巴乔夫上台拉开了苏联改革的序幕,而且这位克里姆林宫的新主人比中国的总设计师走得更远。两国都走向改革道路,着意反省、革除原体制的弊端,尽管思路不同,却足以为消除 20 多年的敌意铺平道路。

在邓小平的心目中,只要苏联不制造边境紧张,消除对中国的威胁,别的就不用过于计较,先把自己的事办好再说。美国对削弱苏联的兴趣大得多,那就让美国去计较吧!苏联的威胁也好,优势也好,全在于它的军事力量。这一点在苏美双方拉锯般的裁军谈判中明显削弱了。既然苏联对美国不构成威胁,它对中国的威胁自然也不存在了。

从苏联方面说,既然愿同美国结束冷战局面,有什么必要再同中国对抗下去呢?于是在改善中苏关系问题上,苏联变得主动起来。1986 年年初,苏联提出让苏联专家重返中国的建议,邓小平没有表示惊喜。7 月,戈尔巴乔夫又抛来彩球,申明苏联方面愿以黑龙江主航道为界划分中苏边界的正式走向,苏联准备在任何时候任何级别上同中国最认真地讨论关于创造睦邻气氛的补充措施,希望在不久的将来苏中边界能成为和平与友好的地区。

对戈氏的这一表示,邓小平回以"谨慎的欢迎"。"欢迎"是因为它有点新的东西,是 20 多年来少有的。"谨慎"是因为邓小平从苏联外交部听到另一种调子。于是邓小平又把"球"传了过去,通过新闻媒体告知苏联:改善关系的前提是除掉中苏间的"三大障碍":苏联从蒙古和中苏边界撤军,从阿富汗撤军,敦促越南停止侵略柬埔寨。戈氏在 7 月讲话中已申明苏联正在研究从蒙古撤出相当大一部分苏军,并许诺 1989 年年底以前从阿富汗撤回 6 个团的苏军,独不提柬埔寨问题。邓小平强调"三大障碍"中最主要的是越南入侵柬埔寨,因为中苏实际上处于热点和对峙,不过方式是通过越南在柬埔寨的军队同中国对峙。

现在苏联不只是自己撤军问题,还要劝说它的盟友从第三国撤军,不得不喝下这杯自己酿造的苦酒。不过邓小平的姿态亦很高。他表示,只要苏联主动消除这些障碍,尽管他已经 82 岁了,再没有出访的任务,他还是愿意破例地到苏联任何地方同戈尔巴乔夫见面,实现两国关系正常化。

在邓小平的心目中,只要苏联不制造边境紧张,消除对中国的威胁,别的就不用过于计较,先把自己的事办好再说。

1989 年 5 月,86 岁的邓小平和 59 岁的戈尔巴乔夫见面了。不过不是在苏联的任何地方,而是在中国的首都北京。从 1961 年中苏两国领导人实际脱离接触,到现在已近 30 年了。

邓小平建议利用这次会晤宣布中苏关系从此实现正常化。不过,为了更好地开辟中苏关系的未来,邓小平当着戈尔巴乔夫的面认真算了一下两国的旧账,毫不客气:从沙皇俄国侵占中国 150 万平方公里领土到苏联针对中国的战略包围,以证明历史上从中国得利最多的,除了日本就是俄国,而近 30 年来,对中国构成主要威胁的,又是苏联。这不啻是一篇控诉,邓小平申明,他讲这些看法,不要求回答,也不要求辩论,只是想使苏联同志们知道中国是怎样认识"过去"的,脑子里装的是什么东西。这样对弄清"开辟未来"的某些概念有好处:中国愿意结束过去,并不是忘记了过去的一切屈辱,只是为了未来着想。至于未来会怎么样? 那就要看苏联同志的实际行动了。

十三、世界大三角

邓小平不止一次讲到"世界大三角"。一次,他对日本朋友说:"世界上的人在议论国际局势的大三角。坦率地说,我们这一角力量是很单薄的。"① 这不是否认"三角"存在,而是觉得中国这一角尚需努力。又一次他对自己人说:"世界上都在说苏、美、中'大三角'。我们不讲这个话,我们对自己力量的估计是清醒的,但是我们也相信中国在国际事务里面是有足够分量的。"②

中国的分量从何而来? 自己块头特别大、人口特别多? 有第三世界广大朋友的支持? 这些即使是原因恐怕也不是主要的。主要原因是中国人,先是毛泽东,特别是邓小平,懂得如何处理大国

中国的分量从何而来? 自己块头特别大、人口特别多? 有第三世界广大朋友的支持? 这些即使是原因恐怕也不是主要的。主要原因是中国人,先是毛泽东,特别是邓小平,懂得如何处理大国关系的诀窍,精通"三角学原理"。

---

① 《邓小平文选》第三卷,人民出版社 1993 年版,第 105 页。
② 《邓小平文选》第三卷,人民出版社 1993 年版,第 128 页。

关系的诀窍,精通"三角学原理"。

仅就双边关系说,无论中美之间,还是中苏之间,邓小平都主张"和为贵"。同美国和好,有利于现代化的开放政策,可以从西方得到不少好处。同苏联缓和,可以减轻边防压力,避免战争爆发,安心现代化建设。因此邓小平主张既同美国改善关系,又同苏联改善关系。但又拒绝成为任何一个超级大国的附属物或盟友。

20世纪70年代末,为了抵制苏联的霸权野心,邓小平一度继承毛泽东的战略,改同时反两霸为反一霸,主动向美国靠近。但在同美国结好时,邓小平努力避免与美国抱成一团。即使在1979年的"蜜月"期,他也留有余地,例如,在与卡特总统会谈时,他主张中美两国应协调行动遏制苏联,但认为没有必要建立正式的联盟。两国首脑会谈成功后,须向世界广而告之,邓小平选择"联合新闻公报"的形式,而不用惯常的官方联合声明,据说这样显得非正式些,约束力小一点。

邓小平知道同美国打交道应掌握一个"度","蜜月"过后,有必要冷却一下。为了改变一下美国认为"中国无足轻重","中国有求于美国"的错觉,从20世纪80年代初开始,邓小平不断对美台关系的现状表示不满。里根上台后,中国方面一再强烈谴责美国对台出售武器一事,甚至威胁,如果美国不改变立场,就要降低中美关系的级别。1982年,邓小平还对新闻界说,台湾问题是中美关系的一大障碍,当迈克·华莱士问他美国在这个问题上能有哪些作为时,邓小平说:可以鼓励劝说台湾跟大陆搞"三通",为进一步谈判统一问题创造条件。

另外,距离又不能拉得太大,防止回到过去的敌对状态。1989年政治风波后,中美关系一度降至临界点。邓小平对美国为首的西方集团制裁中国一事万分恼怒,强烈谴责,绝不示弱,半年后,事态淡化,邓小平又觉得"中美关系终归要好起来才行",并请美国总统特使向布什转告他的诚意:"在东方的中国有一位退休老人,关心着中美关系的改善和发展。"①

那小平知道同美国打交道应掌握一个"度","蜜月"过后,有必要冷却一下。

① 《邓小平文选》第三卷,人民出版社1993年版,第350页。

邓小平看出美国曾有一个想法：中国出于反苏的战略考虑会把台湾问题吞下去，他警告美国新朋友不要利用这种朋友关系来要挟中国。中国为什么要反苏？只是因为苏联攻势威胁着中国的安全，事实上从 20 世纪 80 年代初开始，苏联对中国安全的威胁渐趋缓解，真正在不断扯皮的是苏美两家。美国，出于自身的战略需要，已单方面遏制苏联，中美关系中联合拒苏的意义已不大。美国凭什么在中国面前打苏联牌，难道中国就不能对你打打苏联牌？

到 20 世纪 80 年代中期，中苏缓和的趋势更明朗，邓小平终于把这张牌打了出去，开始同苏联探讨和解的条件。1988 年 10 月，邓小平宣布中苏两国将于 1989 年举行近 30 年来的首次首脑会晤。西方一些外交官注意到：邓小平提前几个月，选择在这个时候宣布中苏首脑会晤不是偶然的。过不了一个月，美国就要举行总统选举，中国作出这一宣布为的是向美国下届领导人表示，中国打算在外交上积极发挥作用，中国牌打不成了。

1989 年 5 月，与戈尔巴乔夫在北京正式会晤时，邓小平建议利用这个机会宣布中苏关系从此正常化。这下又有人担心，中苏两国言归于好后会不会形成一个对西方构成威胁的新的共产党集团。了解中国人的尼克松断言：这是不可能的。邓小平需要改善中苏关系，但不会恢复到 20 世纪 50 年代的状态，不会再去做苏联的"小兄弟"。"除非中国完全抛弃西方，否则它绝不会投入北方这个可怕的邻居怀抱。"

前文提到邓小平几次讲到世界大三角，都是在 20 世纪 80 年代中期。这时，中国经过改革，实力大为增强，形象也大为改观。邓小平决定将外交战略来一次转变。他说："过去有一段时间，针对苏联霸权主义的威胁，我们搞了'一条线'的战略，就是从日本到欧洲一直到美国这样的'一条线'，现在我们改变了这个战略，这是一个重大的转变。"①

这一转变就是要跳出美国的怀抱。

美国凭什么在中国面前打苏联牌，难道中国就不能对你打打苏联牌？

---

① 《邓小平文选》第三卷，人民出版社 1993 年版，第 127 页。

跳到哪里去呢？不是重新投入苏联怀抱，而是自立门户，独立自主，谁也不得罪，谁也不依靠。

邓小平明白在中、美、苏三角中，中国这一角比较单薄。不管中国投靠哪一边，只能充当小伙伴或小兄弟的角色。自己要失去许多主动，还会成为别人手中的牌。此外还有两大坏处：势必得罪另一方，无端给自己树立敌人；势必失去第三世界的朋友，使自己变得孤立无援。结果只有一门心思倒在别人怀里。可世事万变，你投靠他，他是否靠得住呢：万一闹翻，岂不彻底孤立？

邓小平懂得三角学原理：一个系统中如果只有两个角，往往形成僵局；出现三个角，就可以做成活局，而且往往有利于后起者。投靠某一方，三角变成两角，与另一角对峙，等于把自己绑在别人的战车上，处处被动，有求于人。相反，谁也不投靠，在两极间保持同等距离，自己就取得一个独立地位，反过来两方面都要向"中间王国"求爱。这时候，如果有必要给某一方一点颜色看看，只需稍稍向另一方倾斜一点就行。灵活自如，主动权完全掌握在自己手里，别人打不了中国牌，中国却可以不时打打别人的牌。

不投靠任何一方，从形式上看似乎又回到最初同时反两霸的立场。这样说也可以，不过方式大不相同，不再像原来那样用对抗、断交，两边树敌，于自己不利的愚办法去反霸，而是在同双方都改善关系的前提下，"谁搞霸权就反对谁"。这样的"反对"可能会得罪某一方，但是不要紧，他奈何不得，因为他不会轻易地让你跑到对方那边去，这叫做"谁也不得罪"（都改善关系），"谁也不依附"（保持一定距离），结果是"谁也不用怕"（谁有错误都敢批评）。

如此这般站在中间立场上"谁搞霸权就反对谁"，仗义执言，主持公道，还有一大收获：可以把对霸权主义不满的所有国家都团结在自己周围。"这就增强了中国在国际上的地位，增强了中国在国际上的发言权。"①结果，中国，这个本来相对单薄的一角，却

---

① 《邓小平文选》第三卷，人民出版社1993年版，第128页。

变得很厚实了。

研究大国兴衰史的保罗·肯尼迪看到：中国在当前（和将来）的国际体系中作为真正独立的角色的重要性，由于它在处理与其他大国的关系时所表现出的风格而大大增强了。中国经常蔑视两个超级大国的要求和爱好，而在另外一些时候，它的行为又出乎他人的意料。尽管它的弱点显而易见，但它从未对莫斯科或华盛顿表现出圆通或屈从……由于所有这一切，中国在国际上享有独特的地位……其实，凭中国的分量，它在一定意义上应被看做是候补超级大国——并非仿效苏联或美国的那种超级大国，而是反映北京在全球政治中的独特地位的那种超级大国。

十四、稳定周边，立足亚太

稳定周边、立足亚太、走向世界，是邓小平谋求世界和平与中国发展的"三级跳"。日本学者看到：中国积极开展睦邻外交，是为中国倡导的"国际新秩序"打基础；在亚洲建立新秩序是"中国的生存战略"。

现代化建设需要一个安稳的国际环境，首先是周边地区的安稳。中国过去深受列强侵犯之苦，而其中为害最大的恰是两个相邻的列强：沙俄和日本。邓小平把改善中国同周边邻国的关系放在外交政策的优先位置，首先基于国家安全的考虑：防止相邻的大国、强国对中国的安全构成威胁，防止其他邻国被大国、强国利用来拼凑对中国的包围圈。

同邻国改善关系，当然还有开展互利合作的积极意义。中国与周边邻国有地缘上的优势，同许多国家还有相似的文化背景，在资源、市场等方面存在着很大的互补性。如果放弃身边的朋友而远交欧美，无疑是舍近求远的下策。同周边国家开展互利合作，求得共同繁荣，实乃共创亚洲太平洋世纪的真功夫。

邓小平对河野洋平的名字很感兴趣，1977年秋在北京见过一面,就牢牢记住了这个名字。次年访日时,邓小平对河野说:"请永远不要改你的名字"。河野有点茫然,邓小平解释说:"太平洋和平是我最大的希望"。河野这才明白邓小平的一片苦心。日本是中国周边一个世界级经济大国,中日交好是邓小平谋求太平洋地区和平的一招重棋,他为此倾注了大量心血,1977 年邓小平复出不久,第一次会见日本客人,就敦促日本尽快恢复谈判,早下决心缔结条约。1978 年他出访的第一个国家就是日本。邓小平曾说:"中日关系有许多话可说,概括成一句话,就是中日两国人民要世世代代友好下去",这是"最关键的一句"。为了实践这句话,他利用一切机会,同日方各界人士广泛接触。据统计,20 世纪 80 年代 10 年间,他一共会见外国来访者 365 批次,其中日客人有 55 次之多。对有影响的中日友好人士,邓小平视作上宾,多次见面,有的 10 年中 6 次晤面交谈。在两国关系出现难题时,他会见日方人士就更频繁。对可能影响中日关系的消息,如修改教科书、参拜靖国神社、处理日台关系等,邓小平始终保持高度敏感,一有苗头就发表意见,提出批评进行交涉。这些事单独看关系不大,但积累起来有可能导致日本军国主义复活,断送来之不易的中日友谊,破坏太平洋地区的安稳。邓小平要求写进中日条约的反霸条款,首先是中日两国自我约束承担不谋求霸权的义务。他对日本人讲得最多的话是"前事不忘,后事之师"。邓小平希望日本成为对中国无害的朋友。1989 年 6 月以后,日本跟随其他西方大国制裁中国,邓小平会见中日经济协会访华团说:"日本要自省,不要自大;中国要自强,不能自卑"。1991 年 8 月海部首相正式访华,两国恢复正常关系,和好如初,邓小平这才放心。

朝鲜半岛是中国的东大门。当年日本入侵中国,随后美帝威胁中国安全,都是以此为跳板。朝鲜半岛不安稳,对中国东部特别是东北地区的安全利益构成直接威胁。邓小平意识到"中朝关系不同一般"的重要性。20 世纪 70 年代末以来,中朝两国领导人像走马灯似的常来常往。80 年代,邓小平采取更加务实明智的政策,除了继续巩固中朝之间"用鲜血凝成"的传统友谊,还适应东

朝鲜半岛不安稳,对中国东部特别是东北地区的安全利益构成直接威胁。

西方关系缓和的大势,同南韩改善关系,不再像过去那样单从社会制度和意识形态上考虑问题,以北方为友而以南方为敌,加剧南北对立,而从国家的安全利益出发,采取缓和朝鲜半岛紧张局势的方针,力促朝鲜半岛问题和平解决,如支持南北朝鲜同时加入联合国,支持南北双方对话,和平解决统一问题。不但自己和,也希望别人和,无非是为了周边的安宁,亚太的稳定。

与东南亚国家睦邻友好是邓小平谋求周边环境和平与安宁的另一重要方面。东南亚地区成半月形环绕中国东南部,这里的形势演变直接关系到中国南部的安全利益。1978 年,邓小平完成访日任务后的第二步攻关旅行就是出访东南亚国家。

邓小平希望在中国和东盟国家间建立起一种"相互支持、相互援助的关系"。所谓"相互支持"是指反对任何国家或国家集团在这里建立霸权或势力范围,是中国和东盟各国共同的安全利益所在。"相互援助"是鉴于近年来东盟各国经济发展得较快,以及中国的改革开放,加速现代化建设。1978 年 11 月,邓小平访问东盟的泰国、马来西亚和新加坡,向三国表明中国的邦交态度:"善意、真诚、谅解,尊重各自的地位和立场"。中国和东盟一些国家之间存在着南海上一些岛屿的领土之争,对此,邓小平采取"避开主权,共同开发"的办法加以化解。国际舆论认为,"中国在重申它是南沙、西沙群岛的合法所有者"的同时,提出"有关各方集资共同开发这些岛屿"的建议,"也许是最富有建设性有办法"。东盟一些国家对中国还有个心理疙瘩,即所谓"中国威胁论",害怕中国强大后会欺负它们。为了排除这些障碍,邓小平呕心沥血。20 世纪 80 年代 10 年中,他先后会见来访的东盟客人 17 次,反复表明中国的善意和真诚,消除他们对中国的疑虑,推动各方交流和合作。邓小平的心血没有白费。1990 年,中国同印度尼西亚复交,同新西兰建交;1991 年,又同文莱建交。至此,中国同所有东盟国家都建立外交关系。1992 年,中国首次参加一年一度的东盟中国外长对话会议和亚太经济合作会议。1992 年 4 月,联合国亚太经社理事会第一次在北京召开年会。东盟邻居已认识到,亚太事务

东南亚地区成半月形环绕中国东南部,这里的形势演变直接关系到中国南部的安全利益。

没有中国参与难以解决。

南亚地区北部国家与中国有 5000 公里左右共同边界。这里的局势对中国影响更直接。邓小平对这一带的态度是力排动乱，但求安稳。凡是不安定因素就尽力排除之，凡是和平的迹象就尽力支持之，如支持南亚国家建立南亚无核区的建议，支持尼泊尔宣布尼为和平区的主张，支持斯里兰卡提出建立印度洋和平区的建议。

中国在南亚最要好的伙伴是缅甸和巴基斯坦。中缅保持了30 多年的睦邻友好。邓小平认为中缅之间有一种特殊的友谊——"胞波"情谊，自他 1978 年访缅后，双方像是亲戚一样，"亲戚越走越亲"。中巴关系照邓小平的说法"没有任何疙瘩"，即使有不同意见也能相互理解，如 1989 年 6 月后，西方国家都对中国不满，唯有巴基斯坦政府对中国政府的做法表示充分理解。邓小平主政 10 余年，同孟加拉、尼泊尔、斯里兰卡等南亚国家的传统睦邻关系都得到有效的巩固和加强。

南亚最大的国家印度同中国有 2000 多公里共同边界，又有2000 多年的友好历史。中印又是亚洲两个最大的国家，和睦相处实在重要。可惜自 20 世纪 50 年代以后，两国在边界问题上结下了疙瘩。为了解开这个疙瘩，邓小平费尽心思。1978 年他访问尼泊尔时，托印度外长捎信给他们的总理："我们应该改善关系"。1979 年年初印度外长访华，他又敦促："现在，我们要抓紧时间来改善两国的关系。"怎么改善？邓小平使用他擅长的化解矛盾法，把边界问题和国家关系的改善分开，以求同存异，不使边界分歧妨碍两国在其他方面改善关系。边界问题慢慢来，一时解决不了，可以先放一放，在经贸文化方面发展往来，以增进了解和友谊。在边界问题解决之前，双方维持边界现状，维护边界地区稳定。当然边界问题是回避不了的，最终要解决。邓小平主张通过和平协商的办法来解决，不必吵架或动武。从 1981 年开始，两国举行多轮边界会谈。邓小平分析边界争端是历史遗留下来的问题，面积虽然不大，但涉及两国人民的感情，单方面让步本国人民难以接受。于

邓小平使用他擅长的化解矛盾法，把边界问题和国家关系的改善分开，以求同存异，不使边界分歧妨碍两国在其他方面改善关系。

是采取折中办法,双方都让点步,来个"一揽子解决",把解决边界问题和发展互利合作结合起来,这样就比较好说服各自的人民。1988 年年底印度总理拉吉夫·甘地正式访华,邓小平对中印关系做了总结:50 年代我们两国关系非常好,后来相当一段时间的情况是彼此不愉快的,忘掉它! 一切着眼于未来。邓小平还对甘地晓之以理:中印两国对人类有一个共同的责任,就是好好发展自己。人们都说下一个世纪是亚洲—太平洋世纪,可是目前亚太地区比较发达的国家,总人口不足两亿,即使加上苏联、美国和加拿大的部分地区,也不过 3 亿左右人口,而中印两国人口加起来就是 18 亿。这个简单的算术题说明中印不发展,就没有什么亚太世纪。年轻的印度总理听了这番话茅塞顿开,感到两国间对谈及的几乎所有问题都看法一致。邓小平说:从你的访问开始,我们能够恢复朋友关系。两国领导人将成为朋友,两国将成为朋友,两国人民将成为朋友。

> 年轻的印度总理听了这番话茅塞顿开,感到两国间对谈及的几乎所有问题都看法一致。

南亚地区最大的麻烦是越南。中国曾不遗余力援助它抗美,可是 20 世纪 70 年代末它在苏联支持下走向反华道路,出兵侵略中国的朋友柬埔寨,给中国的边境造成威胁。邓小平处理周边国家关系的总原则是"和为贵"。但是他知道和平不是单方面可以乞求的,对付越南这样的地区霸权主义,不好好教训一下,任何其他办法都难奏效。经过一番深思熟虑的谋划,1979 年邓小平用武力手段狠狠教训了越南一顿。然后,又采取政治、外交手段迫使越南从柬埔寨撤军。柬埔寨问题是 80 年代中国周边外交的纽结,牵涉到越南、老挝、苏联几个方面。在越南撤军的同时,邓小平积极推动柬埔寨问题的政治解决。一方面支持柬人民的爱国反霸斗争,另一方面力促柬三派爱国力量联合、团结,努力消除内战因素,成立以西哈努克为首的四方联合政府。邓小平及时告诉西哈努克:中国支持三派联合不是一时的策略,而是长远之计,柬独立后仍需联合统一,和平安定,不能像阿富汗那样在苏联撤军后陷入内战。柬问题政治解决取得明显进展时,1986 年年底,中国同老挝开始恢复和改善关系。1989 年 10 月老挝党政领导人凯山·丰威汉正式访华,邓小平与之长谈 75 分钟。双方还签订了边界协定。最后剩下一个越南,教训归教训,教训了以后,邓小平还是主张和为贵。越南之与中国对抗,是因为背后有苏联。1989 年中苏关系正常化,越南再也支持不住了,邓小平见好就收,向越南表示,中国也愿意同它改善关系,条件和中苏关系一样:越南从柬埔寨痛痛快快撤军。邓小平说:"我们没有别的要求","只要越南做到这一点,就可以同它结束过去",别的事都不用提了。越南已经得到严厉的教训,现在中苏也和解了,也不好僵持下去了。1991 年 11 月,越南高级代表团访华,迈出中越和解的第一步。至此,东南周边的局面基本摆平。

中国北部周边长期不得安宁,主要是苏联霸权主义作祟。从 20 世纪 80 年代中期开始,随着整个东西方关系的缓和与世界局势的变化,中苏之间逐渐出现缓和迹象。邓小平顺势而行,积极谋求中苏和解。他用解决中印边界问题的办法与苏联达成边界协定,最后于 1989 年在苏联接受从阿富汗撤军、从中苏边境和蒙古撤军、敦促越南从柬埔寨撤军三个条件的前提下,同苏联"结束过去"。中苏关系正常化后,中蒙关系也得到新的改善,双方高层次互访增加,合作领域不断扩大。1991 年苏联解体,邓小平没有过多计较社会主义阵营的损失,而从国家安全利益出发,看到它对中国有利的一面:消除了中国周边地区最大的祸患,因此才能从容不迫地同独联体国家建立并发展关系。1992 年俄罗斯外长访华,确认了中国同原苏联签订的一系列双边关系文件,沿着中苏关系正常化的道路继续发展中俄睦邻关系,并不失时机地同哈萨克、吉尔吉斯、塔吉克等相邻的独联体国家建立外交关系,发展边境贸易。

短短 10 多年时间,邓小平以卓有成效的睦邻外交,就把中国东西南北的周边环境理顺了,开创出共和国成立以来中国同周边邻国关系最好、最稳定的时期。这不但有利于中国自身的发展,而且对亚太地区乃至整个国际社会的稳定与安全、和平与发展都将产生积极影响。

中国北部周边长期不得安宁,主要是苏联霸权主义作祟。

十五、推动建立国际政治经济新秩序

20 世纪 80 年代后期世界政局发生重大的结构性变化：随着东欧剧变、苏联解体，第二次世界大战后持续 40 多年的两极格局，以一极的坍塌而告终。

20 世纪 80 年代后期世界政局发生重大的结构性变化：随着东欧剧变、苏联解体，第二次世界大战后持续 40 多年的两极格局，以一极的坍塌而告终。

旧的格局已经打破，新的格局尚未形成，世界处于"无定局"状态。这无疑为中国的崛起提供了机遇。可机遇只是天时，能否充分利用起来，还得靠人谋。过去在两个超级大国之间寻求均势的"大三角"战略已失去客观依据，现在需要随机应变，及时调整中国的外交战略。

从理论上讲，两极格局结束后，有两种新的可能性：走向一极化或走向多极化。哪种可能有利于中国？过去中国对两个超级大国都改善关系，又都不依附，居中平衡，为的是独立自主，以"三角"抗衡"两极"。现在两极只剩下一极，更没有必要去依附它。相反，多极格局，中国可以算上一极。

于是，邓小平把原来争"三角"的外交战略调整为争"多极"，并从两个方面去争：（1）继续同原来的两个超级大国改善关系，保持接触，同时花大力气加强同日本、西欧、东欧三个方面的独立和平外交，利用西方大国间的矛盾，推动多极化进程。（2）继续以第三世界为后盾，同西方大国相抗衡，在多极化过程中逐步加重中国这一极的分量。

1988 年 10 月，邓小平对来访的外宾说：世界由两个大国主宰的时代已经过去，未来的世界是一个多极世界，这里边包括中国、日本、西欧和其他好多国家集团。

日本和欧洲各国都不满意第二次世界大战后形成的雅尔塔体系的苏美主宰世界的两极格局。这些国家在过去很长一段时间内不得不接受一个霸主的支配，正是两极对峙的产物。如今两极格局终结，并不意味着一极失败而另一极胜利了。随着苏联集团的瓦解,美国集团也失去了内聚力。既然共同的敌人不存在,有什么必要再抱成一团,受制于一个霸主呢? 大家都想分家过日子,不管原来属于哪个集团,都希望建立多种力量并存而又相互制约的多极格局,把自身包括进去,恢复自己的独立"人格"。邓小平的多极取向,使中国与日本、西欧、东欧诸国在反对超级大国的控制这一点上有了共同的立场,中国可以放手同这些国家发展关系,大踏步地走向世界。

日本对美国在政治上的监护和经济上的压抑早就不满。从20世纪70年代初田中角荣任首相起,日本就开始改变一味追随美国的外交政策,实行以日美合作为轴心的多边自主外交。1972年,日本外相大平正芳表示:"日本跟美国走的时代已经过去了"。正是这两个说了对美国不利的话的人,最先推动中日邦交正常化。日本不甘心充当美国的小伙伴,经济在第二次世界大战后迅速崛起。在金融力量和技术实力两方面,美国当时在一定程度上还要依赖于日本。美国电子协会1991年发表一份报告说:"日本生产的20种重要的零部件已被用于美国的武器系统,而其中的7种只有日本才能提供,别无他源"。如果没有日本生产的微芯片,海湾战争根本打不了高技术战。日本报刊不无揶揄地说:"美国在海湾危机期间以'世界警察'的架势炫耀了一番,但它也不得不打上联合国的旗号,让有关国家分担军事费用"。日本已公开宣称要敢于对美国说"不"。邓小平敏锐地捕捉到,日美矛盾的加深会加重中国在亚太地区的分量。日本成为经济大国后,极力追求政治大国的地位,但日本政界清醒地认识到:没有中国的参与,亚太地区的重大问题无法顺利解决;没有中国的支持,日本不可能真正发挥政治大国的作用。美国已有人把日本当做它21世纪最大的威胁,但美国又有求于日本,对日本的一些"越轨"行为无可奈何。因此美国实际上也很希望中国能够成为牵制日本的一大力量,美日两国都希望借助中国的力量来牵制对方,中国怎么办? 邓小平的策略是:(1)同日本巩固友好关系,同美国也保持正常交往,利用日美间的矛盾,居中起制衡作用,构成太平洋地区的"三角"关

日本成为经济大国后,极力追求政治大国的地位,但日本政界清醒地认识到:没有中国的参与,亚太地区的重大问题无法顺利解决;没有中国的支持,日本不可能真正发挥政治大国的作用。

系。像 80 年代中美苏"大三角"一样,中国谁也不得罪,谁都不用怕,倒是日、美两方都怕中国离自己太远,离对方太近,都不敢轻易得罪中国。这样,中国这一极虽然在经济实力上是最单薄的,但在处理亚太事务时,中国就成了举足轻重的一极,中国随便站到哪一边,另一边都承受不了。(2)在同时与日、美双方交往的前提下,把中日关系放在比较优先的位置。1983 年中日两国领导人在东京作出一项具有卓识远见的决策,就是把中日关系放在长远的角度来考虑,来发展。邓小平对中曾根说:"这件事超过了我们之间一切问题的重要性"。中日间的共同点远远大于中美,双方都有充分的理由珍惜两国关系。优先考虑中日关系是邓小平的一贯决策,因为日本对中国至少在短期内不会构成大的威胁,而美国则有可能。中日团结是对付美国霸权主义的一个重要砝码。有了巩固的中日友好关系,美国要想垄断亚太事务,要想孤立中国都很困难,即使中美关系完全闹僵,中国也有一定回旋余地。

西欧各国对美国的控制更加不满。

西欧各国对美国的控制更加不满。早在 20 世纪 50 年代就有人提出欧洲联合的必要性,以免沦为超级大国的附庸。戴高乐首先与美国闹独立性,揭"欧洲人的欧洲"的口号,以同美国控制西欧的局面相抗衡。欧共体的建立和发展,推动了西欧的经济合作。苏联解体后,两德统一,欧洲联合的步伐加快。1991 年年底欧共体 12 国通过马斯特里赫条约,加快了西欧各国经济政治一体化进程,竭力摆脱美国的影响。西欧的整体的经济实力已超过美国,统一后的德国国民生产总值居世界第三位。苏联的衰落和解体,使它对于西欧的军事威胁不复存在,原来维系美国和西欧的纽带松弛,美国难以继续通过"北约"组织维持它在欧洲的主宰地位。当时,法国等国主张以欧共体为中心建立未来的欧洲结构,美国则试图通过改组"北约",转换"北约"职能等方法来继续它对西欧国家的控制。欧美双方在安全、防务和贸易等问题上出现尖锐矛盾。这一矛盾对中国也是有利的。尽管美国并不打算借助中国牵制西欧,但美国对西欧控制的削弱,却为中国打入西欧市场提供了机会。早在 1983 年邓小平就提出了"要抓住西欧国家经济困难的时机,同他们搞技术合作"。尔后两三年,邓小平一直在考虑如何加强同西欧的经济联系。1985 年邓小平鼓励意大利客人:欧洲也应有独立自主的外交政策。就是请他们不要听美国摆布,大胆地同中国合作。西欧的长处是技术,在许多方面不亚于美、日,而且欧洲人对技术转让比较开明。加强同西欧的经济技术合作,中国就不会过分依赖美、日两国,东边不亮西边亮,扩大了回旋余地。西欧同中国不存在地缘上的竞争问题,而中国的大市场无论对西欧还是美日都具有极大的吸引力,谁都希望捷足先登。东西两边都开放,都打交道,在未来的多极格局中,中国这一极的作用和分量就不只限于亚太地区,而具有全球意义。

苏联曾粗暴干涉东欧各国的内部事务,严重伤害了东欧各国的民族感情;单一的苏联模式给东欧各国的革命和建设带来巨大损害。东欧人久欲从苏联的控制下解放出来。1985 年,苏联的控制开始松动,邓小平鼓励来访的奥地利客人:现在不仅西欧在一定范围内采取独立的政策,东欧国家也在一定限度内采取了一定的独立政策。这是十分可喜的,这是国际政治上的一个很重要的变化,苏联的解体对东欧国家来说不啻是一次解放,势必向亚洲寻找出路,这等于为中国开辟了又一条对外交往的通道,中国的市场经济改革早于东欧国家,双方在经济上存在着较强的互补性。东欧有一些技术比中国强,而中国的轻工产品在东欧大有市场。同东欧交往虽然得不到很多高新技术和资金,但中国在经济上不会吃亏。政治上,则可以在欧亚大陆上构成一个中国、东欧、俄罗斯的三角关系。中国同东欧、俄国两方面都交往。虽然中国无意把原苏联的"小兄弟"都招过来,也不想同俄国对抗,但东欧人可能更乐意同没有威胁的远东朋友打交道,这对于防止俄国重新对中国构成威胁也是有利的。

第三世界国家从一开始就是一支超越于两极体系的独立反霸力量。中国过去不算强大,却能同两个超级大国周旋,一个重要原因就是有第三世界的支持。进入 20 世纪 80 年代末,邓小平看到,两个超级大国主宰世界的时代已经过去,"但是强权政治在升级,

> 东西两边都开放,都打交道,在未来的多极格局中,中国这一极的作用和分量就不只限于亚太地区,而具有全球意义。

少数几个西方发达国家想垄断世界"①。因此,中国要进一步提高自己的国际地位的发言权,增加与西方大国打交道的分量,在多极化世界中争一席之地,仍然需要紧紧依靠第三世界,借助第三世界的力量,反对大国霸权主义。第三世界虽然穷,但就其拥有的人口、地域面积、战略交通线和海陆资源来说,它在总体上具有任何一个发达国家所不具有的优势。欧共体委员会前主席詹金斯曾说:"共同体的繁荣依靠第三世界繁荣的程度,大于依靠其他贸易伙伴——美国和日本。"西欧原料消费额的1/4,日本的2/5,需从第三世界进口。美国工业消费的95种主要原料中有68种需进口,其中15种全需进口,进口对象主要是第三世界。发达国家对发展中国家的依赖在一定意义上并不亚于后者对前者的依赖程度,政治上,目前联合国近180个成员国中,发展中国家超过100个,加上其他第三世界国家,约占联合国会员国总数的2/3,是一支不可小视的力量。中国同第三世界国家间的共同点多于任何一个发达国家。苏联解体后排除了中国同第三世界国家发展关系的主要障碍。在当时的国际体系下,第三世界国家只有中国能够代表他们说话。邓小平反复中明中国站在第三世界一边,中国在联合国安理会中的一票属于第三世界,中国即使发达了也仍然是第三世界的一员。此外,他还紧紧抓住南北问题,致力于南南合作,这本身就是加强中国同世界联系的一个重要方面。又通过南南合作推动南北对话,代表占世界人口3/4的第三世界国家同"少数几个西方发达国家"讨论全球问题和国际新秩序。中国本身就不算弱,加以第三世界做后盾,灵活地同西方大国打交道,未来的世界,不管几极,中国无论如何要算一极,而且这一极的分量不会很轻。

就当时情况看,中国这一极有多大分量? 最好看看外间世界的感觉:

德国《波恩评论报》说:"所有访问中国的知名人士都认识到,

①《邓小平文选》第三卷,人民出版社1993年版,第329页。

没有中国参加,就不可能成功地建立新的国际秩序"。

还有一种世界舆论:中国"在世界事务中拥有巨大影响","尤其是在当今世界新的均衡尚未形成之际,许多重大的国际问题的解决少不了中国的合作","中国的确可以扮演更重大的角色"。

十六、韬光养晦

1989 年政治风波之后,西方国家纷纷施压,制裁中国。为了顶住外部压力,平息内部的余波,反"和平演变"的口号重新提到战略高度。哪知没过多久,苏联东欧社会主义阵营传来震惊人心的消息,许多姓社的国家一夜之间改变了颜色。中国一时处于两面受压(苏东变故是一种无形的心理压力,某种意义上比西方制裁的压力更可怕)的境地,情况比 20 世纪 50 年代中期毛泽东面临的国际局势复杂、险恶得多。不少人慌了手脚:刚刚针对资本主义的"和平演变"攻势,大讲社会主义战胜资本主义的历史必然性,突然间社会主义的红旗纷纷落地,这可怎么办?

这时邓小平已决定完全退下来,辞去最后一项职务——军委主席,实现他从政治舞台上消失掉的愿望。在交代退休事宜时,邓小平对第三代领导集体说:"对于国际局势,概括起来就是三句话:第一句话,冷静观察;第二句话,稳住阵脚;第三句话,沉着应付。不要急,也急不得。要冷静、冷静、再冷静,埋头实干,做好一件事,我们自己的事。"①后来在传达时,还有第四句话:韬光养晦。合起来被称作应付当前国际形势的"16 字方针"。

要是不冷静,对"苏东事变"匆忙做判断、发议论,能说些什么呢?

要么说它变得好。这等于承认社会主义已经破产,势必动摇中国的"立国之本"。正迎合了西方国家"和平演变"的需要,更麻

---

① 《邓小平文选》第三卷,人民出版社 1993 年版,第 321 页。

在交代退休事宜时,邓小平对第三代领导集体说:"对于国际局势,概括起来就是三句话:第一句话,冷静观察;第二句话,稳住阵脚;第三句话,沉着应付。不要急,也急不得。要冷静、冷静、再冷静,埋头实干,做好一件事,我们自己的事。"

烦的是这样说将与 1989 年政治风波的定性和处理相矛盾,难以自圆其说。当时余波未息,这样做无异于自乱阵脚。

要么,对苏联东欧谴责一通,骂他们是社会主义的叛徒,葬送了十月革命的成果,砍倒了列宁主义大旗。这极可能重新引发一场比 20 世纪 50—60 年代更激烈的"共运"大论战。而且,中国用来反对西方制裁的主要武器是"不干涉内政",不允许别人干涉中国的社会制度,如果中国急急忙忙跑去对苏联东欧的新制度说三道四,岂不是干涉人家的内政?

就当时中国的政治气候来说,第一种危险不大可能出现,最值得担心的是第二种倾向。因为当时确有不少人以为现在"只有中国能救社会主义",而不仅仅是"只有社会主义能够救中国"的问题。他们希望中国挺身而出,乘苏联衰落之机,当上社会主义国家的头,扛起反对西方资本主义和平演变的大旗。

邓小平觉得这样做不是抬高中国的地位,而是把中国放在火炉上烤。西方国家看到苏联东欧变过去了,社会主义大国只剩下中国,本来就以中国为"世界共产主义的新中心"。若中国当真把旗扛过来,势必要成为西方攻击的中心目标。那样中国同西方的关系就没有缓和的余地。苏联东欧国家也未必服气,刚刚同他们缓和的关系有可能以另一种形式重新紧张起来。这样中国将会腹背受敌,重新走上"反帝反修"的老路,重新在国际上陷入孤立。

邓小平的谋略相反:"不随便批评别人、指责别人,过头的话不要讲,过头的事不要做。"①收敛锋芒,韬光养晦。少管别人的闲事,更不做那种图虚名而受实害的蠢事。只做好一件事,即扎扎实实地办好自己的事。

自己的事怎么办?稳定和改革并重。不管苏联东欧怎么变,"中国自己要稳定阵脚,否则,人家就要打我们的主意"②。没有稳定什么事也办不成。但是不能因为求稳而放弃改革开放。"没有

边栏:邓小平的谋略相反:"不随便批评别人、指责别人,过头的话不要讲,过头的事不要做。"收敛锋芒,韬光养晦。少管别人的闲事,更不做那种图虚名而受实害的蠢事。只做好一件事,即扎扎实实地办好自己的事。

_____

① 《邓小平文选》第三卷,人民出版社 1993 年版,第 320 页。
② 《邓小平文选》第三卷,人民出版社 1993 年版,第 320 页。

改革开放就没有希望"。苏联出问题的一个重要原因就是经济没有搞上去,还有的国家是因为长期不改革。邓小平强调要重新树立改革开放的形象,认真做几件改革开放的实事,表明中国改革开放的政策没有变。他认为这是化解国际国内矛盾的关键,所谓"沉着应付"是也。

意识形态实行"内紧外松"的方针。对内仍然要讲苏联东欧的教训,强调反"和平演变"的必要性,不然稳不住局面,动乱因素又会抬头。对外则讲"尊重苏联东欧人民的选择",不搞意识形态争论。不管苏联怎么变,都从容地同它发展关系。结果,苏联这一边没有搞僵,倒是苏联的衰落和解体为中国的发展创造了条件,苏联那样的社会主义搞垮了,丝毫不影响有中国特色的社会主义。

对西方的制裁和压力,一是坚决顶住,绝不示弱;二是不搞孤立主义,尽量寻求缓解机会。例如请李政道转告"在国外参加过游行、签名的人,中国不在意这个问题,请他们放下包袱"①。请美国总统特使"转告布什总统,在东方的中国有一位退休老人,关心着中美关系的改善和发展"②。结果,那些开始起劲制裁中国的国家,看到中国块头这么大,又不怕鬼,不信邪,制裁根本不起作用,也慢慢转弯了:不如继续保持接触,免得失去中国市场上的利益。再说,中国照样改革开放,这就可以了,压得太重太急,万一重新关上国门,那样岂不更糟? 最后,西方这一边也按邓小平的意思,陆续同中国恢复正常关系。

> 对西方的制裁和压力,一是坚决顶住,绝不示弱;二是不搞孤立主义,尽量寻求缓解机会。

十七、"超级推销员"

1978 年邓小平访日期间,一位美联社记者,约籍·罗德里,感其攻关才能,称"邓小平在日本访问中扮演了一个中国超级推销

---

① 《邓小平文选》第三卷,人民出版社 1993 年版,第 327 页。

② 《邓小平文选》第三卷,人民出版社 1993 年版,第 351 页。

员的角色"。

邓小平要推销的当然不是一项产品,也不是他个人,而是一度与世隔绝的中国。他要向世界推销中国,让中国走向世界,因为这是中国现代化必不可少的前提之一。

请看邓小平在日、美两国怎样推销中国。

在中日和约换文仪式上,两国国旗并悬,国歌齐奏,热烈握手,举杯祝愿……这些就够了,然而,邓小平突然同福田首相和园田外相亲切拥抱。两位著名的外交家被邓小平的举动弄得一时不知所措。中国人一向拘谨,谁也想不到一个共产党国家的领导人会用这种形式向他们资本主义朋友表示友好。邓小平还在东京举行了一次西方式的记者招待会。这在共产党国家也是首例。这些举动使全世界的观众获得一个明确印象:中国开放了,开放的程度出人意料。

河野洋平最佩服邓小平的是他掌握人心的本领。本来,赴日国事访问,交换批文,同官方人士打交道,公事公办一番就可以了,邓小平却很注意投入感情。他专程前往田中角荣和大平正芳的私宅,感谢他们曾经为中日友好做过的积极努力。这种拜访纯属交流感情,有效表达了中国人不忘故旧的特殊感情。还有已故老朋友的家属,邓小平不能一一登门拜访,就把他们请到宾馆来亲切接见。这些家属有的是第二代、第三代人,受到如此厚待无不感动,有的当场落泪。邓小平的话更富有感情:"诸位是中国人民的老朋友的亲属,当然也是中国人民的亲戚。"邓小平希望他们像走亲戚一样多到中国去看看。中国人如此重感情,讲信义,有什么理由不友好呢?

中日民间都有秦始皇派徐福东渡日本寻求长生不老药的故事。邓小平同日本6个在野党领导人恳谈时,表明他此行的目的,除了交换批文,对日本的老朋友表示感谢,再就是寻找长生不老药。公明党的竹下委员长一语双关:"最好的药不就是中日条约吗?"邓小平点头,他要寻找的正是日本成功的经验。在这方面,邓小平可真像一名出色的推销员。

参观日产汽车公司时,邓小平得知该厂人均年产汽车94辆,比中国最先进的长春第一汽车制造厂多93辆,无比感慨地说:"我懂得了什么是现代化了。欢迎工业发达的国家,特别是日本产业界的朋友们对中国的现代化进行合作。这也是加深两国的政治关系。"

新日钢铁公司从1977年开始已与中国有过38亿美元的交易。邓小平参观该公司的君津钢铁厂,与日本的"钢铁帝王"稻山嘉宽当面协谈上海宝钢的合作项目:"我国管理能力差,想学习。如果在管理方面不教我们,就不好办了。咱们订一个君子协定。如果上海搞不好,那就不是学生的责任,而是教师不好。"稻山后来多次表示,一定要帮助中国把宝钢建得比君津更好些。

松下公司的创始人幸之助人称"经营之神"。邓小平参观该公司的一个彩电生产线后坦诚地说:"值得我国学习的东西很多,希望松下老先生和各位给予援助。"幸之助表示:"我们什么都传给你们。"

中国需要援助、合作,这对日本人来说是求之不得的。中国人口众多,资源丰富,随着现代化的进展,将向国外购买大量的机器设备。日本经济界人士都把中国看成世界上剩下来的最大的贸易市场。邓小平抓住这一点,在日本经济界炒起一股"中国热"。有200多家日本公司同时在各大报刊上刊登广告,庆祝中日条约生效,欢迎邓小平访问日本。还有6个经济团体举行欢迎邓小平的宴会,平常他们这类宴会出席者不超过200人,欢迎英王伊丽莎白时接近300人,这一次却达到320多人。宴会上还真的出现推销活动:日方人员同邓小平的随员一对一地交换名片。

邓小平在日本最后一站推销活动是在关西地区。不是说中国需要世界,世界也需要中国吗?关西就是日本最需要中国的地方。战后日本关西经济基础削弱的一个重要原因就是失去了中国市场。《每日新闻》评论说:"中国对关西财界寄予的期望之大是出乎意料的,而关西经济界对中国市场所寄予的巨大期望又超过了中国。"邓小平到关西前,关西经济界人士就为出席他们政府部门

日本经济界人士都把中国看成世界上剩下来的最大的贸易市场。邓小平抓住这一点,在日本经济界炒起一股"中国热"。

举办的欢迎会展开角逐。后来,他们索性专门为邓小平举行了一场欢迎宴会。

三个月后,邓旋风从日本岛刮到美利坚,开始征服美国观众。

向美国观众推销中国,需要掌握美国人的特点。此间不宜过多地感情投入,更重要的是要显示中国人的个性魅力。

布热津斯基是中美友好关系的使者,又是著名的反共专家。邓小平抵美后仅两个小时,就驱车前往他的郊外住宅,参加 7 个月前就预定好的家庭晚宴——吃烤肉片。万斯曾抱怨布热津斯基在华的一些公开言论妨碍了他有效地发挥国务卿的作用,为此,卡特总统一度降低布氏的形象,要他躲在幕后。这次邓小平的光临,分明是在公开赞扬布热津斯基对促进中美关系正常化作出的积极贡献,同时也表明,中国人为发展中美关系,连反共专家也引为朋友,学会了同"魔鬼"打交道的勇气和风度。晚宴间,布热津斯基提到卡特总统由于决定和中国关系正常化,在国内碰到一些政治上的困难,问邓小平是否也碰到类似的困难。邓小平巧妙回答了这个不该问的问题,并借机表明了中国处理中美关系的原则立场。他说:"是的,我也碰到了困难,在台湾省,有一些人就表示反对。"

在肯尼迪中心,邓小平出席了一场文艺晚会。一流小钢琴演奏、现代芭蕾、职业篮球表演……样样精彩,令人陶醉。最后一个节目是一群天真活泼的儿童演唱中国歌曲,把晚会的祥和气氛推向高潮。演出结束后,两国领导人及其夫人一起登台与演员见面。这场晚会耗资 50 万美元,是由一家石油公司赞助的。该公司同美国其他大公司一样,看好中国这个有着巨大潜力的市场,想借邓小平访美之机好好推销一下自己。邓小平把它变成向美国观众推销中国的机会。卡特总统在日记中记述:"当邓小平拥抱美国演员,特别是拥抱演唱中国歌曲的小演员时,流露了真诚的感情。他亲吻了许多儿童,后来记者们报道说,不少观众甚至感动得流泪了。参议员克泽尔特是极力反对中美关系正常化的,但这次演出后,他说他输了,没有办法投票反对儿童们唱中国歌曲。邓小平……确实轰动了在场的观众和电视观众们。"

休斯敦是美国南部最大的炼油、化学、机器制造和造船工业中心，还设有航天中心。邓小平花两天时间在此间访问。在休斯敦西北部的西蒙顿举办了一场带有西部风情的烤肉宴会以表示欢迎。美方出席宴会的除政府官员，大多为得克萨斯州的石油大亨，他们对前往中国投资开采石油或其他矿产资源抱有浓厚兴趣，都想借机推销自己。有一位不速之客专程从加利福尼亚赶来，并设法"混"进了宴会厅。他就是世界著名的石油巨头，美国西方石油公司的董事长亚蒙·哈默。此公曾见过列宁，由于他同苏联历届领导人关系密切，卡特的顾问们怕他成为邓小平所担心的人物，但邓小平的举动出乎他们意外，把哈默请到自己身边就座，大有相见恨晚之感。当译员按惯例向邓小平介绍哈默时，邓小平止住了译员的话，对哈默说："中国许多人都知道哈默先生，你是列宁的朋友，苏联困难的时候，你帮助过他们。我们欢迎你到中国来访问。"这个表示很令哈默高兴，他说："我很愿意到中国去，可是我年纪太大了，坐一般民航飞机我可受不了，可是中国又不让专机降落。"邓小平听后大笑起来，把手一挥："这很简单，你来之前先来个电报，我们会作出安排的，希望你多带专家来。"三个月后，哈默果真乘自己的专机飞临北京，并迅速同中方签署了石油勘探、煤炭开采、杂交稻种和化学肥料方面的初步协议。此后哈默几乎每年都要来华一趟，并同邓小平见面。邓小平对哈默在中国的活动扫除障碍，让哈默把中国的大熊猫带到洛杉矶奥运会。

在西蒙顿，邓小平还应邀观看了一场马技表演。这是美国人最喜闻乐见、充满西部牛仔精神的娱乐活动。进场前，夫人卓琳先已带了一顶灰色牛仔帽。进场后，两名骑着白马的妇女又向邓小平和方毅各赠一顶崭新的、边沿翘起的白色牛仔帽。邓小平当即高兴地戴在头上，并坐进一辆19世纪的马车绕竞技场潇洒地转了两圈，向热烈鼓掌的观众挥手致意。不久前还有位美国作家称中国人是一群毫无个性特征的"蓝蚂蚁"。他肯定不会想到此刻站在美国观众面前的"蚂蚁王"对得克萨斯的牛仔帽表现出爱好。邓小平的到来还为附近的牛仔帽生意促了销，一个货摊上数百顶

休斯敦是美国南部最大的炼油、化学、机器制造和造船工业中心，还设有航天中心。邓小平花两天时间在此间访问。

337

牛仔帽很快就被以 30 美元一顶的高价抢购一空。

邓小平在访美期间所受到的隆重接待和空前欢迎,是美国外交史上此前 20 年多来所没有过的,对共产党国家的领导人,可以说美国人从未这样。

邓小平在访美期间所受到的隆重接待和空前欢迎,是美国外交史上此前 20 年多来所没有过的,对共产党国家的领导人,可以说美国人从未这样。据说当年赫鲁晓夫要去纽约参加联合国大会,美国移民局坚持要他打指纹才能入境。邓小平能够赢得世界头号资本主义国家的普遍欢迎,短短 8 天,在美国掀起一股"中国热"。每一个人都想见见他,同他握握手,向他欢呼,问好,要求他签字留念。有 2000 多名记者跟踪采访报道他的行踪,美国三大全国性电视网的黄金时间全都成为"邓小平时间"。邓小平不知疲倦地同美国官员会谈,会见了数百名议员、州长、市长以及企业界、文教界的知名人士,在不同场合向数千人直接发表演说。《人民日报》记者评论说,在中外关系史上,"中国对当前国际事务和中美关系的立场以这样有效的方式直接为美国公众所深切了解,这是从未有过的"。

责任编辑:洪　琼

图书在版编目(CIP)数据

邓小平智慧/萧诗美 著. -北京:人民出版社,2015.1(2019.5 重印)
ISBN 978－7－01－014242－5

Ⅰ.①邓…　Ⅱ.①萧…　Ⅲ.①邓小平理论-理论研究
　Ⅳ.①A849

中国版本图书馆 CIP 数据核字(2014)第 290713 号

邓小平智慧
DENGXIAOPING ZHIHUI

萧诗美　著

人民出版社 出版发行
(100706　北京市东城区隆福寺街 99 号)

北京汇林印务有限公司印刷　新华书店经销

2015 年 1 月第 1 版　2019 年 5 月北京第 3 次印刷
开本:710 毫米×1000 毫米 1/16　印张:21.75
字数:350 千字　印数:10,001-13,000 册

ISBN 978－7－01－014242－5　定价:66.00 元

邮购地址 100706　北京市东城区隆福寺街 99 号
人民东方图书销售中心　电话 (010)65250042　65289539